SCHÄFFER
POESCHEL

Rüdiger Grube / Armin Töpfer

Post Merger Integration

Erfolgsfaktoren für das Zusammenwachsen
von Unternehmen

2002

Schäffer-Poeschel Verlag Stuttgart

Die Deutsche Bibliothek – CIP-Einheitsaufnahme
Ein Titeldatensatz für diese Publikation ist bei
Der Deutschen Bibliothek erhältlich.

Gedruckt auf säure- und chlorfreiem, alterungsbeständigem Papier.

ISBN 3-7910-2085-4

© 2002 Schäffer-Poeschel Verlag für Wirtschaft · Steuern · Recht GmbH & Co. KG
www.schaeffer-poeschel.de
info@schaeffer-poeschel.de
Einbandgestaltung: Willy Löffelhardt
Druck und Bindung: Ebner&Spiegel GmbH, Ulm
Printed in Germany
August / 2002

Schäffer-Poeschel Verlag Stuttgart
Ein Tochterunternehmen der Verlagsgruppe Handelsblatt

Geleitwort

Die Zahl der Unternehmenszusammenschlüsse ist in den letzten zehn Jahren weltweit etwa um den Faktor zehn gestiegen. Gleichzeitig verweisen vorwiegend angelsächsische Studien beständig darauf, dass bis zu 70% der Zusammenschlüsse die angestrebten Ziele nicht vollständig erreichen. Eine Hauptursache für diese Zielverfehlungen liegt sehr häufig in der Post Merger Integrationsarbeit begründet.

Auch bei dem Merger der Daimler-Benz AG mit der Chrysler Corporation hat sich besonders die Phase nach dem Closing, die Post Merger Integrationsphase (PMI), als wichtiger Erfolgsfaktor für den Zusammenschluss herauskristallisiert. Erst in der Integrationsphase zeigt sich, ob die gemeinsamen Prozesse auch so von den Mitarbeitern gelebt werden, dass die Ziele der strategischen Analyse erreicht werden können.

Bei DaimlerChrysler hat die Integrationsphase fast zwei Jahre gedauert. In dieser Zeit wurden die Vor- und Nachteile vieler Prozesse in den beiden Unternehmen detailliert untersucht. Teams, in denen immer ein Ex-Chrysler und ein Ex-Daimler-Benz Mitarbeiter gleichberechtigt zusammen arbeiteten, haben aus den jeweils besten Teilaspekten die neuen Prozesse zusammengestellt. So wurde beispielsweise die IT-Struktur von der Chrysler-Group für den Konzern übernommen, während bei den Entwicklungsabläufen und -strukturen die Erfahrungen bei Mercedes-Benz als Vorbild galten.

Um die Ziele des Zusammenschlusses konsequent umzusetzen, sind die wesentlichen Elemente der Post Merger Integration bereits in der strategischen Analyse – also noch vor dem eigentlichen Abschluss des Deals – festzulegen. Dazu ist eine gute Planung im Vorfeld notwendig. Dieses Buch zeigt in einer gelungenen Mischung aus Praxiserfahrungen unterschiedlicher Unternehmen und grundsätzlichen Erkenntnissen, worauf es dabei wirklich ankommt.

Nach der PMI-Phase bei DaimlerChrysler ist die Business Transaction Phase eingeleitet worden, um die Integrationsprojekte in die tägliche operative Verantwortung zu geben. Hierzu wurde das so genannte Executive Automotive Committee (EAC) etabliert, welches geschäftsfeldübergreifende Projekte für die Produktplanung, den Technologieeinsatz und die Optimierung von Produktionskapazitäten sowie die Gestaltung der Sales- und Marketingaktivitäten einrichtet und steuert. Damit ist die Integration des Unternehmens zum täglichen Bestandteil unserer Arbeit geworden.

Natürlich sind Erfahrungen immer individuell bezogen auf den, der sie macht. Aber ich bin davon überzeugt, dass dieses Buch dabei hilft, das Bewusstsein und den Blick für die Erfolgsfaktoren bei einem Zusammenschluss zu schärfen, an dem das eigene Unternehmen beteiligt ist. Ich wünsche jedem, der vor der spannenden Aufgabe eines Unternehmenszusammenschlusses steht, viel Erfolg.

Stuttgart, im Mai 2002

Jürgen E. Schrempp

Vorsitzender des Vorstands
der DaimlerChrysler AG

Vorwort

Die zunehmende Globalisierung der Wirtschaft hat dazu geführt, dass Fusionen und Akquisitionen auf nationaler und internationaler Ebene eine der Hauptanforderungen an erfolgreiches Management sind. Dies gilt generell über die letzten Jahre, auch wenn gegenwärtig aufgrund der schwachen Konjunktur eine gewisse »Verschnaufpause« eingetreten ist. Allein dadurch, dass in einer schwierigen gesamtwirtschaftlichen Lage der Börsenkurs vieler Unternehmen sinkt und damit auch der über die Börsenkapitalisierung ermittelte Unternehmenswert abnimmt, ist manches Unternehmen als Target für einen Akquisiteur finanzierbar. Oder aber zwei Unternehmen, die einen guten strategischen Fit haben, schließen sich zusammen, um durch diese »Vernunftehe« der Übernahme durch andere zuvor zu kommen.

Neben dieser sehr wichtigen strategischen Analyse und Entscheidung hängt der Erfolg des Zusammenwachsens von zwei Unternehmen vom eigentlichen Fusionsprozess als Post Merger Integration ab. Die Erfahrung zeigt einerseits, dass Fehler, die vor dem Closing gemacht werden, im Prozess des Zusammenwachsens oftmals nicht mehr behoben werden können. Andererseits gewinnt ein noch so guter »Deal« bei einem Merger oder einer Akquisition erst dann an realem Wert, wenn der Fusionsprozess erfolgreich verläuft.

Dieser Prozess der Verzahnung und Vernetzung erstreckt sich auf alle Phasen der Wertschöpfungskette und muss insbesondere auf die Kerngeschäfte und Kernkompetenzen ausgerichtet sein. Er wird hierdurch zu einem komplexen und damit herausfordernden Projektmanagement, das beide Unternehmen durchzieht. Das Beispiel DaimlerChrysler belegt dies. Nur wenn dies gelingt, können die in der Analyse ermittelten und für den Start des Mergers oder der Akquisition oftmals ausschlaggebenden Synergien in die Realität umgesetzt und damit gehoben werden. Hierdurch wird zugleich die angestrebte Wertsteigerung gefördert. Erschwerend ist dabei, dass die bei einer Akquisition oder Fusion bis zum Closing erforderliche Geschwindigkeit bei der Post Merger Integration oftmals nicht mehr aufrechterhalten werden kann. Das Zusammenwachsen erfordert mit anderen Worten mehr Zeit. Dies gilt beispielsweise sowohl für gemeinsame Komponenten und Produkte in Abhängigkeit von der Branche als auch für das Verständnis und die Akzeptanz zwischen den neuen Partnern.

Ergänzend zu den harten Managementanforderungen sind deshalb die weichen Erfolgsfaktoren oft entscheidend. Dies trifft insbesondere für die Unternehmenskultur zu. Und zwar ebenfalls in einer doppelten Weise: Die Kultur, die in einem Unternehmen gelebt wird, ist mitbestimmend dafür, ob ein Veränderungswille für das Zusammengehen mit einem anderen Unternehmen besteht. Zugleich wird dadurch auch die Kultur der Post Merger Integration geprägt. Diese ist ausschlaggebend dafür, wie gut und schnell durch das Zusammenwachsen aus den beiden Unternehmen ein neues gemeinsames Unternehmen entsteht. Auch dies belegen viele M&A-Projekte.

Das vorliegende Buch geht sowohl auf den Managementprozess als auch auf kulturellen Integrationsprozess bei einer Fusion ein. Dabei werden zahlreiche Unternehmensbeispiele angesprochen und ausgeführt, um einheitliche Grundsätze in der Vorgehensweise, aber auch unternehmensindividuelle Unterschiede aufzuzeigen. Hieran werden die hohen Anforderungen an die Prozesssteuerung, das Personalmanagement und vor allem auch die Kommunikation deutlich. Das Ziel ist, einerseits die Post Merger Integration voranzutreiben und andererseits auch die mentale und emotionale Akzeptanz und Unterstützung hierfür zu schaffen. Beispiele und Stolpersteine zeigen, dass dies in der Praxis nicht immer gelingt.

Unser Dank gilt allen denen, die uns beim Anfertigen dieses Buches unterstützt haben. Allen voran Frau Ramona Ullrich, die mit ihrem Engagement und sorgfältiger Detailarbeit zum Gelingen dieses praxisorientierten Werkes wesentlich beigetragen hat. Herrn Dr. Hahner danken wir für die kritische Durchsicht und seine Anregungen. Unsere amerikanische Partnerin, Frau Professor Silva Jurich, stand uns für Diskussionen zum interkulturellen Lernen zur Verfügung. Herr Gerhard Lindstädt, Frau Martina Voß und Frau Annette Etzold haben uns bei der Aufnahme und Gestaltung der Texte unterstützt.

Stuttgart/ Dresden, im Mai 2002

Rüdiger Grube   Armin Töpfer

Inhaltsübersicht

Inhaltsverzeichnis

Abbildungsverzeichnis

Abkürzungsverzeichnis

AGM	Annual General Meeting
AOL	America Online
AT&T	American Telephone and Telegraph Company
BSC	Balanced Score Card
bzw.	beziehungsweise
CASA	Construcciones Aeronauticas S.A.
CEO	Chief Executive Officer
COO	Chief Operating Officer
DASA	Daimler-Chrysler Aerospace
DIB	Dezentrale Integrationsbüros
EAC	Executive Automotive Committee
EADS	European Aeronautic Defence and Space Company
EFQM	European Foundation for Quality Management
EMI Group	Electric and Musical Industries
EQA	European Quality Award
EVA	Economic Value Added
F&E	Forschung und Entwicklung
HDM	Heidelberger Druckmaschinen AG
HP	Hewlett-Packard
IBM	Industrial Business Machines

IRT	Issue Resolution Team
IRT	Issue Resolution Team
IT	Informationstechnologie
KISS	Keep it short and simple
KKR	Kohlberg Kravis Roberts & Co
LVMH	Louis Vuitton Moët Hennessy
M&A	Mergers und Acquisitions
MA	Mitarbeiter
MCC	Micro Compact Car Smart GmbH
NCR	National Cash Register
PC	Personal Computer
PMI	Post Merger Integration
PR	Public Relations
ROCE	Return on Capital Employed
ROI	Return on Investment
RONA	Return on Net Assets
TUI	Touristik Union International
UAW	United Auto Workers
US-GAAP	United States – Generally Accepted Accounting Principles

1. Konzeption des Buches

> Grundsatz: Jede M&A-Aktivität ist eine strategische Herausforderung für das gesamte Unternehmen, die bezogen auf alle wesentlichen Einflussbereiche und Kernprozesse konsequent geplant, ergebnisorientiert gesteuert und nachhaltig umzusetzen ist, um die angestrebten Ziele am Markt und im Unternehmen zu erreichen.

Kaum ein Thema ist so spannend, als wenn zwei Unternehmen, die vorher bereits wirtschaftliche Beziehungen hatten, ohne Berührungspunkte waren oder sogar in intensivem Wettbewerb standen, sich entschließen zusammenzugehen. Denn dadurch wird die bisherige Situation gravierend, manchmal sogar völlig verändert, und zwar nicht nur für die beteiligten Unternehmen selbst, sondern auch für die anderen Marktteilnehmer, also Mitbewerber, Lieferanten und vor allem Kunden. Manche Marktmechanismen und Spielregeln gelten dann nicht mehr.

Das Ziel des Zusammengehens ist grundsätzlich, die Position im Wettbewerb zu verbessern, zumindest aber zu erhalten. Dies gelingt jedoch nicht immer, so dass das unbeabsichtigte Ergebnis Wertvernichtung statt der angestrebten Wertsteigerung des Unternehmens ist. Denn der Prozess des Zusammengehens und erst recht des Zusammenwachsens ist oftmals schwierig, nicht selten voller Überraschungen und Unwägbarkeiten sowie manchmal nicht durch einen erfolgreichen Abschluss gekrönt.

Genau hier setzt das vorliegende Buch an. Entscheidend ist nicht nur der Wille zu einer Fusion oder Akquisition, vielmehr auch die Fähigkeit, diesen schwierigen Prozess gezielt, gekonnt und schnell genug zu steuern. Der erste Baustein für den Erfolg wird bereits am Anfang durch gute Verhandlungsergebnisse gelegt. Der entscheidende Baustein ist jedoch der Prozess des Zusammenwachsens selbst, also die Post Merger Integration (PMI). Denn das Endziel jeder Mergers & Acquisitions (M&A)-Aktivität ist nicht das Zusammengehen, sondern das Zusammenwachsen, um so die Wirtschaftlichkeit, Schlagkraft und Ertragsstärke des neuen Unternehmens zu erhöhen. In der Literatur wird genau dieses Ziel und angestrebte Ergebnis bisher wenig vertieft.

Im Folgenden werden die Begriffe folgendermaßen voneinander abgegrenzt: Unter einer Post Merger Integration wird das Zusammenwachsen von zwei bisher getrennten Unternehmen verstanden. Der vorausgehende Zusammenschluss kann als Akquisition, also Übernahme eines Unternehmens durch das andere, oder als Fusion, also das Zusammengehen von mehr oder weniger gleichberechtigten Unternehmen, durchgeführt werden.

Im zweiten Kapitel gehen wir zunächst darauf ein, wie und warum sich die Anzahl von Mergers und Acquisitions in den letzten Jahren erhöht hat und in welchen Ausprägungen diese Zusammenschlüsse erfolgen. Hier und im Folgenden werden zahlreiche Beispiele von Unternehmen unterschiedlicher Branchen referiert und analysiert. An vielen Stellen wird dabei auch auf den Merger von Daimler und Chrysler eingegangen. Vom zweiten Kapitel an sind jeweils am Kapitelende einige Reviewfragen zu den gelesenen Inhalten aufgelistet, um anhand dieser Checkliste zu prüfen, ob dies bei der eigenen M&A-Aktivität berücksichtigt wurde.

Gerade in der Unternehmenspraxis vermitteln häufig Misserfolge die tiefsten Einsichten, um auf diese Weise zu erkennen, wo Stolpersteine liegen und wie sie am besten umgangen werden können. Im dritten Kapitel wird deshalb ausführlich auf die Gründe eingegangen, warum geplante Fusionen oder Akquisitionen bereits in einer frühen Phase, im laufenden Verhandlungsprozess oder sogar erst bei der Post Merger Integration gescheitert sind.

Dreht man diese Erkenntnisse ins Positive um, dann lassen sich hieraus leicht Grundsätze formulieren. Dies erfolgt im vierten Kapitel. Durch deren Befolgung sollen wesentliche Probleme von vornherein vermieden und Stolpersteine umgangen werden, um so überhaupt einen Erfolg beim Zusammengehen zu ermöglichen. Allerdings gilt auch hier, dass »der Teufel immer im Detail steckt« und deshalb keine Garantie gegeben ist, das Vorhaben auf dieser Basis automatisch zu einem positiven Abschluss zu bringen. Gerade für Fusionen und Akquisitionen gilt, dass es keine generellen und übertragbaren Rezepte gibt.

Wesentlich für einen erfolgreichen M&A-Prozess ist der Einsatz geeigneter Instrumente. Im fünften Kapitel wird auf einige eingegangen, die insbesondere für die Post Merger Integration die Weichen stellen und damit wichtig sind. Im Einzelnen sind dies die Anreiz-Beitrags-Analyse, die Analyse des strategischen Fit, die Szenario-Technik, die Due Diligence, die Balanced Score Card und eine Risikoabschätzung in allen Prozessphasen.

In Kapitel sechs wird auf den Gesamtzusammenhang einer Vernetzung der Post Merger Integration mit allen anderen Prozessphasen eingegangen. Gerade hier zeigt sich, dass Fehler und Versäumnisse in frühen Phasen bis in den Prozess des Zusammenwachsens durchschlagen.

Die einzelnen Teilphasen der Post Merger Integration werden im siebten Kapitel analysiert. Das größte Gewicht wird dabei auf die Start-up Phase gelegt. Die Projektumsetzungsphase und die Business-Transformation Phase werden thematisiert und erneut anhand der DaimlerChrysler Fusion illustriert.

Maßgeblich für eine erfolgreiche Projektsteuerung sind dabei zwei Ansatzpunkte: Zum einen ein nicht nur funktionsfähiges, sondern möglichst schlagkräftiges PMI-Network, das neben der Projektführung und -steuerung vor allem der Managementinformation dient. Neben allen im Rahmen des gesamten Mergerprozesses von Daimler und Chrysler aufgetretenen Herausforderungen hat gerade die Steuerung der Post Merger Integration auf der Basis einer umfassenden Informationsaufbereitung und eines ganzheitlichen Projektcontrollings Benchmark-Niveau erreicht. Dies wird in Kapitel acht dargestellt. Zum anderen ist die interne und externe Kommunikation wichtig, damit während des PMI-Prozesses möglichst wenige, durch Kommunikationslücken entstandene Unsicherheiten oder sogar Verwerfungen auftreten. Hierauf konzentriert sich das neunte Kapitel.

Großes Gewicht wird anschließend im zehnten Kapitel darauf gelegt, in welchem Ausmaß und auf welche Weise eine Vernetzung der Unternehmenskulturen erfolgen kann. Entscheidend ist hierfür einerseits die strategische Zielrichtung, andererseits aber auch die reibungsarme Realisierbarkeit. Grundlage sollte in jedem Fall eine kulturelle Due Diligence sein, die frühzeitig nach der finanziellen Due Diligence durchzuführen ist, um als wichtige Ergänzung den Fit dieser weichen Faktoren zwischen den sich zusammenschließenden Unternehmen aussagefähig zu ermitteln. Denn hieraus können bei gravierenden Unterschieden in Einstellung und Verhalten erhebliche Problempotenziale erwachsen. In dem Kapitel wird exemplarisch auf nationale Unterschiede zwischen Deutschen und Amerikanern sowie Deutschen und Franzosen eingegangen, die sowohl einstellungs- als auch sprachbedingt sind und den Prozess des Zusammenwachsens erheblich erschweren können. Auf dieser Basis werden Ansatzpunkte und Stufen des interkulturellen Lernens aufgezeigt. Erreichbar sind sie in der Praxis nur durch Trainingskonzepte, die auf einer klaren Analyse der Ausgangssituation basieren und konsequent ausgerichtet sind.

Die Frage ist, welcher Handlungsspielraum besteht, wenn der Post Merger Integration Prozess nicht – wie häufig – durch Überlappungen der beiden zusammengehenden Unternehmen in der Leistungserstellung und -vermarktung Anpassungsmaßnahmen erforderlich macht, sondern wenn Veränderungen der Marktsituation, manchmal auch der Wettbewerbsstruktur die strategische Positionierung und die operativen Ergebnisse beeinträchtigen. Im ersten Fall ist eine Restrukturierung erforderlich, insbesondere wenn der strategische Fit zwischen den sich zusammenschließenden Unternehmen nicht gut genug, also weitgehend überschneidungsfrei war. Im elften Kapitel steht jedoch nicht dieser Aspekt im Vordergrund, sondern der zweite Fall, ein auftretender Sanierungsbedarf. Er kann bedingt sein durch Defizite der Ausrichtung auf Markterfordernisse in der Vergangenheit und/ oder durch eine unzureichende inhaltliche und zeitliche Anpassung an veränderte Marktgegebenheiten nach dem Zusammenschluss. Wenn der strategische Fit nicht groß genug war und eine Restrukturierung nicht in ausreichendem Maße durchgeführt wurde, dann kann hierdurch der Sanierungsbedarf noch deutlich vergrößert werden.

Abschließend werden im zwölften Kapitel noch einmal die wesentlichen Bausteine einer erfolgreichen Post Merger Integration zusammengefasst und insgesamt als Fragenkatalog abgebildet.

2. Zunehmende Bedeutung von Mergers & Acquisitions

2.1. Entwicklung und Gründe für Mergers & Acquisitions

Grundsatz: Akquisitionen und Fusionen nehmen im Zeitablauf in Wellen zu und ab, abhängig von Marktentwicklungen und Wettbewerbsstrukturen.

Bereits seit einigen Jahren findet ein wahrer Boom von Unternehmenszusammenschlüssen und Akquisitionen statt. Untersuchungen von Müller-Stewens ergaben vier M&A-Wellen im Vorfeld der derzeitigen, allerdings erreichte keine davon die heutigen Ausmaße. Der lange Zeitraum seit Beginn der M&A-Aktivitäten und deren unterschiedliches Niveau – bezogen auf die USA – wird in Abbildung 2.1.-1 ersichtlich.

Entsprechend der Darstellung von Müller-Stewens war jede dieser Wellen durch bestimmte Schwerpunkte geprägt:

Ziel der ersten Welle im Zeitraum von 1897-1904 war die Vermeidung von Überkapazitäten und eines Preisverfalls mit Hilfe von horizontalen Zusammenschlüssen. Hierdurch wurde versucht, die Kernkompetenzen des Unternehmens zu stärken und die Präsenz bzw. Marktmacht in den Kernmärkten zu erhöhen.

In der zweiten Welle von 1916-1929 strebten die Unternehmen nach einer marktbeherrschenden Position und der Optimierung der Wertschöpfungskette. Sie zielte auf die Kontrolle des gesamten Produktionszyklus durch vertikale Integration ab.

Im Zeitraum von 1965-1969 (dritte Welle) entstanden große Konglomerate durch die Aufnahme von Unternehmen unterschiedlicher Branchen in das Beteiligungsportfolio. Hintergrund dieser Welle war insbesondere die Befolgung der Diversifikations- bzw. Portfoliotheorie.

In den achtziger Jahren traten mit der Deregulierung und Liberalisierung zwei Tendenzen auf: Die strategischen M&A-Transaktionen waren hier einerseits motiviert durch die Konzentration auf das Kerngeschäft und die Erschließung von Synergien. Andererseits ermöglichte die steuerrechtliche Begünstigung von Leveraged Buyouts in den USA eine Vielzahl von derartigen Übernahmen unterbewerteter Unternehmen. Diese Akquisitionen erfolgten zu einem großen

Teil durch Corporate Raider, welche die Unternehmen nach der Übernahme aufteilten und einzeln mit Gewinn wieder verkauften.[1]

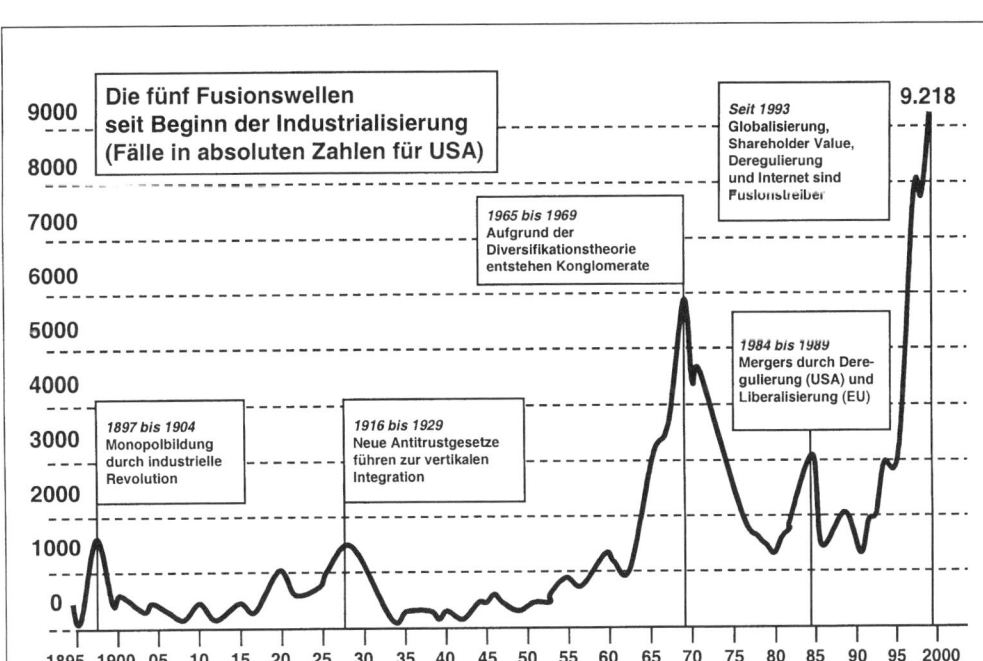

Abb. 2.1.-1: Fünf Fusionswellen[2]

Seit 1993 befinden wir uns in der fünften Welle, die auch weltweit ein nie gekanntes Niveau erreicht und zwar sowohl zahlenmäßig als auch wertmäßig. Die Treiber dieser fünften Welle werden im zweiten Teil des Kapitels noch genauer betrachtet, hier sollen sie nur kurz erwähnt werden. Zum Ausmaß der aktuellen Welle tragen vor allem die fortschreitende Globalisierung der Wirtschaft mit dem Ziel der Gewinnerwirtschaftung für die Anteilseigner bei einer zunehmenden Konkurrenz der Kapitalmärkte, das Zusammenwachsen von Branchen, die Orientierung der Unternehmen auf Kernkompetenzen, der zunehmende Preis-Leistungswettbewerb und die Konsolidierung der Unternehmen in der New Economy bei.

In jeder der fünf M&A-Wellen der Abbildung 2.1.-1 verfolgten die Unternehmen zwei generelle Ziele: Zum einen erforderte eine bereits veränderte Marktsituation oder eine zu erwartende Markt- und Umfeldveränderung eine strategische Reaktion der Unternehmen. Zum anderen soll die M&A-Aktivität eine Stärkung der Position im Markt bewirken.

Neben diesen generellen Zielsetzungen werden im Detail zusätzlich folgende Ziele angestrebt:

- Beabsichtigt wird ein schnelleres Wachstum, als es organisch aus den eigenen Kräften des Unternehmens heraus möglich wäre.

- Damit verbunden wird die Zielsetzung, eine bessere Wettbewerbsposition zu erreichen.

- Zugleich sollen durch die neuen Unternehmensteile bzw. den Zusammenschluss mit anderen Unternehmen Synergiepotenziale, vor allem durch Kostensenkungen gehoben werden.

- Weiterhin soll eine Steigerung der Effektivität und damit der Erträge, v.a. durch Erfahrungskurveneffekte, Economies of scale und Economies of scope erreicht werden.

Diese Gründe gelten heute für viele Märkte. Als Haupttreiber für M&A lassen sich deshalb die in Abbildung 2.1.-2 dargestellten fünf Entwicklungen identifizieren. Der zunehmende Preiswettbewerb, der durch die Globalisierung verschärft wird, zwingt die Unternehmen auf der einen Seite sich auf ihre Kernkompetenzen zu konzentrieren und auf der anderen Seite neue Medien gezielt zu nutzen. Durch den globalen Wettbewerb, den starken Leistungsdruck und Technologieschübe wachsen ganze Branchen zusammen.

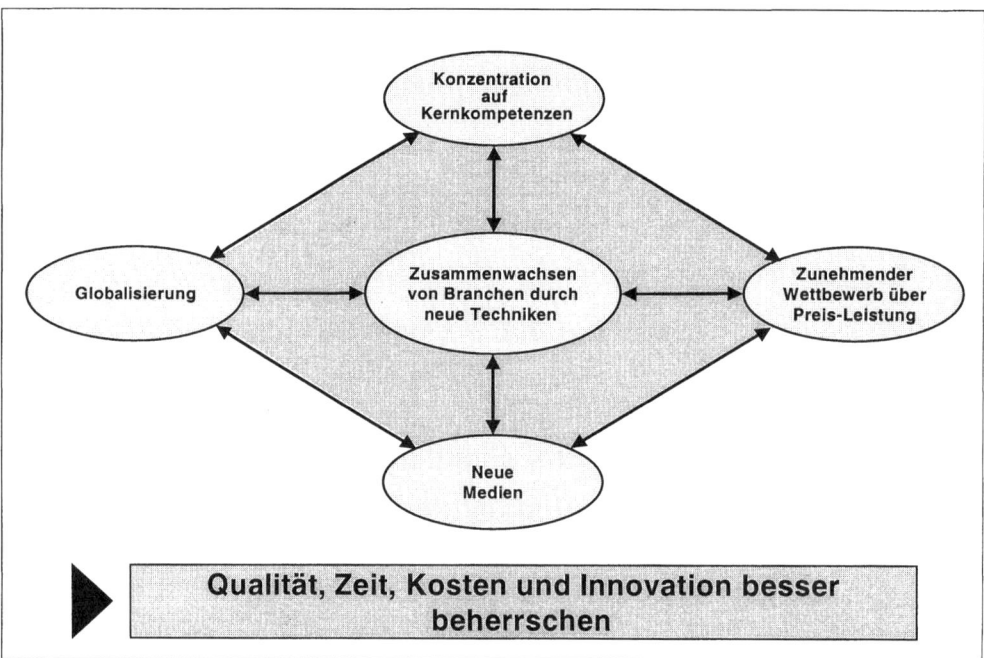

Abb. 2.1.-2: Gründe für Kooperationen, Netzwerke und Fusionen

In einer von A.T. Kearney zwischen 1998 und 2000 durchgeführten Untersuchung von 27.000 Unternehmen aus 53 Ländern ergab sich ein typischer Verlauf der Konzentrationstendenzen in allen untersuchten 24 Branchen, dem die oben aufgeführten Ursachen und Zielsetzungen zu Grunde liegen. Diese Verlaufskurve – wie in Abbildung 2.1.-3 dargestellt – hat die Form einer S-Kurve mit einem Zeitbedarf von deutlich mehr als einer Dekade. Vom Zeitpunkt der Marktöffnung, z.B. durch den Eintritt neuer Anbieter im Zuge der Deregulierung der Telekommunikationsindustrie, bis zu einem Gleichgewicht, in dem die Konzentrationsprozesse nahezu abgeschlossen sind und die drei größten Unternehmen der Branche einen Marktanteil von über 80 Prozent haben, vergehen etwa 20 Jahre.[3]

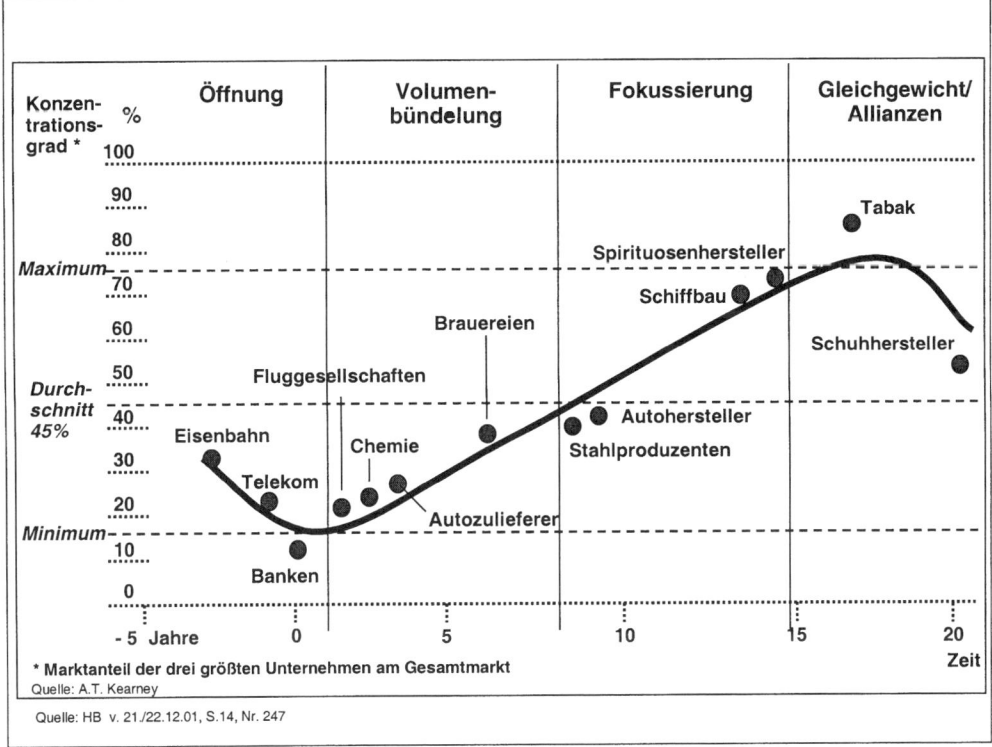

Abb. 2.1.-3: Konzentrationsgrad nach Branchen[4]

Aus dieser Verlaufskurve ist für einzelne Branchen generell ersichtlich, ob mit einem weiteren Konzentrationsprozess zu rechnen ist und deshalb M&A-Aktivitäten zu erwarten sind. Diese Erkenntnis ist in die Strategie für das eigene Unternehmen einzubeziehen. Für die Branche Banken bedeutet dies beispielsweise, dass national, aber auch international mit weiteren erheblichen Konzentrationen zu rechnen ist. Wenn ein Unternehmen diese Entwicklung also zu spät erkennt, dann können die Wunschunternehmen als Target oder Fusionspartner bereits mit anderen Unternehmen verbunden und damit »vergeben« sein.

Obwohl viele Unternehmensziele, wie beispielsweise Effektivitätssteigerung oder eine Verbesserung der Wettbewerbsposition, auch durch organisches Wachstum erreicht werden könnten, wählen viele Unternehmen den Weg des anorganischen Wachstums, um sich hierdurch einen Zeitvorteil zu verschaffen. Er lässt sich allerdings nur realisieren, wenn es gelingt, die neuen

Unternehmensteile gut und schnell zu integrieren. Für das Erreichen dieser Ziele ist also die Post Merger Integration der zentrale Hebel oder Stolperstein.

Ein Sonderfall für eine Übernahme ist das Ziel, ein Unternehmen vor Insolvenz oder vor Zerschlagung zu retten. Diese Ausnahmesituation kann beispielsweise eintreten, wenn der Fremdkapitalanteil eines Unternehmens zu groß ist und keine neuen Kredite mehr durch die Banken gewährt werden. Ein Beispiel hierfür ist der Online-Broker Consors. Der Anteil von 66 Prozent wurde von der sich ebenfalls in ernsten finanziellen Schwierigkeiten befindenden Schmidt Bank an die französische Großbank BNP Paribas für 287 Mio. Euro im Frühjahr 2002 verkauft und wird in ein Joint Venture mit Cortal, der Online-Tochter von BNP, eingebracht. Eine reduzierte Preiserwartung ist die häufige Konsequenz eines derartigen Notverkaufs.[5]

Oder eine Übernahme erfolgt durch ein anderes Unternehmen, nachdem Fehler oder illegale Geschäftspraktiken bekannt geworden sind. Aktuelles Beispiel ist die Wirtschaftsprüfung Arthur Andersen LLP in Amerika, welche im Zuge des Enron-Skandals am Rand der Insolvenz steht. Nachdem bekannt wurde, dass Andersen als Prüfer des insolventen Energiekonzerns Enron unzulässige Finanzkonstruktionen abgesegnet und später auch Akten vernichtet hatte, drohen Arthur Andersen LLP Schadenersatzzahlungen von bis zu 750 Mio. US-$ und eine Klage wegen Behinderung der Justiz. Der Imageschaden und damit der weitere Verlust wichtiger Kunden sind damit absehbar. Zur Rettung des angeschlagenen Unternehmens wurden weltweit Übernahmegespräche mit Ernst&Young sowie Deloitte Touche Tohmatsu geführt, auch KPMG hat Interesse angemeldet. Der deutsche Teil von Arthur Andersen wird in »einer Fusion unter Gleichen« unter das Dach von Ernst&Young gehen. Die rechtliche Verschmelzung wird erst erfolgen, wenn alle Haftungsrisiken ausgeräumt sind.[6]

Die Entscheidung eines Unternehmens bezogen auf internes oder externes Wachstum basiert auf den in Abbildung 2.1.-2 und Abbildung 2.1.-3 dargestellten Entwicklungen und Gründen. So führt beispielsweise die schnelle Entwicklung der Informations- und Kommunikationstechnologie zu einer erhöhten Transparenz und damit Verschärfung des Wettbewerbs. Hieraus resultiert wiederum ein starker Anstieg der M&A-Aktivitäten, da viele Unternehmen versuchen, durch externes Wachstum weltweit eine bessere Wettbewerbssituation und mehr Marktmacht zu realisieren. Vor allem in der Telekommunikationsindustrie war eine solche strategische Ausrichtung zu beobachten. Ihr Anteil an der Gesamtzahl der Fusionen und Akquisitionen beträgt etwa 15 Prozent mit einem Gesamtwert von 483 Mrd. US-$[7]. Aber auch die Internet-Branche hatte bereits großen Anteil an den Transaktionen. Adobe, Bay Networks, Cisco oder Yahoo! akquirierten zum Teil bis zu 44 Unternehmen im Jahr. In den nächsten Jahren wird hier allerdings weniger Wachstum, sondern vielmehr eine Konsolidierung die M&A-Aktivitäten bestimmen.[8]

John Chambers, der Vorstandsvorsitzende von Cisco, sieht in der angestrebten Akquisition von Compaq durch Hewlett Packard bereits den Anfang der Konsolidierung in der Computerindustrie: „Ich denke, was Sie mit Hewlett-Packard und Compaq gesehen haben, ist nur ein Schritt. ... Es wird eine sehr flotte Konsolidierung in der Branche über alle Sektoren hinweg geben."[9]

Hewlett-Packard hatte am 04.09.2001 angekündigt, durch den Kauf von Compaq für rund 25 Mrd. US-$ (Transaktionswert zum Zeitpunkt der Ankündigung) zum größten PC-Konzern der Welt aufsteigen zu wollen. Hintergrund dieser Transaktion ist ein Umsatzrückgang bei Personalcomputern sowohl in den USA als auch in Europa. Hinzu kommt der Preiskampf im PC-Markt. Die Konzerne der Branche versuchen also verstärkt, mit Dienstleistungen und im Serverbereich Gewinne zu erzielen. In diesen Bereichen sind die Gewinnmargen höher, und Serviceverträge werden in der Regel langfristig abgeschlossen.[10]

Durch den Zusammenschluss will Hewlett-Packard hier seine Kompetenzen verstärken und so mehr Marktmacht gegenüber Konkurrenten wie IBM oder Sun Microsystems erreichen. Hewlett-Packard und Compaq haben zudem angekündigt, sich auch weiterhin auf ihre vier Kerngeschäftsfelder Bildgebung, Computer, Unternehmenslösungen (Server, Speichermedien) und Dienstleistungen konzentrieren zu wollen. Zweifelhaft ist aber, wie von vielen Analysten hervorgehoben wird, ob diese Verteidigungsstrategie funktioniert. Denn man kann nicht auf einfache Weise – bildhaft gesprochen – »aus zwei Einäugigen einen vollständig Sehenden machen«. Mit anderen Worten wird aus zwei schwachen, angeschlagenen Unternehmen durch eine Fusion nicht automatisch ein neues, starkes Unternehmen. Das Hauptproblem der Fusion besteht also in der Tatsache, dass die Unternehmen zwar an Größe gewinnen, aber nicht ohne weiteres an Effizienz und Markt-Know-how. Sie werden demnach kaum schlagkräftiger werden. Ein weiteres Argument gegen die Fusion sind die bisherigen Misserfolge bei Fusionen und Übernahmen in der Branche der Hardware-Hersteller. Die bekanntesten Beispiele sind die Übernahme von Digital Equipment durch Compaq und von NCR durch AT&T. Experten gehen davon aus, dass Compaq auch vier Jahre nach der Übernahme noch keine vollständige und erfolgreiche Integration gelungen ist. AT&T spaltete sich bereits kurz nach der Übernahme von NCR wieder in einzelne Unternehmen auf. Dementsprechend wird die Akquisition auch an der Börse sehr kritisch bewertet. So verloren sowohl die HP-Aktie mit 26,5 Prozent als auch die Aktie von Compaq mit 19 Prozent bereits in den ersten drei Tagen nach der Ankündigung stark an Wert.[11]

In der Vergangenheit haben HP und Compaq in ihrem Hauptgeschäft Computer Marktanteile an den jetzigen Marktführer Dell eingebüßt. Dieser verfügt über ein effizienteres Geschäftsmodell. Hewlett Packard und Compaq können zwar durch die gestiegene Einkaufsmacht Preisvorteile erreichen und diese an die Kunden weitergeben. Hierdurch ist aber kein größerer Gewinn realisierbar, so dass sich die Ertragssituation zunächst kaum verbessern wird. Zudem eröffnet die Fusion für Konkurrenten wie Dell die Chance, die fusionierenden Unternehmen während der Inanspruchnahme durch den schwierigen und aufwändigen Integrationsprozess anzugreifen und so dem neuen Unternehmen weitere Marktanteile abzunehmen.[12]

Weiterhin könnte bei HP und Compaq die Umsetzung der dringend notwendigen Kosteneinsparungen von 2,5 Mrd. US-$ jährlich durch die Kosten der Fusion erschwert bzw. sogar verhindert werden.[13]

Problematisch stellt sich auch die beabsichtigte Aufgabe der Marke Compaq dar. Dies entspricht nach der Interbrand-Liste einer Wertvernichtung von zwölf Mrd. US-$[14]. Durch das Verschwinden einer der bekanntesten Marken der Computerbranche besteht zudem die Gefahr, dass das neue Unternehmen Kunden verliert.

Größter Gegner der Fusion war Walter Hewlett, der Sohn eines der Unternehmensgründer. Er wies auf eine Reihe durch die Fusion entstehender Probleme hin, das schwerwiegendste Argument war die Ausweitung des margenschwachen PC-Bereichs von gut 20 Prozent auf ein Drittel, welche zukünftig die Profitabilität des Druckergeschäfts – dessen Anteil von über 40 Prozent auf gut 20 Prozent sinkt – durch Quersubventionierungen beeinträchtigen könnte.[15]

Um die Fusion zu verhindern, wandte sich der Sohn des Unternehmensgründers sowohl persönlich als auch in Briefen und Telefonaten an eine Reihe von Investoren. Zusätzlich schaltete er im Wall Street Journal, in der New York Times, der Washington Post und weiteren großen US-Zeitungen ganzseitige Anzeigen unter dem Motto »Know means no« (Bescheid wissen bedeutet nein sagen).[16] HP schaltete daraufhin Anzeigen, wie „HP = Nr. 5 im Unternehmensspeichergeschäft – HP + Compaq = Nr. 1 im Unternehmensspeichergeschäft"[17] und startete die Merger-Homepage »www.VotetheHPway.com«.[18] Im Vorfeld der Abstimmung galten lediglich acht Prozent als sichere Befürworter der Fusion und 21 Prozent als sichere Gegner während 71 Prozent sich erst kurz vorher entscheiden wollten.

Patrick McGurn, Vizepräsident der Finanzberatung Institutional Shareholder Service (ISS), gab Anfang März 2002 die Unterstützung der Fusionspläne durch seine Gesellschaft bekannt. Dieses Urteil hat nach Analystenschätzungen eine Reihe der bis dahin noch unentschlossenen Aktionäre in Richtung Pro Fusion beeinflusst. McGurn räumte außerdem ein, dass durch die Kritiker wie Walter Hewlett das Management von HP gezwungen wurde, die Planungen für den Zusammenschluss zu verbessern.[19] Demgegenüber stehen jedoch die nach Einschätzung von Analysten sicheren Marktanteilsverluste an Konkurrenten wie Sun und IBM durch die lange Unsicherheits-Phase von acht Monaten. Durch die monatelange quälende Ungewissheit dürfte sich auch die Anzahl der kreativen Forschungsfortschritte reduziert haben. Nach wie vor veralten die Produkte von HP und Compaq – ebenso wie die ihrer Wettbewerber – innerhalb von 18 Monaten, so dass fehlende Neuentwicklungen auch einen Verlust von Kunden bedeuten.[20]

Verwirrend für viele Aktionäre gestaltete sich die gegensätzliche Argumentation mit gleichen Daten. Während beispielsweise Carly Fiorina, die CEO von HP, nach einer Unternehmensumfrage mitteilte, dass die Mehrheit der Mitarbeiter einer Fusion positiv gegenüber stehen würde, ermittelte Walter Hewlett das Gegenteil.[21]

Die Vorwürfe von Walter Hewlett,

- der Verwaltungsrat hätte die Übernahme ohne genaue Prüfung abgenickt,
- HP hätte versucht, die Aktionäre mit falschen Angaben zu den Kosten und Vorteilen der Fusion zu überzeugen,

sowie die Einreichung einer Klage wegen Manipulation der Aktionärsabstimmung über die Fusion führten zur Entscheidung des HP-Aufsichtsrats, Walter Hewlett entgegen seiner ursprünglichen Absicht nicht mehr in den Aufsichtsrat zu berufen. Die Gründerfamilien Hewlett und Packard sind somit zum ersten Mal in der Firmengeschichte nicht im Management vertreten. Am 30. März 2002 wurde auch die Klage von Walter Hewlett abgewiesen. Dies stellt auch einen Erfolg der Arbeit der Mitglieder in den Integrationsteams dar, welche Hewlett-Packard und Compaq auf den Zusammenschluss vorbereitet haben. In den Integrationsteams bereiteten in der Endphase über 1500 Mitarbeiter die Fusion in den so genannten Clean-Rooms vor.[22]

Ziel des Zusammenschlusses ist keine Diversifikation, wie bei den bisherigen – gescheiterten – Zusammenschlüssen in der Technologiebranche, sondern eine Konsolidierung. Aufgabe der Integrationsteams war dementsprechend die Festlegung der Produktlinien, welche direkt nach der Fusion eingestellt werden können. So sollen vor allem Überschneidungen in der Produktpalette direkt zu Beginn der Integration beseitigt werden. Offen ist dagegen noch, wie die neue Kultur im fusionierten Unternehmen aussehen wird. Der »HP way« ist eher auf Teamarbeit, Geduld und Beharrungsvermögen ausgerichtet – während bei Compaq individueller Ehrgeiz eine größere Rolle spielte.[23]

Das endgültig Ergebnis der Aktionärsabstimmung im März 2002 fiel sehr knapp aus: 48,6 Prozent der Aktionäre stimmten gegen die Fusion, 51,4 Prozent dafür. Bereits kurz nach der Abstimmung hatte Carly Fiorina ein entsprechendes vorläufiges Ergebnis bekannt gegeben. Am 07. Mai 2002 ist die Fusion im Wert von 18,5 Mrd. US-$ vollzogen worden.[24] Damit ist das »neue HP« zum weltgrößten Computer- und Druckerhersteller und zum drittgrößten IT-Dienstleister geworden.[25]

Nachdem die Zustimmung der Aktionäre sicher war, begann die eigentliche Integrationsarbeit. Das Topmanagement erklärte den Mitarbeitern in 20 Ländern die Strategie des fusionierten Konzerns. Auch die angekündigten Stellenkürzungen sollen sehr schnell realisiert werden, um dadurch die Unsicherheit der Mitarbeiter auf einen kurzen Zeitraum zu begrenzen. Große Überschneidungen gibt es insbesondere in den Vertriebsbereichen. Bereits im Jahr 2002 sollen 10.000 Arbeitsplätze wegfallen, im nächsten Jahr sollen dann nochmals 5.000 folgen. Ein Großteil des Abbaus wird jedoch in Form von frühzeitigen Ruhestandsabkommen erfolgen.[26]

Ziel des neuen Unternehmens ist es, den Umsatzverlust durch die Fusion auf höchstens 4,9 Prozent zu beschränken. Von Vorteil war hier die frühzeitige Festlegung einer klaren Produktstrategie. Wie das Unternehmen bekannt gab, verhielten sich die Kunden im ersten Monat nach der Fusion sehr loyal.[27]

Diese praxisbezogenen Ausführungen zu einem aktuellen Fusionsfall sollen aus grundsätzlicher Sicht noch einmal reflektiert werden. Die größenbezogene Ausgangsbasis für die Wachstumsentscheidung eines Unternehmens verdeutlicht Abbildung 2.1.-4. Zwei gegenläufige Entwicklungslinien beeinflussen die Wettbewerbs- und Ertragssituation des Unternehmens. Wenn ein Unternehmen mittlerer Größe aus eigenen Kräften, also organisch, wächst, dann sieht es sich einem zunehmend aggressiver werdenden Wettbewerb ausgesetzt. Kleine Unternehmen haben eher einen strategischen Handlungsspielraum, welcher erst bei einer führenden Marktposition wieder in stärkerem Maße gegeben ist.

Parallel hierzu verlaufen die Auswirkungen des Preiswettbewerbs in folgender Weise: Die Deckungsbeiträge und Margen schrumpfen bei einer mittleren Unternehmensgröße, so dass sich das Unternehmen in einem »ROI-Loch« befindet.[28] Im Vergleich hierzu weisen kleinere oder marktführende Unternehmen häufig eine bessere Ertragssituation auf. Für Unternehmen mittlerer Größe gewinnt die Möglichkeit des anorganischen Wachstums deshalb stark an Attraktivität. Allerdings können große Unternehmen diese Strategie leichter finanzieren.

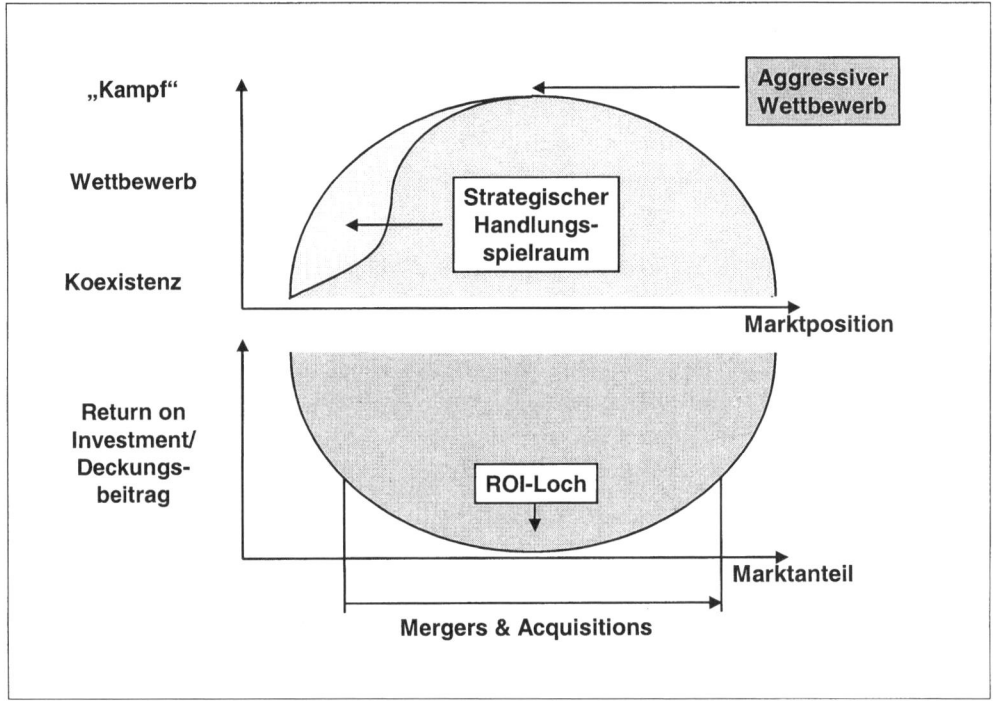

Abb. 2.1.-4: Überwindung der nachteiligen Unternehmensgröße durch M&A

Heute setzt sich allerdings zunehmend die Erkenntnis durch, dass diese idealtypische Darstellung von vornherein nicht mehr für jede Branche gleichermaßen gilt.[29] Gerade in Branchen mit intensivem Preiswettbewerb, wie etwa der Telekommunikationsbranche, ist ein überdurchschnittlicher Ertrag nur mit einer gewissen Mindestgröße und damit durch Konzentration zu erzielen. Dies erfordert also von Anfang an eine Strategie des profitablen Wachstums.

Der dargestellte Mechanismus gilt nicht nur für den Lebens- und Entwicklungszyklus eines Unternehmens, sondern er greift auch, wenn sich die Marktgröße, das Marktumfeld und die Wettbewerbssituation verändern. Für viele Unternehmen ist dies durch die Globalisierung der Märkte gegeben. Relative Größe auf nationalen oder kontinentalen Märkten reicht in weltweiten Dimensionen nicht mehr aus. Bildlich gesprochen, wird das Unternehmen in seiner Markt-macht und Wettbewerbsposition also neu bewertet und dabei auf eine geringere relative Größe und Bedeutung »zurückgestuft«. Dies trifft um so mehr zu, wenn Wettbewerber, die dieses Problem frühzeitig erkannt haben, bereits M&A-Aktivitäten unternommen haben.[30] Auch grenzüberschreitende M&A sind durch die Globalisierung der Wirtschaft an der Tagesordnung. Ein Beispiel hierfür ist der Zusammenschluss der luxemburgischen Arbed, der spanischen Ace-ralia und der französischen Usinor zum weltweit größten Stahlkonzern Arcelor.[31] Dieser Zu-sammenschluss ist von der europäischen Kartellbehörde genehmigt worden, da sich die Bran-chenstrukturen durch die Globalisierung in der oben skizzierten Weise verändert haben. Vo-rausgegangen war auf deutscher Seite bereits der Zusammenschluss von Thyssen und Krupp. Deutsche Unternehmen führten schon 1999 etwa 50 Prozent aller M&A mit einem ausländi-schen Partner durch.[32]

Zusätzlich ist Folgendes möglich: Die Wachstumsentscheidung eines Unternehmens kann durch die strategische Positionierung im Portfolio hergeleitet, begründet und damit auch erklärt werden. Neben dem Wachstum in der gleichen Branche kann die Entscheidung auch zugunsten des Wachstums in einer anderen Branche gefällt werden, wenn die angestammte Branche über keine ausreichenden Potenziale mehr verfügt.

Ein Beispiel für eine Strategie der Repositionierung im Portfolio stellt der Zusammenschluss von Preussag AG und Hapag-Lloyd AG[33] mit deren Tochter TUI dar. Hier stand die Kompe-tenzverlagerung in neue Wachstumsmärkte im Vordergrund, da zwischen den Branchen Ener-gie/ Grundstoffe/ Gebäudetechnik und Touristik/ Logistik keine ressourcen- oder zielgruppen-bezogenen Verbindungen bestehen. Inzwischen wird aufgrund dieser Wachstumsentscheidung Preussag umbenannt in TUI und damit der Schwerpunkt seiner Geschäftätigkeit nach außen deutlicher gemacht. Ein weiteres Beispiel für die strategische Veränderung von Unternehmen in ihrem Branchenschwerpunkt ist der Ausbau des Wasser- und Müllentsorgungsunternehmens Vivendi zu einem Mischkonzern mit starker Ausrichtung auf die Medienbranche. Hierauf wird später noch ausführlicher eingegangen.

In gleicher Weise wurde vor über zehn Jahren die Branchenfokussierung von Mannesmann verändert. Das Unternehmen hat sich vom Industrieanlagenbauer und Weltmarktführer im Stahlröhrengeschäft durch den Zukauf der VDO-Gruppe zum Automobilzulieferer und durch organisches und externes Wachstum zu einem führenden Unternehmen der Telekommunikati-onsbranche entwickelt. Allerdings ist mit der Übernahme durch Vodafone eine Entwicklung eingetreten, auf die unter M&A-Gesichtspunkten – wie noch gezeigt wird – erhebliche Verän-derungen mit sich brachte.

Im Falle von Preussag und Mannesmann besaßen die Unternehmen in ihrem ursprünglichen Stammgeschäft eine Cash-Cow-Position. Bei dieser war allerdings zu erkennen, dass sie sich in absehbarer Zeit zu einer Poor-Dog-Position verändern wird. Daher wurden rechtzeitig Teile der Gewinne zur Finanzierung der Akquisition von Unternehmen in Wachstumsmärkten benutzt. Ziel war es, eine Star-Position zu erreichen, also einen hohen relativen Anteil in einem von

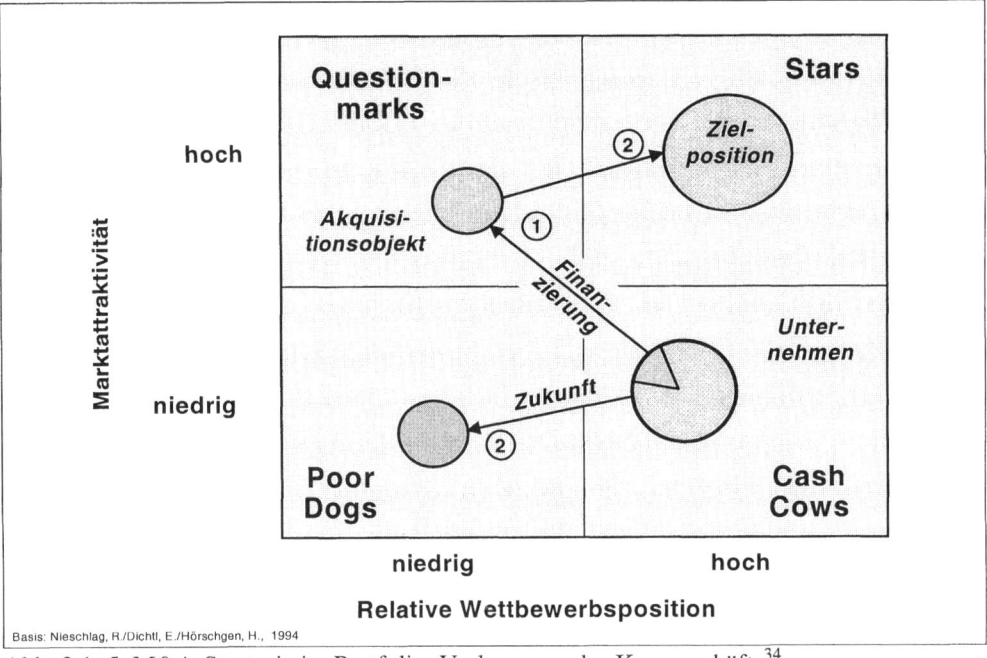

Abb. 2.1.-5: M&A-Strategie im Portfolio: Verlagerung des Kerngeschäfts[34]

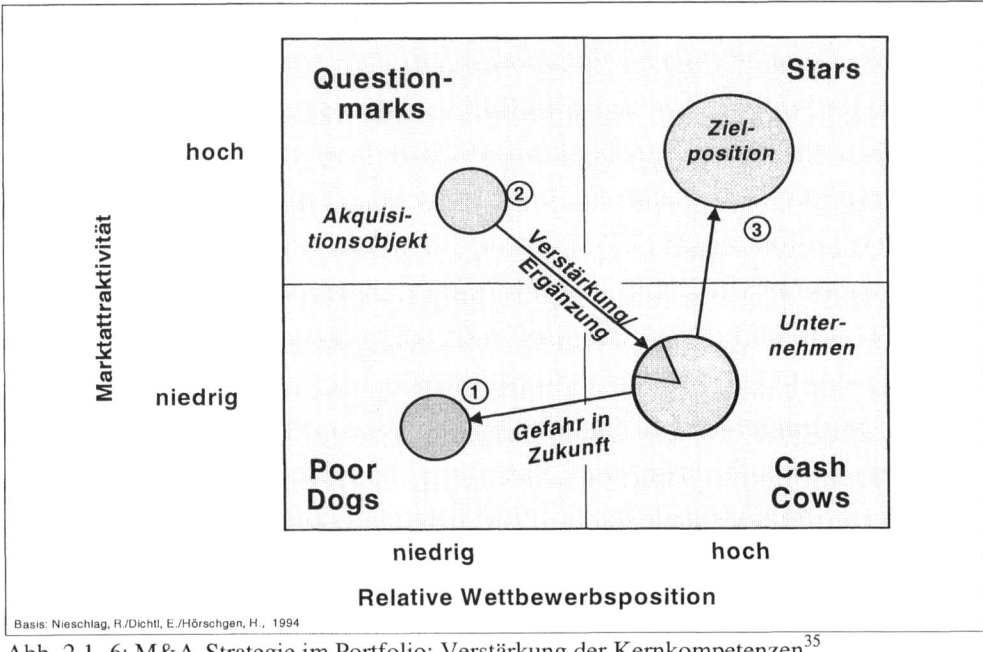

Abb. 2.1.-6: M&A-Strategie im Portfolio: Verstärkung der Kernkompetenzen[35]

hohem Wachstum gekennzeichneten Markt (vgl. Abb. 2.1.-5). Die Frage ist dabei jedoch immer, zu welchem Preis Targets erworben werden und ob damit bezogen auf die in Wachstumsmärkten erreichbaren Renditen der Einstieg nicht zu teuer erkauft wurde. Dies zeigt: Die Strategie alleine, die eine Erfolgsgeschichte zum Gegenstand haben kann, ist nicht nur entscheidend. In gleicher Weise kommt es auf die Umsetzung dieser Strategie in einer ausgewogenen Preis-Rendite-Relation an.

Unternehmen, die von einer drohenden Veränderung der Cash-Cow-Position zur Poor-Dog-Position betroffen sind, können mittels M&A aber auch versuchen, eine Star-Position im eigenen Kerngeschäftsfeld zu erreichen (vgl. Abb. 2.1.-6). Die Kernkompetenzen des Unternehmens können hier durch den Zukauf von Unternehmen verstärkt, oder es können branchenübergreifende Systemangebote ermöglicht werden.

Die M&A-Tätigkeit eines Unternehmens kann demnach entweder durch eine strategische Entscheidung auf Basis der Portfolioanalyse oder durch die Gewinn- und Ertragslage begründet sein. Oder sie bildet die Reaktion auf erfolgreiche M&A-Aktivitäten von Wettbewerbern (vgl. Abb. 2.1.-7).

Proaktives Handeln ermöglicht generell eine gründlichere strategische Fundierung der Fusionsentscheidung und vermindert damit die Gefahr eines Scheiterns. Diese Möglichkeit der langfristigen strategischen Vorbereitung besteht für die Wettbewerber der fusionierten Unternehmen nur noch eingeschränkt. Sie unterliegen einem starken Zeit- und Handlungsdruck, um

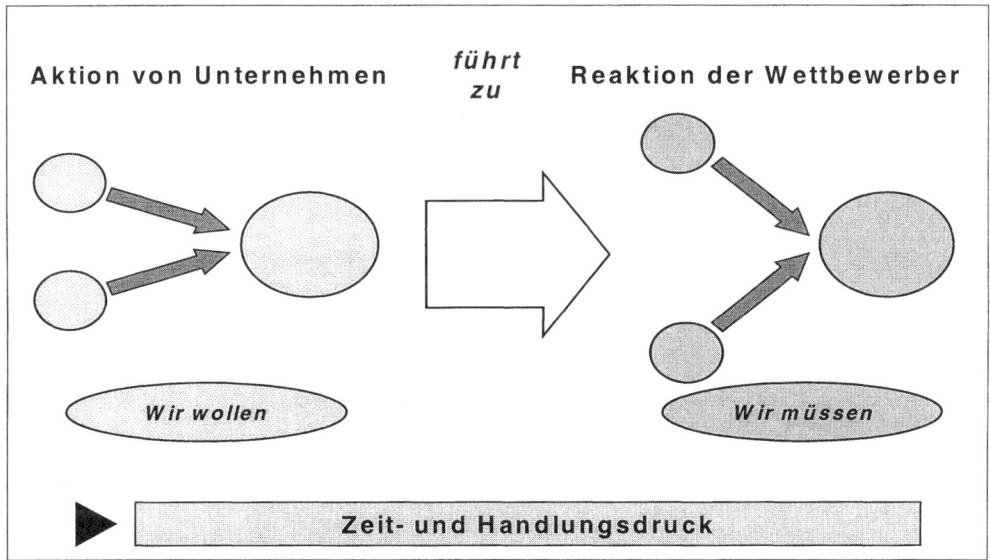

Abb. 2.1.-7: Wettbewerb erzeugt Fusions- und Akquisitionsdruck

ihre alte Wettbewerbsposition wieder zu erreichen. In der Konsequenz kann dies sogar zu Fusionen mit Unternehmen führen, die nicht den gewünschten und damit richtigen strategischen Fit aufweisen.

Der in Abbildung 2.1.-8 dargestellte Zusammenschluss von America Online (AOL) und dem Medienkonzern Time Warner, beide Marktführer in ihrer Branche[36], ist ein Beispiel für eine Fusion, welche die Wettbewerber zur Reaktion zwingt.

Sie zeigt außerdem die Konvergenz der klassischen Medienbranche mit dem Internet.[37] Mit diesen beiden Unternehmen wird eine direkte Verbindung geschaffen zwischen den traditionellen Medien mit den Schwerpunkten Fernsehen, Magazine und Nachrichtensender auf der einen Seite und den neuen Medien mit dem Schwerpunkt auf dem Internet sowie allen damit verbundenen Diensten auf der anderen Seite. Dies verändert die Wettbewerbssituation im gesamten Medien- und Kommunikationssektor und führt zur Bildung einer »Branche der Zukunft«. Die Dynamik bei den Vorgängen wird deutlich, wenn man sieht, dass innerhalb von zwei Wochen nach der Einigung über die Fusion eine weitere Gesellschaft, die britische EMI Group, gekauft wurde.

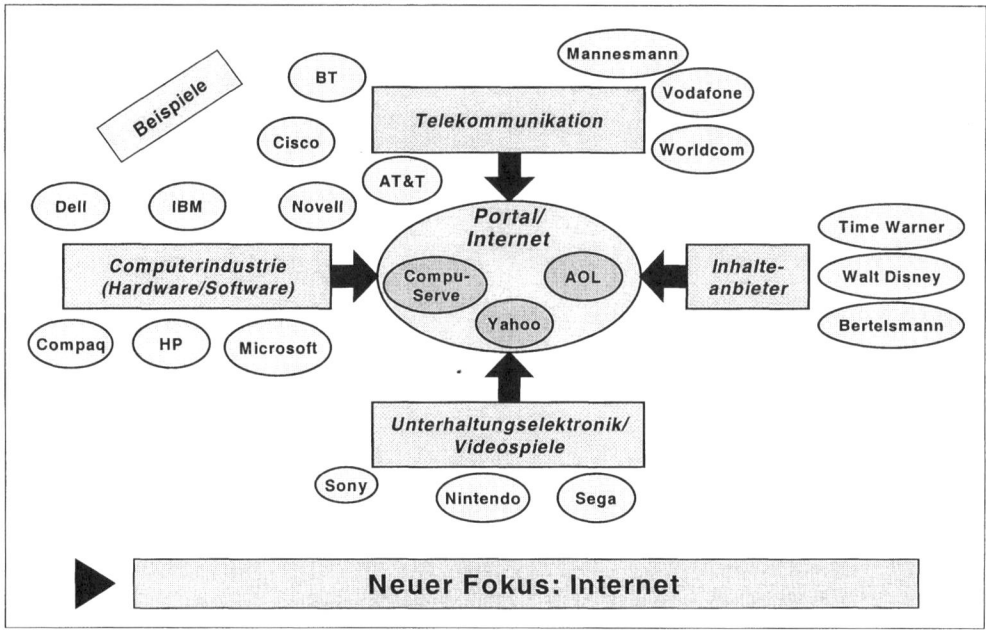

Abb. 2.1.-8: Zusammenwachsen unabhängiger Branchen

Die Frage ist, ob dieses »Fusionsfieber« bereits wieder abklingt. Bedenkt man, dass Unternehmen, die durch Zusammenschlüsse von Wettbewerbern von einer führenden Marktposition verdrängt wurden, schnell nach geeigneten Marktpartnern suchen, um diese Position der Marktmacht wiederzugewinnen, so ist diese Frage wohl eindeutig zu verneinen. Allerdings hat der Einbruch der Internetbranche und damit des E-Business einschließlich des E-Commerce hier wieder mehr Realitätsbezug in Wachstumspläne gebracht und damit manche »M&A-Seifenblase« zum Platzen gebracht.

2.2. Aktuelle Situation

> Grundsatz: Die fünfte M&A-Welle wird gegenwärtig durch die Auswirkungen steuergesetzlicher Regelungen, Probleme der New Economy und die Auswirkungen der Ereignisse am 11. September 2001 beeinflusst.

In den letzten Jahren haben aus den genannten Gründen die Fusionen und Akquisitionen weltweit sowohl zahlen- als auch wertmäßig so stark zugenommen, dass sie in der Wirtschaftspresse als »Fusionsfieber« bezeichnet werden. Allein 2000 fanden fast 37.000 Transaktionen mit einem Gesamtwert von 3,48 Bio. US-$ statt (vgl. Abb.2.2.-1).

Weltweite Unternehmensübernahmen und -beteiligungen

1992: 7.500 Fusionen

1998: 24.000 Fusionen

M&A in 2000:
US-$ 3,48 Billionen   36.686 Transaktionen

M&A in 2001:
US-$ 1,7 Billionen   28.800 Transaktionen

Quelle: Welt am Sonntag, 04.04.99; WSJE, 02.01.01; HB, 26.04.01; FTD, 10.01.02

Abb. 2.2.-1: Die Zunahme von M&A[38]

Bereits im ersten Quartal 2001 gab es einen Rückgang der M&A-Vorhaben, insbesondere mit deutscher Beteiligung. Im gesamten Jahr 2001 fanden lediglich Transaktionen im Wert von etwa 1,7 Bio. US-$ statt, und auch im ersten Quartal 2002 sind die M&A-Aktivitäten eher zögerlich, dies deutet aber noch nicht das Ende der Fusionswelle an. Spätestens im Jahr 2003 werden diese Zahlen wohl wieder ansteigen.[39]

Für die »Ruhepause« im ersten Quartal 2001 sind vor allem zwei Punkte verantwortlich: Erstens nahm bei der wertmäßigen Betrachtung 1999/ 2000 die Übernahme von Mannesmann durch Vodafone mit ca. 200 Mrd. US-$[40] bereits 30 Prozent ein, und zweitens sind seit dem 01.01.2002 Veräußerungsgewinne für deutsche Unternehmen steuerfrei. Ein weiterer Grund könnte auch der starke Kurseinbruch bei vielen IT-Firmen sein, wodurch ihre Akquisitionsmöglichkeiten stark eingeschränkt wurden. Fest steht jedoch, dass der Konzentrationsprozess noch andauern wird und insbesondere in den Branchen stattfindet, die einem starken Wettbewerb unterliegen.

Nach den Anschlägen auf das World Trade Center in New York im September 2001 hat sich in den USA auch die Zahl von Fusionen und Übernahmen verringert. Der Grund liegt darin, dass sich der Abschluss von einigen größeren geplanten Fusionen verzögert oder geplante Abschlüsse gegenwärtig sogar abgesagt werden. Maßgeblich sind hierfür die Unwägbarkeiten bei der weiteren Entwicklung der Aktienkurse, zumal wenn Aktien als Währung für Akquisitionen verwendet werden. So hatte beispielsweise General Motors Corp. mitgeteilt, dass die Verhandlungen über den Verkauf seiner Tochtergesellschaft Hughes Electronics länger dauerten als vorgesehen. Gleiches gilt für den geplanten Verkauf der Kabelsparte von AT&T. Auch die Übernahme von Compaq durch Hewlett Packard verzögerte sich hierdurch. Die Anschläge haben insbesondere Fusionen von Reiseunternehmen aufgrund der nachlassenden Nachfrage eingeschränkt.

Nach dem Skandal um den Konkurs von Enron und der steigenden Wahrscheinlichkeit für verheerende Prüfungsfehler durch Arthur Andersen sind auch die Risiken bei Fusionen und Übernahmen verstärkt in das Blickfeld von Unternehmen und Aktionären gerückt. Dies führt zu einer intensiveren Prüfung in der Due-Diligence-Phase und stellt ebenfalls einen der Gründe für die geringe M&A-Aktivität dar.[41]

Nun wieder zurück zur Entwicklung der M&A-Aktivitäten in den letzten Jahren: Auch die Fusionen und Übernahmen von Unternehmen mit europäischer Beteiligung unterlagen 1999 und 2000 einer rasanten Entwicklung, wie von Thomson Financial Securities Data festgestellt wurde. 1999 fanden bereits 11.050 M&A mit europäischer Beteiligung und mit einem Wert von 1.082 Mrd. US-$ statt, diese Entwicklung wurde sogar im Jahr 2000 mit einer Anzahl von 12.450 und einem Wert von 1.510 Mrd. US-$ noch übertroffen.[42] Dabei hatten jedoch 96 Prozent der M&A einen Wert von weniger als 220 Mio. Euro, 82 Prozent sogar von weniger als 50 Mio. Euro. Dies weist darauf hin, dass insbesondere der Mittelstand an der Internationalisierung durch M&A beteiligt ist.[43]

Betrachtet man ausschließlich die europäischen Länder, welche den Euro eingeführt haben, dann war die Entwicklung der Fusionen und Übernahmen dagegen nach Zahl und Volumen bis 2001 stetig rückläufig (vgl. Abb. 2.2.-2). Experten gehen aber von einem neuen Aufschwung spätestens im Jahr 2003 aus. Denn aufgrund der niedrigen Börsennotierung vieler Unternehmen am Ende einer Rezessionsphase bieten sich hier günstige Einkaufschancen bzw. in Finanzschwierigkeiten geratene Unternehmen suchen einen finanzstarken Partner, um die drohende Insolvenz abzuwenden. Im Falle eines Konjunkturaufschwungs steigt zudem auch die Bereitschaft der Unternehmen wieder an, eine strategische Neuausrichtung mittels Akquisition vorzunehmen.[44]

In Deutschland hebt sich die Entwicklung des Volumens der Unternehmensübernahmen im Jahr 2000 sehr deutlich ab. Hier stieg das Volumen vor allem durch die Übernahme von Mannesmann durch Vodafone auf 478 Mrd. Euro (vgl. Abb. 2.2.-3). Die Tendenz ist jedoch ohne diese Ausnahme leicht fallend.

Im ersten Quartal 2002 wurde durch den Informationsdienst Mergermarket allerdings ein Plus von 6,5 Mrd. Euro auf 19,3 Mrd. Euro festgestellt. Diese Steigerung entstand insbesondere durch den Verkauf des Tabakkonzerns Reemtsma an die britische Imperial Tobacco für 6,8 Mrd. Euro.[45] Durch die zum Jahresbeginn 2002 in Kraft getretene Stufe der Steuerreform sind – wie bereits angesprochen – in Deutschland Verkäufe von Beteiligungen steuerfrei möglich, so dass der ansteigende Trend des ersten Quartals möglicherweise Bestand haben wird. Beschleunigen könnten dies die Befürchtungen, die Neuregelung könnte rückgängig gemacht werden, um so höhere Steuereinnahmen zu realisieren.[46]

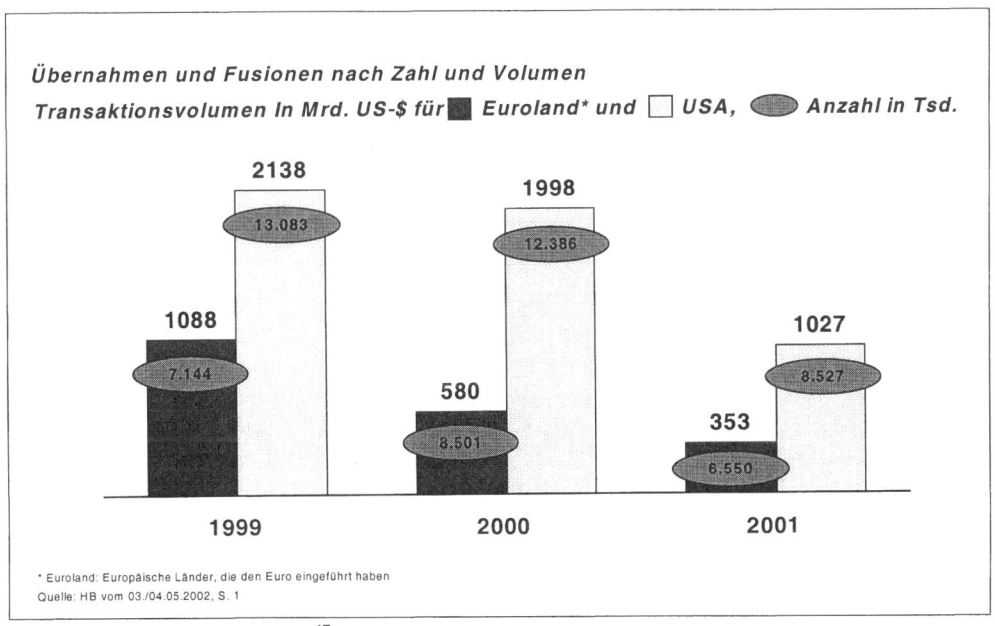

Abb. 2.2.-2: Talsohle erreicht[47]

Neben der Anzahl hat sich seit 1999 auch die Größenordnung bei M&A-Aktivitäten deutlich erhöht, wobei jeweils einige wenige Transaktionen einen großen Teil des weltweiten Transaktionsvolumens bilden. Die häufigsten und wertmäßig größten Unternehmenskäufe und Zusammenschlüsse erfolgten in den USA. Viele der in Abbildung 2.2.-4 aufgeführten M&A-

Aktivitäten fanden zumindest unter Beteiligung eines amerikanischen Partners statt. Der 1998 als »Mega-Fusion« bezeichnete Zusammenschluss von Daimler-Benz und Chrysler ist bei-spielsweise immer noch der größte der Branche Automobilindustrie, aber deutlich kleiner als Fusionen in anderen Branchen, wie z.B. Telekommunikation und Medien.

Wie aus der Abbildung ersichtlich, wurden die meisten der großen Transaktionen in der Tele-kommunikationsbranche durchgeführt. Dies ist insbesondere auf die Deregulierung der Märkte, die schnellen technologischen Veränderungen, das hohe Marktwachstum, die erreichbaren Netzwerkexternalitäten und die bereits entstandene Dynamik durch vollzogene Fusionen und Akquisitionen zurückzuführen. Zumindest in der Tendenz lässt dies die Schlussfolgerung zu, dass die Verschärfung des Wettbewerbs häufig durch Zusammenschlüsse beantwortet wird.

Auch wenn die großen Fusionen von Pfizer und Warner Lambert sowie Glaxo und SmithKline Beecham bereits zwei Jahre zurückliegen, ist auch in der Pharma-Industrie der Konsolidie-rungstrend nicht abgerissen. Beispiele hierfür sind die Übernahme von Immunex durch Amgen

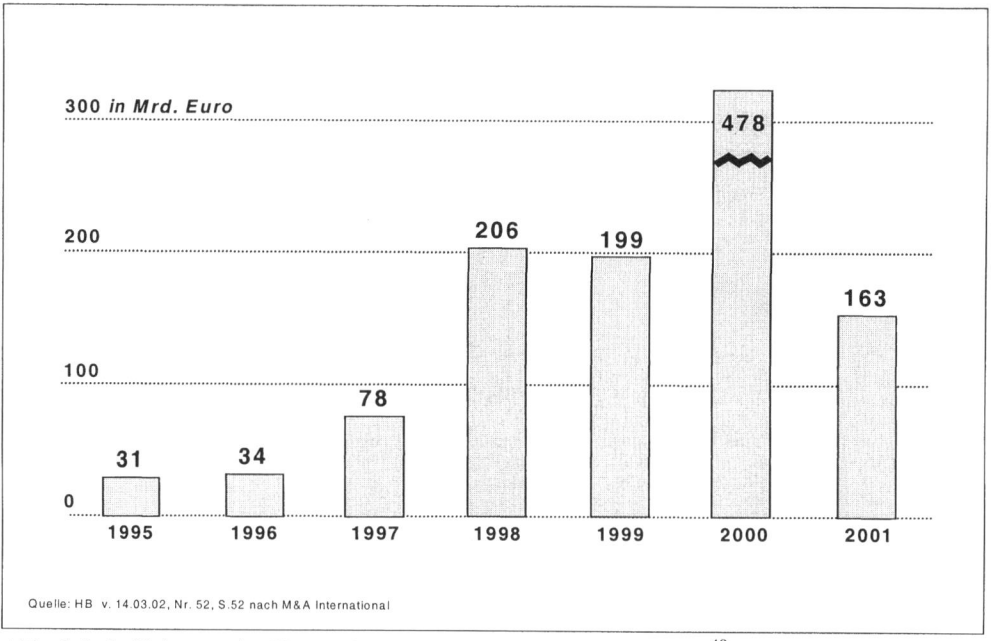

Quelle: HB v. 14.03.02, Nr. 52, S.52 nach M&A International

Abb. 2.2.-3: Volumen der Unternehmensübernahmen in Deutschland[48]

oder von BASF-Pharma durch Abbot. Vor allem kleine und mittelständige Pharma-Unternehmen werden aktuell vom Ablauf der Patente für ihre Haupt-Umsatzträger bedroht, was zu einem Umsatzeinbruch bei diesen Produkten von bis zu 80 Prozent führt. Nach bisheri-gen Erfahrungen bieten Fusionen zwar nur selten Vorteile im Bereich der Innovation, haben sich aber gerade im Pharmabereich – wie in Abbildung 2.2.-5 ersichtlich – als zuverlässiges Instrument zur Kostensenkung erwiesen.[49]

	Unternehmen	Länder	Branche	Wert	Jahr
1	Vodafone + Mannesmann		Telekom	204	2000
2	AOL + Time Warner		Internet / Medien	159	2000
3	Pfizer + Warner Lambert		Pharma	89	2000
4	Exxon + Mobil		Mineralöl	88	1998
5	Glaxo + SmithKline Beecham		Pharma	80	2000
6	Travelers + Citicorp		Banken	75	1998
7	SBC + Ameritech		Telekom	74	1998
8	Vodafone + Airtouch		Telekom	60	1999
9	AT&T + Media One		Telekom	60	1999
10	VoiceStream + Dt. Telekom		Telekom	58	2000
11	Comcast + AT&T Broadband & Internet Services		Telekom	51	2001
12	Nationsbank + Bank America		Banken	50	1998
13	BP + Amoco		Mineralöl	48	1998
14	Orange + France Telecom		Telekom	46	2000
15	J.P.Morgan + Chase Manhattan		Banken	43	2000
16	Texaco + Chevron		Mineralöl	42	2000
17	SDL + JDS Uniphase		Netzwerk	40	2000
18	Worldcom + MCI		Telekom	38	1998
19	Associates First Capital + Citigroup		Banken	36	2000
20	Cable & Wireless HKT + Pacific Century CyberWorks		Telekom	36	2000
21	Vivendi + Seagram		Medien	36	2000
22	Daimler-Benz + Chrysler		Auto	35	1998

Basis: Baumann/Berke, Wirtschaftswoche, Nr.41, 1999, S. 90; www.sueddeutsche.de (07.02.00); www.wiwo.de (13.03.00); www.mergerstat.com (24.07.00); www.manager-magazin.de (23.10.00); www.mergerstat.com, 29.01.02; FTD 10.01.02	Wert in Mrd. Euro

Abb. 2.2.-4: Fusionsfieber in den letzten Jahren[50]

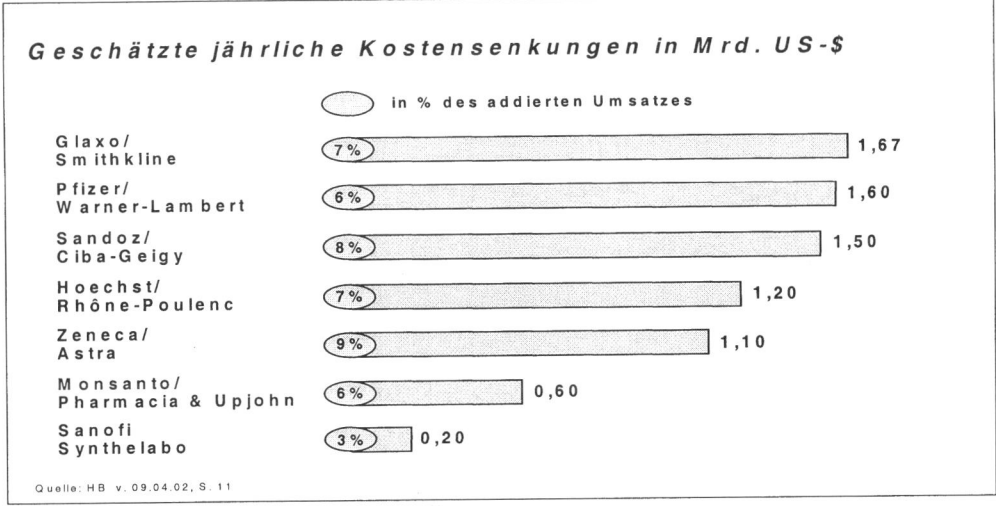

Abb. 2.2.-5: Lukrative Pharma-Fusionen[51]

Pharmaexperten rechnen in den nächsten drei bis fünf Jahren mit dem Entstehen von Pharma-konzernen mit mehr als zehn Prozent Marktanteil – Pfizer als führender Arzneimittelkonzern hat 2002 einen Marktanteil von circa sieben Prozent.[52]

2.3. Arten von Mergers & Acquisitions

Grundsatz: Eine klare Unterscheidung der unterschiedlichen Ansatzpunkte und Arten von Zu-sammenschlüssen verhindert unrealistische Erwartungen und damit nicht erfüllbare Wirkungen.

Zunächst sollen einführend die unterschiedlichen Arten von Kooperationen erläutert werden.[53] Fusionen und Akquisitionen sind dabei lediglich spezielle Formen unterschiedlicher Kooperations-möglichkeiten zwischen Unternehmen, wie sie in Abbildung 2.3.-1 wiedergegeben sind.

vorher	nachher		Beispiel
		Strategische Allianz	Lufthansa + United Airlines (Star Alliance)
		Joint Venture	Daimler-Benz und Swatch ➡ MCC (Smart)
		Akquisition	Wal-Mart ⬇ Wertkauf
		Fusion	Dasa + Aero-spatiale-Matra = EADS

Abb. 2.3.-1: Arten der Kooperation

Strategische Allianzen beziehen sich im Gegensatz zu M&A nur auf einen Teil des Unternehmens. Hier kooperieren häufig direkt miteinander im Wettbewerb stehende Unternehmen, also ist dies oft eine Zusammenarbeit zwischen Unternehmen der gleichen Branche. So wollen die Unternehmen in genau fixierten Gebieten bedeutende Wettbewerbsvorteile erreichen, welche sonst nicht oder nur mit unverhältnismäßig großem Aufwand realisiert werden könnten. Siemens und der japanische Fujitsu-Konzern haben 1999 beispielsweise ihr Computergeschäft zusammengelegt, um so die Produktion verdoppeln zu können.[54]

Das Joint Venture ist eine Form der Kooperation, bei der ein vollkommen neues gemeinsames Unternehmen gegründet wird, um bestimmte Anforderungen der Technologie bzw. der Forschung und Entwicklung oder des Marktes bzw. einzelner Weltmarktregionen besser erfüllen zu können. Ein Beispiel aus der unternehmerischen Praxis ist hier das Joint Venture zwischen Daimler-Benz und Swatch, die beide das Unternehmen MCC (Smart) gemeinsam gründeten. Inzwischen ist dieses Unternehmen jedoch ein Geschäftsfeld der DaimlerChrysler AG, an der Swatch keinen Anteil mehr hat. Die Anforderungen an eine solche Kooperation zeigen sich in der nicht selten auftretenden Tatsache, dass, wie auch in diesem Beispiel, Partner nach einer gewissen Zeit aus dem Gemeinschaftsunternehmen ausscheiden. Die Gründe hierfür sind in der Regel veränderte Umfeldprämissen, die sowohl markt als auch produktbezogen auftreten können.

Die Akquisition, also der Kauf eines Unternehmens mit anschließender Integration, führt schließlich zum Verschmelzen eines Unternehmens auf ein anderes. Als Beispiel kann hier der regelrechte »Übernahme-Rundumschlag« der Wal-Mart Stores Inc. zu Beginn in Europa angeführt werden. So akquirierte das amerikanische Unternehmen unter anderem Wertkauf, Interspar und die drittgrößte britische Supermarktkette Asda Group Plc.[55] Bei dieser Art der Kooperation verliert ein Unternehmen seine wirtschaftliche Selbständigkeit, auch wenn es seine rechtliche Selbständigkeit behält. Dies führt dann häufig zum Verlust der Identität des akquirierten Unternehmens, da es in das neue Mutterunternehmen integriert wird.

Bei einer Fusion schließen sich zwei oder mehrere Unternehmen unter Aufgabe ihrer bisherigen Selbständigkeit und ursprünglichen Identität zu einem neuen Unternehmen zusammen. Als Beispiel kann hier die Fusion zwischen der deutschen Dasa und der französischen Aerospatiale-Matra zur European Aeronautic Defense and Space Company (EADS) genannt werden.[56]

Die grundsätzliche Frage ist bei Fusionen, ob ein so genannter »Merger of Equals« oder ein »Merger of Unequals« besser im Sinne von effizienter und zielführender ist und deshalb angestrebt werden sollte. Die Meinung in der Literatur auf der Basis durchgeführter Studien ist nicht einheitlich, tendiert aber mehr dahin, dass ein Zusammenschluss und Zusammenwachsen von auf Dauer gleichberechtigten Unternehmen eher die Ausnahme als die Regel ist.[57]

Generell ist ein Merger of Equals also ein hehres Ziel. Sein Gelingen setzt voraus, dass beide Partner erstens das Wohl des neu entstehenden gemeinsamen Unternehmens vordringlich oder sogar ausschließlich im Visier haben und damit Eigeninteressen hinten anstellen. Zweitens erfordert dies zum Beispiel, dass beide Unternehmen weitgehend gleiche Grundsätze für strategische Entscheidungen und operatives Management anwenden. Nur dann ist davon auszugehen, dass effiziente Weichenstellungen erfolgen, langwierige Diskussionen unterbleiben und eine Verwässerung von Entscheidungen in Form nicht tragfähiger Kompromisse vermieden wird. Drittens darf diese angestrebte Balance nicht zu Proporzdenken führen, da sonst Positionen im Management nicht nach dem Grundsatz der höchsten Fach- und Führungskompetenz besetzt werden.

Wie diese Argumente zeigen, ist in der Praxis die Konsequenz eines Merger of Equals also nicht immer die Konzentration der Stärken und der Besten, sondern manchmal auch eine Schwächung des Unternehmens und Verlangsamung des Integrationsprozesses. Das Problem besteht dabei nicht nur bei den Marken und Produkten sowie auch Prozessen, die im Gesamtzusammenhang stimmig zu gestalten sind, um negative Überstrahlungseffekte oder sogar Friktionen zu vermeiden. Vielmehr kommt es auch auf den Fit der beiden Unternehmenskulturen an. Gerade bei unterschiedlichen Nationalitäten der Fusionspartner sind in dieser Hinsicht an einen Merger of Equals zusätzliche Anforderungen gestellt. Hierauf wird im 10. Kapitel bei der Vernetzung von Unternehmenskulturen und dem Interkulturellen Lernen ausführlich eingegangen.[58]

Die Konsequenz liegt auf der Hand: Immer wenn diese Anforderungen weitgehend nicht in Reinkultur gegeben sind, wird ein Merger of Equals zumindest die angestrebten Ziele nicht erreichen, da hierdurch die Marktmacht und Wettbewerbsposition des neuen Unternehmens eher geschwächt und beeinträchtigt wird. Die pragmatische Lösung ist dann auch bei einer Fusion ein mehr oder weniger großer Merger of Unequals, wie er typischerweise bei einer Akquisition gegeben ist. Um Missverständnissen gleich vorzubeugen: Dies hindert nicht daran, dass auch das übernehmende Unternehmen bessere Konzepte und Strategien des Target bestehen lässt und selbst fortführt. Das Entscheidungskriterium ist aber in jedem Falle die Effizienz und damit ein Wertzuwachs für das neue Unternehmen.

Generell kann auf der Basis dieser Ausführungen festgehalten werden: Das Problem kann bei langwierigen Entscheidungs- und schwierigen Einigungsprozessen nicht dadurch gelöst werden, dass eine Einigung auf den kleinsten gemeinsamen Nenner erfolgt. Denn dann verliert das Unternehmen in der Regel an Effizienz und Schlagkraft. Dies ist mit ein häufiger Grund, dass Fusionen nicht die gewünschten und errechneten Ergebnisse erbringen und manchmal sogar scheitern. Denkt man diesen Gedankengang zu Ende, dann ist also eine Akquisition immer mit einem Ungleichgewicht an Einfluss, Vorgaben und damit Macht verbunden. Zugleich wird aber der Integrationsprozess durch die klare Funktionstrennung in einen »Integrationsgeber« und »Integrationsnehmer« beschleunigt und verbessert. Viele Probleme von Unternehmenskulturen treten damit gar nicht auf. Die bisherige Kultur des Target-Unternehmens wird allerdings nur noch in sehr eingeschränkter Form weiterbestehen.

Für Akquisitionen oder Fusionen ist zusätzlich maßgeblich, in welche Richtung der Zusammenschluss gehen soll. Argumentiert man auf der Basis der Ansoff-Matrix mit Produkt-Markt-Kombinationen, die als eine Dimension gleiche, verwandte oder neue Märkte und als andere Dimension Produkte in der entsprechenden Abstufung unterscheidet, dann lassen sich vier Basisstrategien erkennen. Hagemann hat in einer empirischen Analyse die Häufigkeit dieser vier unterschiedlichen Ausrichtungen untersucht. Unabhängig von der Branchenzugehörigkeit stellte er einen Trend zu horizontalen M&A-Aktivitäten fest. In die Produkt-Markt-Matrix von Ansoff[59] eingeordnet ergab sich folgende Verteilung der Antworten der befragten Unternehmen (in Prozent; Mehrfachnennungen möglich):

- 95 Prozent Marktdurchdringungsstrategie
  Akquisition in vertrauten Märkten und vertrauten Produkten

- 80 Prozent Produktentwicklungsstrategie
  Akquisition in neuen Märkten, aber vertrauten Produkten

- 40 Prozent Marktentwicklungsstrategie
  Akquisition in vertrauten Märkten, aber neuen Produkten

- 20 Prozent Diversifikationsstrategie
  Akquisition in neuen Märkten und neuen Produkten.[60]

Dass insbesondere auf die Stärkung der Kernkompetenzen fokussierte Fusionen und Übernahmen bei Banken sowie der Zusammenschluss von Instituten mit ähnlichen Schwerpunkten Mehrwert schaffen, konnten Schiereck/ Wahrenburg/ Beitel in einer Analyse aller 98 Bankenfusionen zwischen 1985 und 2000, an denen europäische Bieter beteiligt waren, nachweisen. An der Börse honoriert wurde beispielsweise das eindeutige Sparpotenzial im Filialnetz beim Zusammenschluss von Hypo-Bank und Vereinsbank. Dagegen werden Diversifikationen oder grenzüberschreitende Fusionen an der Börse eher skeptisch betrachtet und nicht mit hohen Kursgewinnen belohnt.[61]

Von zusätzlichem Interesse ist die ergänzende Differenzierung der M&A-Aktivität nach der Wertschöpfungsstufe und damit nach dem Grad der Verbundenheit bei der Leistungserstellung. Gemeint ist damit, ob der Zusammenschluss horizontal auf ein Unternehmen der gleichen Branche ausgerichtet ist, sich vertikal auf eine vor- oder nachgelagerte Wertschöpfungsstufe bezieht oder ob er lateral angelegt ist, also das hinzugekommene Unternehmen zu einer anderen Branche gehört. Abbildung 2.3.-2 verdeutlicht diese drei Richtungen.

Der horizontale Zusammenschluss verfolgt das Ziel, die Kernkompetenzen des Unternehmens zu stärken und die Präsenz bzw. Marktmacht in den Kernmärkten zu erhöhen. Beispiele sind die Unternehmen DASA, Aerospatiale und CASA der Luftfahrtindustrie[62] oder die Unternehmen Zeneca und Astra[63] und weiterhin der zu Beginn des Jahres 2000 angekündigte Zusammenschluss von Glaxo Wellcome und SmithKline Beecham. Nach dem ersten Scheitern der Verhandlungen zwischen Glaxo Wellcome und SmithKline Beecham im Februar 1998 entsteht jetzt als Merger of Equals der größte Medikamentenhersteller der Welt.

Durch einen vertikalen Zusammenschluss werden die Kernkompetenzen des Unternehmens erweitert, was in der Regel auf eine starke Kompetenz für Systemleistungen hinausläuft. Ein Problem dieses positiven strategischen Ansatzes kann dadurch entstehen, dass das Unternehmen mit einem Teil der bisherigen Kunden in Konkurrenz tritt. Beispiele für eine vertikale Integration von Wertschöpfungsstufen sind der Zusammenschluss der Heidelberger Druckmaschinen AG (HDM) mit Linotype-Hell[64] als Unternehmen der Druckvorbereitungsstufe oder

IBM und Lotus[65] als Verstärkung der Systemkompetenz von IBM im Bereich Groupware, also der Zusammenarbeit in PC-Netzwerken. Entsprechendes gilt für die Verbindung zwischen AOL als Internet-Portal-Provider und Time Warner als inhaltlicher Informationslieferant (Content-Provider).

Bei lateralen Zusammenschlüssen können drei Trends unterschieden werden. Einmal kann ein lateraler Zusammenschluss zweckmäßig sein, wenn durch die Produkte unterschiedlicher Branchen die gleiche(n) Zielgruppe(n) angesprochen werden und durch den Zusammenschluss die stärkere Präsenz bei der Zielgruppe zu Cross-Selling führt. Beispiele hierfür sind Louis Vuitton Moët Hennessy (LVMH) sowie Ebel[66] und TAG Heuer.[67] Die Luxusprodukte von LVMH richten sich an die gleiche Zielgruppe wie die Uhren im Premium-Segment der beiden anderen Unternehmen.

Die Initiierung einer Schwerpunktverlagerung des Kerngeschäftes durch M&A stellt ebenfalls ein lateralen Zusammenschluss dar. Hierbei erfolgt – wie vorstehend angesprochen – durch die Akquisition eine Repositionierung im Portfolio, meist ausgehend von einer Cash-Cow-Position mit dem Ziel, eine Star Position in neuen Wachstumsmärkten zu erreichen.

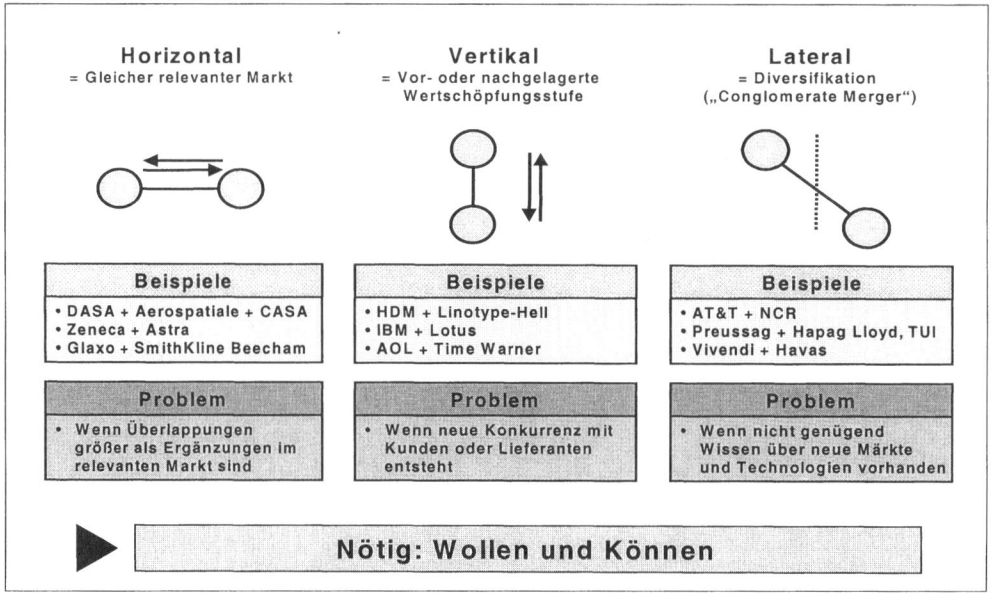

Abb. 2.3.-2: Richtungen von M&A

Wenn ersichtlich ist, dass zwei Branchen in der Zukunft zusammenwachsen werden, kann dies gleichfalls laterale Zusammenschlüsse hervorrufen. Hier versuchen die Unternehmen durch M&A ihre Wettbewerbsposition in der neuen Branche zu erhöhen oder in Reaktion auf bereits erfolgte Zusammenschlüsse von Konkurrenten ihre alte Position wiederzuerlangen.

So hat sich der französische Mischkonzern Vivendi, 1998 hervorgegangen aus dem Ver- und Entsorger Générale des Eaux, unter anderem durch den Kauf von Havas seine Aktivitäten im Bereich der Kommunikation stark ausgebaut, mit dem Ziel im Internet einer der Großen im Medien- und Kommunikationsgeschäft zu werden.[68]

Die Grundvoraussetzung für einen lateralen Zusammenschluss ist ausreichend großes Wissen und genügend Kompetenz in der neuen Branche, um eine erfolgreiche Unternehmenssteuerung zu gewährleisten.

Unterscheiden lassen sich zudem zwei Ansatzpunkte von Akquisitionen bzw. Fusionen: Zum einen können mit dieser Art der Kooperation Rationalisierungs- und Restrukturierungsmotive verbunden sein. Durch die angestrebte Bündelung und Neustrukturierung der Kräfte soll sich das Unternehmen auf den veränderten Märkten in der Zukunft besser behaupten können. Beispiele hierfür sind die Fusionen der Bayrischen Hypotheken- und Wechselbank mit der Bayerischen Vereinsbank oder Hoechst mit Rhône-Poulenc.

Zum anderen können Wachstumsmotive zu Grunde liegen, wie dies beispielsweise bei Preussag und TUI oder der Deutschen Post und Danzas der Fall war. Wachstumszusammenschlüsse erfahren gerade von den Mitarbeitern, Betriebsräten und Gewerkschaften in der Regel mehr Akzeptanz und Zustimmung. Denn sie weisen häufig einen höheren strategischen Fit auf als Rationalisierungszusammenschlüsse und sind nicht unbedingt mit einer grundsätzlichen Restrukturierung, und damit massiven Einsparung von Mitarbeitern verbunden.

Bis heute dominieren freundliche Übernahmen, bei denen also nicht nur die Shareholder, sondern auch das Management und die Mitarbeiter der Verschmelzung zustimmen. Eine feindliche Übernahme als Alternative ist in den USA bisher deutlich stärker realisiert worden, als dies in Europa und speziell in Deutschland der Fall ist.

Eine spezielle Art von feindlichen Übernahmen sind solche durch so genannte Corporate Raider. Sie sind darin begründet, dass der Kaufpreis eines Unternehmens deutlich geringer ist als der am Markt realisierbare Wert eines akquirierten Unternehmens und damit der summierte Wert seiner Einzelteile. In Abbildung 2.3.-3 ist dies schematisch dargestellt.

Kohlberg Kravis Roberts & Co (KKR) ist eine große Kanzlei bzw. ein Unternehmen, das durch Leveraged Buyouts genau diese Zielsetzung verfolgt und bereits mehrfach erfolgreich realisiert hat. Bei einem Leveraged Buyout wird die Übernahme durch Fremdkapital finanziert, da die Eigenkapitalrentabilität mit einem zunehmenden Fremdkapitalanteil steigt, solange die interne Verzinsung des investierten Kapitals höher ist als die Fremdkapitalzinsen für aufgenommenes Kapital.[69] Der Akquisiteur hat aufgrund knapper finanzieller Ressourcen ständig die Liquidität sicherzustellen.[70] Es liegt auf der Hand, dass diese Strategie nur aufgeht, wenn bei dem Zielunternehmen Voraussetzungen gegeben sind, die auch bei einer Wiederveräußerung positiv zu Buche schlagen.

Daneben ist es möglich, dass ein Unternehmen einen Unternehmensteil mit Zustimmung der Konzernmutter übernimmt. Dies war beispielsweise der Fall, als die Siemens Nixdorf Retail and Banking Systems GmbH an KKR und die GS Capital Partners III, die Kapitalanlagegesellschaft von Goldman Sachs, verkauft wurden.[71]

Jede Art unkontrollierter M&A-Aktivität führt jedoch zu negativen Folgewirkungen unter anderem auf die Finanzlage des Unternehmens – insbesondere durch notwendige Wertberichtigungen – und auf den Aktienkurs. Dies gilt für

- Übernahmen zu überhöhten Preisen,

- Übernahmen trotz mangelhafter Finanzkraft des kaufenden Unternehmens, so dass der Verkauf von Unternehmensteilen unter Wert notwendig ist, da keine positiven Leveraged Buyouts erzielt werden, um den Kauf zu finanzieren, oder

- Übernahmen ohne ausreichende Überprüfung der Erwartungen.

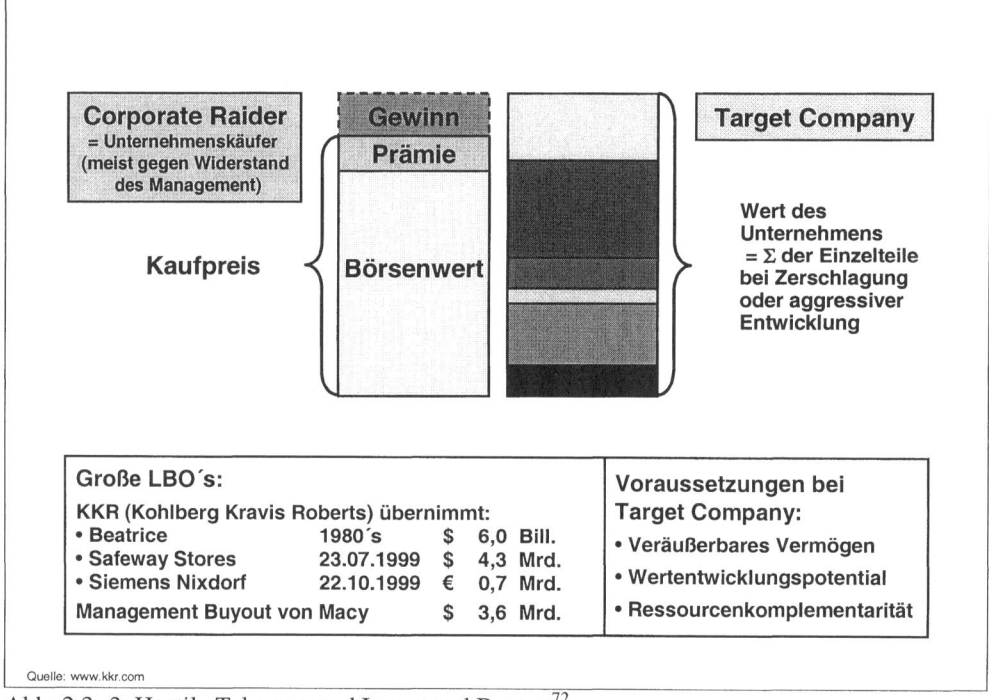

Abb. 2.3.-3: Hostile Takeover und Leveraged Buyout[72]

Ein Beispiel ist Vivendi. Der Mischkonzern erreichte durch Zukäufe im Wert von 112,5 Mrd. Euro den zweiten Platz der Mediensparte weltweit. Doch der Konzern hat damit einen Schuldenberg von 33 Mrd. Euro angehäuft. Zudem meldete er für das Jahr 2001 einen Verlust in Höhe von 13,7 Mrd. Euro, den höchsten der Wirtschaftsgeschichte in Frankreich. Allein im ersten Quartal 2002 stieg der Verlust auf weitere 17 Mrd. Euro an. Diese Verluste sind vor allem durch die bei der Umstellung auf US-GAAP notwendig gewordenen Goodwill-Abschreibungen in Höhe von 18 Mrd. Euro entstanden. Zusätzlich erschwerte die unerwartete Entlassung des Canal Plus Bereichsleiters Lescure durch Messier, den CEO von Vivendi, die Situation und Akzeptanz der Vivendi-Aktivitäten an der Börse. Das Ergebnis ist ein Kursverlust von über 45,4 Prozent im Zeitraum von Januar bis Anfang Mai 2002 auf 33,96 Euro (02.05.02). Begleitet ist dies von Vorwürfen der Analysten, CEO Messier wolle Vivendi allein zu seinem Ruhm von einem Wasser- und Entsorgungsunternehmen zu einem Medienkonzern umbauen – mit dem Resultat von hohen Schulden, hohen Verlusten und wenig Strategie.[73]

Die Akquisition von Mannesmann durch Vodafone Airtouch ist ein Beispiel dafür, dass sich zum Vorteil der Aktionäre des übernommenen Unternehmens ein ursprünglich feindlicher Übernahmeversuch zu einer freundlichen Übernahme wandeln kann, wie Abbildung 2.3.-4 zeigt. Das von Vodafone vorgelegte Angebot in Höhe von ca. 102 Mrd. Euro wurde von Management und Mitarbeitern des Mannesmann-Konzerns am 14. November 1999 als völlig unangemessen abgelehnt.

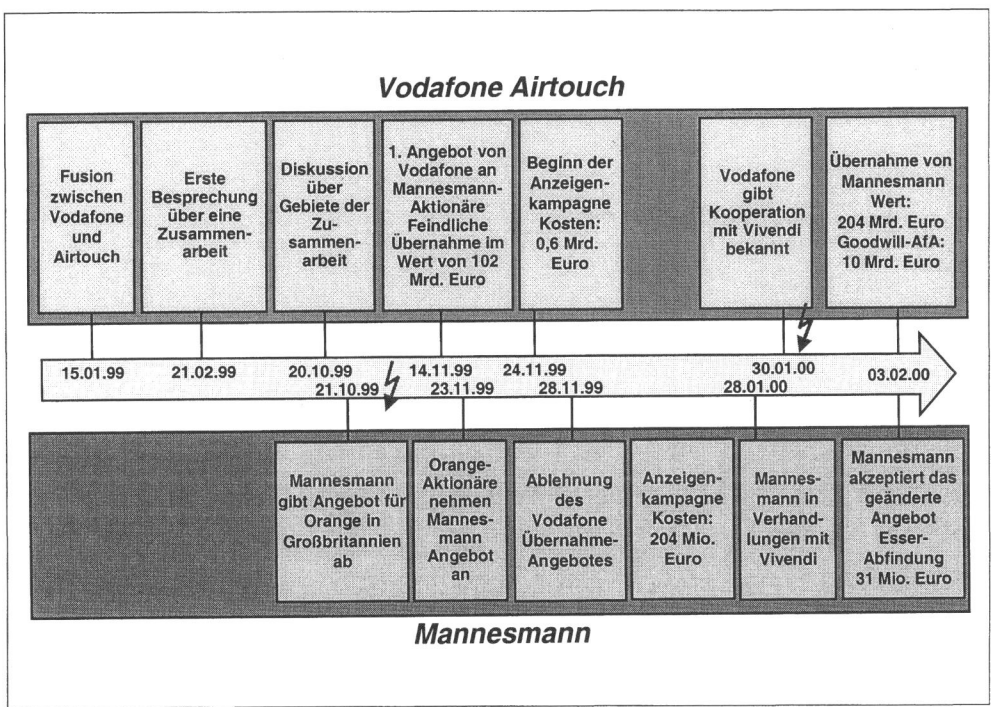

Abb. 2.3.-4: Vodafone-Airtouch und Mannesmann

Ende Januar 2000 kam es dann zu Verhandlungen und zur Einigung über eine freundliche Übernahme für ca. 204 Mrd. Euro, also für das Doppelte des ursprünglichen Angebotes. Bis dahin betrugen die Kosten für Anzeigenkampagnen, PR und die Besetzung der Call-Center bei

Mannesmann bereits ca. 204 Mio. Euro, bei Vodafone entstanden Kosten in Höhe von ca. 613 Mio. Euro einschließlich der Kosten für externe Berater.

Die ursprünglich gemachten Aussagen und Versprechungen des CEO von Vodafone hatten aus verschiedenen, im Folgenden angesprochenen Gründen keinen Bestand.[74] Sie sind in Abbildung 2.3.-5 aufgeführt.

Die aufgrund des hohen Kaufpreises erforderlichen Goodwill-Abschreibungen von ca. zehn Mrd. Euro pro Jahr führen dazu, dass das neue Unternehmen in den nächsten Jahren keine Gewinne ausweisen kann. Dies war ein maßgeblicher Grund, dass eine Reihe von Unternehmensteilen, unter anderem auch aufgrund von Fusionsauflagen, verkauft werden mussten (vgl. Abb. 2.3.-6).

Die Akquisition von Mannesmann durch Vodafone ist außerdem ein weiteres Beispiel für die in Abbildung 2.1.-8 gezeigte Konvergenz der Branchen.

Die Übernahme von Mannesmann ist kein Einzelfall für die Umwandlung eines feindlichen Angebotes in ein freundliches. Dies belegt auch die Zusammenlegung der Kabelsparte von

Versprechen	Wirklichkeit
Telekommunikation	
Das Festnetzgeschäft, der Mobilfunk und die Internet-Aktivitäten von Mannesmann werden innerhalb der Gruppe weiterentwickelt. Vodafone stimmt zu, den Festnetzbereich nicht zu verkaufen. Zu dem ursprünglichen Plan, einen Minderheitsanteil an die Börse zu bringen, sollen Alternativen entwickelt werden.	Vodafone verkaufte Mitte Oktober die zweitgrößte italienische Festnetzgesellschaft Infostrada an den italienischen Stromkonzern Enel. Die deutsche Telefonfirma Arcor soll an die Börse gebracht oder an eine andere Telekommunikationsgesellschaft verkauft werden.
Automobilzulieferung	
Die Engineering- und Automotive-Sparte des Konzerns wird gemäß den bestehenden Plänen des alten Mannesmann-Vorstands an die Börse gebracht.	Statt der Platzierung an der Börse wurde Atecs im April an das Bieterkonsortium Bosch/Siemens veräußert. Nun ist das Unternehmen zerschlagen.
Markenname	
Nach Angaben des Fusionsunterhändlers und früheren Mannesmann-Chefs Klaus Esser sagt Vodafone-Chef Chris Gent in der Übernahmevereinbarung zu, dass der Firmenname Mannesmann in den Telekommunikationsgesellschaften D2 und Arcor fortgeführt wird.	Statt Markenvielfalt Strategie des Global Branding. Stufenweise und behutsame Einführung der Marke Vodafone. Unterstützung des Austauschs des Mannesmann-Schriftzugs und anschließend von D2 mit mehreren Kampagnen, wie z.B. „Alles bleibt besser." oder „Die Welt wächst zusammen - aus D2 wird Vodafone "
	Quelle: managermagazin; Absatzwirtschaft

Abb. 2.3.-5: Die Versprechen von Chris Gent, CEO Vodafone[75]

AT&T mit Comcast. Comcast hatte im Juli 2001 ein feindliches Angebot für die Kabelsparte AT&T Broadband vorgelegt, welches aber von AT&T abgewiesen wurde. Im anschließenden

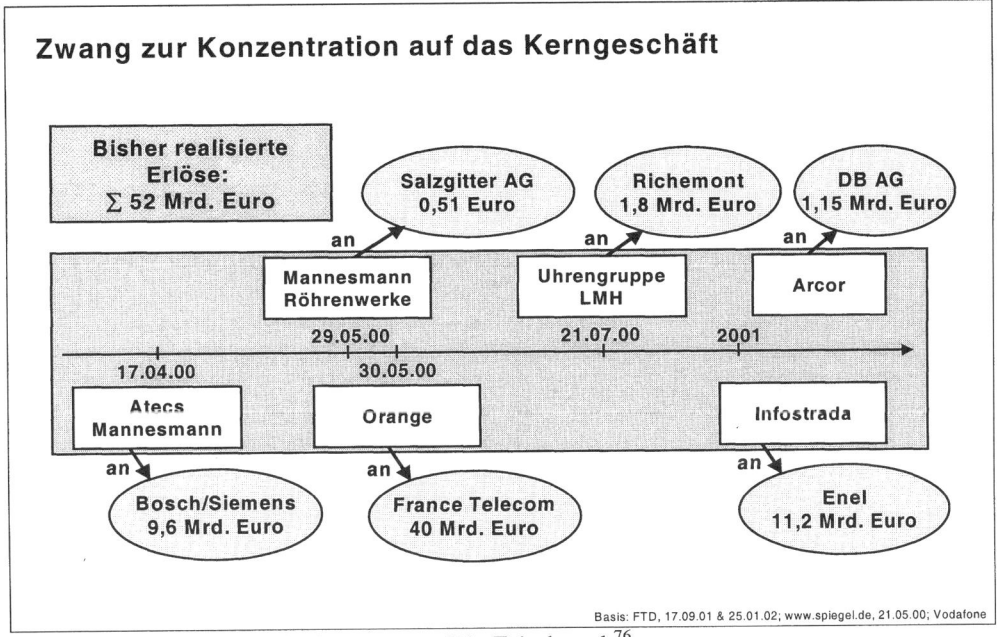

Abb. 2.3.-6: Vodafone und Mannesmann: Die Zeit danach[76]

Bieterkampf setzte sich Comcast mit einem neuen um ca. 14 Mrd. US-$ höheren Angebot gegen AOL Time Warner und Cox Communications durch. Der Nachteil von AOL Time Warner bestand gegenüber Comcast vor allem in kartellrechtlichen Bedenken und dem zu erwartenden Widerstand von Microsoft. Die Bedenken gegenüber Cox Communications betrafen wahrscheinlich die begrenzte Größe des Unternehmens und damit die Frage, ob dessen Finanzkraft ausreichend gewesen wäre. Denn Comcast übernimmt neben der Kabelsparte von AT&T sowie einigen Beteiligungen auch 25 Mrd. US-$ an Verbindlichkeiten von AT&T.[77]

Dass ein feindlicher Übernahmeversuch nicht immer zum Erfolg führt, zeigt das folgende Beispiel: Im Februar 2001 lancierte René Braginsky von der InCentive Capital AG ein Übernahmeangebot für Sulzer. Das Sulzer Management empfahl den Anteilseignern dieses Angebot zurückzuweisen und begann mit einer Kampagne zur Verteidigung von Sulzer. In diesem Fall konnte das Übernahmeangebot der InCentive Capital AG vom Management abgewehrt werden.

Einer der Hauptgründe war ein deutlich zu geringer Wertansatz des Unternehmens. Zusätzlich gelang es Sulzer, Zweifel an den Absichten von InCentive zu wecken, die bereits einen Monat vor der Shareholder-Entscheidung versuchten, die Kontrolle über den Vorstand zu erlangen. So sagte Leonardo Vannotti, Vorstandsvorsitzender von Sulzer: "InCentive continues to push for Board control at the AGM – is this because it knows it is not offering enough to obtain control through its bid?"[78]. Die weiteren Argumente des Sulzer Managements, welche die Shareholder überzeugten, das Angebot abzulehnen, sind in Abb. 2.3.-7 zusammengefasst.

31

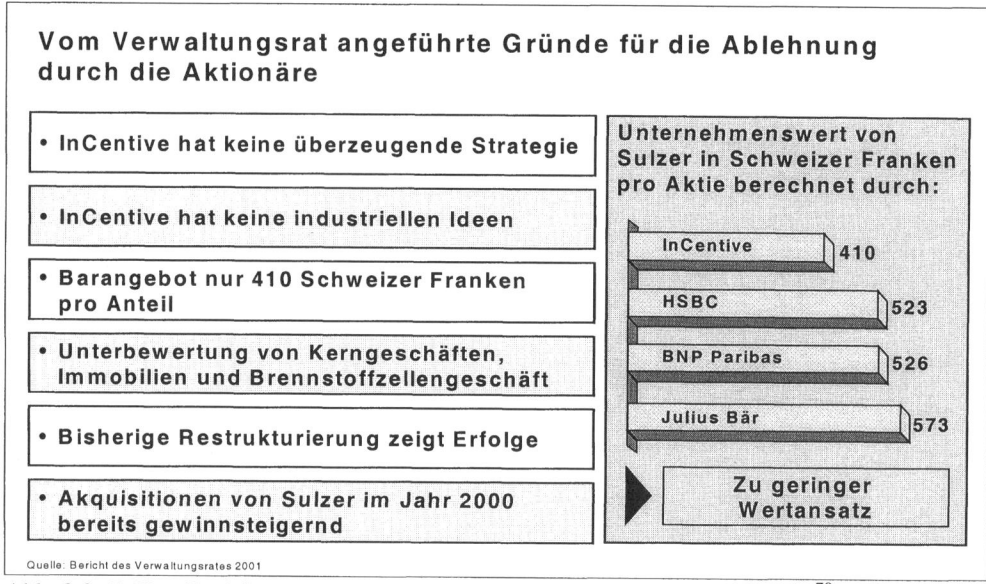

Vom Verwaltungsrat angeführte Gründe für die Ablehnung durch die Aktionäre

- InCentive hat keine überzeugende Strategie
- InCentive hat keine industriellen Ideen
- Barangebot nur 410 Schweizer Franken pro Anteil
- Unterbewertung von Kerngeschäften, Immobilien und Brennstoffzellengeschäft
- Bisherige Restrukturierung zeigt Erfolge
- Akquisitionen von Sulzer im Jahr 2000 bereits gewinnsteigernd

Unternehmenswert von Sulzer in Schweizer Franken pro Aktie berechnet durch:

InCentive	410
HSBC	523
BNP Paribas	526
Julius Bär	573

▶ **Zu geringer Wertansatz**

Quelle: Bericht des Verwaltungsrates 2001

Abb. 2.3.-7: Hostile Takeover der InCentive Capital AG von Sulzer abgewehrt[79]

Die unterschiedlichen Auswirkungen von Abwehrmaßnahmen auf den eigenen Unternehmenswert sind in Abbildung 2.3.-8 dargestellt. Wie nachvollziehbar ist, beeinträchtigt nur die Wertvernichtung die Position und zukünftige Entwicklungsmöglichkeit des Unternehmens am Markt. Wertvernichtung findet statt, wenn

- durch »Greenmail« eigene Aktien notwendigerweise zu einem höheren Kurs zurückgekauft werden, die im Besitz des Kaufinteressenten sind,

- aufgrund eines Stillhalteabkommens zwischen dem Kaufinteressenten und der Target Company der Kurs wieder sinkt oder

- durch »Poison Pills« die Übernahme verteuert wird, beispielsweise durch Sonderausschüttungen an die Aktionäre im Fall einer Übernahme.

Wertneutralität ist gegeben, wenn

- »Haifischzähne« (»Shark Repellents«) als Maßnahmen, welche die Übernahme erschweren, aber nicht verteuern, eingeführt werden, zum Beispiel in Form von in der Satzung verankerten qualifizierten Mehrheitsentscheidungen,

- im Gegenzug eine feindliche Übernahme des Kaufinteressenten versucht wird (»Pac Man Verteidigung«),

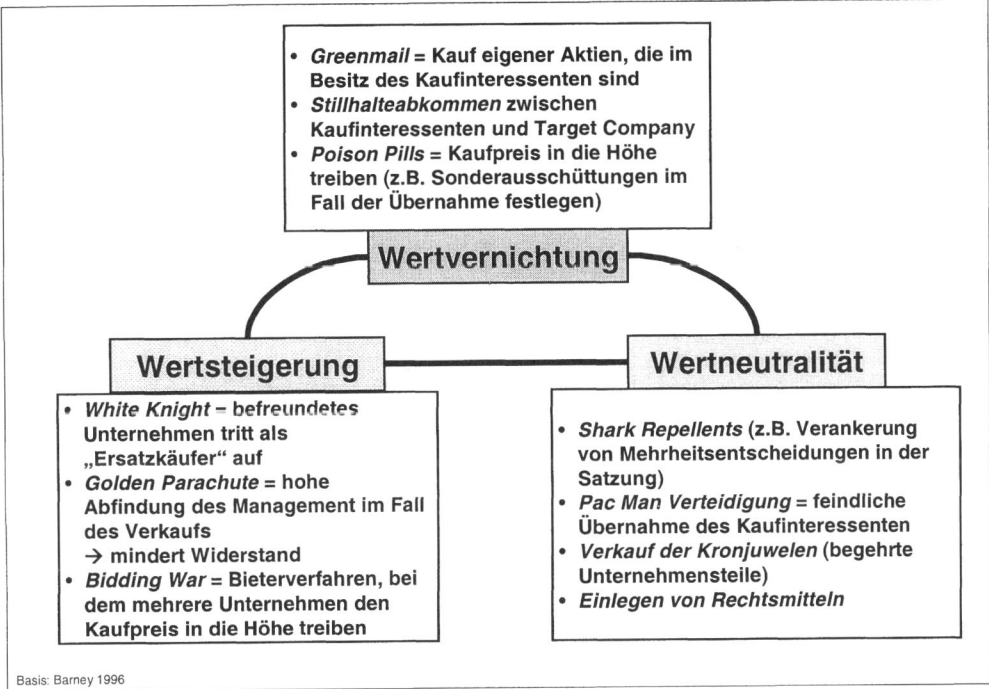

Abb. 2.3.-8: Auswirkungen von Abwehrmaßnahmen gegen eine Übernahme auf den eigenen Unternehmenswert[80]

- vom Kaufinteressenten vor allem begehrte Unternehmensteile vorab veräußert werden (»Verkauf der Kronjuwelen«) oder

- in jeder erdenklichen Form Rechtsmittel eingelegt werden.

Eine Wertsteigerung liegt dann vor, wenn

- ein befreundetes Unternehmen als »White Knight« bereit ist, als Ersatzkäufer aufzutreten und mitzubieten,

- der Widerstand des Managements durch eine hohe Abfindung im Falle des Verkaufs (»Golden Parachute«) beseitigt wird und deshalb beispielsweise keine im Vergleich hierzu deutlich kostenträchtigere PR- und Werbemaßnahmen zur Abwehr der Übernahme durchgeführt werden, wie dies bei Mannesmann der Fall war, oder

- ein Bieterverfahren in Gang kommt (»Bidding War«), weil mehrere Unternehmen am Target interessiert sind und den Preis in die Höhe treiben.

Im Gegensatz zu den Zielsetzungen einer feindlichen Übernahme durch Corporate Raider liegt bei einer Akquisition und Fusion die Zielsetzung darin, Synergien zwischen den Unternehmensteilen zu schaffen, die auf diese Weise intern den Unternehmenswert steigern.

Neuere Entwicklungen zeigen, dass auch innerhalb eines Unternehmensverbundes, und dies heißt, ohne die Zielsetzung eines Corporate Raiders bei einer feindlichen Übernahme zu verfolgen, Vorteile durch eine Dekomposition des Unternehmens erreichbar sind. Der Wert des Gesamtunternehmens lässt sich dann dadurch steigern, dass einzelne Teile börsenfähig gemacht und in der Folge an der Börse kapitalisiert werden. Beispiele hierfür sind Epcos und Infineon von Siemens, zu der Zeit als sie an die Börse gebracht wurden.[81] Schon im vierten Quartal des Jahres 1999 erzielte Infineon einen Rekordgewinn.[82] Im Vergleich zur bildhaften Formel von Synergien als 2+2=5 lässt sich diese Steigerung des Unternehmenswertes in der Formel 5=3+3 ausdrücken. Einem Konzern ist es also dann gelungen, den Gesamtwert des Unternehmens zu steigern, wenn er die börsenfähige Aufspaltung von Tochtergesellschaften schafft, die häufig dennoch in mehrheitlichem Aktienbesitz des Konzerns verbleiben können.

Im Folgenden gehen wir abschließend noch einmal auf Akquisitionen als anorganisches Wachstum ein: Beispiele für erfolgreiches externes Wachstum sind Unternehmen wie General Electric oder Cisco, die auf eine Vielzahl erfolgreich durchgeführter Akquisitionen zurückblicken können. Sie vermeiden allerdings möglichst große Übernahmeschlachten, wie die von Vodafone Airtouch und Mannesmann und können zudem durch die Vielzahl an Akquisitionen auf einen großen Erfahrungsschatz zurückgreifen. Cisco verfügt beispielsweise über erfahrene Integrationsteams, welche in der Vergangenheit ständig mit Integrationen befasst waren. Dies war auch notwendig, wenn zum Teil drei Firmen gleichzeitig integriert werden sollten (vgl. Abb. 2.3.-9).

Bereits 1993 stellte Cisco fest, dass das erklärte Ziel, in jedem Produktbereich die Nummer 1 oder 2 zu sein, nicht durch organisches Wachstum zu erreichen sein würde. Deshalb gab Cisco bis 1999 jährlich bis zu zehn Mrd. US-$ für Akquisitionen aus, in der Regel bezahlt durch eigene Aktien als Akquisitionswährung. Auf diesem Wege wurden in den letzten acht Jahren 71 Unternehmen[83] eingegliedert, wovon nur wenige die Erwartungen nicht erfüllt haben.[84]

Wie die gesamte Internet-Branche kämpft allerdings auch Cisco seit März 2000 mit einer Reihe von Schwierigkeiten. Das Hauptproblem stellt der Einbruch des Aktienkurses von 555 auf 133 Mrd. US-$ dar. Gründe sind neben der allgemeinen Branchenentwicklung, Einmalbelastungen in Höhe von 2,2 Mrd. US-$ für überflüssige Lagerbestände und 1,2 Mrd. US-$ für den Konzernumbau sowie die Bilanzierungspraxis in der Übernahmestrategie.

Bisher wurde von Cisco, wie von vielen anderen Technologieunternehmen, die Pooling of Interests Methode zur Bilanzierung von Akquisitionen angewendet. Nach dieser Methode musste Cisco für seine Akquisitionen lediglich etwa fünf Prozent der Kaufsumme, dies entspricht dem Wert der materiellen Vermögensgegenstände der Targets, ansetzen. Denn die Pooling of Interests Methode kombiniert allein die materiellen Vermögenswerte, ohne die Goodwill-Prämie,

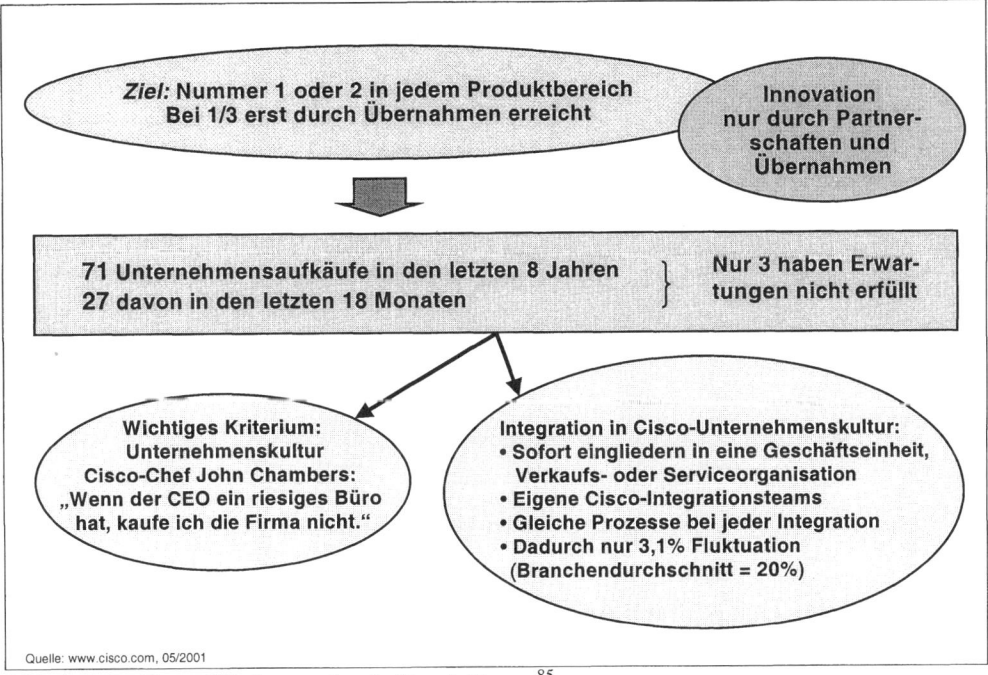

Abb. 2.3.-9: Cisco: Wachstum durch Akquisitionen[85]

also den Betrag, den der Akquisiteur über den Buchwert der Vermögensgegenstände des Targets hinaus zahlt, zu berücksichtigen. Mit Wirkung zum 30. Juni 2001 wurde diese Methode jedoch auch in den USA verboten, da Analysen des Financial Accounting Standard Board ergaben, dass die Pooling of Interests Methode zu einer Überbewertung der Ertragssituation fusionierender Unternehmen führt. Ab diesem Zeitpunkt musste die Purchase Methode verwendet werden, nach der die Goodwill-Prämie von den Einkünften abzuziehen ist.[86] Die Unternehmen müssen jetzt nach einem M&A-Projekt den Goodwill regelmäßig überprüfen und gegebenenfalls außerplanmäßig abschreiben.

Beispielsweise belief sich bei AOL Time Warner die generell notwendige Goodwill-Abschreibung auf 40 bis 60 Mrd. US-$ in einem einzigen Quartal, weil der Börsenwert von 181 Mrd. US-$ bei Bekanntgabe der Fusion im Januar 2000 auf 106 Mrd. US-$ zum Zeitpunkt des Vertragsabschlusses ein Jahr später gefallen war.[87] Diese mögliche negative Entwicklung, die sich nicht ohne weiteres vorhersehen lässt, ist zugleich ein zusätzliches Argument dafür, den Zeitraum zwischen der Ankündigung und dem Vertragsabschluss eines Zusammenschlusses möglichst kurz zu halten.

Neben diesen Problemen behindert derzeit auch der niedrige Aktienkurs als fehlende Übernahmewährung, und die gesunkene Übernahmebereitschaft bei neuen Start-ups die M&A-Aktivitäten von Cisco.[88] Nach der Insolvenz des Energiekonzerns Enron geriet Ciscos Finanzierung von Start-up-Firmen zudem in den Verdacht, Interessenkonflikte in sich zu bergen.

Dies führte zu weiteren erheblichen Kursverlusten, da die Veröffentlichung der Vertragsdetails die Investoren nicht beruhigte.[89]

Als Quintessenz dieses Kapitels bleibt festzuhalten: Eine große Gefahr insbesondere bei einer Akquisition, da eine Fusion häufig über einen Aktientausch durchgeführt wird, besteht darin, dass die konkrete Situation einer feindlichen oder auch freundlichen Übernahme manchmal zu einer Art M&A-Manie führt. Der für das Target gebotene Preis ist dann im Vergleich zu den später realisierbaren Renditen oder Leveraged Buyout-Effekten deutlich zu hoch. Dies haben viele der vorstehend genannten Beispiele gezeigt. Hierdurch werden anschließend hohe Goodwill-Abschreibungen auf den Unternehmenswert des Targets und damit indirekt auf das neue Gesamtunternehmen erforderlich. Die zukünftige Ertragslage des neu geschaffenen Unternehmens wird dadurch so stark belastet, dass die gesamte M&A-Strategie ins Wanken gerät. Hieraus ergeben sich Konsequenzen in Form eines notwendigen Verkaufs von Unternehmensteilen, nicht selten aber auch in Richtung auf personelle Veränderungen in der Unternehmensspitze. Dies war bei AOL Time Warner bereits der Fall. In Kapitel 11 wird der Restrukturierungs- und Sanierungsbedarf des Unternehmens bei einer im ersten Quartal 2002 realisierten Goodwill-Abschreibung in Höhe von 54 Mrd. US-$ unter dem neuen CEO Parsons noch einmal angesprochen.

Das entscheidende Problem bei einem M&A liegt also darin, dass ein großer Teil der Unternehmen nach einer Fusion und Akquisition die angestrebten Ziele nicht verwirklichen kann oder die akquirierten Unternehmensteile auf lange Sicht sogar wieder abstößt. Die Ursachen dieser hohen Misserfolgsraten wurden in verschiedenen Studien untersucht, deren Ergebnisse im dritten Kapitel zusammengetragen werden.

Checkliste *Zunehmende Bedeutung von Mergers & Acquisitions*		
Nr. Aktion	Geklärt/ Erledigt	Ungeklärt/ Unerledigt
1	Was sind die maßgeblichen **Gründe und Zielsetzungen** für die vorgesehene M&A-Aktivität?		
2	Handelt es sich um ein **Wachstums-** oder ein **Rationalisierungs-M&A**?		
3	Ist die M&A-Aktivität **strategisch geplant** und damit **proaktiv**, oder ist sie **reaktiv** als **Antwort auf Konkurrenzaktivitäten**?		
4	Ist die M&A-Aktivität begründet durch das **Zusammenwachsen verschiedener (Technologie-) Branchen**, eine **Verstärkung der Kernkompetenzen**, eine **Erweiterung des Marktgebietes** bzw. der **Marktpräsenz** oder die **Integration von vor- oder nachgelagerten Stufen**?		
5	Wird die **Kaufpreis-Rendite-Relation** des Targets im Vorfeld für mehrere Jahre ermittelt?		
6	Werden bei einer Realisierung erzielbare **Leveraged Buyout-Effekte** im vorhinein berechnet?		
7	Werden aufgrund eines Kursverfalls bzw. einer Wertreduzierung des Targets erforderliche **Goodwill-Abschreibungen auf den Kaufpreis** in die Finanzierungs- und Renditeberechnungen einbezogen?		

8	Ist bei einer Fusion ein **Merger of Equals** oder ein **Merger of Unequals** angestrebt?		
9	Erfolgt die **Finanzierung** der M&A-Aktivität aus der **Cash-Cow-Portfolio-Position**, durch einen **Leveraged Buyout** oder durch **Aktientausch**?		

Anmerkungen

[1] Vgl. Müller-Stewens, G.: Fusionen und Beteiligungen, 4.10.2000, S. 49 f.

[2] Vgl. Müller-Stewens, G.: Akquisitionen und der Markt für Unternehmenskontrolle: Entwicklungstendenzen und Erfolgsfaktoren, 2000, S. 41 ff.

[3] Vgl. Dorfs, J.: Konzentrationswelle steigt schon wieder an, 21./22.12.01, S. 14

[4] Quelle: o.V. (A.T. Kearney), in Dorfs, J.: Konzentrationswelle steigt schon wieder an, 21./22.12.01, S. 14

[5] Vgl. Heismann, G.: Consors geht unter Börsenwert an BNP, 02.05.02, S. 21

[6] Vgl. Halusa, M.: Arthur Andersen droht Ausverkauf, 14.03.02, S. 13; o.V.: Klage bringt Andersen an den Rand der Pleite, 15./16.03.02, S. 1; Rössing, S.: Andersen verschwindet vom Markt, 30.04.02, S.22

[7] Vgl. o.V.: Mergers & Acquisitions weltweit, Abfrage am 27.08.2001

[8] Vgl. Müller-Stewens, G.: Fusionen und Beteiligungen, 4.10.2000, S. 49 ff.

[9] O.V.: Cisco-Chef erwartet Konsolidierung der IT-Branche, Abfrage am 05.09.2001

[10] Vgl. McWilliams, G./ Wesch, S.: Compaq drängt in IT-Servicemarkt, Abfrage am 22.06.2001

[11] Vgl. o.V.: Anleger zeigen HP die kalte Schulter, 07./08.09.01, S. 20; Kulzer, R.: Erfolgreiche Fusionen gelingen Hardware-Herstellern nur selten, 10.04.02, S. 18

[12] Vgl. Grass, S.: Computerehe weckt Befürchtungen, 06.09.01, S. 20

[13] Vgl. o.V.: HP wird weltgrößter PC-Anbieter, Abfrage am 04.09.01

[14] Vgl. Grass, S.: Computerehe weckt Befürchtungen, 06.09.01, S. 20

[15] Vgl. Knop, C.: Carly Fiorinas bitterer Sieg, 02.05.02, S. 15

[16] Crolly, H.: Schlammschlacht um Compaq-Fusion, 25.02.02, S. 14

[17] Crolly, H.: Schlammschlacht um Compaq-Fusion, 25.02.02, S. 14

[18] Vgl. Crolly, H.: Schlammschlacht um Compaq-Fusion, 25.02.02, S. 14

[19] Vgl. o.V.: Hewlett-Packard glänzt, 14.02.02, S. 1; Morrison, S./ Wineeds, E./ Zepelin, J.: HP spielt Kosten des Compaq-Kaufs herunter, 28.02.02, S. 4; Crolly, H.: Schlammschlacht um Compaq-Fusion, 25.02.02, S. 14; o.V.: Walter Hewletts Kampf gegen Carly Fiorina in letzter Runde, 13.02.02, S. 26

[20] Vgl. Sosalla, U.: Hewlett gibt Widerstand gegen Fusion auf, Abfrage am 02.05.02; Knop, C.: Carly Fiorinas bitterer Sieg, 02.05.02, S. 15

[21] Vgl. Wilhofszki, O.: Walter Hewlett stellt Alternative zum Kauf von Compaq vor, 12.02.02, S. 4

[22] Vgl. Knop, C.: Carly Fiorinas bitterer Sieg, 02.05.02, S. 15; Sosalla, U.: Hewlett-Erbe verliert Kampf gegen Fiorina, 02.05.02, S. 4; Kulzer, R.: Erfolgreiche Fusionen gelingen Hardware-Herstellern nur selten, 10.04.02, S. 18; Crolly, H.: Schlammschlacht um Compaq-Fusion, 25.02.02, S. 14; Nonnast, T.: HP hat die schwersten Stunden noch vor sich, 05.06.02, S. 18

[23] Vgl. Knop, C.: Carly Fiorinas bitterer Sieg, 02.05.02, S. 15

[24] Vgl. Laube, H.: HP verbannt Walter Hewlett aus dem Aufsichtsrat, Abfrage am 02.04.02; o.V.: Fiorina jubelt im HP-Hauptquartier, 07.03.02, S. 14; Sosalla, U.: Hewlett gibt Widerstand gegen Fusion auf, Abfrage am 02.05.02; Sosalla, U.: Hewlett-Erbe verliert Kampf gegen Fiorina, 02.05.02, S. 4

[25] Vgl. Knop, C.: Carly Fiorinas bitterer Sieg, 02.05.02, S. 15

[26] Vgl. Nonnast, T.: HP hat die schwersten Stunden noch vor sich, 05.06.02, S. 18; Laube, H.: Hewlett-Packard erhöht eigenes Sparziel, 05.06.02, S. 4

[27] Vgl. Nonnast, T.: HP hat die schwersten Stunden noch vor sich, 05.06.02, S. 18; Laube, H.: Hewlett-Packard erhöht eigenes Sparziel, 05.06.02, S. 4

[28] Vgl. Porter, M.E.: Wettbewerbsstrategie: Methoden zur Analyse von Branchen und Konkurrenten, 1983, S. 72 ff.

[29] Vgl. Porter, M.E.: Wettbewerbsstrategie: Methoden zur Analyse von Branchen und Konkurrenten, 1983, S. 73

[30] Vgl. Jansen, S.A.: Mergers & Acquisitions, 1999, S. 4 f.

[31] Vgl. o.V.: Neuer Stahlriese Arcelor will in Europa Kostenführer werden, 13.12.01, S. 18

[32] Vgl. Müller-Stewens, G.: Fusionen und Beteiligungen, 4.10.2000, S. 49 ff.; o.V.: Könnte eine Übernahmeschlacht Thyssen retten, 14.12.01, S. 19

[33] Vgl. Stoll, U.: Kurzmeldungen, 6/1997, S. 297

[34] Vgl. Nieschlag, R./ Dichtl, E./ Hörschgen, H.: Marketing, 1994, S. 874 f.

[35] Vgl. Nieschlag, R./ Dichtl, E./ Hörschgen, H.: Marketing, 1994, S. 874 f.

[36] Vgl. o.V.: Die Fusion von AOL und Time Warner ist ein »genialer Coup«, 11.01.2000, S.18

[37] Vgl. hierzu auch Töpfer, A.: Strategische Allianzen, Outsourcing, Netzwerke und Fusionen - Erfolgvoraussetzungen und Praxisbeispiele, 2001, S. 51 ff.

[38] O.V.: Uni Witten / Herdecke erforscht Firmenübernahmen, 04.04.99, S. BR1; Deogun, N./ Scannell, K.: Value of mergers increased in 2000, 02.01.01, S. II; o.V.: Britische Banken im Fusionsfieber, 26.04.01, S. B1; Lebert, R.: Weniger Fusionen und Übernahmen, Abfrage am 10.01.02

[39] Vgl. o.V.: Mergers & Acquisitions weltweit, Abfrage am 27.08.01

[40] Vgl. o.V.: Mergers & Acquisitions weltweit, Abfrage am 27.08.01

[41] Vgl. Landgraf, R./ Maisch, M.: Frühlingsgefühle am Markt für Fusionen und Übernahmen, 14.03.02, S. 52

[42] Vgl. o.V.: Mergers & Acquisitions in Europa, Abfrage am 27.08.01

[43] Vgl. Müller-Stewens, G.: Fusionen und Beteiligungen, 4.10.2000, S. 50

[44] Vgl. Luther, T.: Die Beute im Blick, 3./4.05.02, S.1; Luther, T.: Das große Fressen, 3./4.05.02, S. 2

[45] Vgl. Landgraf, R./ Maisch, M.: Frühlingsgefühle am Markt für Fusionen und Übernahmen, 14.03.02, S.52

[46] Vgl. Luther, T.: Die Beute im Blick, 3./4.05.02, S.1

[47] Luther, T.: Die Beute im Blick, 3./4.05.02, S.1

[48] Quelle: o.V. (M&A International) in: Landgraf, R./ Maisch, M.: Frühlingsgefühle am Markt für Fusionen und Übernahmen, 14.03.02, S.52

[49] Vgl. Hofmann, S./ Kort, K.: Pharma steht vor neuer Fusionswelle, 09.04.02, S.11

[50] Vgl. Baumann, M./ Berke, J.: Aus dem Nichts, 1999, S. 90; ebenso o.V.: Top Ten Announced Worldwide M&A Transactions, Abfrage am 07.02.2000; o.V.: Mergerstat Free Reports - Top Ten Deals, Abfrage am 28.07.2000; Lebert, R.: Weniger Fusionen und Übernahmen, Abfrage am 10.01.02; o.V.: Scrooged – Dealmakers Hope for better days ahead in 2002, Abfrage am 29.01.02

[51] Hofmann, S./ Kort, K.: Pharma steht vor neuer Fusionswelle, 09.04.02, S.11

[52] Vgl. Hofmann, S./ Kort, K.: Pharma steht vor neuer Fusionswelle, 09.04.02, S.11

[53] Vgl. hierzu auch Gerds, J.: Post Merger Integration, 2000, S. 9 ff.

[54] Vgl. o.V.: Siemens und Fujitsu gründen Computer-Riesen, 17.06.1999, S. 21

[55] Vgl. o.V.: Wal-Mart schluckt britische Gruppe, 15.06.1999, S. 6

[56] Vgl. o.V.: Dasa und Aerospatiale gründen europäischen Flugzeugriesen, 15./16.10.1999, S.1

[57] Vgl. Jansen, S.A./ Körner, K.: Fusionsmanagement in Deutschland, 2000, S. 19 ff.; Schewe, G./ Gerds, J.: Erfolgsfaktoren von Post Merger Integrationen: Ergebnisse einer pfadanalytischen Untersuchung, 1/2001, S.91 ff.; Schewe, G.: Expertenchat, 06.07.2001; A.T. Kearney: Corporate marriage: Blight or Bliss?, 1999, S. 2 ff.; Hoffmann, F./ Sieck, T.: Warum Fusionen scheitern, 22.06.01, S. 3

[58] Vgl. Mirvis, M./ Marks, M.L.: Joining Forces – Making One plus One equal Three in Mergers, Acquisitions and Alliances, 1998, S. 91 ff.; ebenso Woodruff, D.: Getting Past Non and Nein, 21.05.01, S. 25

[59] Siehe hierzu Ansoff, H.I.: Strategies for Diversification, 1957, S.113

[60] Vgl. Hagemann, S.: Strategische Unternehmensentwicklung durch M&A, 1996, S.163

[61] Vgl. o.V.: Bankenfusionen schaffen schnellen Mehrwert, 28.03.02, S.36

[62] Vgl. o.V.: Dreierbund in der europäischen Luftfahrt wird besiegelt, 02.12.1999, S. 19

[63] Vgl. o.V.: Astra und Zeneca bündeln ihre Kräfte, 10.12.1998, S. 13

[64] Vgl. Deiß, C.: After the Deal, 1/1997, S. 29

[65] Vgl. Kehoe, L.: IBM launches $3.3bn bid for Lotus, 06.06.1995, S. 1

[66] Vgl. o.V.: Luxusgüterkonzern LVMH übernimmt Ebel und Chaumet, 22./23.10.1994, S. 15

[67] Vgl. Hall, W./ Iskandar, S.: LVMH agrees $766m for Tag Heuer watches, 14.09.1999, S. 17

[68] Vgl. Bohne, A.: Vivendi schafft den Dreh in Richtung Internet, Abfrage am 07.03.2000; ebenso o.V.: Vivendi, Abfrage am 21.09.01

[69] Vgl. Perridon, L./ Steiner, M.: Finanzwirtschaft der Unternehmung, 1999, S.473 f.

[70] Vgl. Günther, T.: Unternehmenswertorientiertes Controlling, 1997, S. 8

[71] Vgl. o.V.: Siemens verkauft Bankautomatengeschäft, Abfrage am 06.01.2000

[72] Vgl. o.V.: KKR - Investments History, Abfrage am 21.09.01

[73] Vgl. Clark, T./ Schwarzer, D./ Meier, L.: Vivendi: Kulturschocker, 18.04.02; Schwarzer, D.: Aktionäre mahnen Vivendi-Chef Messier ab, 25.04.02, S. 3; Grabitz, I.: Medienkonzern Vivendi schockt Anleger mit Milliardenverlust, 02.05.02, S. 6; o.V. (Vivendi Universal): Vi-

41

vendi Universal reports strong first quarter consolidated financial results, Abfrage am 02.05.02; Schwarzer, P.: Vivendi Universal wiederholt Hauptversammlung, 03.05.02, S. 3

[74] Vgl. o.V.: UMTS steigert erheblich die Verluste, 14.11.2000

[75] Vgl. o.V.: UMTS steigert erheblich die Verluste, 14.11.2000; o.V.: D2 geht langsam im Vodafone-Rot unter, März 2002, S. 28f.

[76] Vgl. o.V.: Mannesmann: Hindernisse bei Infostrada-Verkauf, Abfrage am 17.09.01; o.V.: Mannesmann-Arcor vor dem Verkauf?, Abfrage am 21.05.2000; o.V.: Vodafone Press Releases, Abfrage am 21.05.2001; o.V.: Arcor Telematik: Deutsche Bahn und Vodafone einigen sich über Kaufpreis, 25.01.02

[77] Vgl. Sosalla, U.: Auch Cox Communications will Fernsehkabel von AT&T kaufen, 29.08.01, S. 4; o.V.: AOL bietet um Kabelsparte von AT&T mit, 10.09.01, S. 4; o.V.: Comcast gewinnt bei AT&T, 21/22.12.01, S.20

[78] O.V.: No Incentive for Sulzer Shareholders, Abfrage am 19.06.01

[79] Sulzer: Bericht des Verwaltungsrates 2001, Abfrage am 19.06.01

[80] Basis: Barney, J.B.: Gaining and sustaining competitive Advantage, 1996, S. 437 ff.

[81] Vgl. Dams, J.: Siemens vor großem Börsengang, Abfrage am 13.10.1999

[82] Vgl. o.V.: Infineon mit Rekordgewinn im ersten Quartal, Abfrage am 28.01.2000

[83] Vgl. o.V.: Acquisition Summary, Abfrage am 18.05.2001

[84] Vgl. Goldblatt, H.: The New World of Mergers and Acquisitions: Ciscos Secrets, 08.11.1999, S. 177 ff.

[85] Vgl. o.V.: Acquisition Summary, Abfrage am 18.05.2001

[86] Vgl. o.V.: Cisco, GM at odds on accounting methods, Abfrage am 05.09.2001; ebenso o.V.: FASB completes Business Combinations Project, Abfrage am 05.09.2001

[87] Vgl. o.V.: US-Bilanzrecht zwingt AOL zu 60-Mrd.-Dollar-Abschreibung, 09.01.02, S. 1

[88] Vgl. o.V.: Cisco gibt wenig Anlass zur Hoffnung, 10.05.2001, S.19; o.V.: Cisco: Rote Zahlen und trübe Aussichten, Abfrage am 09.05.2001

[89] Vgl. Sosalla, U.: Lucent will einfach kein Gewinn gelingen, 13.03.02, S. 5

3. Gründe für das Scheitern von Mergers & Acquisitions

3.1. Allgemeine Gründe für das Scheitern

> Grundsatz: Notwendige Voraussetzung für ein erfolgversprechendes M&A-Vorhaben ist ein grundsätzlicher strategischer Fit im Hinblick auf Produkte, Märkte, Strategie und die Positionierung der beiden Unternehmen.

Eine Vielzahl von M&A führen nicht zum Erfolg (vgl. Abb. 3.1.-1). Insofern ist es sinnvoll, die Ursachen zu analysieren, die zum Scheitern beigetragen haben. Auf diese Weise können Faktoren mit Treiberfunktion für den Erfolg oder auch den Misserfolg identifiziert werden.

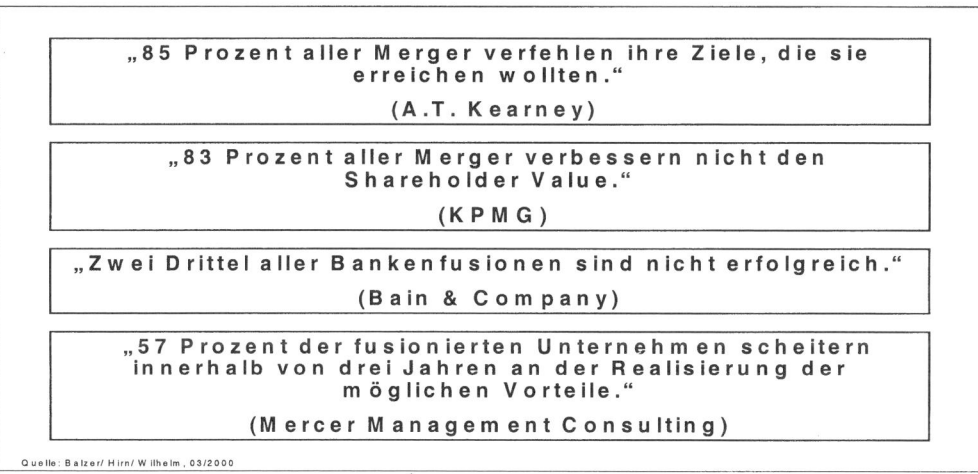

Abb. 3.1.-1: Misserfolgsraten bei M&A[1]

Über Beispiele für diese hohen Misserfolgsraten ist in der Presse immer wieder geschrieben worden. Regelmäßig wird über beabsichtigte, jedoch nicht zustande gekommene oder im Zeitablauf gescheiterte Zusammenschlüsse berichtet. Beispielsweise sind dies

- die von der EU-Kommission nicht genehmigte Fusion zwischen General Electric und Honeywell,

- die gescheiterte Fusion zwischen dem deutschen Viag-Konzern und der Alusuisse Lonza Group (Algroup),[2]

- die nicht zustande gekommene milliardenschwere Fusion zwischen den Versicherungskonzernen HUK-Coburg und dem Haftpflichtverband der Deutschen Industrie (HDI) zum drittgrößten deutschen Versicherer,[3]

- der geplatzte Zusammenschluss zwischen der Clariant AG und der Ciba Spezialitätenchemie AG[4],

- die durch Olivetti verhinderte Fusion der Deutschen Telekom AG und Telecom Italia sowie [5]

- die nicht zustande gekommene Fusion zwischen Deutscher Bank und Dresdner Bank[6].

Die zu untersuchenden Probleme, die mit Fusionen oder Akquisitionen verbunden sind, können zweiseitig sein. Entweder haben die agierenden Unternehmen Probleme mit dem Vollzug des Zusammenschlusses oder die übrigen auf dem Markt befindlichen Unternehmen sehen sich neuen Problemen und Herausforderungen durch die erfolgreich zustande gekommene erhöhte Marktmacht des Unternehmenszusammenschlusses gegenüber. Dies ist beispielsweise an den Reaktionen auf den Zusammenschluss von Dasa und Aerospatiale-Matra zu beobachten. BAE Systems (früher British Aerospace) wird sich wahrscheinlich, um im Wettbewerb weiterhin gut bestehen zu können, ebenfalls nach weiteren geeigneten Kooperations- oder besser Fusionspartnern umsehen.

3.2. Detaillierte Analysen

> Grundsatz: Für einen erfolgreichen Zusammenschluss und ein möglichst konfliktfreies Zusammenwachsen ist eine differenzierte Steuerung der einzelnen Prozessphasen mit dem Schwerpunkt auf den jeweiligen Erfolgsfaktoren durchzuführen.

Zunächst werden die Phasen einer Akquisition nach Jansen[7] mit ihren idealtypischen Prozessen vorgestellt, um die Bedeutung der einzelnen Schritte für die Durchführung von M&A aufzuzeigen (vgl. Abb. 3.2.-1).

Diese Prozesse sind die Basis der empirischen Untersuchungen zu M&A, auf deren Ergebnisse im zweiten Teil dieses Kapitels eingegangen wird. Jede dieser Phasen birgt die Gefahr eines direkten Scheiterns in sich. Das indirekt durch Versäumnisse in der Anfangsphase verursachte Scheitern in der Integrationsphase ist jedoch häufig mit weitaus größeren finanziellen Verlusten verbunden.

Die erste Phase setzt sich mit der ausführlichen Analyse des eigenen Unternehmens und seiner Umwelt auseinander. Mit Hilfe geeigneter Analyseinstrumente werden die Unternehmensziele, die strategischen Potenziale und Lücken untersucht. Diese bilden den Ausgangspunkt für die

Erstellung einer strategischen Bilanz, die wiederum Basis für die Bestimmung des M&A-Bedarfs ist.

Der nächste Schritt befasst sich mit der Betrachtung des Akquisitionsumfeldes. Neben der Umfeldanalyse und -prognose werden die drei Ebenen Länder/ Märkte/ Geschäftsfelder analysiert, und es findet ein kritischer Vergleich zwischen strategischer Allianz und Akquisition statt. Auf der Grundlage der zuvor gewonnenen Erkenntnisse kann anschließend die Akquisitionsstrategie mittels ihrer Motive und Zielsetzungen formuliert werden. Dabei ist es ebenfalls notwendig, die Akquisitionskriterien zu untersuchen.

In Phase zwei beginnt die Suche und Vorauswahl eines potenziellen Partners. Neben der Einbeziehung von M&A-Dienstleistern, wie Investmentbanken, Wirtschaftsprüfungsgesellschaften, Unternehmensberatungen und Rechtsanwaltskanzleien besteht die Möglichkeit, interne und externe Datenbanken zu nutzen, um geeignete Unternehmen zu finden, gegebenenfalls eine Erstsondierung durchzuführen und Verhandlungen aufzunehmen. Wurde das richtige Objekt gefunden, ist die Bewertung des Akquisitionsobjektes besonders wichtig. Zu diesem Zeitpunkt spielen die Aspekte Eröffnung des Data Room, Financial Forecast, Preisabsicherung, Garantien, Gewährleistungen, Break-up Fee und Finanzierungsalternativen eine wichtige Rolle.

Den Abschluss der Transaktionsphase bildet die Vertragsphase. Sie beinhaltet neben dem Confidential Agreement, dem Letter of Intent und den Due Diligence-Formen das Memorandum of Understanding, die Kartellrechtliche Prüfung, das Signing, also die Unterzeichnung der Verträge, und das Closing, den eigentlichen Gefahren- und Haftungsübergang.

Der Schwerpunkt von Phase drei liegt im Integrationsmanagement der Akquisition oder Fusion. Es umfasst neben der Planung des Integrationsprozesses die Durchführung einer Integrationspotenzial-Analyse, also eine Auflistung von den Bereichen, die zur Ausschöpfung von Synergien in das neue Gesamtunternehmen integriert werden müssen. Für eine erfolgreiche PMI ist es wichtig, die Integration auf folgenden fünf Ebenen durchzuführen: der organisatorischen, strategischen, administrativen, operativen und kulturellen Ebene. Dem Integrationsprozess schließt sich ein Post Merger Audit als Erfolgskontrolle an. Anhand von Wirtschaftlichkeitsrechnungen und der Betrachtung des Realisierungsgrades der Synergien (Goodwill-Amortisationsrechnung) wird so der Integrationsgrad und der Akquisitionserfolg mess- und prüfbar.

Die bereits angesprochenen häufigen Misserfolge der Akquisitions- und Fusionsaktivitäten von Unternehmen sind auch in der empirischen Forschung eine unbestrittene Tatsache. Es existieren jedoch nur wenige tiefgehende empirischen Untersuchungen, um vermutete Misserfolgsursachen und Erfolgsfaktoren zu belegen. Die identifizierten Misserfolgsursachen reichen von kulturellen Barrieren über die Integrationsgeschwindigkeit bis zur Größe der Unternehmen. Häufig beeinflusst jedoch die Auswahl der Untersuchungsobjekte und die zu Grunde gelegten

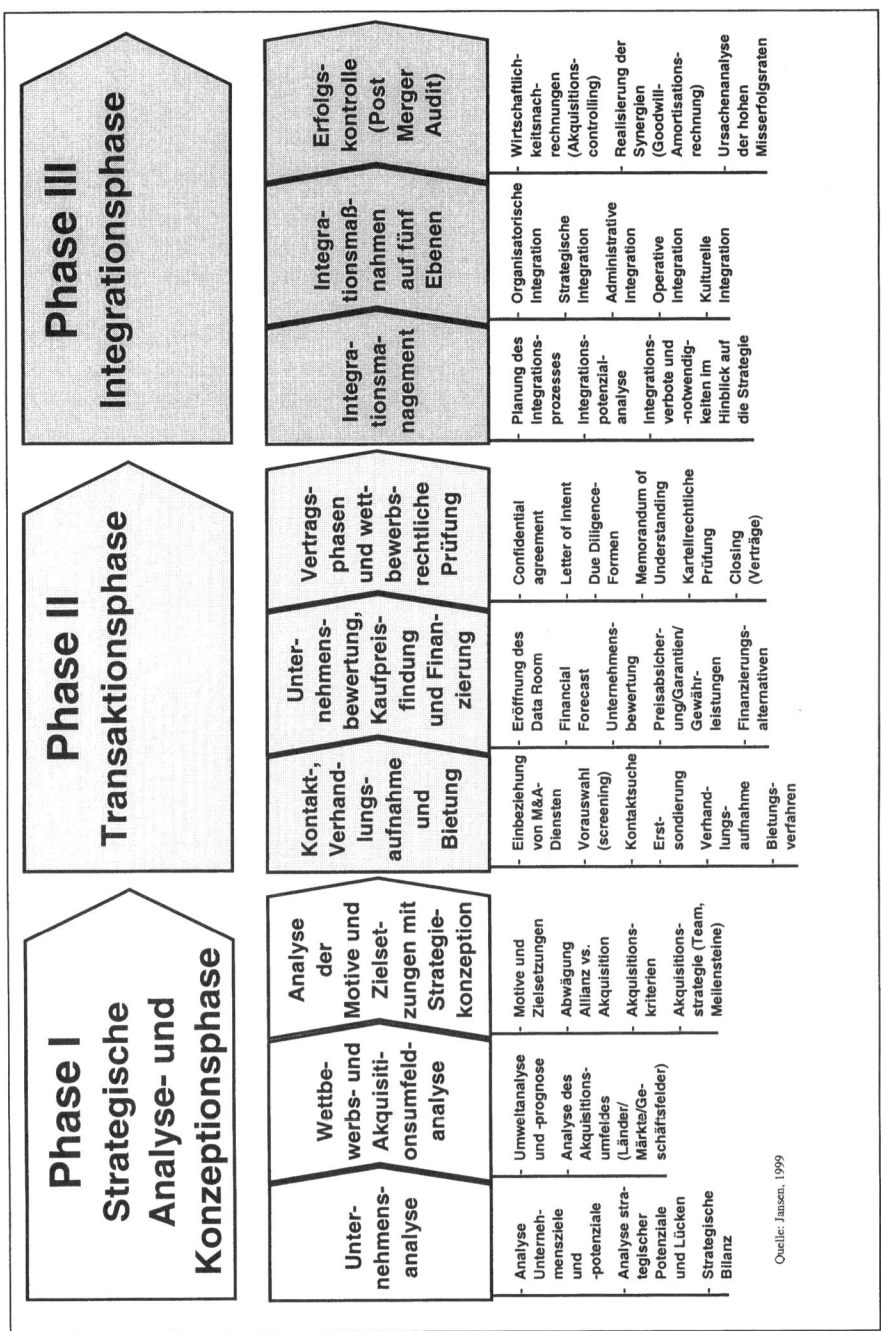

Abb. 3.2.-1: Phasen einer Akquisition[8]

Fragestellungen der Analysen die Ergebnisse, so dass sich diese teilweise sogar widersprechen.[9] Zusätzlich stellt sich die Frage, inwiefern aus meist sehr eingeschränkten Stichproben allgemein gültige Aussagen über Fusionen und Akquisitionen getroffen werden können. Allerdings sind eine Reihe von Ergebnissen den meisten Studien gemeinsam.

Die Gründe für das häufige Scheitern von M&A sind beispielsweise in einer von A.T. Kearney durchgeführten Analyse von 115 Unternehmen untersucht worden (vgl. Abb. 3.2.-2).

Eine detaillierte Auswertung zeigt, dass mehr als ein Viertel der Unternehmen keine klare Strategie für den Zusammenschluss hatte, das Scheitern also bereits in der strategischen Analyse- und Konzeptionsphase zumindest indirekt begründet lag. Der Schwerpunkt der Unternehmen lag stärker auf der bisherigen organisatorischen Gliederung statt auf der erforderlichen Neugestaltung der Prozesse und der marktbezogenen Geschäftsvorgänge. In über einem Drittel der Unternehmen kam der Zusammenschluss nicht zustande, weil die neue Führung nicht rechtzeitig benannt wurde. Ein Negativbeispiel hierfür war die vorgesehene Fusion von Glaxo Wellcome und SmithKline Beecham, bei der sich die beiden CEOs im Februar 1998 nicht über die Position des Vorsitzenden einigen konnten. Beinahe zwei Jahre dauerte es, bis die damals offiziell eingestellten Verhandlungen doch zum Erfolg führten und die beiden Unternehmen zum weltgrößten Medikamentenhersteller unter dem Namen GlaxoSmithKline fusionierten.[10]

Drei Viertel der Unternehmen konnten Synergien lediglich durch das Heben von Kostensenkungspotenzialen realisieren. Zielkonflikte zwischen den neu zusammengelegten Unternehmensbereichen haben zu einer schlechten Koordination der Wertschöpfungskette mit den Zielen im Hinblick auf Wachstum und Wertsteigerung geführt. Verbunden ist damit häufig das bei mehr als der Hälfte der Unternehmen zu konstatierende Problem, ausschließlich durch Personalabbau einen schnellen Erfolg bewirken zu wollen.

Zudem haben nur 32 Prozent der sich zusammenschließenden Unternehmen ein aktives Risikomanagement betrieben. Unter dem Aspekt der sich ergebenden Wechselwirkungen in einer Integration ist diese frühzeitige Informationsbeschaffung und Risikobewertung jedoch besonders wichtig. Das Beispiel HypoVereinsbank mit den hohen Wertberichtigungen von ca. 1,75 Mrd. Euro bei der Bayrischen Hypotheken- und Wechselbank aufgrund von Geschäften in den neuen Bundesländern ist ein beredtes Beispiel dafür. [11]

Häufig war sich die Unternehmensleitung auch nicht im Klaren darüber, wie groß der Zeitbedarf für den Integrationsprozess ist. Zumindest wurde von 86 Prozent der Unternehmen das M&A-Vorhaben gerade unter diesem Blickwinkel nicht ausreichend kommuniziert. Von daher sind Erwartungen an eine schnelle Integration enttäuscht worden, vor allem dann, wenn der Planungs- und Implementierungsdruck nicht groß genug war. Probleme bei der Integration von Compaq und Digital Equipment sowie von BMW und Rover belegen dies.

Konzentration auf Unternehmensgliederungen vor Transaktion statt auf neue Geschäftsvorgänge
↳ *28% folgen klaren Strategien*

Konkurrenz um leitende Positionen
↳ *39% neue Führung rechtzeitig benannt*

Zielkonflikte zwischen neu zusammengelegten Unternehmensbereichen
↳ *76% nur Realisierung von Kostensynergien*

Übergehen von Interessen der Mitarbeiter
↳ *61% ausschließlich Personalabbau für schnellen Erfolg nach M&A*

Missachten von Wechselwirkungen im Prozess der Integration
↳ *32% betreiben aktives Risk Management*

Langwierigkeit des Integrationszeitraumes
↳ *86% haben M&A-Vorhaben nicht ausreichend kommuniziert*

Detailmangel der Integrationskonzepte
↳ *Zugekauften Firmen überwiegend die Kultur des Käufers übergestülpt*

Quelle: HB, 19.10.1998, S. 14

Abb. 3.2.-2: Gründe für das Scheitern von M&A[12]

Nicht selten war der Integrationsprozess nicht mit ausreichend detaillierten Konzepten unterlegt. In der Konsequenz waren dann die Machtverhältnisse entscheidend dafür, in welcher Art und Weise die Integration vollzogen wurde. Mit anderen Worten: Zugekauften Firmen wurde häufig die Kultur des kaufenden Unternehmens »übergestülpt«, ohne kulturelle Unterschiede ausreichend zu berücksichtigen.

Im Ergebnis der Analyse von A.T. Kearney wird deutlich, dass für den Fusionserfolg neben der Post Merger Integration vor allem die umfassende Ausgestaltung der ersten Phase der Fusion entscheidend ist (vgl. Abb. 3.2.-3). Fast die Hälfte aller befragten Führungskräfte nannten eine gründliche Vorbereitung schon in der Phase der Strategieentwicklung als wichtigen Erfolgsfaktor.

Denn wenn der Anfang gut vorbereitet ist, wirken sich die folgenden Phasen nicht so gravierend auf den Fusionserfolg aus. Kommt es zum Vertrag und zum Closing, dann ist die Post Merger Integration entscheidend, die schon vorher geplant und vorbereitet werden muss, aber jetzt erst umgesetzt wird. Besonders wichtig ist für fast die Hälfte der befragten Manager das Beherrschen des Integrationsprozesses, die Bewältigung kultureller Unterschiede sehen mehr als ein Drittel der Manager als wichtigen Erfolgsfaktor.

Ein interessanter Aspekt der Untersuchung von A.T. Kearney ist die Veränderung der Profitabilität der Unternehmen durch M&A-Aktivitäten. Selbst wenn es nicht zum Scheitern der Fusion kam, wirkten sich hier die geschilderten Fehler aus. Bei 57 Prozent der Unternehmen nahm die Profitabilität ab, bei 14 Prozent blieb sie auf dem gleichen Niveau und bei lediglich 29 Prozent ist sie angestiegen. Dies ergibt im Durchschnitt eine Profitabilitäts-Einbuße von zehn Prozent.

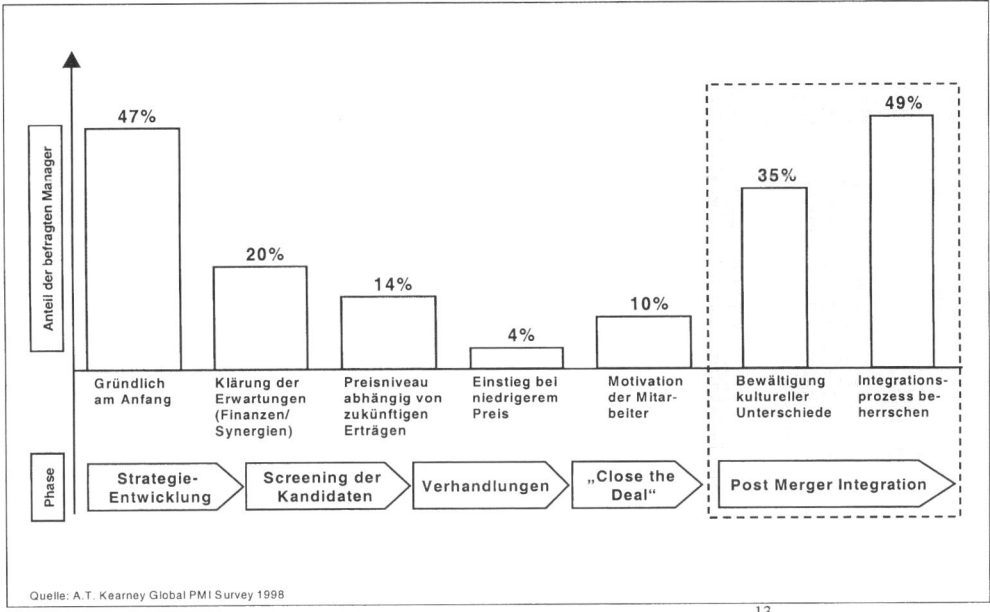

Abb. 3.2.-3: Gewichtete Erfolgsfaktoren des gesamten Fusionsprozesses[13]

Die Untersuchung von 103 Zusammenschlüssen mit deutscher Beteiligung durch Jansen bestätigt die Ergebnisse der A.T. Kearney-Studie in Bezug auf die Profitabilität der Unternehmen nach dem Zusammenschluss. Demnach gelang nur 44 Prozent der Unternehmen eine Umsatzsteigerung und lediglich 21,5 Prozent konnten ihren Börsenwert erhöhen.

Jansen konnte insbesondere für die Berücksichtigung von Instrumenten des Wissenstransfers, die Erarbeitung einer externen und internen Kommunikationsstrategie sowie die systematische Durchführung einer Due Diligence einen signifikant positiven Einfluss auf den Erfolg einer Fusion nachweisen. In Abbildung 3.2.-4 sind alle in dieser Studie identifizierten Faktoren mit einem positiven Einfluss auf den Erfolg von M&A zusammengefasst.

Neben der Identifikation der in der Abbildung dargestellten Erfolgsfaktoren gelangt Jansen zu dem Schluss, dass weder der Unternehmenskultur noch der Geschwindigkeit bei der Fusionsumsetzung ein hoher Stellenwert zukommt. Ganz im Gegenteil seien Fusionen mit einem längeren Zeitraum ohne Integrationsaktivitäten im Anschluss an den Vertragsabschluss

Aufgaben mit signifikant positivem Einfluss auf die relative Umsatzsteigerung (Branchen-Outperformance)	Aufgaben mit signifikant positivem Einfluss auf die relative Börsenwertsteigerung (Branchen-Outperformance)
• Ableitung einer Integrationsplanung im Vorfeld • Entwicklung von Instrumenten für den Wissenstransfer • Erarbeitung einer externen und internen Kommunikationsstrategie • Definition der Kernbelegschaft und Harmonisierung der Gehalts- und Incentivesysteme • Proaktives Fluktuationsmanagement • Konsolidierung des betrieblichen Berichtswesens • Systematische Prüfung der Marketing- und Vertriebsziele (Due Diligence)	• Einsatz von Integrations- und Projektteams bei der Umsetzung • Aufsetzen neuer Strategien in der Zusammenarbeit mit Kunden • Wissenschaftliche Dokumentation des Post Merger Managements • Schnelle Konsolidierung des betrieblichen Rechnungswesens • Erarbeitung einer externen und internen Kommunikationsstrategie • Systematische Prüfung der Marketing- und Vertriebsziele (Due Diligence)

Quelle: Jansen/ Körner, November 2000, S. 11

Abb. 3.2.-4: Kritische Erfolgsfaktoren der erfolgreichen Zusammenschlüsse[14]

erfolgreicher. Es ist jedoch fraglich, ob diese Schlussfolgerungen durch die Ergebnisse stichhaltig genug zu belegen sind. Selbst Jansen schränkt hierzu bereits ein, dass die zügige Kommunikation und damit auch Entscheidung insbesondere neuer Führungsstrukturen schnellstmöglich nach Vertragsabschluss erfolgen sollte.[15]

Im Gegensatz zu den Ergebnissen Jansens stellte die Studie von A.T. Kearney einen eindeutigen Zusammenhang zwischen Geschwindigkeit beziehungsweise Berücksichtigung kultureller Barrieren und dem Fusionserfolg fest. Demnach steigt die Notwendigkeit einer schnellen Fusionsdurchführung mit der Größe der beteiligten Unternehmen an. Eine zu geringe Geschwindigkeit im Fusionsprozess kann die Produktivität hemmen, den Verlust von Key Playern bewirken sowie die Kommunikation und Informationsweitergabe behindern. Zudem identifiziert die Studie die Überwindung kultureller Barrieren als die drittgrößte Barriere bei der Integration von Unternehmen (vgl. Abb. 3.2.-5).[16]

Auch das Meinungsbarometer von Kohtes Klewes bewertet das Risiko der Unterschätzung kultureller Unterschiede als einen der häufigsten Fehler bei M&A-Projekten. Die von den befragten Meinungsbildnern identifizierten zehn häufigsten Managementfehler bei M&A- Projekten können Abbildung 3.2.-6 entnommen werden. Die größten Gefahren stellen demnach eine zu späte Integration der Mitarbeiter und zu wenig Transparenz im Fusionsprozess dar.

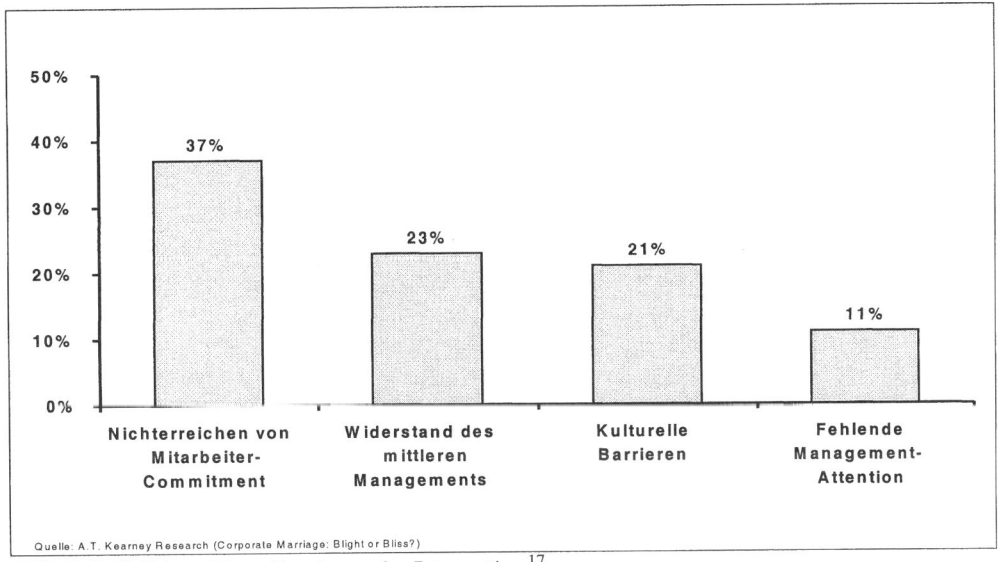

Quelle: A.T. Kearney Research (Corporate Marriage: Blight or Bliss?)

Abb. 3.2.-5: Die größten Barrieren der Integration[17]

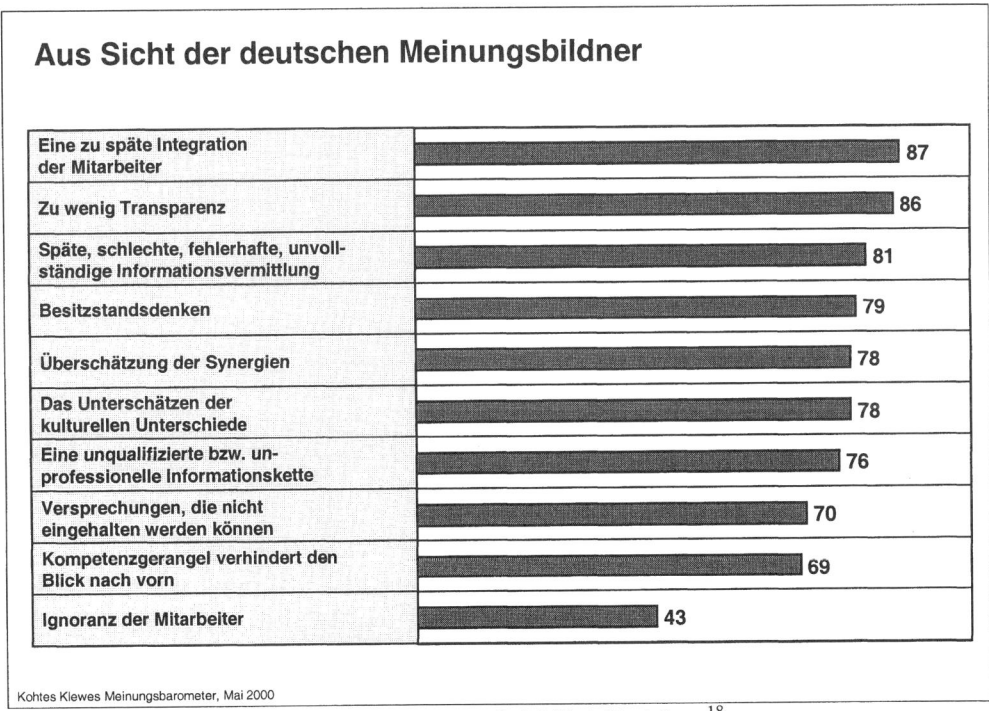

Kohtes Klewes Meinungsbarometer, Mai 2000

Abb. 3.2.-6: Häufigste Fehler des Management bei M&A-Projekten[18]

51

Eng verbunden damit sind der, die Kommunikation betreffende dritte »späte, schlechte, fehlerhafte, unvollständige Informationsvermittlung«, siebente »eine unqualifizierte bzw. unprofessionelle Informationskette« und achte »Versprechungen, die nicht eingehalten werden können« Fehler des Managements.

Eine teilweise andere Position und auch zum Teil andere Ergebnisse erbringt die Studie von Schewe: Er stellte in seiner Befragung von Unternehmensberatern unter anderem fest, dass bei einem zu raschen Vorgehen während der Integration die negativen Erfolgseffekte die positiven übersteigen. Überwiegend negative Auswirkungen zeigten sich auch bei der Bindung und Benennung von Führungskräften, vor allem aufgrund der Erhöhung von administrativen Barrieren und der ungenügenden Berücksichtigung mangelnder Fähigkeiten. Weitere Ergebnisse dieser Studie sind die stärkere Auswirkung von »Nicht-Können« Barrieren im Vergleich zu »Nicht-Wollen« Barrieren, die positive Erfolgswirkung von Promotoren und Maßnahmen zur Ausrichtung individuellen Verhaltens sowie eine deutliche Erfolgswirkung des Merkmals Großunternehmen. Insgesamt stellt auch Schewe fest, dass ein Königsweg für Fusionen und Akquisitionen nicht existiert. Weder eine bestimmte M&A-Zielsetzung, noch der Einsatz gezielter Integrationsmaßnahmen oder die Unterstützung des Prozesses durch Unternehmensberater können den Erfolg garantieren. Allerdings sieht Schewe in der Überwindung der »Nicht-Können« und »Nicht-Wollen« Barrieren im Unternehmen den zentralen Ansatz zur Sicherung des Integrationserfolges.[19]

Checkliste *Gründe für das Scheitern von Mergers & Acquisitions*		
Nr. **Aktion**	**Geklärt/ Erledigt**	**Ungeklärt/ Unerledigt**
1 Wie groß ist der **strategische Fit** zwischen den sich zusammenschließenden Unternehmen?		
2 Werden mögliche **Gründe für das Scheitern von M&A** analysiert und quantifiziert?		
3 Wird eine explizite **Risikoanalyse** durchgeführt?		
4 Erfolgt ein **Benchmarking** im Akquisitions- oder Fusionsprozess?		
5 Werden alle wichtigen **Rahmenbedingungen** vorab geklärt und entschieden?		
6 Werden mögliche **kulturelle Barrieren** ausreichend analysiert und berücksichtigt?		
7 Wird die **Geschwindigkeit** im M&A-Prozess nicht zu Lasten der **Gründlichkeit** forciert?		

Anmerkungen

[1] Balzer, A./Hirn, W./Wilhelm, W.: Gefährliche Spirale, 03/2000, S. 88

[2] Vgl. o.V.: Alusuisse Lonza und Viag sind irritiert und enttäuscht, 31.03.1999, S. 26

[3] Vgl. o.V.: Fusion zwischen HDI und HUK gescheitert, 19.07.1999, S. 9

[4] Vgl. o.V.: Chemiefusion von Ciba und Clariant geplatzt, Abfrage am 09.12.1998

[5] Vgl. o.V.: T-Aktie nach geplatzter Fusion unter Druck, 26.05.1999, S.1

[6] Vgl. o.V.: Presseinformation Deutsche Bank (Frankfurt am Main, 05.04.2000), Abfrage am 23.05.01

[7] Vgl. Jansen, S. A.: Mergers & Acquisitions, 1999, S. 146

[8] Jansen, S. A.: Mergers & Acquisitions, 1999, S. 146

[9] Vgl. »Integrationsgeschwindigkeit« bei Jansen, S.A./ Körner, K.: Fusionsmanagement in Deutschland – Eine empirische Analyse, 2000, S. 16 und A.T. Kearney: Corporate Marriage: Blight or Bliss?, Abfrage am 17.05.2001, S. 10; ebenso »Geschäftsverwandtschaft« bei Gerpott, T.J.: Integrationsgestaltung und Erfolg von Unternehmensakquisitionen, 1993, S. 404 und Larsson, R./ Finkelstein, S.: Integrating Strategic, Organizational and Human Resource Perspectives on Mergers and Acquisitions: A Case Survey of Synergy Realization, 1999, S.12

[10] Vgl. o.V.: Pharmafusion setzt europäische Konkurrenten unter Druck, 18.01.2000, S. 1

[11] Vgl. o.V.: Milliardenrisiko bei Hypobank, 29.10.1999, S. 1

[12] Vgl. o.V.: Nach dem Deal immer die gleichen Fehler, 19.10.1998, S. 14

[13] A.T. Kearney: Global PMI Survey, 1998

[14] Jansen, S. A./ Körner, K.: Fusionsmanagement in Deutschland – Eine empirische Analyse, 2000, S. 11

[15] Vgl. Jansen, S. A.: Post Merger Integration, 06.08.1999, S. K3, ebenso Jansen, S. A./ Körner, K.: Fusionsmanagement in Deutschland – Eine empirische Analyse, November 2000, S. 8 ff.

[16] Vgl. A.T. Kearney: Corporate Marriage: Blight or Bliss, Abfrage am 17.05.2001, S. 13 ff.

[17] A.T. Kearney: Corporate Marriage: Blight or Bliss?, Abfrage am 17.05.2001, S. 15

[18] Kohtes Klewes Meinungsbarometer, Mai 2000, Abfrage am 06.06.2001

[19] Vgl. Schewe, G./ Gerds, J.: Erfolgsfaktoren von Post Merger Integrationen, 2001, S. 75 ff.

4. Zwölf Grundsätze für M&A

> Grundsatz: Die Kenntnis der Erfolgstreiber vermeidet typische Stolpersteine bei der Umsetzung eines M&A-Vorhabens.

Formuliert man die erkannten Gründe für das Scheitern von M&A-Vorhaben in der Weise um, dass die ermittelten Defizite und Stolpersteine zu Handlungsempfehlungen werden, dann können so im Rahmen von M&A auftretende, besonders kritische Punkte vermieden werden. Das Ergebnis dieses Prozesses sind die in Abbildung 4.-1 dargestellten zwölf Grundsätze. Sie gelten insbesondere für Fusionen, da bei Akquisitionen eine schnelle »Einpassung« des Targets in das übernehmende Unternehmen angestrebt wird. In den nächsten Kapiteln sollen sie weiter präzisiert und noch detaillierter, insbesondere unter dem Gesichtspunkt der Post Merger Integration betrachtet werden.

1. Grundsatz: Strategische Harmonie der Partner

Der erste Grundsatz »Die strategische Harmonie der Partner« bezieht sich darauf, dass ein grundsätzlicher strategischer Fit im Hinblick auf die Produkte, Märkte, die Strategie und die Positionierung der beiden Unternehmen erforderlich ist. Das Ziel ist es, eine Win-Win-Situation zu erreichen. Dies gilt insbesondere auch für den wesentlichen weichen Erfolgsfaktor, die Verträglichkeit und Harmonie der Unternehmenskulturen. In der Pre Merger Phase wird diese Analyse und Prüfung häufig vernachlässigt. Dies geschieht nicht primär deshalb, weil der kulturelle Fit als unwesentlich erachtet wird, sondern weil die Messung und der bewertende Vergleich als schwierig eingeschätzt werden. Ein aussagefähiges Kultur-Audit ist jedoch trotzdem erforderlich.[1] Die wesentliche Schlussfolgerung hierbei ist, dass die Priorität eindeutig auf »Passen« vor »Wollen« liegen muss.

2. Grundsatz: Kein fauler Kompromiss am Schluss der Verhandlung

Besonders dann, wenn die Pläne eines Zusammenschlusses schon an die Öffentlichkeit gedrungen sind, ist es schwierig, aus den Verhandlungen wieder auszutreten. Mit Blick auf einen möglichen Imageverlust und die bereits investierte Zeit und Kraft wird oftmals darauf verzichtet, den angestoßenen Prozess zu stoppen, obwohl er nicht optimal verläuft. Die größte Gefahr in dieser Phase besteht darin, dass eine Torschlusspanik so viel Ergebnisdruck erzeugt, dass in wesentlichen Bereichen des Zusammengehens zumindest von einer Seite Kompromisse akzeptiert werden, die sich im nachhinein als nicht tragfähig erweisen, zumindest aber nicht unerhebliche zusätzliche Probleme verursachen. Um dies zu vermeiden, ist – wie bereits angesprochen – eine frühzeitige und sorgfältige Due Diligence des M&A-Objektes erforderlich.

①	**Strategische Harmonie der Partner**
②	**Kein fauler Kompromiss am Schluss der Verhandlung**
③	**Hohe Management-Attention**
④	**Nur die Besten arbeiten im M&A-Prozess mit**
⑤	**Keine Zuschauer im PMI-Prozess**
⑥	**Vision und Mission des neuen Unternehmens formulieren**
⑦	**Maßnahmen schnell umsetzen, ohne die Komplexität zu forcieren**
⑧	**Komplexität der Merger-Organisation nur kontinuierlich erhöhen**
⑨	**Jedes Projektthema präzisieren und genau beschreiben**
⑩	**Mit voller Transparenz steuern**
⑪	**Unbürokratisch handeln**
⑫	**Das Ziel nicht aus den Augen verlieren: Mehr Profitabilität und mehr Wachstum**

Abb. 4.-1: Zwölf Grundsätze für erfolgreiche M&A-Projekte

3. Grundsatz: Hohe Management-Attention

Da eine Fusion von entscheidender Bedeutung für den zukünftigen Erfolg des Unternehmens ist, sollte sie vom Topmanagement betreut werden, und nicht etwa an Stabsabteilungen delegiert werden. Alle wesentlichen Entscheidungen müssen auf Vorstandsebene getroffen werden.

4. Grundsatz: Nur die Besten arbeiten im M&A-Prozess mit

Die während des M&A-Prozesses und dabei insbesondere während der PMI-Phase anfallenden Aufgaben müssen zusätzlich zur eigentlichen Tätigkeit der Mitarbeiter erledigt werden. Daraus sollte nicht der falsche Schluss gezogen werden, dass diejenigen, die im Tagesgeschäft eher entbehrlich sind, für die Betreuung des Zusammenschlusses herangezogen werden. Nur die Besten sollten mit diesen wichtigen Aufgaben betreut werden, auch wenn für sie eine zeitweise Überbelastung unausweichlich ist.

5. Grundsatz: Keine Zuschauer im PMI-Prozess

Aus dieser Forderung folgt, dass jeder, der im Integrationsprozess eingesetzt wird, eine konkrete Aufgabe zu übernehmen hat. Dies gilt besonders für die Vorstandsebene. Auf diese Weise werden gleichzeitig die persönliche Mitverantwortung und der Teamgeist gesteigert.

6. Grundsatz: Vision und Mission des neuen Unternehmens formulieren

Gerade für den Beginn der PMI-Phase müssen Ziele und Handlungsweise des neuen Unternehmens festgelegt werden. Führungskräfte und Mitarbeiter können sich so auf ihr zukünftiges Arbeiten einstellen und gewinnen an Sicherheit, da Informationsdefizite abgebaut werden.

7. Grundsatz: Maßnahmen schnell umsetzen, ohne die Komplexität zu forcieren

Es ist ratsam, gleich zu Beginn der Umsetzung des Zusammenschlusses den Schwerpunkt auf Teilprojekte mit großer Hebelwirkung zu setzen. Anstatt alle Aufgaben bis ins kleinste Detail festzulegen und einen Zeitplan aufzustellen, der 100 Prozent der anfallenden Tätigkeiten umfasst, sollte nach dem Pareto-Prinzip ein Anteil von 80 Prozent möglichst schnell realisiert werden.

8. Grundsatz: Komplexität der Merger Organisation nur kontinuierlich erhöhen

Dieser Grundsatz steht im scheinbaren Widerspruch zum vorangegangenen. Es ist gemeint, dass zu Beginn der Integrationsphase zunächst die Kernaufgaben genauer beschrieben werden. Sie können dann die Grundlage für die Folgeaufgaben bilden, die während der weiteren Umsetzung ergänzt und verändert werden.

9. Grundsatz: Jedes Projektthema präzisieren und genau beschreiben

Diese Forderung dient dazu, die Komplexität der Integrationsanstrengungen schon früh zu erfassen. Allerdings darf sie nicht dazu führen, dass sich Bürokratismus ausweitet. Deswegen wird nach der KISS-Philosophie vorgegangen (Keep It Short and Simple). Auf nur einem Blatt Papier muss jeweils ein Projekt nach dem Ein-Seiten-Memo-Prinzip[2] beschrieben werden.

10. Grundsatz: Mit voller Transparenz steuern

Das Topmanagement sollte durchgängig Einblick in alle Vorgänge haben. Dies ist am besten IT-gesteuert möglich. Volle Transparenz ist wichtig, um zu überprüfen, ob Synergieeffekte tatsächlich realisiert werden. Die Synergiepotenziale müssen möglichst schnell genutzt werden, da Erfahrungen zeigen, dass sich ihre Wirkung im Laufe der Zeit verringert.

11. Grundsatz: Unbürokratisch handeln

Die Umstrukturierung zu einem neuen Unternehmen sollte genutzt werden, um veraltete festgefahrene Handlungsweisen aufzudecken und auszubessern. Die Neuorganisation von Aufgaben kann aber auch Unsicherheit unter den Mitarbeitern verursachen. Für eine optimale Vorgehensweise müssen diese beiden Punkte gegeneinander abgewogen werden.

12. Grundsatz: Das Ziel nicht aus den Augen verlieren: Mehr Profitabilität und mehr Wachstum

Das eigentliche Ziel eines Zusammenschlusses ist es, die Marktposition zu verbessern. Also darf nicht vernachlässigt werden, die Kundenorientierung und die Markenpositionierung zu stärken.[3]

Vom Managermagazin sind im Jahre 2001 zwei Akquisitionsprojekte ausgezeichnet worden, nämlich die beste Transaktion und die beste Integration (siehe Abb. 4.-2). Kriterien für die Bewertung waren die Vision, die Strategie, die eigentliche Transaktion und Integration und die auf den Gesamtprozess bezogene Kommunikation.

	Beste Transaktion: UBS – Paine-Webber	Beste Integration: Bertelsmann – Random House
1. Vision		
o Schrittmacher-funktion? o Erzwungen durch Branchen-entwicklung?	o Verstärkung im stabilen Bereich Vermögensverwaltung o Verstärkung nicht im risikoreichen Bereich Investmentbanking o Richtungsweisend in der Finanzwelt	o Größte Buchverlagsgruppe der Welt o Stärkere Marktmacht
2. Strategie		
o Gute Ergänzung? o Wertschöpfung?	o Zugang zum großen und schnell wachsenden US-Markt o Kaum geographische Überschneidung o Stärkung der personellen und der IT-Kompetenz	o Erhöhung des Marktanteils in USA o Synergien, Zugang zu Bestsellerautoren o Skaleneffekte bei Bertelsmanns US-Verlagen
3. Transaktion und Integration		
o Deal umkämpft? o Vorab bekannt? o Integration des Managements? o Zügige Umsetzung?	o Diskret und schnell o Gute Einbindung der Aktionäre	o Rasche, reibungslose Integration o Eingliederung in bestehende Organisation
4. Kommunikation		
o Einbindung der Aktionäre, Kunden, Mitarbeiter, Öffentlichkeit? o Überzeugende Wirkungen auch heute?	o Zeitnahe und vollständige Information der Öffentlichkeit o Positive Beurteilung durch Analysten	o Stellenwert erfolgreich kommuniziert o Positive Resonanz bei Mitarbeitern Quelle: Boldt, Manager Magazin, 04/01, S. 148

Abb. 4.-2: Schlüsselfaktoren für eine erfolgreiche Übernahme[4]

Wie nachvollziehbar ist, waren beide Projekte in unterschiedlichen Branchen auf eine Verstärkung der Marktposition in den USA ausgerichtet. Die Akquisitionen verliefen schnell und reibungslos. Sie wurden gleichzeitig durch eine gute Kommunikation ergänzt, die positive Resonanz schaffte.

4.1. Die Ausgangssituation im DaimlerChrysler Merger

> Grundsatz: Eine Stärkung der Marktposition mit dem Ziel von Skalen- und Größeneffekten ist der häufigste Treiber für einen Zusammenschluss.

Beispielhaft wird auf die Ausgangssituation und die Motive bei Daimler-Benz und Chrysler vor dem Zusammenschluss eingegangen und hier sowie in späteren Kapiteln dargestellt, in wieweit die oben formulierten Grundsätze realisiert wurden.

Die zentralen Motive für den Zusammenschluss waren bei DaimlerChrysler einerseits die Stärkung der Marktposition in einer sich zunehmend konsolidierenden Industrie und andererseits die Entwicklung hin zu einem global agierenden Unternehmen. Daimler-Benz hatte in der Vorphase der Fusion sehr detaillierte strategische Basisanalysen durchgeführt, die belegten, dass die bisherige strategische Ausrichtung und Aufstellung bei der sich abzeichnenden Markt- und Branchenentwicklung nicht ausreichte. Um in einem härter werdenden globalen Wettbewerb bestehen zu können und nicht das Akquisitionsziel eines anderen größeren Automobilherstellers zu werden, war die Partnerschaft mit einem anderen Hersteller in einer anderen Region, zweckmäßig. [5] Ein ebenfalls primäres Motiv war die Realisierung und Nutzung von Synergien, insbesondere von Economies of scale, die durch einen solchen Merger möglich werden.

Vor der Fusion (1996) erwirtschaftete Chrysler einen Umsatz von 60 Mrd. US-$, jedes sechste verkaufte Auto in den USA war ein Chrysler. Die Nettoumsatzrendite betrug trotz der Sättigungserscheinungen auf dem Markt sechs Prozent, bei General Motors betrug diese vier Prozent und bei Ford waren es nicht einmal drei Prozent. Der Durchschnitt aller 1.280 berücksichtigten Unternehmen betrug etwa 4,6 Prozent. Die Rendite auf das eingesetzte Eigenkapital lag im gleichen Zeitraum bei 20 Prozent. Im Vergleich dazu lag diese bei der Automobilindustrie durchschnittlich bei 8,2 Prozent, der gesamte Industriedurchschnitt betrug 9,6 Prozent. Chrysler war zu diesem Zeitpunkt der Autohersteller auf der Welt mit den niedrigsten Produktionskosten und der gleichzeitig höchsten Rendite. Aufgrund der liquiden Mittel in Höhe von 7,5 Mrd. US-$ stand – aus damaliger Sicht – auch zukünftigen Investitionen nichts im Wege.

Im Vergleich zu diesen positiven Werten war die Bewertung von Chrysler an der Börse eher schlecht. Die Skepsis der Öffentlichkeit in Bezug auf die Kontinuität dieser positiven Entwicklung führte zu einem scheinbar geringen Börsenwert. Außerdem waren noch keine positiven Entwicklungen, wie Qualitätsverbesserungen oder gesteigerte Kundenzufriedenheit zu erkennen, denn diese wirken sich erst mit einer zeitlichen Verzögerung positiv aus.

Im Folgenden gehen wir auf die Situation bei Daimler-Benz ein: Das Unternehmen ist seit 1993 an der New Yorker Börse registriert und führt den Jahresabschluss nach US-GAAP durch. Dies ist eine wesentliche Voraussetzung für die Fusion mit einem amerikanischen Unternehmen, da in beiden Unternehmen bereits nach gleichen Kriterien gesteuert wird. Anhand dieser Steuerungskriterien war man in der Lage, die Außen- mit der Innensicht zu verbinden. So wurden die Geschäftsbereiche der Daimler-Benz AG von 35 auf 23 reduziert und seit 1995 mit der einheitlichen Kenngröße ROCE (Return on Capital Employed) gesteuert, für die eine Mindesthöhe von 12 Prozent festgelegt wurde. Seit 1998 wird der Daimler-Benz seit 1995 mit ROCE (Return on Capital Employed) und setzte dabei für jede Geschäftseinheit eine Mindesthöhe von zwölf Prozent fest. Seit 1998 wird der Konzern nach RONA (Return on Net Assets) gesteuert mit einem Zielwert von 9,2 Prozent, der 2001 auf acht Prozent nach Steuern festgelegt wurde. Für das Finanzdienstleistungsgeschäft liegt der Wert mit 9,4 Prozent Cost of Equity über den Zielen der Kapitalverzinsung des Industriegeschäfts. Diese vom Unternehmen selbst gesteckten Ziele wurden sogar noch übertroffen: 1997 erreichte der Konzern einen Wert von 10,2 Prozent, 1998 von 11,6 Prozent.[6]

Das Ziel ist mit derartigen Kennzahlen und ihrer systematischen Erhebung das Unternehmen in die Lage zu versetzen, Veränderungen des Unternehmensumfeldes und deren Auswirkungen frühzeitig zu erkennen. Das Ansoff'sche Konzept der »weak signals« und der damit verbundene Ansatz des »Before fact approach«, also Früherkennung als Idee strategischer Unternehmensführung, macht es möglich, frühzeitig auf Veränderungen interner und externer Rahmenbedingungen zu reagieren.[7] Diese Sicht hat im Erkennen der Notwendigkeit einer Kooperation und letztendlich in den Gesprächen mit einem möglichen Fusionspartner ihren Niederschlag gefunden.

Seit dem Beginn der ersten Geheimgespräche im Januar 1998 entwickelte sich das Unternehmen weiterhin positiv. Die Daten für das Jahr 1998 und auch für das Jahr 1999 belegen dies. So konnte DaimlerChrysler den Umsatz im Jahr 1999 noch einmal um zwölf Prozent verbessern.[8] Dies macht bereits deutlich, dass der Fusion keine Restrukturierungsmotive zu Grunde lagen, sondern dass das Ziel darin besteht, gemeinsam stärker zu wachsen.

Deutlich wird dies außerdem am strategischen und operativen Fit der beiden Fusionspartner. In Abbildung 4.1.-1 sind die beiden Unternehmen gegenübergestellt. Im Vergleich zu den führenden Unternehmen General Motors und Ford hat DaimlerChrysler durch die Fusion aufgeschlossen. Chrysler generierte einen etwas geringeren Umsatz, erwirtschaftete damit aber einen höheren Operating Profit. Insgesamt haben die beiden Unternehmen vor ihrer Fusion vier Mio. Fahrzeuge verkauft. Chrysler setzte eine deutlich größere Zahl an Personenwagen und leichten Nutzfahrzeugen ab. Daimler-Benz ergänzt dieses Portfolio durch schwere Nutzfahrzeuge.

Die Präsenz auf den Weltmarktgebieten zeigt, dass die regionalen Schwerpunkte von Chrysler auf den Märkten Nordamerikas und die von Daimler-Benz auf den Märkten Europas einen guten Fit ergeben. Insgesamt ist jedoch das Defizit bei der Abdeckung der asiatischen und lateinamerikanischen Märkte nicht zu übersehen. Die außerordentlichen Hauptversammlungen, die am selben Tag, nämlich dem 18. September 1998, von beiden Unternehmen durchgeführt wurden, führten zur Zustimmung der Aktionäre zur Fusion. Bei Daimler-Benz waren über 15.000 Aktionäre anwesend, bei Chrysler ca. 150. Bei Daimler-Benz stimmten 99,9 Prozent der Aktionäre zu, bei Chrysler 97,5 Prozent. Bis zum 6. November 1998 waren 98 Prozent der Daimler-Benz-Aktien umgetauscht.

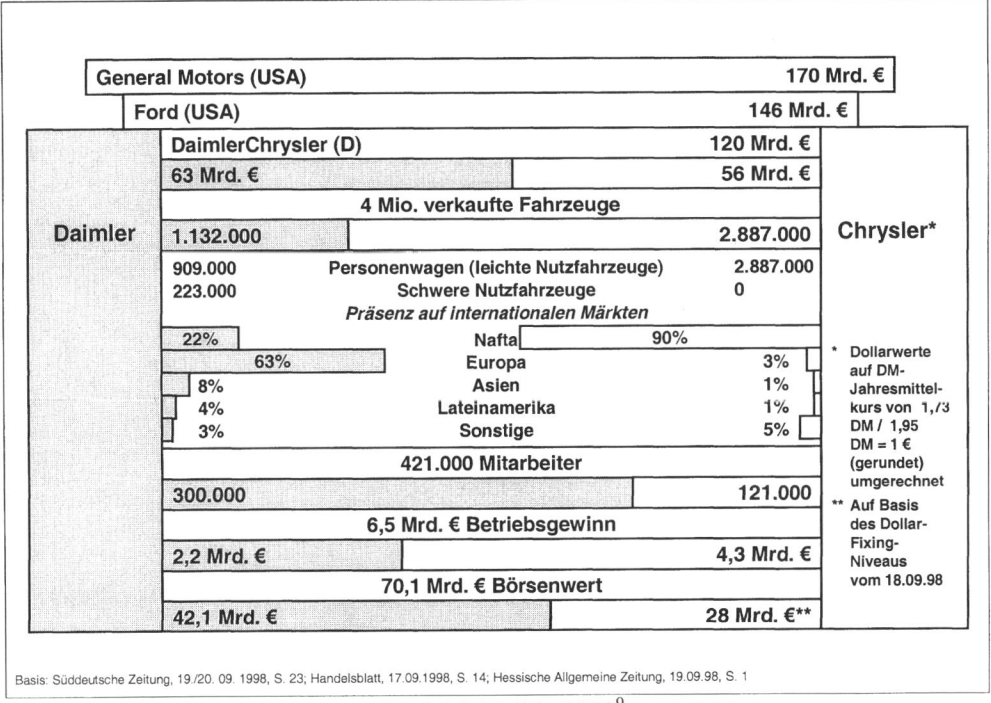

General Motors (USA)			170 Mrd. €
Ford (USA)			146 Mrd. €
DaimlerChrysler (D)			120 Mrd. €
63 Mrd. €		56 Mrd. €	

Daimler

4 Mio. verkaufte Fahrzeuge			**Chrysler***
1.132.000		2.887.000	
909.000	Personenwagen (leichte Nutzfahrzeuge)	2.887.000	
223.000	Schwere Nutzfahrzeuge	0	

Präsenz auf internationalen Märkten

22%	Nafta	90%
63%	Europa	3%
8%	Asien	1%
4%	Lateinamerika	1%
3%	Sonstige	5%

* Dollarwerte auf DM-Jahresmittel-kurs von 1,73 DM / 1,95 DM = 1 € (gerundet) umgerechnet

** Auf Basis des Dollar-Fixing-Niveaus vom 18.09.98

421.000 Mitarbeiter		
300.000		121.000
6,5 Mrd. € Betriebsgewinn		
2,2 Mrd. €		4,3 Mrd. €
70,1 Mrd. € Börsenwert		
42,1 Mrd. €		28 Mrd. €**

Basis: Süddeutsche Zeitung, 19./20. 09. 1998, S. 23; Handelsblatt, 17.09.1998, S. 14; Hessische Allgemeine Zeitung, 19.09.98, S. 1

Abb. 4.1.-1: Die Fusionspartner im Vergleich im Jahr 1998[9]

4.2. Die Vorbereitung des DaimlerChrysler Mergers

Grundsatz: Strategische Szenarien erlauben frühzeitige Entscheidungen ohne Leidensdruck.

Beim Merger von DaimlerChrysler sollten die typischen Fehler, wie sie bei M&A-Aktivitäten auftreten und inzwischen auch genügend bekannt sind, vermieden werden. Deshalb ist folgendermaßen vorgegangen worden. Zunächst wurden hinsichtlich der Auswahlkriterien für den geeigneten Partner vor allem die folgenden drei Fragen gestellt:

- Wie entwickelt sich der Markt?

- Wohin entwickelt sich das Unternehmen?

- Wie entwickelt sich der Wettbewerb?

Anschließend wurden Informationen über Unternehmen eingeholt, die kürzlich M&A durchgeführt hatten. Die von ihnen durchgeführten Akquisitionen und Fusionen wurden analysiert, um so über deren Ergebnisse die Häufigkeit von Erfolg oder Misserfolg nachvollziehen zu können.

Es wurden über 100 M&A-Projekte analysiert, um auch die Bedeutung einzelner Faktoren zu hinterfragen. Das Ergebnis war, dass über 70 Prozent nicht die ursprünglich der Öffentlichkeit genannten Ziele erreichten. In Abbildung 4.2.-1 sind die wichtigsten der identifizierten Erfolgsfaktoren wiedergegeben. Die Ergebnisse entsprechen generell den von A.T. Kearney herausgearbeiteten Schlüsselkriterien für M&A-Vorhaben, wie sie in Abbildung 3.2.-3 dargestellt sind.

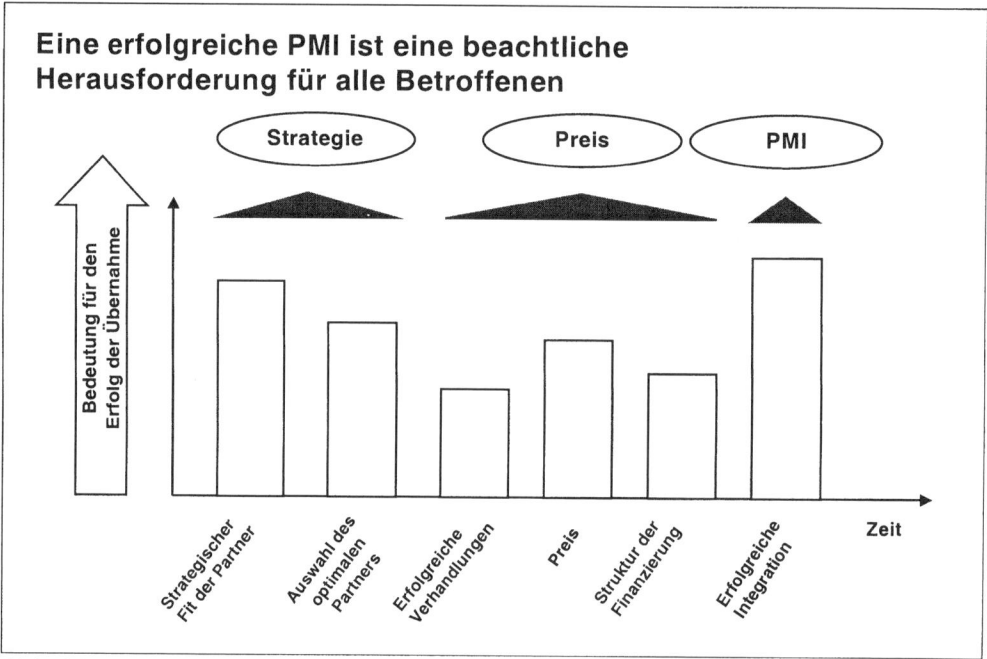

Abb. 4.2.-1: Erfolgsfaktoren von M&A-Aktivitäten

Als besonders wichtig für den Erfolg wurden folgende zwei Faktoren erkannt:

Dem strategischen Fit beider Partner kommt von Beginn an eine herausragende Bedeutung zu. Insbesondere müssen Synergiepotenziale vorhanden sein oder neue Wachstumsmärkte erschlossen werden können. Der zweite Faktor ist, dass der PMI-Prozess mit genügend Management-Attention und in einer richtigen Prozessführung realisiert wird. Weniger wichtig sind der Preis oder die erfolgreiche Verhandlung. Der Schwerpunkt liegt eindeutig auf dem Strategic Fit und der erfolgreichen Integration im Rahmen der PMI.

Inwieweit eine Fusion damit eher zur Chance oder zur Gefahr wird, hängt also insbesondere von der Qualität des agierenden Managements ab. Denn den Vorteilen, die aus der neuen Größe resultieren, wie etwa die Zunahme an Marktmacht, an Know-how und an Rentabilität durch ein niedrigeres Kostenniveau, stehen Gefahren gegenüber. So kann die Zunahme der Unternehmensgröße zu einer geringeren Flexibilität, einer zunehmenden Bürokratie und vor allem auch einem deutlichen Ansteigen der Koordinationskosten innerhalb des Unternehmens führen.

Checkliste *Zwölf Grundsätze für M&A*			
Nr.	Aktion	Geklärt/ Erledigt	Ungeklärt/ Unerledigt
1	Wurde im konkreten Fall geklärt, welche **wesentlichen Ansatzpunkte und Inhaltsbereiche** für die vorgesehene M&A-Aktivität als **Erfolgsfaktoren** eine wichtige **Treiberfunktion** haben?		
2	Wurden **Vorerfahrungen vergleichbarer anderer Unternehmen** analysiert und berücksichtigt?		
3	Wurden die **Anforderungen in allen wesentlichen Phasen** für den gesamten PMI-Prozess formuliert?		

Anmerkungen

[1] Vgl. Schein, E.H.: Organizational Culture and Leadership, 1992, S. 17

[2] Peters, T.J./ Waterman, R.H.: Auf der Suche nach Spitzenleistungen: was man von den bestgeführten US-Unternehmen lernen kann, 1984

[3] Vgl. Töpfer, A.: Zwölf Grundsätze für erfolgreiche Mergers & Acquisitions, 11/2000, S. 491ff.

[4] Vgl. Boldt, K.: Kurzer Prozess, 04/01, S. 148; Papendick, U.: Der Macher, 04/01, S. 148

[5] Vgl. Appel, H./ Hein, H.: Der DaimlerChrysler Deal, 1998; Waller, D.: Die Stunde des Strategen, 2000

[6] Vgl. DaimlerChrysler: DaimlerChrysler Geschäftsbericht 1998, S. 18

[7] Vgl. Ansoff, H.I.: Managing Surprise and Discontinuity – Strategic Response to Weak Signals, 1976, S. 129 ff.

[8] Vgl. DaimlerChrysler: DaimlerChrysler Pressebericht, 28.12.1999

[9] Vgl. o.V.: Was Schrempp zusammenfügt, will der Aktionär nicht trennen, 19./20. 09. 1998, S. 23; Lewandowski, J.: Die Fusion der Sterne: Daimler und Chrysler ergänzen sich gut, 19./20. 09. 1998, S. 23; Drost, F.M./ Kuls, N.: Analysten sind von der Fusion überzeugt, 17.09.1998, S. 14; o.V.: Daimler-Chrysler Aktionäre billigten Fusion zu drittgrößtem Autokonzern, 19.09.1998, S. 1

5. Instrumente für den Erfolg von M&A

Wie die Untersuchungen erfolgreicher und gescheiterter M&A deutlich zeigen, liegt der Grundstein für den späteren Erfolg in der gründlichen Vorbereitung des Mergers bzw. der Akquisition. Erfüllte Anforderungen wie Strategie, Due Diligence und Risikomanagement bilden die Basis für die Integration und ermöglichen erst eine zielgerichtete Vorgehensweise.

5.1. Anreiz-Beitrags-Analyse

> Grundsatz: Eine Fusion, bei der ein Partner der Überzeugung ist, dass er mehr einbringt, als er vom anderen bekommt, ist ein Zusammenschluss ohne dauerhaften Bestand.

Zu Beginn jeder Überlegung in Richtung Fusion ist eine Anreiz-Beitrags-Analyse zweckmäßig.[1] Bei einer Akquisition ist diese Untersuchung und Bewertung in der Regel deshalb überflüssig, da das akquirierte Unternehmen als Target nur einen sehr begrenzten Entscheidungs- und damit Handlungsspielraum hat.

Eine Anreiz-Beitrags-Analyse stellt, wie Abbildung 5.1.-1 zeigt, in einer einfachen Gegenüberstellung dar, ob der Anreiz für jeden Partner größer ist, als sein eigener Beitrag. Ist dies gegeben, dann hat die vorgesehene Fusion eine relativ stabile Ausgangsbasis. Die Bewertung von Anreizen und Beiträgen schließt dabei jeweils neben materiellen Werten auch immaterielle Werte, wie z.B. die Stärke eines Markenprofils oder Patente ein. Bei der Analyse der Anreiz-Beitrags-Relation wird also der Anreiz eines Unternehmens durch den Beitrag des Partners bewirkt. In einer jeweils subjektiven Sicht wird dabei dem Beitrag eines Partners zusätzlich das aktivierbare Synergiepotenzial für das eigene Unternehmen aus der Fusion zugerechnet. Hierdurch entsteht der höhere Anreiz. Im Ergebnis wird also der Wert des Beitrags von A durch B als höherer Anreiz gesehen, verglichen mit der Bewertung des Beitrages durch A selbst. Dies läuft auf einen wertmäßigen strategischen Fit der beiden sich zusammenschließenden Unternehmen hinaus.

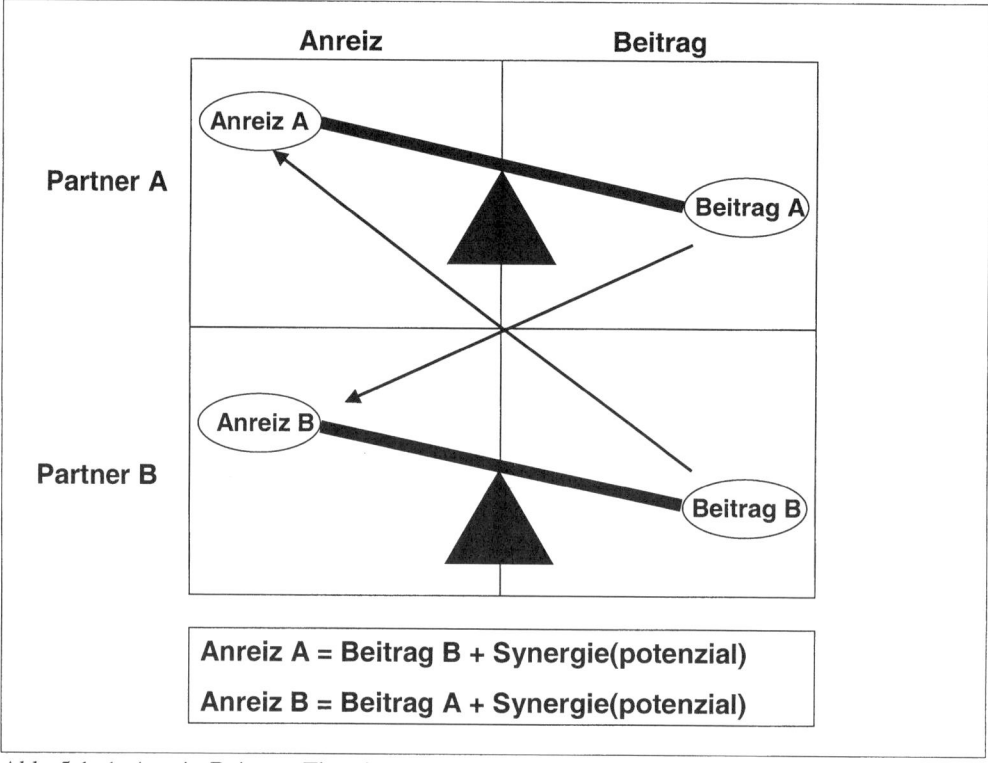

Abb. 5.1.-1: Anreiz-Beitrags-Theorie

5.2. Analyse des strategischen Fit

Grundsatz: Ein hoher strategischer Fit ist Ziel und Voraussetzung für eine erfolgreiche Fusion und Akquisition, er ist in der Regel aber nie vollständig erreichbar.

Der wertmäßige strategische Fit aus der Anreiz-Beitrags-Analyse bildet nur einen ersten Anhaltspunkt für die Zweckmäßigkeit und Stabilität einer M&A-Aktivität. Ergänzt und konkretisiert werden muss er durch den inhaltlichen strategischen Fit der beiden Partner. Er bezieht sich auf externe und interne Erfolgsfaktoren respektive Werttreiber in der gesamten Wertschöpfungskette. Extern bezogen sind dies beispielsweise die abgedeckten Marktgebiete, die bedienten Zielgruppen, die angebotene Produktpalette und die genutzten Vertriebswege. Intern bezogen gehören hierzu beispielsweise das Forschungs- und Entwicklungsniveau einschließlich der Patente, spezielle Mitarbeiterqualifikationen, die Fertigungsstruktur und -kapazitäten sowie das IT-Niveau. Das Ziel ist, durch einen möglichst hohen strategischen Fit Schwächen eines Unternehmens durch Stärken des Partners auszugleichen, um bereits auf diese Weise Synergien zu erzielen.

In der Unternehmenspraxis wird ein hundertprozentiger Fit in der Regel nicht erreichbar sein. Dies bedeutet, dass in dieser Hinsicht Kompromisse bei einer M&A-Aktivität einzugehen sind. In Abbildung 5.2.-1 ist dies vereinfacht am Beispiel der abgedeckten Vertriebsgebiete von zwei europaweit agierenden Unternehmen veranschaulicht. [2]

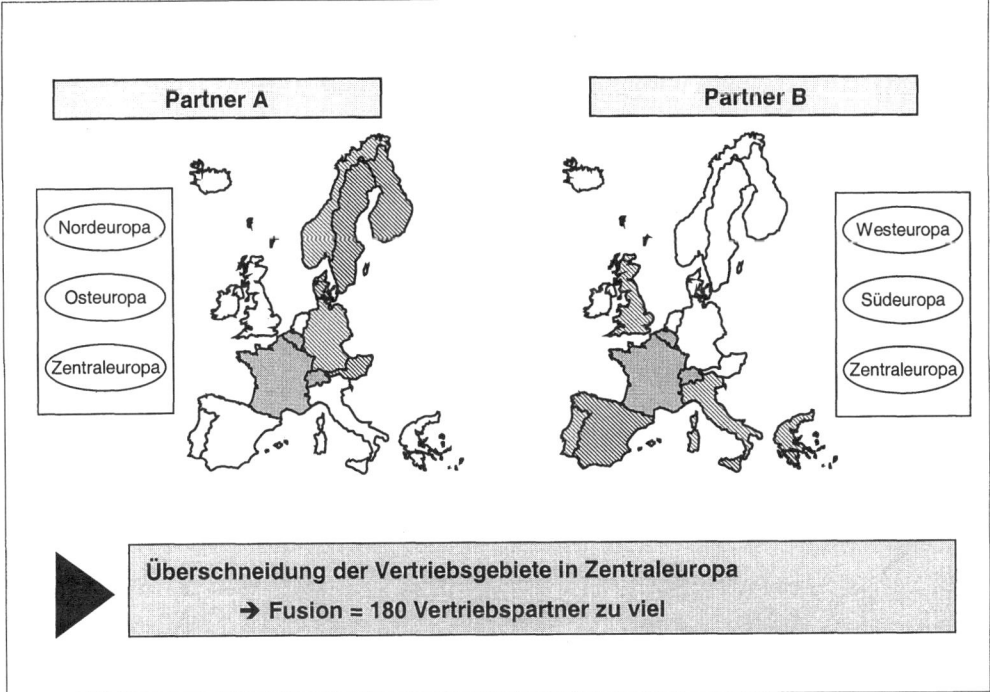

Abb. 5.2.-1: Abgedeckte Vertriebsgebiete

Die Ergänzung beider Partner ist bezogen auf Nord- und Osteuropa, das Partner A gut abdeckt, und bezogen auf West- und Südeuropa, in welchen Regionen Partner B stark vertreten ist, optimal. Die Überlappung findet in Zentraleuropa statt. Wie das Beispiel annimmt, würden bei einer Fusion 180 Vertriebspartner überflüssig.

Das Beispiel entspricht damit dem in der Praxis in der Regel anzutreffenden Fall, dass eine Fusion oder Akquisition trotz eines vorhandenen strategischen Fits und zu hebender Synergiepotenziale immer auch Harmonisierungsbedarf in Richtung einer Restrukturierung hat. Die Überschneidungen können sich auf alle oben angesprochenen Bereiche beziehen. Gravierend sind dabei marktbezogene Überschneidungen, vor allem wenn sie mit der Notwendigkeit eines Personalabbaus verbunden sind. Der Restrukturierungsbedarf kann dann bereits eine negative Stimmung und Einschätzung der Fusion oder Akquisition zur Folge haben. Festzuhalten bleibt, dass bei einer M&A-Aktivität Restrukturierung kaum zu vermeiden und für die Herstellung des optimalen Fits notwendig ist.

Beim Zusammengehen von zwei mittelständischen Unternehmen ist dieser strategische Fit naturgemäß eher erreichbar als beim Zusammenschluss von zwei Großunternehmen, zumal wenn sie weltweit tätig sind. Dennoch bleibt diese Forderung auch dort bestehen bzw. ist eher noch wichtiger, da die Anzahl der Überschneidungen größer und gravierender sein kann. Dies lässt sich beispielhaft am Zusammenschluss der Allianz Group und der Dresdner Bank verdeutlichen. Ohne auf die Details einzugehen, ist aus Abb. 5.2.-2 nachvollziehbar, dass die Überschneidungen in einzelnen Weltmarktregionen unterschiedlich stark sind.

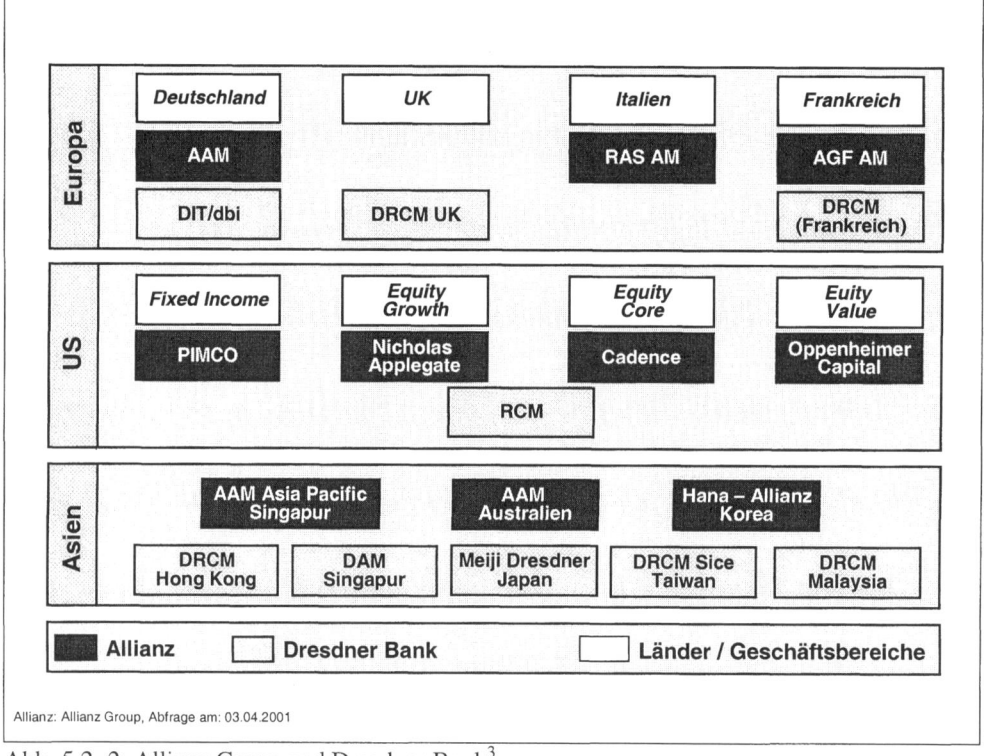

Abb. 5.2.-2: Allianz Group und Dresdner Bank[3]

Allerdings muss eine Bewertung im Einzelfall immer auch bezogen auf die angebotenen Marktleistungen und die anvisierten Zielgruppen erfolgen, um so zwischen einem Konfliktpotenzial und einer Verstärkung oder Ergänzung unterscheiden zu können.[4]

5.3. Szenario-Analyse

Grundsatz: Eine Analyse von Best Case- und Worst Case-Entwicklungen hilft, zukünftige Chancen und Risiken frühzeitig zu erkennen.

Bei der Szenario-Analyse[5] geht es darum, zukünftig mögliche Entwicklungen nach einer Fusion oder Akquisition vorauszudenken, um so rechtzeitig reagieren respektive agieren zu können. Dies entspricht der Sichtweise eines strategischen Vorgehens und Controllings, dass die Zukunft nicht nur die Folge der Gegenwart ist, sondern zusätzlich die Gegenwart die Ursache für eine gewünschte Zukunft bildet. Konsekutive Abfolgen werden also kausal begründet und gesteuert. Dies hilft zu vermeiden, dass bei einer M&A-Aktivität in zwei oder drei Jahren genau nachvollziehbar ist, welche wichtigen Entscheidungen damals versäumt bzw. unterlassen wurden.

Ein Kern der Szenario-Analyse besteht darin, zukünftige Störereignisse und kontraproduktive Entwicklungen vorherzusehen, um sie so in ihrer Tragweite und Auswirkung beurteilen sowie frühzeitig neutralisieren zu können. Abbildung 5.3.-1 schematisiert dies vereinfacht.[6] Auf der Basis der gegenwärtigen Ausgangssituation und den zukünftigen Soll-Vorstellungen als angestrebten Ergebnissen des Zusammenschlusses werden Zukunftsszenarien entwickelt, die insbesondere durch Trendbeschreibungen präzisiert werden. Wichtiger als die förderlichen Trends sind die hinderlichen im Sinne von Störereignissen bzw. -entwicklungen. Auf sie konzentriert sich der zukünftige Handlungsbedarf.

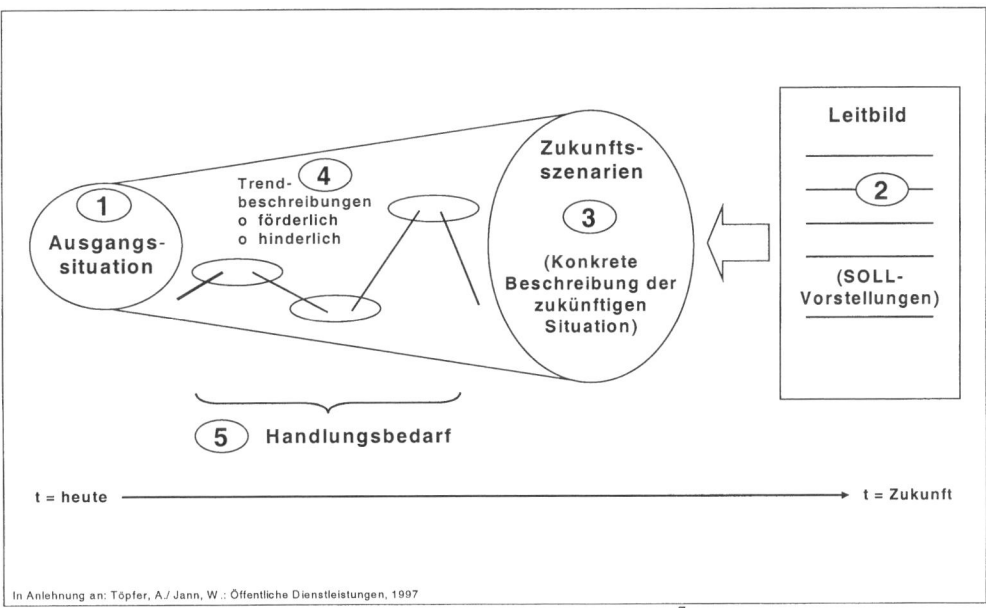

In Anlehnung an: Töpfer, A./ Jann, W.: Öffentliche Dienstleistungen, 1997

Abb. 5.3.-1: Generelle Vorgehensweise bei der Szenario-Analyse[7]

Wenn auf die entwickelten Szenarien der aus den formulierten Strategien des Unternehmens resultierende strategische Korridor gelegt wird, dann ist hierdurch zugleich der Entwicklungsspielraum von Abweichungen und der hieraus resultierende Handlungsspielraum erkennbar (siehe Abb. 5.3.-2). Die Volatilität der zukünftigen Unternehmensentwicklung determiniert also die Richtung und die Intensität von strategischen und operativen Maßnahmen.

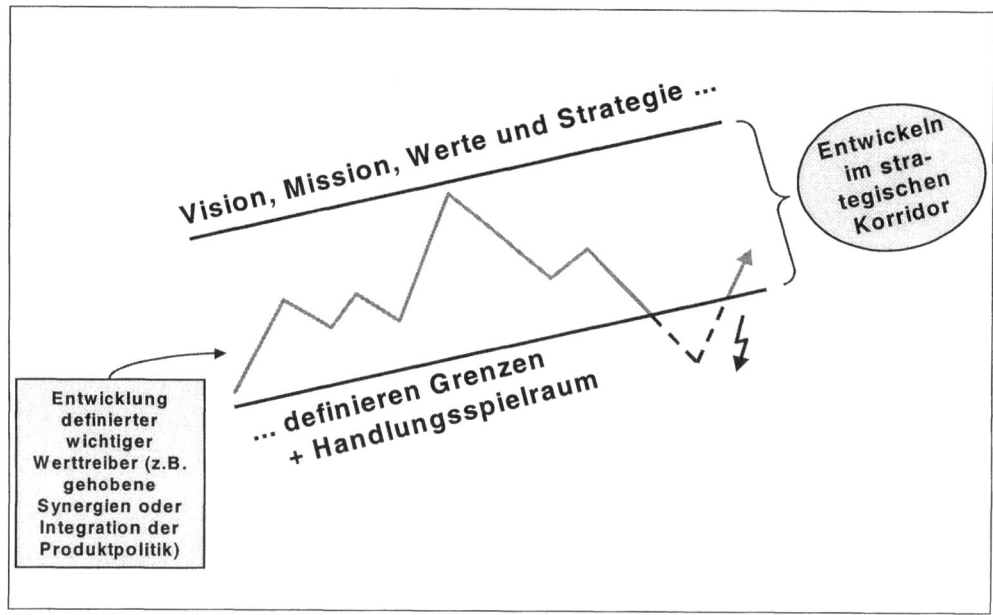

Abb. 5.3.-2: Steuerung der Post Merger Integration

5.4. Vergangenheits- und zukunftsbezogene Due Diligence

Grundsatz: Eine aussagefähige Due Diligence ist die notwendige Voraussetzung für eine erfolgreiche Post Merger Integration.

Um die Erfolgswahrscheinlichkeit eines Zusammenschlusses zu erhöhen, müssen die Unternehmen sich bereits in der Pre Merger Phase verschiedener Instrumente bedienen. Zahlreiche Beispiele der Unternehmenspraxis belegen, dass der Due Diligence eine herausragende Bedeutung bei der Analyse von M&A-Objekten zukommt.[8] Traditionell konzentriert sich diese Analyse darauf, mit der »gebührenden Sorgfalt« das Akquisitionsobjekt oder den Fusionspartner auf der Grundlage des Geschäftsberichtes, der Produktpalette, des Ertragswertes und unter Einschätzung des Managements zu bewerten, um den Verpflichtungen der Geschäftsleitung gegenüber den Anteilseignern des erwerbenden Unternehmens gerecht zu werden.[9]

Eine Due Diligence bedeutet keinesfalls eine Erfolgsgarantie, ihre Durchführung mindert jedoch das Risiko eines Fehlschlages. Daher ist die Due Diligence bei internationalen und nationalen M&A-Projekten jeder Größenordnung selbstverständlich.[10]

Diese Analyse ist naturgemäß stark vergangenheitsorientiert. Entscheidend ist jedoch, wie gut das Unternehmen in der Zukunft die Anforderungen des Marktes erfüllt und damit erfolgreich bleibt. Der Fokus liegt deshalb neben der auf den Substanzwert bezogenen Analyse auf der Ermittlung des Ertragswertes. Daher ist zusätzlich in einer fortschrittlichen Analyse[11] eine Bewertung des Potenzials bestimmter Erfolgsfaktoren unerlässlich (siehe Abb. 5.4.-1). Die Berechnung des zukünftigen Ertragswertes auf der Basis des Discounted Cash Flow setzt abgesicherte Informationen über die Grundlage zukünftiger Zahlungsströme voraus. Hierzu gehört insbesondere die Zufriedenheit und Bindung der Kunden, aber auch die Effizienz und Qualität der Geschäftsprozesse, die Managementfähigkeiten der Unternehmensleitung und nicht zuletzt die Qualifikation und Motivation der Mitarbeiter. Es liegt auf der Hand, dass die Bestimmung des Niveaus dieser qualitativen Erfolgsfaktoren besonders schwierig ist. Hilfreich sind hierbei aussagefähige Managementinstrumente.

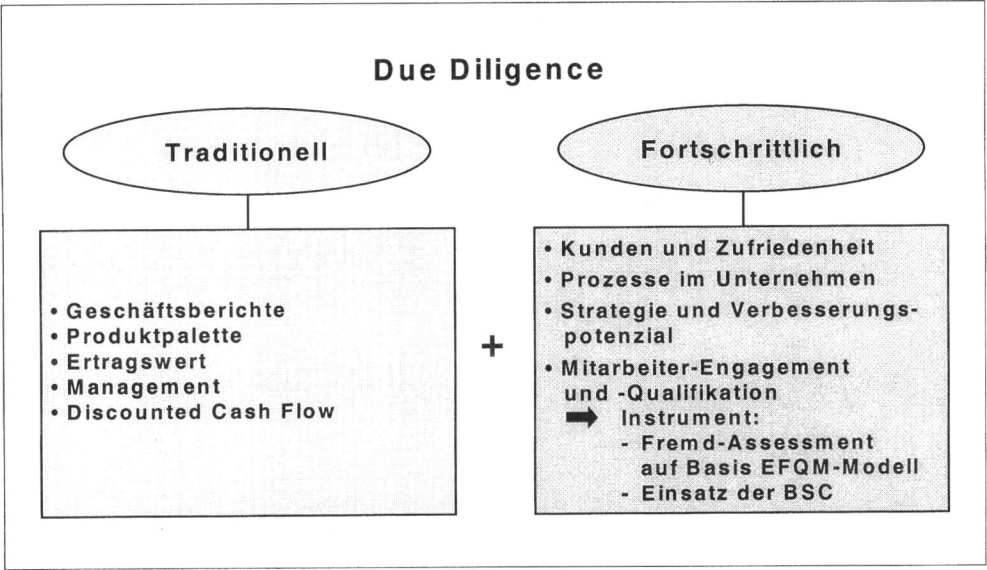

Abb. 5.4.-1: Analyse-Inhalte für M&A-Entscheidungen

Der Sachverhalt einer vergangenheits- oder zukunftsorientierten Analyse kann an einem Bild verdeutlicht werden: Die traditionell ausgerichtete Due Diligence entspricht vor allem einem großen Rückspiegel, durch den man den Werdegang des M&A-Objektes analysiert. Die fortschrittliche Potenzialbewertung ergänzt diese Sichtweise durch eine große Frontscheibe, um zugleich die künftigen Erfolgsaussichten abschätzen zu können. Hierzu gehören vor allem schlüssige Informationen über die Loyalität und Bindung der Kunden aufgrund ihrer Zufriedenheit mit den Marktleistungen des Unternehmens. Intern bezieht sich dies zusätzlich auf die auf Werttreiber ausgerichtete Effektivität der Prozesse im Unternehmen. Aus ganzheitlicher Sicht sind die Strategie und das im Unternehmen nachvollziehbare Verbesserungspotenzial wichtig. Nicht zuletzt ist eine Einschätzung der Qualität des Managements sowie des Engagements und der Fähigkeiten der Mitarbeiter wesentlich, da dies einen bedeutenden Bereich des Intellectual Capital darstellt, also den intellektuellen Wert eines Unternehmens in Form von umsetzbarem, nutzbarem Wissen im Unternehmen mitbestimmt. Dies ist zugleich die Voraussetzung für eine Lern- und Veränderungsfähigkeit von Unternehmen.

Zur Be- und Verarbeitung der relevanten Informationen wird in der Regel ein Data Room eingerichtet.[12] Hier kann das Due Diligence Team die zur Verfügung stehenden Daten analysieren und bewerten. Teilweise werden jedoch Bedingungen an die Nutzung des Data Room geknüpft; so dürfen beispielsweise keine Dokumente fotokopiert und aus dem Raum entfernt werden.[13]

Die Analyse der zur Verfügung gestellten Daten erfolgt bei einigen fortschrittlichen Unternehmen bereits anhand des Kriterienrasters des European Quality Award (EQA) und damit nach dem Business Excellence Modell der European Foundation for Quality Management (EFQM)[14]. Dieses Analyseraster für Selbst-Assessment[15] und Fremd-Assessment ist aus der Praxis und für die Praxis entwickelt worden und bewertet in einem differenzierten und dennoch klar nachvollziehbaren Prozess die neun wesentlichen Gestaltungs- und Steuerungsfelder für den Unternehmenserfolg (vgl. Abbildung 5.4.-2)[16]. Es ermöglicht auf der Basis eines detaillierten Fragenkataloges im Sinne einer Checkliste eine ganzheitliche Bewertung aller wichtigen Einfluss- und Gestaltungsfelder für den Unternehmenserfolg sowie vor allem auch eine Analyse ihrer inhaltlichen Vernetzung. Erkennbar wird dann zum Beispiel, in wieweit Maßnahmen zur stärkeren Selbständigkeit der Mitarbeiter die Durchlaufzeiten und Ergebnisse von Prozessen verbessern, was wiederum den Kunden zu Gute kommt und deren Zufriedenheit steigert.

Der Vorteil dieser Analyse besteht darin, dass anhand von klar formulierten Leitfragen zur Systemqualität und zur Systemsteuerung des Unternehmens Bewertungen einzelner Ausprägungen vorgenommen werden können. Dabei wird klar zwischen dem konzeptionellen Anspruch, der tatsächlichen Umsetzung und den dabei erreichten Ergebnissen unterschieden. Auf diese Weise ist ein differenziertes Bewertungsergebnis erreichbar. Die Anwendung dieses Modells fällt vor allem Unternehmen leicht, die ihre eigene Performance mit dem Kriterienraster des EFQM-Modells kontinuierlich bewerten und verbessern. Einige fortschrittliche Banken, die dieses Instrumentarium beherrschen, prüfen bereits die Bonität wichtiger Kreditkunden anhand dieser Messlatte.

Das Ergebnis ist – in vereinfachter Form ausgedrückt und dargestellt – ein »Wasserstandsmodell«[17], das in jedem der neun Gestaltungsfelder das erreichte Niveau in Bezug zur potenziellen Performance zeigt. Von daher ist, wie Abbildung 5.4.-3 verdeutlicht, ein differenziertes Bild des M&A-Projektes möglich. Zugleich lässt sich in Zusammenarbeit mit dem dortigen Management auch festlegen, in welchen Bereichen dringende Verbesserungen anzugehen und innerhalb des definierten Zeitraumes auch zu erreichen sind.

Durch eine solche differenzierte Analyse ist beispielsweise erkennbar, dass das Unternehmen, bezogen auf Vision und Strategie, eine gute Konzeption entwickelt hat, aber die Umsetzung deutliche Schwächen und Defizite aufweist. Hierdurch ist eine klare Trennung zwischen Absicht und Wirkung möglich.

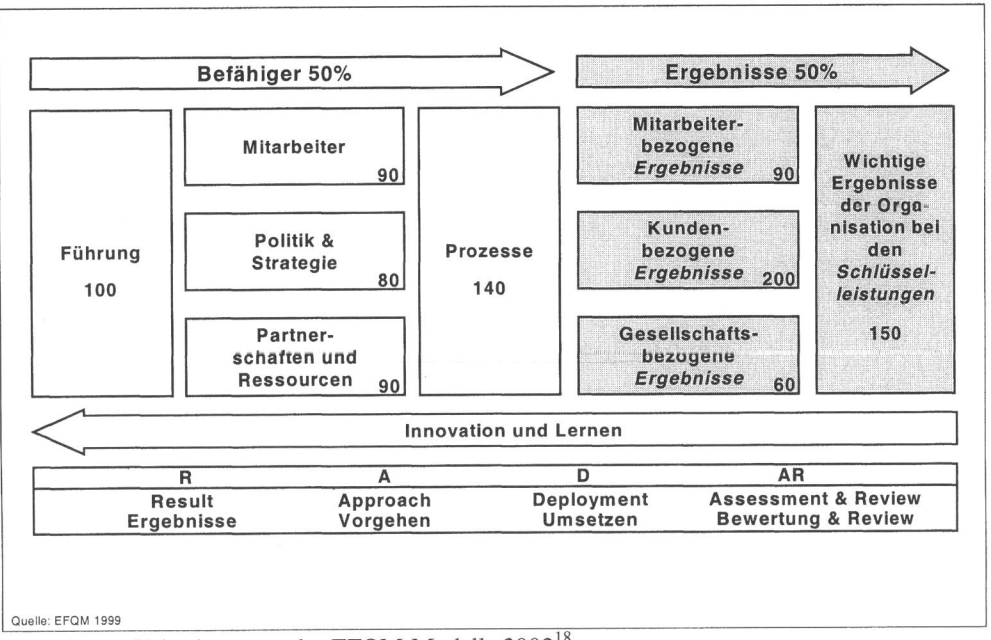

Abb. 5.4.-2: Kriterienraster des EFQM-Modells 2002[18]

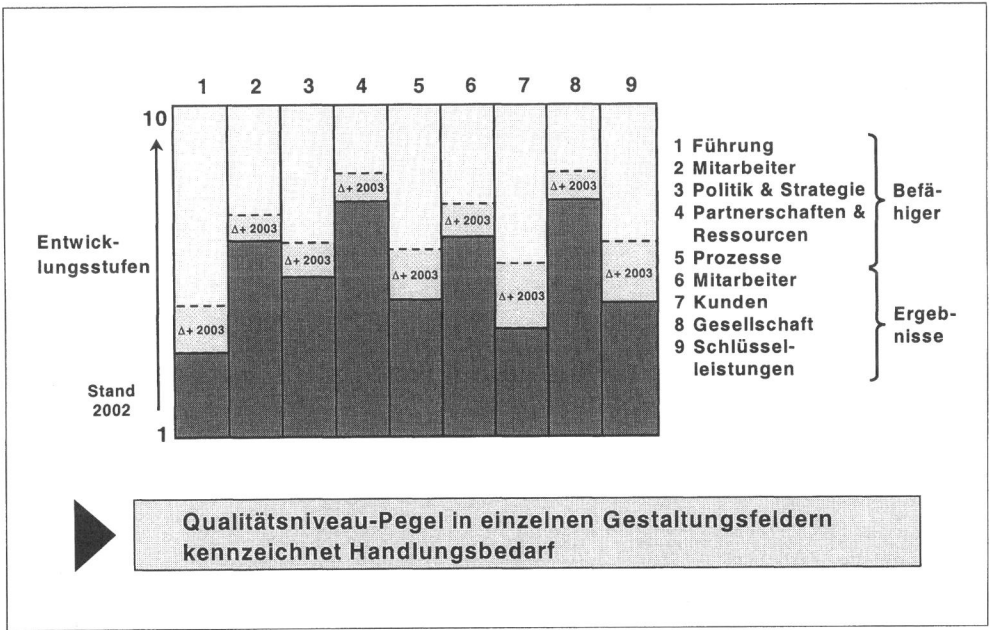

Abb. 5.4.-3: Wasserstandsmodell nach dem EFQM-Modell

Ungleich schwieriger wird die Analyse, wenn die Unternehmenskultur einer derartigen »Bewertung hinter dem Röntgenschirm« unterzogen werden soll. Die Kernbereiche der kulturellen Due Diligence, die einen Einblick, eine Nachvollziehbarkeit und zumindest eine qualitative Einschätzung, wenn auch keine Quantifizierung der Leistungsfähigkeit einer Unternehmenskultur erlauben, werden in Kapitel zehn näher betrachtet.

5.5. Prozessbegleitender Einsatz der Balanced Score Card bei M&A

> Grundsatz: Der Einsatz der Balanced Score Card ermöglicht eine höhere Geschwindigkeit und Komplexitätsbeherrschung im M&A-Prozess.

Immer häufiger setzen Konzerne, deren Wachstum sehr stark von Firmenzukäufen beeinflusst wird, die Balanced Score Card (BSC) auch in diesem Auswahl- und Integrationsprozess ein. Der ursprüngliche Ansatz der Balanced Scorecard stammt von Kaplan und Norton und geht von den in Abbildung 5.5.-1 gezeigten vier Einfluss- und Gestaltungsfeldern Lernen und Entwicklung, interne Geschäftsprozesse, Kunde und Finanzielles Ergebnis aus.[19]

Abweichend von den üblichen Steuerungsinstrumenten, die fast ausschließlich vergangenheitsorientiert sind und bestenfalls die Ist-Situation des Unternehmens beschreiben, ist die BSC zukunftsorientiert im Hinblick auf Planung und Steuerung. Gemessen werden mit ihr die Leistungstreiber (Key Performance Indicators) des Unternehmens aus den folgenden Perspektiven[20]:

- Wirtschaftlichkeit/ Finanzergebnisse,

- Kundenzufriedenheit/ Marktausschöpfung,

- Interne Perspektive bezogen auf die Leistungsfähigkeit und Marktleistungen und

- die Lern- und Wachstumsperspektive bezogen auf die Mitarbeiter und Wissensmanagement.

Durch den Einsatz der BSC wird der Fokus auf die Formulierung der Vision und die Festlegung der Strategie des akquirierenden Unternehmens verstärkt und damit beispielsweise die Ableitung von Anforderungskriterien für mögliche Targets erleichtert. Unternehmerisch denkende, zufriedene Mitarbeiter und die Leistungsfähigkeit des Unternehmens wirken sich direkt auf die Kundenzufriedenheit aus und führen dadurch zum wirtschaftlichen Erfolg.

Um der Bedeutung der Service- und Kundenorientierung der Mitarbeiter gerecht zu werden, wird für M&A meist eine abgewandelte Version der ursprünglichen BSC eingesetzt. In dieser Form werden die Ursachen-Wirkungsbeziehungen zwischen den Gestaltungsfeldern »Unternehmerische Mitarbeiter/ Mitarbeiterzufriedenheit« und »Leistungsfähigkeit/ Marktleistungen«

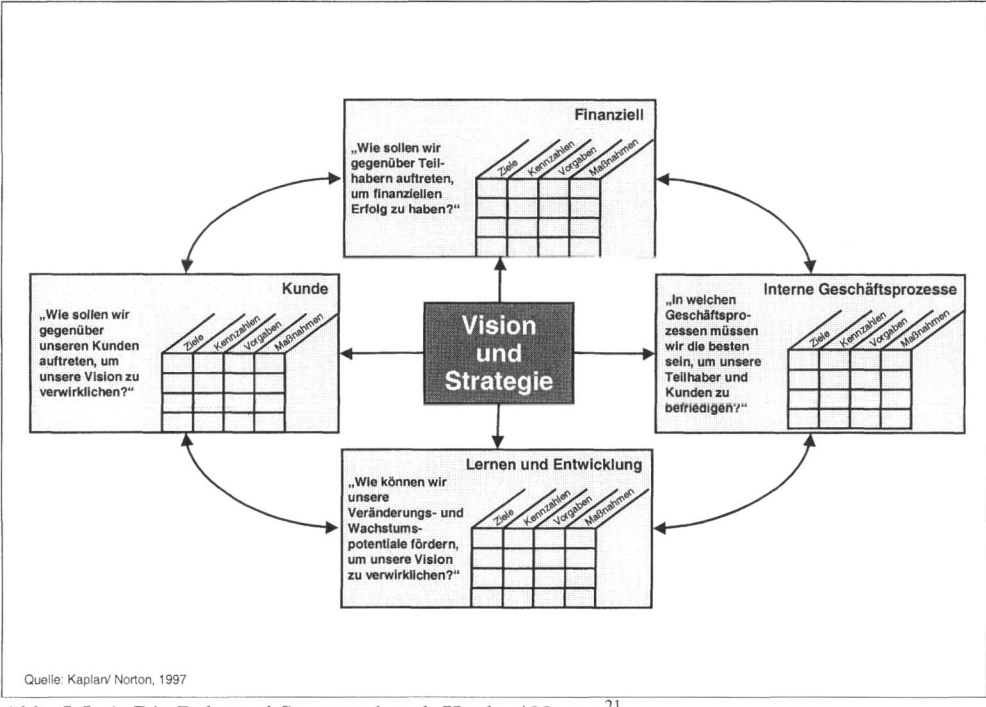

Quelle: Kaplan/ Norton, 1997

Abb. 5.5.-1: Die Balanced Scorecard nach Kaplan/ Norton[21]

auf der einen Seite und dem Handlungsbereich »Kundenzufriedenheit/ Marktausschöpfung« auf der anderen Seite abgebildet. Zusammen wirken sie auf den Bereich »Wirtschaftlichkeit/ Finanzergebnisse«. Verbunden sind diese vier Felder durch den zentralen Bereich »Vision/ Strategie/ Ziele/ Verbesserung/ Innovation«. Wie in Abbildung 5.5.-2 dargestellt, werden für die vier Felder jeweils Steuerungskriterien definiert.[22]

Eingesetzt wird die Balanced Score Card beispielsweise vom Netzwerkspezialisten Cisco Systems. Der Vorteil des BSC-Einsatzes für Cisco besteht vor allem in der Beschleunigung des Akquisitions-Prozesses. So erwarb Cisco im August 1999, also vor der großen Krise der New Economy, vier Firmen innerhalb von zehn Tagen, darunter eine zu einem Kaufpreis von 6,9 Mrd. US-$.[23]

Die Einsatzmöglichkeiten der Balanced Score Card beschränken sich nicht auf die strategische Analyse- und Konzeptionsphase. Sie ist ein wertvolles Instrument in allen Phasen des M&A-Prozesses. Vereinfacht dargestellt unterstützt sie bei der Analyse, ob ein Target zum eigenen Unternehmen passt, welche Anforderungen an den Zusammenschluss und das Zusammenwachsen zu stellen sind sowie vor allem auch wie der Integrationsprozess ablaufen und damit gesteuert werden sollte (siehe Abb. 5.5.-3).

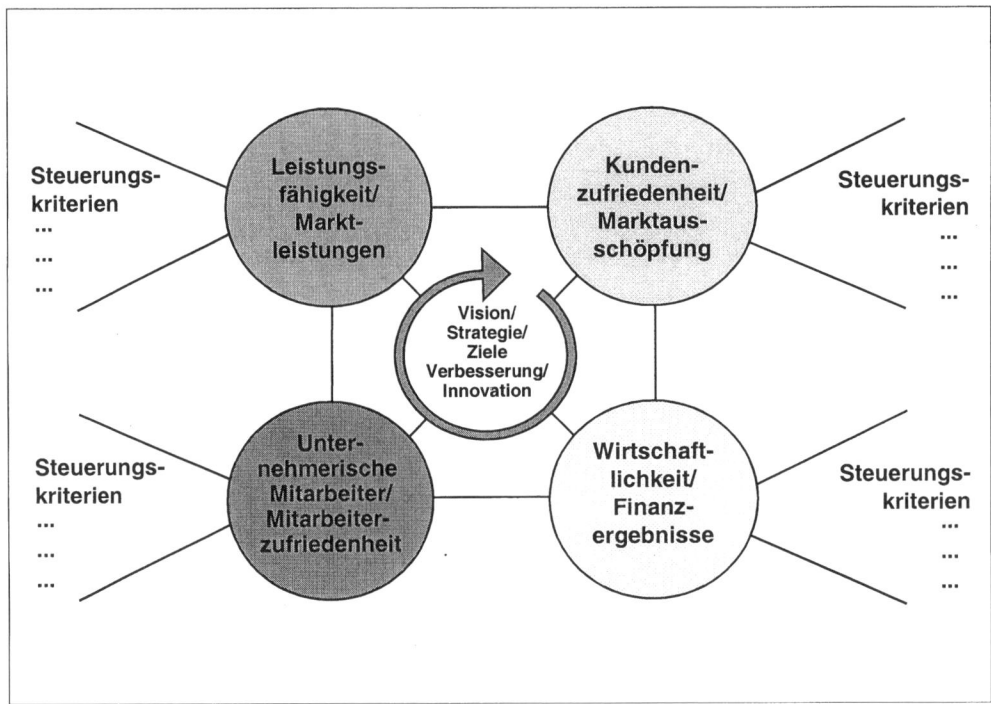

Abb. 5.5.-2: Die vier Felder der Balanced Score Card

Die Unterscheidung nach den vier Perspektiven Mitarbeiter und Lernen, Prozesse und Marktleistungen, Kunden und Märkte sowie Wirtschaftlichkeit und Finanzergebnisse erlaubt eine differenzierte Analyse in allen Phasen. Wesentlich in dem Gesamtprozess sind insbesondere der Preis bzw. die Gesamtkosten für die Durchführung des M&A-Projektes. In Abbildung 5.5.-4 ist das Beispiel einer Preisermittlung vereinfacht wiedergegeben.

Wie erkennbar ist, werden dem Wert des Unternehmens als Kaufobjekt alle Pre Merger Kosten hinzugerechnet. Dies sind entsprechend dem Ansatz der Transaktionskostentheorie die Such- bzw. Anbahnungskosten, die Verhandlungs- und Abschlusskosten, die Integrationskosten sowie die Kontrollkosten bis zum Abschluss des Projektes. Der erste Teil der Kosten bis zum Closing sind Sunk Costs, wenn der Zusammenschluss nicht zustande kommt. Wesentlich ist, dass auf der Grundlage der Klassifikation einer Balanced Score Card auch der gesamte Aufwand für die Restrukturierung und Integration abgeschätzt wird. Gegengerechnet werden können diesen Kosten Einnahmen, die im Rahmen einer Dekomposition des Targets durch die Veräußerung von Unternehmensteilen ohne einen Beitrag zu den eigenen Kernkompetenzen erwirtschaftet werden.

Im Folgenden wird auf den Einsatz der Balanced Score Card in den einzelnen Phasen eines M&A-Projektes detaillierter eingegangen. Aufbauend auf den Ergebnissen aus der

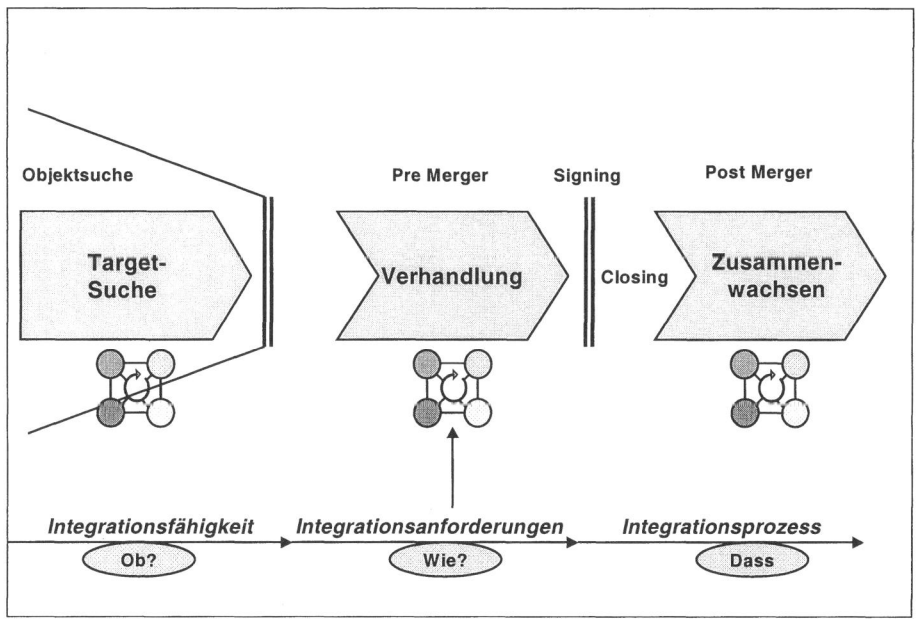

Abb. 5.5.-3: Instrument zur Analyse der Eignung und Integration des Target

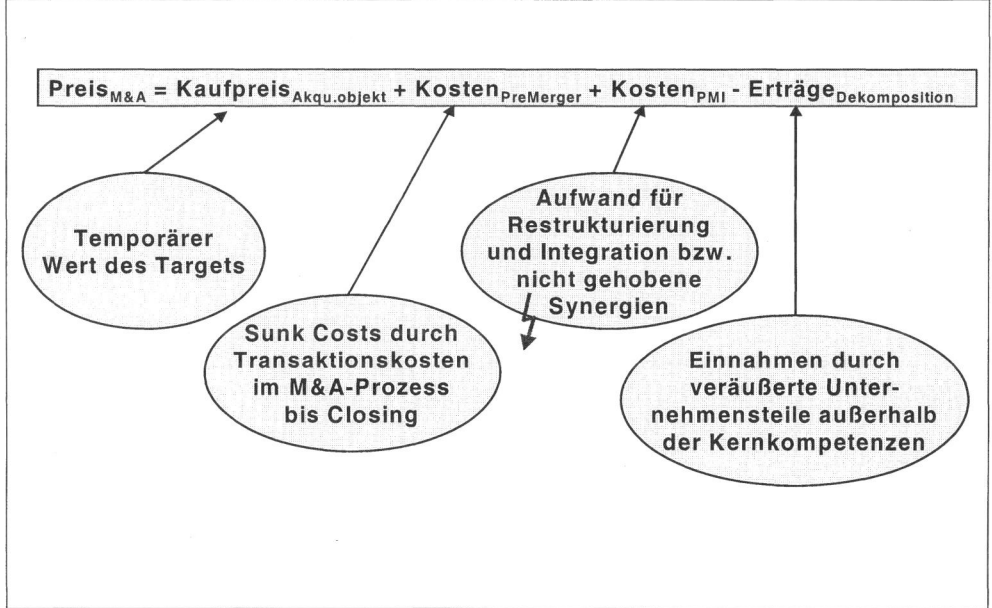

Abb. 5.5.-4: Beispiel für die Preisermittlung eines Akquisitionsprojektes

strategischen Analyse- und Konzeptionsphase und der Transaktionsphase kann sie vor allem auch zur Steuerung und Kontrolle der Integration verwendet werden. Die nachfolgende Abbil-

77

dung 5.5.-5 zeigt die Einsatzmöglichkeiten der BSC in den einzelnen Phasen eines M&A-Prozesses.

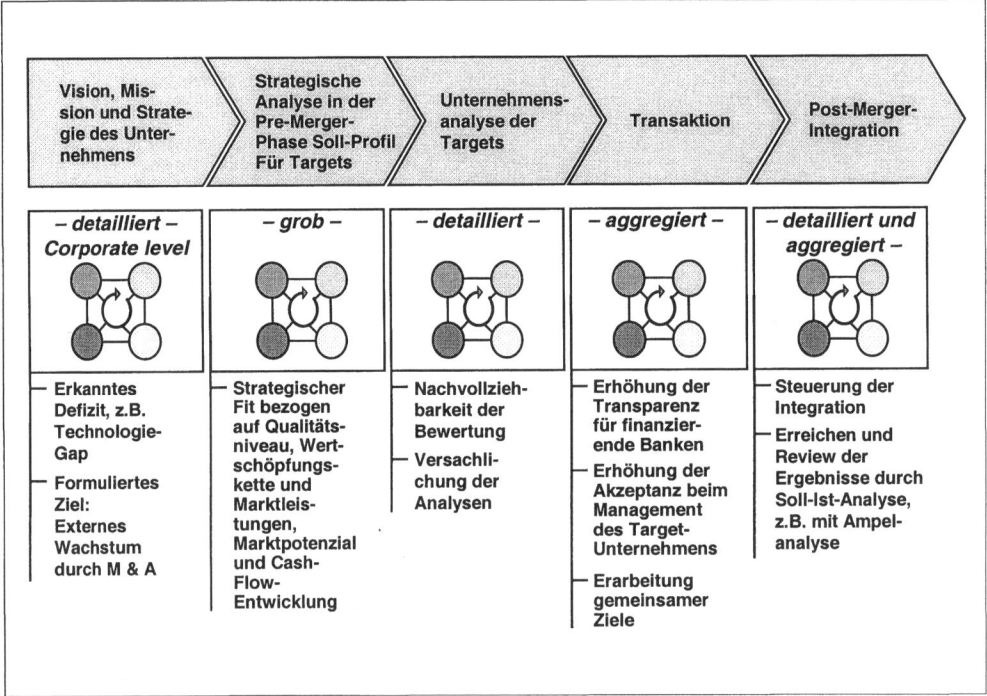

Abb. 5.5.-5: Die Balanced Score Card im M&A-Prozess

Bereits in der Self Due Diligence kann die Erstellung einer detaillierten Corporate Balanced Score Card zu der Erkenntnis führen, dass durch eine Akquisition strategische Lücken des Unternehmens geschlossen werden können. Beispiele hierfür sind die Schließung technologischer Gaps im Bereich der optischen Netzwerke bei Cisco durch den Kauf von Cerent oder die Reaktion der Heidelberger Druckmaschinen AG auf eine Lücke bei der Absatz- und Vertriebsstruktur mit dem Kauf der EAC.

Auf der Basis der gewonnenen Erkenntnisse kann die Akquisitionsstrategie formuliert werden. Dabei ist es ebenfalls notwendig, konkrete Akquisitionskriterien zu definieren, deren Inhalte die Gestaltungsbereiche der BSC zur Targetauswahl bilden.

Die Ziele, Messgrößen und Vorgaben in Abbildung 5.5.-6 bilden den Inhalt dieser BSC und stellen somit eine Grundlage für die strukturierte Suche nach potenziellen Zielunternehmen dar.[24]

Hierbei führt das Nichterfüllen von einzelnen Zielen nicht sofort zum Ausscheiden eines möglichen Kandidaten, vielmehr ist eine Short-List mit den drei bis fünf Unternehmen, welche die wichtigsten Ziele erfüllen, das Ergebnis dieser Analysen. Damit wird der strategische Fit bezogen auf alle vier Gestaltungsbereiche auf Unternehmensebene geprüft. Die dazu benötigten Daten können in den meisten Fällen durch öffentlich zugängliche Quellen gefunden und analysiert werden.

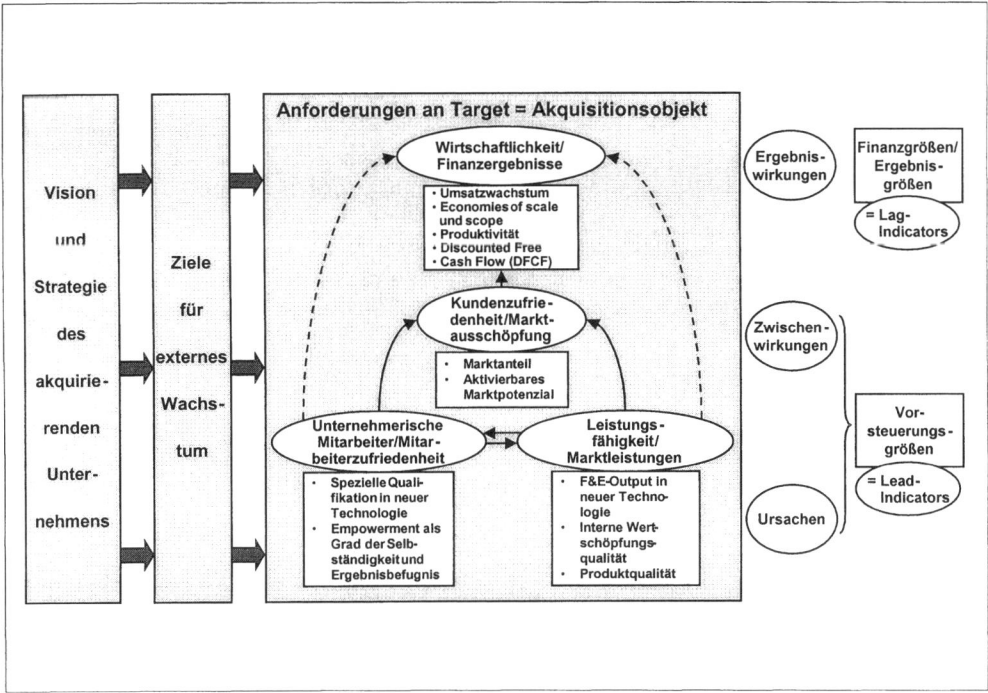

Abb. 5.5.-6: Denken in Ursachen-Wirkungs-Beziehungen bei M&A

Für Cisco als Unternehmen aus der IT-Branche ist beispielsweise das vorrangige Ziel einer Akquisition, ein technologisches Gap zu schließen. Besonders wichtig ist dabei, das spezielle Know-how und die Qualifikation in diesem Bereich so schnell wie möglich zu gewinnen und so den eigenen Engpass zu überwinden. Wegen des Know-how-Mangels ist es auch kaum möglich, dass Cisco-Manager die technologisch-fachliche Führung im gekauften Unternehmen übernehmen. Aufgrund dessen werden solche Unternehmen als Target bevorzugt, deren Führungskräfte und Mitarbeiter ein hohes Maß an Selbständigkeit und Ergebnisverantwortung zeigen.

Das Anforderungsprofil Ciscos umfasst außerdem die Leistungsfähigkeit im Bereich Forschung und Entwicklung der neuen Technologie, bei der Qualität der internen Wertschöpfung und der Qualität des Produktes. Durch die Übernahme und die Einbindung in die Wertschöpfungskette des Gesamtunternehmens darf es keinesfalls zu einer Absenkung des Qualitätsniveaus kommen.

79

Bei der Definition des Anforderungsprofils werden auch der Marktanteil des Produktes und das aktivierbare Marktpotenzial herangezogen. Jedoch werden grundsätzlich nur solche Finanz- und Wirtschaftlichkeitskennzahlen gewählt, die eine Potenzialabschätzung zulassen, also das Umsatzwachstum, die Economies of scale und scope, die Produktivität und der Wert des zu erwartenden Discounted Free Cash Flow.

Für die Analyse eines Targets hat das Erstellen eines Anforderungsprofils nicht nur das Ziel, Kennzahlen und Grenzwerte festzusetzen, sondern auch die Ursachen-Wirkungs-Beziehungen zu klären. Wichtig ist beispielsweise das Verständnis der Wirkung des F&E-Outputs auf die Marktausschöpfung und damit auf die Wirtschaftlichkeit und auf das Finanzergebnis.

Schon aufgrund allgemein zugänglicher Informationen lassen sich mit Hilfe der BSC frühzeitig geeignete Fusionspartner untersuchen. Eine Vorauswahl wird damit möglich, die sonst erst nach den ersten Gesprächen mit den potenziellen Übernahmekandidaten stattgefunden hätte. Mit Hilfe der BSC kann der Schwerpunkt auf die Vision und Strategie des Unternehmens gelegt werden, das nach Kooperationspartnern sucht. Daraus werden die Anforderungen an die Partner abgeleitet. Entscheidende Fragen sind:

- Ziel: Wo wollen wir hin?

- Kennzahlen: Wie messen wir es?

- Vorgaben: Was ist das konkrete Ziel für das nächste Jahr?

- Maßnahmen: Wie erreichen wir es? Was wollen wir besser machen? Wie wirken die Maßnahmen in der Zukunft?

Soll die Vorteilhaftigkeit einer Kooperation beurteilt werden, muss mit einem markt- und mit einem ressourcenorientiertem Ansatz gearbeitet werden. Richtet man den Blick auf den Markt, so sind die Auswirkungen des Handelns der Unternehmen aufgrund der ausgeweiteten Marktposition viel weitreichender als vor der Zusammenarbeit. Unternehmensintern muss beachtet werden, dass die Kombination der Inputs in Form von Kernkompetenzen den Wert des Unternehmens steigert.

Die noch leere Spalte »Maßnahmen« der BSC zur Erreichung der Ziele wird im Falle des Zusammenschlusses spätestens in der Phase der Post Merger Integration erarbeitet, kann aber auch schon bei der Unternehmensanalyse der Targets mit den dann vorhandenen genaueren Informationen ausgefüllt werden, um die generelle Integrationsfähigkeit besser bewerten zu können. Ein Beispiel für die Formulierung einer solchen BSC wird in Abbildung 5.5.-7 gezeigt.

Während der Transaktionsphase wird die BSC herangezogen, um gegenüber den finanzierenden Banken und den Managern des zu akquirierenden Unternehmens versachlichte Verhandlungen zu führen. Genutzt werden hierbei nur wenige Kennzahlen als Ergebnis einer Aggregation der in der Analysephase erarbeiteten detaillierten BSC. Hierbei ist es besonders wichtig, die grundsätzliche Integrationsfähigkeit und die damit verbundenen Verbesserungsziele aufzuzeigen. Das bedeutet, dass die Manager als Folge dieser höheren Transparenz eine bessere Verhandlungsposition gegenüber den Fremdkapitalgebern haben. Es entsteht dabei auch die Möglichkeit, dass beide Verhandlungspartner zusammen die Ziele des neuen gemeinsamen Unternehmens erarbeiten, wodurch sich die Führungskräfte des gekauften Unternehmens eher mit diesen Zielen identifizieren und daher sehr oft dem Unternehmen treu bleiben.

Ein Beispiel für eine aggregierte BSC ist in Abbildung 5.5.-8 zu sehen. Die bisher erarbeiteten Balanced Score Cards sind die Basis für die Steuerung in der Post Merger Integration.

Während in den vorangegangenen Phasen die Beurteilung der Werttreiber stärker im Vordergrund stand, kommt es bei der Post Merger Integration zu einer Verschiebung auf die Wirkungen. Die zu Grunde gelegten Vorgaben müssen jetzt in konkrete Maßnahmen und Aktionen umgesetzt werden. Daraus werden die Vorsteuerungsgrößen und die Ergebnisgrößen für die gemeinsame Balanced Score Card abgeleitet (vgl. Abb. 5.5.-9).

Zur Verbesserung der Leistungsfähigkeit ist es ein wichtiges Ziel, die Kernprozesse beider Unternehmen in den Verbundleistungen möglichst gut aufeinander abzustimmen und »bremsende«, kostenträchtige Schnittstellen zu beseitigen. Eine der ersten Aufgaben ist die Überprüfung und Anpassung des Produktportfolios, um sich auf die Kernprodukte zu konzentrieren und dem Kunden ein klares Marken- und Produktprofil zu vermitteln. Gerade wenn ein Unternehmen gekauft wurde, um eine technologische Lücke zu schließen, wird das besondere Augenmerk auf die Produktentwicklung gelegt. Eine weitere Aufgabe ist die Optimierung der Beschaffungs- und Logistikprozesse. Die Integration der Informationstechnik, dabei vor allem die Möglichkeit zur Kommunikation untereinander durch die Anbindung an ein gemeinsames internes Netzwerk, wird in den meisten Fällen sehr schnell durchgeführt.

Die Erhöhung der Kundenzufriedenheit und der Marktausschöpfung ist ein weiterer zentraler Gestaltungsbereich der Balanced Score Card bei der Post Merger Integration. Während bei der Unternehmensanalyse vor der Verhandlungsphase die Kennzahl für den Marktanteil höchste Priorität hatte, verändert sich hier ihre Bedeutung. Wichtiger ist jetzt die Überwachung der Stabilität und dabei die Vermeidung einer zu großen Veränderung des Kundenstammes. Im Zentrum steht vor allem eine Analyse der Anzahl von verlorenen Kunden. Bei der Integration werden zuvor mit der BSC beschriebene Bestandsgrößen zu Residualgrößen und Gestaltungsgrößen, beispielsweise wird aus dem Marktanteil das Ziel des Cross-Selling ableitbar. Hier besteht durch den Zusammenschluss die Gefahr, dass die Kundenbindung entscheidend geschwächt wird und der Marktanteil durch Kundenmigration schrumpft statt wächst. Gerade nach einem Zusammenschluss ist deshalb die Verstärkung der Kommunikation mit den Kunden unerlässlich. Sehr oft ist es in der Integrationsphase nötig, die Vertriebs- und Marketingstrategie zu harmonisieren, besser noch gemeinsam festzulegen und umzusetzen.

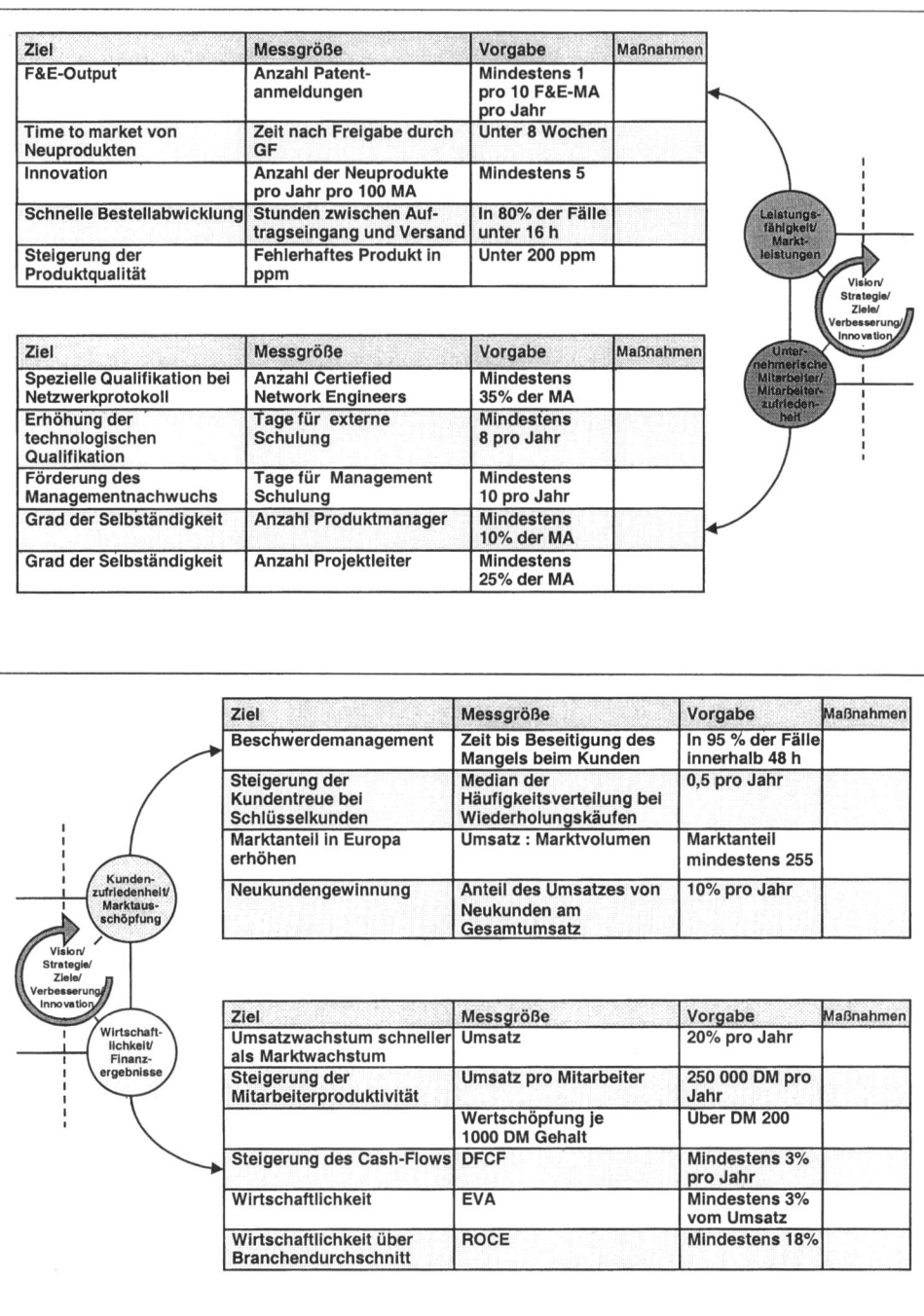

Ziel	Messgröße	Vorgabe	Maßnahmen
F&E-Output	Anzahl Patent-anmeldungen	Mindestens 1 pro 10 F&E-MA pro Jahr	
Time to market von Neuprodukten	Zeit nach Freigabe durch GF	Unter 8 Wochen	
Innovation	Anzahl der Neuprodukte pro Jahr pro 100 MA	Mindestens 5	
Schnelle Bestellabwicklung	Stunden zwischen Auftragseingang und Versand	In 80% der Fälle unter 16 h	
Steigerung der Produktqualität	Fehlerhaftes Produkt in ppm	Unter 200 ppm	

Ziel	Messgröße	Vorgabe	Maßnahmen
Spezielle Qualifikation bei Netzwerkprotokoll	Anzahl Certiefied Network Engineers	Mindestens 35% der MA	
Erhöhung der technologischen Qualifikation	Tage für externe Schulung	Mindestens 8 pro Jahr	
Förderung des Managementnachwuchs	Tage für Management Schulung	Mindestens 10 pro Jahr	
Grad der Selbständigkeit	Anzahl Produktmanager	Mindestens 10% der MA	
Grad der Selbständigkeit	Anzahl Projektleiter	Mindestens 25% der MA	

Ziel	Messgröße	Vorgabe	Maßnahmen
Beschwerdemanagement	Zeit bis Beseitigung des Mangels beim Kunden	In 95 % der Fälle innerhalb 48 h	
Steigerung der Kundentreue bei Schlüsselkunden	Median der Häufigkeitsverteilung bei Wiederholungskäufen	0,5 pro Jahr	
Marktanteil in Europa erhöhen	Umsatz : Marktvolumen	Marktanteil mindestens 255	
Neukundengewinnung	Anteil des Umsatzes von Neukunden am Gesamtumsatz	10% pro Jahr	

Ziel	Messgröße	Vorgabe	Maßnahmen
Umsatzwachstum schneller als Marktwachstum	Umsatz	20% pro Jahr	
Steigerung der Mitarbeiterproduktivität	Umsatz pro Mitarbeiter	250 000 DM pro Jahr	
	Wertschöpfung je 1000 DM Gehalt	Über DM 200	
Steigerung des Cash-Flows	DFCF	Mindestens 3% pro Jahr	
Wirtschaftlichkeit	EVA	Mindestens 3% vom Umsatz	
Wirtschaftlichkeit über Branchendurchschnitt	ROCE	Mindestens 18%	

Abb. 5.5.-7: Beispiel für eine BSC bei der Unternehmensanalyse von Targets

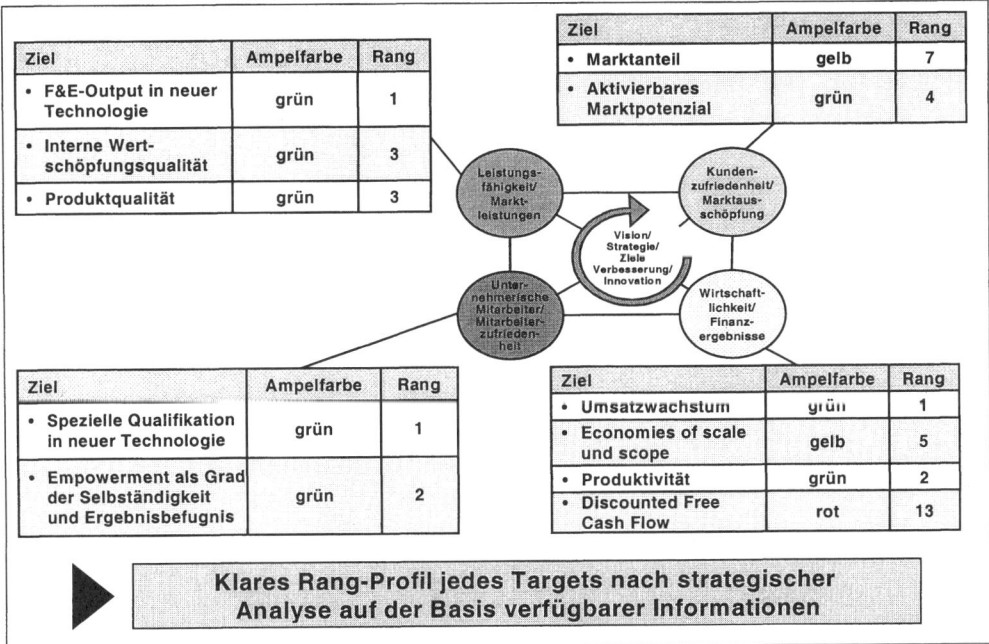

Abb. 5.5.-8: Die BSC in der Transaktionsphase

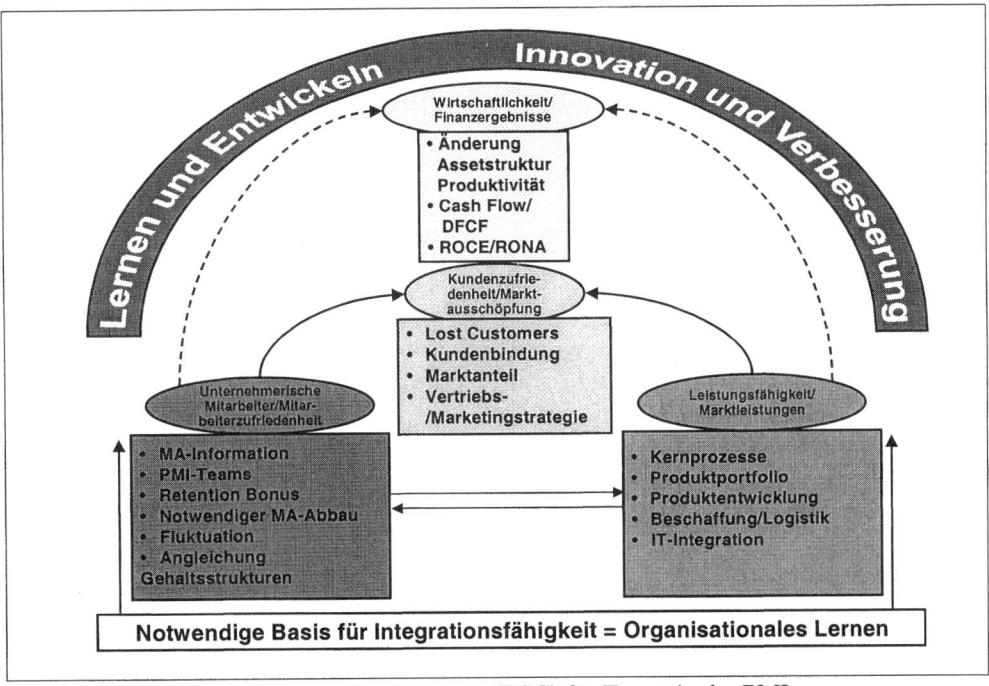

Abb. 5.5.-9: Ursachen-Wirkungs-Beziehungen (BSC) für Target in der PMI

Der vierte Bereich der Balanced Score Card beinhaltet die Wirtschaftlichkeit des Unternehmens und die Finanzergebnisse. Sehr oft sind eine optimierte Asset-Struktur des neuen Gesamtunternehmens und Vorgaben für dessen Finanzergebnisse neu festzulegen.

In den meisten Fällen glauben die an einem Zusammenschluss oder einer Übernahme beteiligten Firmen an eine Aktionsfähigkeit, also an die Möglichkeit, den Prozess selbst zu lenken. Gerade dieser Prozess besitzt aber eine Eigendynamik, die hervorgerufen wird durch den Einfluss von Presse, Aktionären, Kunden und Wettbewerbern, mit dem Effekt, dass die Aktionsfähigkeit im Verlauf des Prozesses der Reaktionsfähigkeit weicht. Mit dem Einsatz der Balanced Score Card werden sowohl Aktions- als auch Reaktionsfähigkeit gesteigert, weil der Grad der Komplexitätsbeherrschung erhöht wird. Jeder Zusammenschluss und jede Übernahme laufen unter Zeitdruck, Handlungsdruck und Begründungsdruck ab. Durch die BSC ist auch bezogen auf diese Druck erzeugenden Faktoren ein Tool vorhanden:

- Unter dem gegebenen Zeitdruck ist es möglich, sehr schnell den weiteren Weg in Richtung Integration zu finden und allen Beteiligten und Betroffenen aufzuzeigen.

- Unter Handlungsdruck ist es nun möglich, klar und vorausschauend zu agieren oder zu reagieren.

- Unter dem permanenten Begründungsdruck kann mit den Ergebnissen der BSC eine versachlichte Diskussion geführt werden.

Tatsache ist, dass in der Unternehmenspraxis die Ursachen-Wirkungs-Zusammenhänge sehr selten aufgezeigt und berücksichtigt werden, weil sie häufig unter dem bestehenden Zeitdruck nicht erkannt wurden.

Was der Einsatz einer BSC im Rahmen der Post Merger Integration an Steuerungshilfe leisten kann, zeigt das Beispiel in Abbildung 5.5.-10. Die Integration Scorecard wurde von der UBS in Zürich verwendet. Das Ziel der Projekt- und Prozesseffizienz wird an konkreten Steuerungsvorgaben bei den Mitarbeitern, den Kunden und der Öffentlichkeit gespiegelt sowie durch finanzielle Zielgrößen der Fusionskosten und gehobenen Synergien ergänzt.

Insgesamt lässt sich festhalten: Mit der BSC wird die Komplexität leichter beherrschbar, ihre wichtigsten drei Effekte sind die bessere Analyse, die bessere Entscheidung aufgrund der ganzheitlichen Sicht und die bessere Kommunikation, vor allem in der Transaktionsphase und der PMI-Phase.

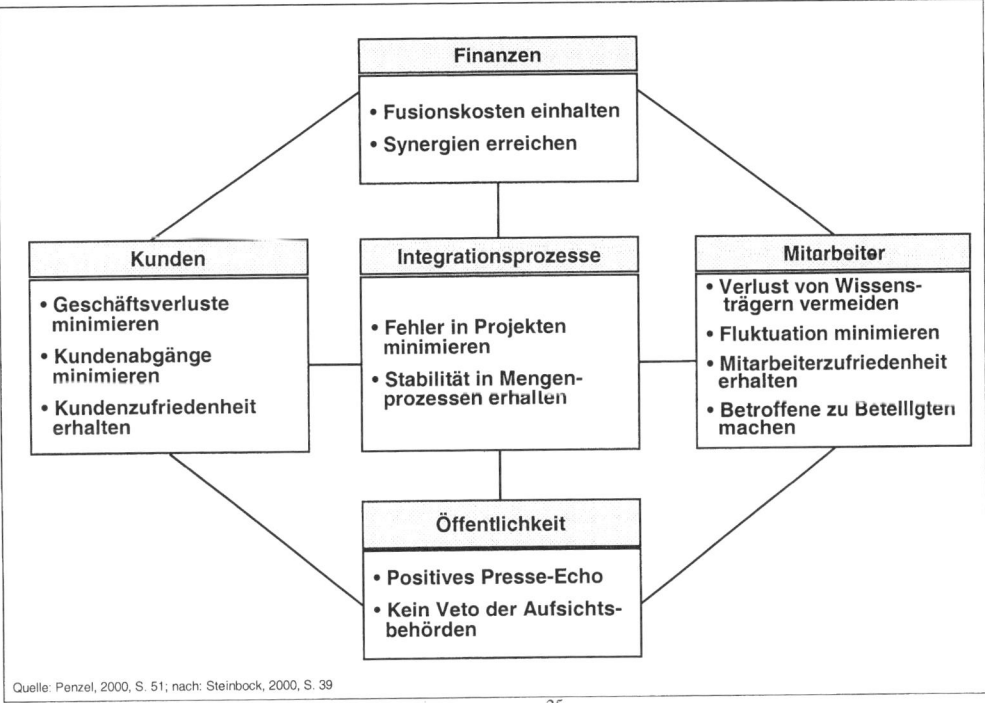

Quelle: Penzel, 2000, S. 51; nach: Steinbock, 2000, S. 39

Abb. 5.5.-10: Beispiel für eine Integration Scorecard[25]

5.6. Risikoabschätzung in allen Prozessphasen

Grundsatz: Risiken sind detailliert zu analysieren und aussagefähig zu quantifizieren, um die Gefahren bei einer M&A-Aktivität rechtzeitig und zutreffend zu erkennen.

Wichtig ist in jeder Phase des Mergerprozesses, das heißt auch in der Vorphase bis zum Closing, dass jeweils ausgewogen Chancen und Risiken analysiert werden. Dies entspricht dem Vorgehen eines Strategen, der auch nicht nur seine Strategie und damit seinen möglichen Erfolg im Auge hat, sondern im Sinne einer »Kopfstandtechnik« die reelle Chance des Scheiterns bewertet, also zugleich auch die Gefahren bzw. den Misserfolg durchrechnet und einkalkuliert.

Im Einzelfall sind also immer Szenario-Analysen durchzuführen. Zusätzlich lässt sich die klassische Managementmethode von Kepner/ Tregoe zur Unterstützung von Managern bei der Entscheidungsfindung und der Problembehandlung verwenden.[26] Ihr in Abbildung 5.6.-1 dargestellter Sieben-Punkte-Plan ermöglicht die Einschätzung zukünftiger Risiken.

85

①	**Analyse der derzeitigen Situation (Identifikation der Probleme, die bei der Erreichung des angestrebten Ziels auftreten können)**
②	**Genaue Beschreibung der identifizierten Problemmöglichkeiten**
③	**Analyse des Risikos (Wahrscheinlichkeit des Eintritts, Ausmaß der Auswirkungen)**
④	**Identifikation denkbarer Ursachen für die risikoreichsten Probleme**
⑤	**Analyse der Wahrscheinlichkeit des Auftretens der Ursache**
⑥	**Ausschalten der Ursachen und Minimierung der Auswirkungen**
⑦	**Absichernde Maßnahme ergreifen, um im Problemfall sofort eingreifen zu können und Alternativen bereit zu halten**

Basis: Kepner/ Tregoe, 1967, S. 211 ff.

Abb. 5.6.-1: Sieben-Punkte-Plan nach Kepner/ Tregoe[27]

Für jede Entscheidungssituation ist also einzuschätzen:

- Was ist? Also, was ist die faktische Situation?

- Was ist nicht? Also, was kann ausgeschlossen werden, sowohl positiv als auch negativ, wobei jeweils das damit verbundene Risiko bezogen auf den Eintritt der angestrebten Ergebnisse zu kalkulieren ist.

Bei M&A-Prozessen ist ein bestimmtes Ausmaß an Risiko in allen Prozessphasen gegeben und damit grundsätzlich nicht zu vermeiden. Deshalb ist ein proaktives Risikomanagement von großer Bedeutung. Ein traditionelles Risikomanagement nach dem Schema von Kepner/ Tregoe reicht in der heutigen Zeit jedoch allein nicht mehr aus. Die Dynamik von Veränderungen im Wettbewerb erfordert zusätzlich andere Instrumente.

Auf dieser Basis kann ein proaktives Risikomanagement Risiken teilweise in Chancen verwandeln helfen, oder sie zumindest entschärfen. Die wichtigsten Aspekte eines solchen Risikomanagements sind die Identifikation von Hauptrisiken aus der Gesamtwahrnehmung der vernetzten Prozesse und Systeme, die Bewertung aller Risiken durch eine möglichst unabhängige Person, die Etablierung eines Informationssystems unter der Maßgabe von präzisen, nicht politisch motivierten Updates sowie die klare Festlegung von Verantwortungsbereichen und Entscheidungsregeln.[28]

Die im Rahmen einer Fusion vorhandenen Risiken lassen sich nach der Einstellung wichtiger Stakeholdergruppen, den angestrebten Zielen und den operativen Vorgaben und Absichten unterscheiden. Abbildung 5.6.-2 zeigt hierfür einige typische Beispiele.

Beispiele für Risiken bei den Stakeholdern:
- Verlust des Vertrauens der Investoren
- Demotivation der Mitarbeiter
- Verlust wichtiger Mitarbeiter
- Verunsicherung der Kunden
- Verlust von großen Kunden / Kundensegmenten

Beispiele für Risiken aus den Zielsetzungen:
- Keine Realisierung der Kostensynergien
- Wertverlust
- Scheitern der Integration
- Verschlechterung des Qualitäts- und Serviceniveaus
- Verlust der Kontrolle über das Unternehmen / Fehlsteuerungen

Beispiele für Operative Risiken der M&A-Tätigkeit:
- Einhaltung von Zeit- und Ergebnisvorgaben
- Inkompatibilität der Informationstechnologie

Basis: Habeck/ Kröger/ Träm, 1999, S. 149; Töpfer, A./Heymann, A.: Marktrisiken, S. 230 ff.

Abb. 5.6.-2: Darstellung von drei wichtigen Risikogruppen bei M&A[29]

Um Risiken zu identifizieren, reicht es nicht aus, Erfahrungen aus anderen Fusionen und Akquisitionen zu sammeln, sondern es müssen die Haupttreiber für jedes einzelne zu planende Projekt herausgefiltert und bezüglich der möglichen Entwicklungen analysiert werden. Dies gilt insbesondere auch für die einzelnen Inhaltsbereiche der drei oben aufgeführten Risikogruppen. Ergibt die objektive Betrachtung der Ursachen-Wirkungs-Beziehungen eine mögliche Abweichung vom erwünschten Ergebnis oder sind Störfaktoren absehbar, dann sind die Risiken in ihrem Ausmaß, also ihrer Höhe, und in der Wahrscheinlichkeit ihres Eintritts quantitativ abzuschätzen.[30]

Zur Bewertung der identifizierten Risiken bietet sich die Darstellung in einer Matrix mit den Dimensionen »Höhe des Ausmaßes« der negativen Wirkungen, also des Beeinträchtigungsgrades, und »Wahrscheinlichkeit des Ereigniseintritts« an. Hierdurch kann frühzeitig erkannt werden, welche Teilprojekte aufgrund drohender Risiken in Ausmaß und Eintrittswahrscheinlichkeit besondere Aufmerksamkeit des Managements erfordern.

In Abbildung 5.6.-3 ist diese Matrix in vereinfachter Form wiedergegeben. Für die Einordnung und Einschätzung der Risiken in ihrem Ausmaß ist es wichtig, dass Argumentationsketten gebildet werden. Dabei gilt, Risiken bewerten heißt, sie in ihrer Eintrittswahrscheinlichkeit und mit ihren negativen Auswirkungen zu begründen und damit kommunizierbar und nachvollziehbar zu machen.

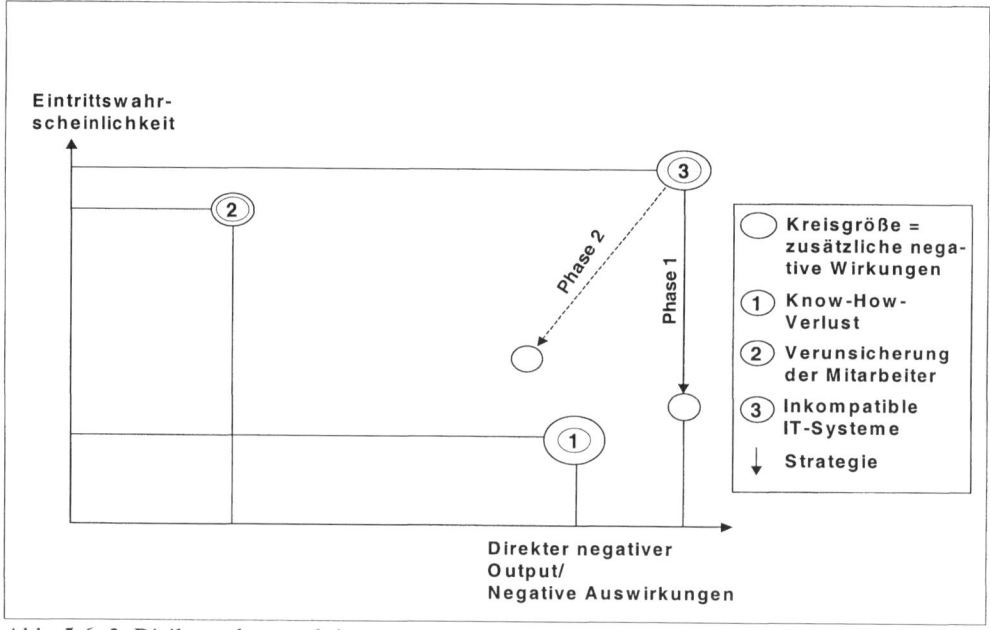

Abb. 5.6.-3: Risikoanalyse und -bewertung

In der Darstellung ist einem möglichen Know-how-Verlust eine deutlich höhere negative Auswirkung, allerdings bei geringer Eintrittswahrscheinlichkeit zugeschrieben worden als der Verunsicherung der Mitarbeiter. Die Kreisgröße kann dabei zusätzliche negative Wirkungen darstellen. Mit einer hohen Eintrittswahrscheinlichkeit und großen negativen Auswirkungen ist das Risiko inkompatibler IT-Systeme nach dem Zusammenschluss bewertet worden. Die Strategie zielt in der Phase eins eindeutig darauf ab, zunächst die Eintrittswahrscheinlichkeit entscheidend zu reduzieren. In der Phase zwei ist auch eine Verringerung der negativen Auswirkungen angestrebt. Hierdurch erscheint das damit verbundene Risiko beherrschbar.

Abbildung 5.6.-4 zeigt die Risikobewertungsmatrix am Beispiel der Filialmigration der Hypo-Vereinsbank.[31] Zu beachten ist hierbei, dass die beiden Achsen umgekehrt bezeichnet wurden.

Kriterien mit hohem Risiko, also großen Auswirkungen auf den M&A-Erfolg, sind beispielsweise rechtliche Hindernisse, Umweltaspekte, wie Altlasten auf Grundstücken, durch den M&A-Partner vor Jahren verursachte Umweltschäden, für die nach der Fusion eine gemeinsame Haftung bestehen wird oder der Verlust von Hauptkunden und maßgeblichen Wissensträgern unter den Mitarbeitern. Der Eintritt dieser Risiken kann den gesamten M&A-Prozess zum Scheitern bringen. Relativ unproblematisch sind dagegen Risiken mit geringen, genau abschätzbaren Auswirkungen.[32]

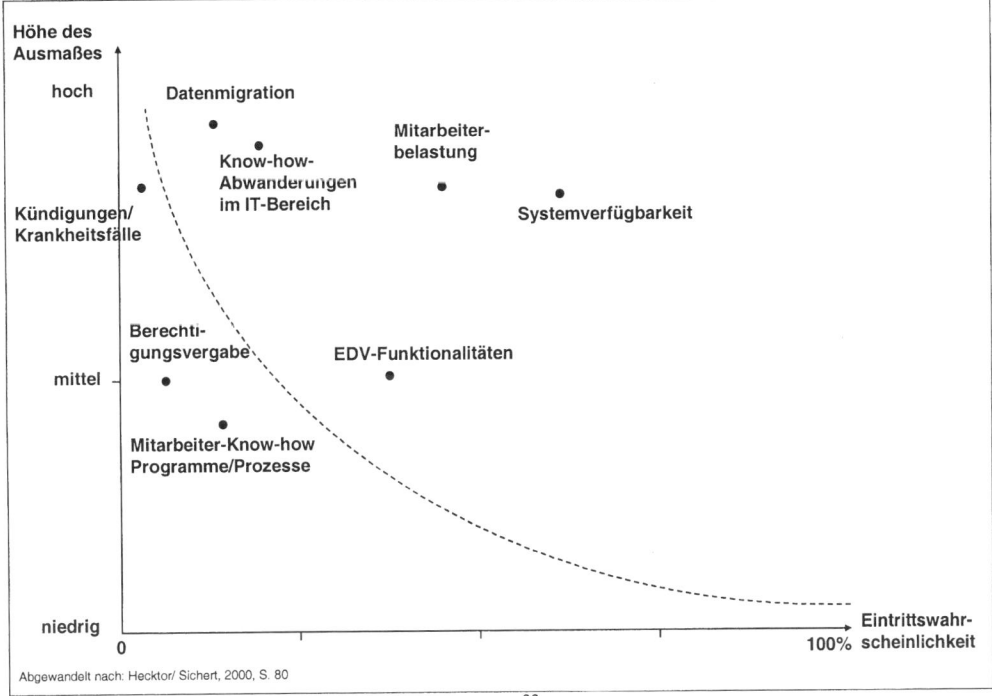

Abb. 5.6.-4: Beispiel für Risikobewertungsmatrix[33]

Gerade M&A-Prozesse sind durch ein hohes Maß an Komplexität gekennzeichnet aufgrund der Vielzahl der Einflussbereiche und Gestaltungsfelder. Wie bei Praxisbeispielen nachvollziehbar ist, wird genau diese Komplexität oft unterschätzt. Durch sie erhöhen sich vor allem auch die Risiken. In der Realität ist deshalb oft nicht nur ein Risiko, sondern eine Anhäufung unterschiedlicher Risiken zu verzeichnen. Durch die damit verbundenen Eskalationsprozesse können neue, bisher nicht erkannte Risikostrukturen entstehen, die eine M&A-Aktivität schnell gefährden, zumindest aber in eine Schieflage bringen können.

Checkliste		
Instrumente für den Erfolg von M&A		
Nr.	Aktion	Geklärt/ Erledigt	Ungeklärt/ Unerledigt
1	Wird eine detaillierte **Anreiz-Beitrags-Analyse** vorgenommen?		
2	Erfolgt die **Analyse des strategischen Fits** aussagefähig in allen wichtigen Wertschöpfungsbereichen?		
3	Werden **Szenario-Analysen** mit unterschiedlichen Entwicklungslinien erarbeitet?		
4	Wird eine zukunftsbezogene **Due Diligence** auf der Basis des Ertragswertes und wesentlicher, durch Indikatoren gemessener Werttreiber und Erfolgsfaktoren durchgeführt?		
5	Enthält der **Data Room** alle für die M&A-Partner wichtigen Informationen?		
6	Wird die **Balanced Score Card** im gesamten M&A-Prozess für die Analyse, die Kommunikation, die schnelle Entscheidungsfindung und die operative Steuerung eingesetzt?		
7	Werden qualifizierte **Risikoanalysen** auf der Basis von **Szenarien** aussagefähig durchgeführt?		
8	Werden für alle wesentlichen Inhaltsbereiche die **Höhe negativer Wirkungen** und die **Wahrscheinlichkeit des Ereigniseintritts** in einer **Portfolio-Matrix** analysiert?		

Anmerkungen

[1] Vgl. Töpfer, A.: Erfolgsfaktoren für Mergers & Acquisitions, 2000, S. 25

[2] Vgl. Töpfer, A.: Strategische Marketing- und Vertriebsallianzen, 1992, S. 190 ff.

[3] Vgl. Allianz: Allianz Group, Abfrage am 03.04.2001

[4] Vgl. Allianz: Allianz Group, Abfrage am 03.04.2001

[5] Vgl. Geschka, H./ Reibnitz, U. von: Die Szenario-Technik als Grundlage der strategischen Planung, 1983, S. 125 ff.

[6] Vgl. Töpfer, A./ Jann, W.: Öffentliche Dienstleistungen, 1997, S. 7 ff.

[7] Vgl. Töpfer, A./ Jann, W.: Öffentliche Dienstleistungen, 1997, S. 7

[8] Vgl. o.V.: Milliardenrisiko bei Hypobank, 29.10.1999, S. 1; ebenso Heck, A.: Strategische Allianzen, 1999, S.72 f.

[9] Vgl. Picot, G./ Vondenhoff-Mertens, R.: Genaue Durchleuchtung statt „Katze im Sack", 26./27.03.1999, S. K3

[10] Vgl. Krüger, H.: Due Diligence als professioneller Standard bei M&A-Projekten, 27./28.09.1999, S. 71 ff.

[11] Vgl. Töpfer, A.: Erfolgsfaktoren für Mergers & Acquisitions, 2000, S. 10 ff.

[12] Vgl. auch Picot, G.: Rechtliche Grundlagen grenzüberschreitender Transaktionen, 2001, S. 45 f.

[13] Zimmer, A.: Unternehmenskultur und Cultural Due Diligence bei Mergers & Acquisitions, 2001, S. 10

[14] European Foundation of Quality Management (EFQM): The European Quality Award - 1999 Information Brochure, 1999

[15] Vgl. Töpfer, A.: TQM-Modelle und Self Assessment als Basis für internes und externes Benchmarking, 1997, S. 143 ff.

[16] Vgl. European Foundation of Quality Management (EFQM): The European Quality Award - 1999 Information Brochure, 1999

[17] Vgl. Töpfer, A.: TQM-Modelle und Self Assessment als Basis für internes und externes Benchmarking, 1997, S. 153

[18] European Foundation of Quality Management (EFQM): The European Quality Award - 1999 Information Brochure, 1999

[19] Vgl. Kaplan, R./ Norton, D.: Balanced Scorecard, 1997, S. 76

[20] Vgl. Töpfer, A.: Der Einsatz der Balanced Score Card im Handel, 2000, S. 13 ff.

[21] Kaplan, R./ Norton, D.: Balanced Scorecard, 1997, S. 76

[22] Vgl. Töpfer, A.: Das Management der Werttreiber, 2000, S. 19 ff.

[23] Vgl. Daly, J.: Interview mit John Chambers, The Art of the Deal, Abfrage am 06.03.2000

[24] Vgl. Töpfer, A.: Balanced Scorecard, 2001, S. 16 ff.

[25] Vgl. Penzel, H.-G: Top-Management, 2000, S. 51; Steinbock, H.-J.: Management in Zeiten der Diskontinuität, 2000, S. 39

[26] Vgl. Kepner, C./ Tregoe, B.: Managemententscheidungen vorbereiten und richtig treffen, 1967, S. 211 ff.

[27] Vgl. Kepner, C./ Tregoe, B.: Managemententscheidungen vorbereiten und richtig treffen, 1967, S. 211 ff.

[28] Vgl. Habeck, M.M./ Kröger, F./ Träm, M.: Wi(e)der das Fusionsfieber – Die sieben Schlüsselfaktoren erfolgreicher Fusionen, 1999, S. 147 ff.

[29] Vgl. Habeck, M.M./ Kröger, F./ Träm, M.: Wi(e)der das Fusionsfieber – Die sieben Schlüsselfaktoren erfolgreicher Fusionen, 1999, S. 149; Töpfer, A./Heymann, A.: Marktrisiken, S. 230 ff.

[30] Vgl. Habeck, M.M./ Kröger, F./ Träm, M.: Wi(e)der das Fusionsfieber – Die sieben Schlüsselfaktoren erfolgreicher Fusionen, 1999, S. 155

[31] Vgl. Hecktor, D./ Sichert, R.: Projektorganisation und Projektmanagement, 2000, S. 79 ff.

[32] Vgl. Habeck, M.M./ Kröger, F./ Träm, M.: Wi(e)der das Fusionsfieber – Die sieben Schlüsselfaktoren erfolgreicher Fusionen, 1999, S.156 f.

[33] Vgl. Hecktor, D./ Sichert, R.: Projektorganisation und Projektmanagement, 2000, S. 80

6. Vernetzung der Post Merger Integration in den Gesamtprozess

6.1. Generalstabsmäßige Planung ohne Flexibilitätsverlust

> Grundsatz: Generalstabsmäßige Planung soll insbesondere eine flexible situationsbezogene Anpassung fördern.

Bei der Vernetzung der Phasen eines M&A-Prozesses sind vor allem zwei Aspekte von Bedeutung: Überwunden werden muss eine einseitige Denkrichtung, die nur konsekutiv auf aufeinander folgende Zeitabschnitte ausgerichtet ist und lediglich die Sichtweise zum Gegenstand hat, dass PMI die Folge der Verhandlung und des Closing ist. Angestrebt wird – entsprechend der Szenario-Analyse – stattdessen eine zweiseitige Denkrichtung, die kausale Zusammenhänge für die Zukunft analysiert und die Gegenwart als notwendige Ursache hierfür frühzeitig gestaltet. Von der Gegenwart ausgehend, wird also auf ein durch die bisherigen Maßnahmen erreichbares Ergebnis in der Zukunft geschlossen, und dieses wird anschließend mit dem gewünschten Sollzustand abgeglichen. So können in dem mit vielen Unwägbarkeiten und Risiken versehenen M&A-Prozess die Grundlagen in der jetzigen Situation bewusst geschaffen werden, um das gesteckte Ziel zu erreichen. Dies kann an folgendem Beispiel verdeutlicht werden: Der schwierige und zeitaufwändige Prozess der Abstimmung der Produktpalette sowie der Harmonisierung oder sogar Integration der Kulturen von zwei sich zusammenschließenden Unternehmen sollte deshalb nicht erst nach dem Closing angegangen, sondern bereits in der Planung nach der offiziellen Ankündigung des Zusammengehens begonnen werden.

Dieser etwas abstrakt klingende Prozess ist in der Praxis sehr hilfreich und deshalb in allen Phasen und bezogen auf alle wichtigen PMI-Inhalte durchzuführen. Das Vorgehen entspricht insgesamt der einer guten strategischen Planung zu Grunde liegenden Philosophie, dass die Zukunft nicht nur die Folge der Gegenwart ist, sondern die Gegenwart die bewusst gestaltete Ursache für eine angestrebte Zukunftssituation.

Der zweite Aspekt ist die Konzentration auf die wesentlichen Kernfragen. Die Vorphasen der PMI sollten insgesamt nicht zuviel Zeit in Anspruch nehmen und sich deshalb nicht darauf konzentrieren, alle Details erschöpfend zu behandeln. Es versteht sich von selbst, dass alle für das Closing und für das Zusammengehen wichtigen Sachverhalte vorab abzuklären sind. In der

Phase der PMI ist deshalb genügend Zeit einzukalkulieren für detaillierte Ausarbeitungen zu den verhandelten Ergebnissen. Genau hierdurch entsteht jedoch ein zusätzlicher, nicht zu unterschätzender Zeitdruck, zumal nach der öffentlichen Ankündigung von Analysten respektive Experten und auch im Unternehmen selbst möglichst schnelle konkrete Umsetzungsergebnisse erwartet werden.

Diese sind dadurch leichter zu erreichen, dass der oder die ergebnisverantwortlichen PMI-Manager bereits – wenn der Zusammenschluss feststeht – in die Vorphasen eingebunden werden. Planung und Umsetzung müssen also nach der Ankündigung der Fusion oder Akquisition teilweise nebeneinander erfolgen, denn ein Großteil von vertiefenden Informationen über das andere Unternehmen ist erst nach dem Closing verfügbar.

Die durch den Einsatz der Balanced Score Card bereits in der strategischen Analyse- und Konzeptionsphase und der Transaktionsphase gewonnenen Erkenntnisse erleichtern und verbessern erfahrungsgemäß vor allem dann die Durchführung einer zielgerichteten Integration, wenn die PMI-Manager auch hieran frühzeitig beteiligt werden. In Abbildung 6.1.-1 ist diese notwendige Vernetzung der Vorphasen mit der PMI dargestellt.

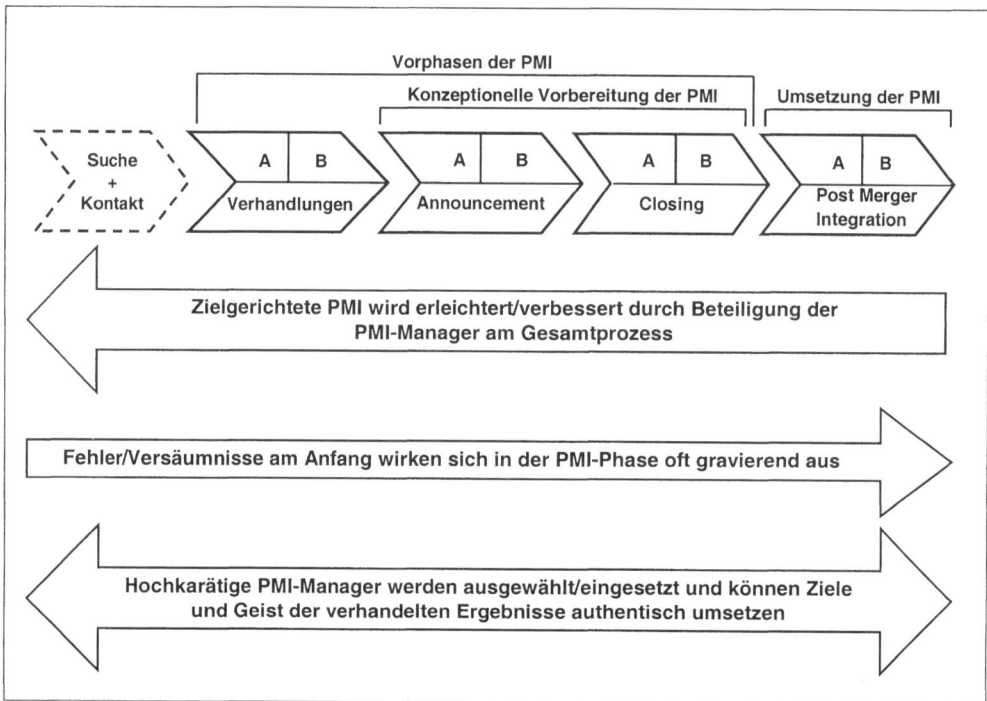

Abb. 6.1.-1: Notwendige Vernetzung der Post Merger Integration

Die mit der Integration beauftragten Manager, in Abbildung 6.1.-1 beispielhaft als Manager A und B gekennzeichnet, müssen aufgrund der vielfältigen Stolpersteine im Fusionsprozess eine

Stellung im jeweiligen Unternehmen haben, die Ihnen einen umfassenden Informationsstand sowie genügend Umsetzungsmacht sichert. Sie steuern in der PMI-Phase den Prozess ergebnisverantwortlich, in den vorherigen Phasen Verhandlung, Announcement und Closing haben sie allerdings keine unmittelbar ergebnisverantwortliche Funktion.

Auf der Grundlage der M&A-Strategie und der Ergebnisse der BSC werden in der vorbereitenden Teilphase der PMI, also noch vor dem Closing, Zeit- und Maßnahmenbündel in konkreten Umsetzungsplänen erarbeitet. Die präzise Festlegung von möglichst messbaren und damit kontrollierbaren Zwischenzielen mit einem klaren Zeitrahmen ermöglicht die Umsetzungskontrolle, auch wenn in der Praxis nicht selten Anpassungen inhaltlicher und zeitlicher Art vorzunehmen sind. Hierdurch werden herausfordernde Zielsetzungen vorgegeben, auch wenn manchmal im Ergebnis nur der Irrtum als überzogene Vorstellung eines schnell durchlaufbaren Integrationsprozesses übrigbleibt. Möglich ist dadurch zumindest aber ein Erfahrungsgewinn für spätere M&A-Vorhaben.

6.2. Organisationsgestaltung vor Beginn der PMI

> Grundsatz: Die Projektorganisation ist der Komplexität der einzelnen Phasen anzupassen.

Die Organisation in der strategischen Analyse- und Konzeptionsphase und der Transaktionsphase ist an die Summe der zu erfüllenden Aufgaben und ihren Schwierigkeitsgrad sowie Zeitbedarf, insgesamt also an die Zunahme der Komplexität in jeder einzelnen Phase anzupassen. Diese Anforderung lässt sich mit dem Bild einer »atmenden Projektorganisation« verdeutlichen, die sich durch die flexible Bereitstellung der erforderlichen Ressourcen an den jeweiligen Bedarf anpasst.

Das bedeutet zum Beispiel, dass in der geheimen Verhandlungsphase nur ein kleiner Personenkreis in die Thematik eingeweiht ist und die Verhandlungen führt. In den Phasen von Announcement bis Closing bestehen noch zwei unabhängige Unternehmen mit zwei unabhängigen Vorständen. In dieser Phase ist ein paritätisch besetztes Core Team unter der Leitung von Mitgliedern der Vorstände beider Unternehmen einzusetzen, wobei – wie vorstehend angesprochen – die späteren Fusionsmanager bereits in den Prozess eingebunden werden sollten. Das Core Team steuert die Task Forces, welche sich mit den drei Schwerpunktaufgaben Deal Closing, Relationship-Management, also Schaffen einer positiven Beziehung und Atmosphäre, sowie der Konzeption des PMI-Prozesses befassen. So kann der Aufbau des formellen und informellen Beziehungsnetzwerkes bereits vor Beginn der PMI durch das Relationship-Management-Team gefördert werden.

Mit dem Closing erfolgt anschließend der Wechsel zu einer völlig neuen Organisation, mit nur einem Board, einem Vorstand und – zumindest mittelfristig – einer strategischen Ausrichtung.

Diese Struktur ist auch in der Projektorganisation des DaimlerChrysler Merger wiederzufinden (vgl. Abb. 6.2.-1).

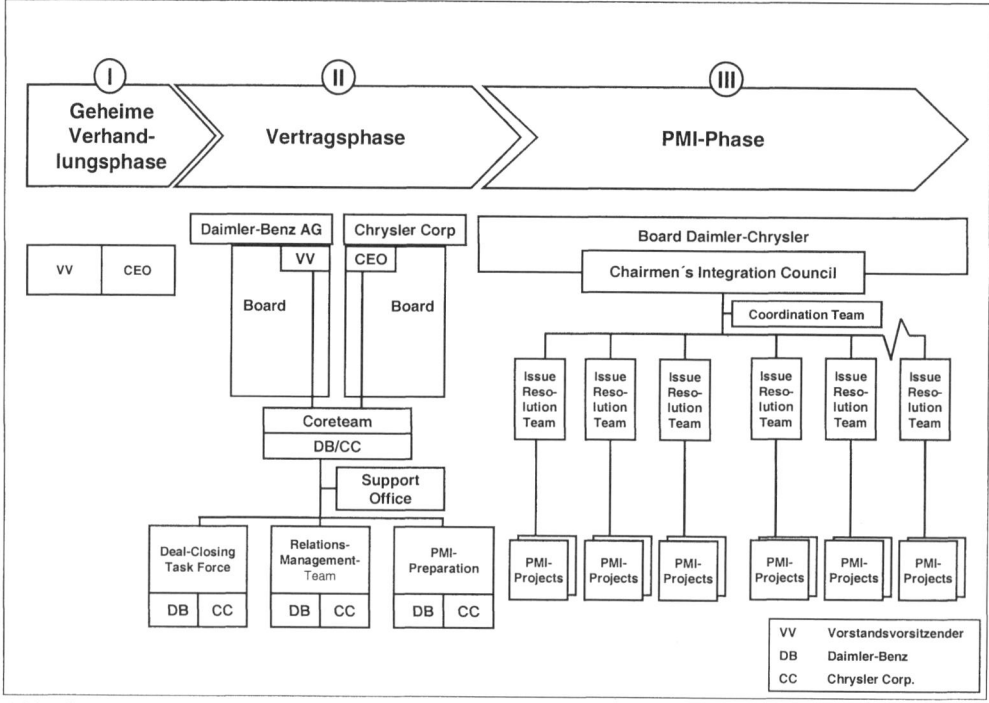

Abb. 6.2.-1: Projektorganisation mit zunehmender Komplexität

6.3. Strategische Analyse und Konzeption in der Pre Merger Phase des DaimlerChrysler Mergers

> Grundsatz: Das Aufzeigen einer nicht erwünschten Zukunft ist der beste Hebel für eine schnelle Entscheidung und nachhaltige Umsetzung eines M&A-Projektes.

Die Ausgangsbasis für die Fusionsentscheidung bildeten bei Daimler-Benz die in Abbildung 6.3.-1 dargestellten Überlegungen zur strategischen Weiterentwicklung.

Es wurde im Rahmen der strategisch-wirtschaftlichen Gespräche auf der Basis des analysierten bestehenden Portfolios zur weiteren Unternehmensentwicklung die Frage gestellt, in welchen Geschäften der Konzern derzeit und in Zukunft wächst. Die hierzu durchgeführten Wachstumsanalysen führten zu der Erkenntnis, dass nicht nur in neue Wachstumsfelder investiert werden darf. Denn viele Unternehmen in den Wachstumsbranchen erwirtschaften keine Gewinne, während andererseits Unternehmen, die mit ihren angestammten Kernkompetenzen in

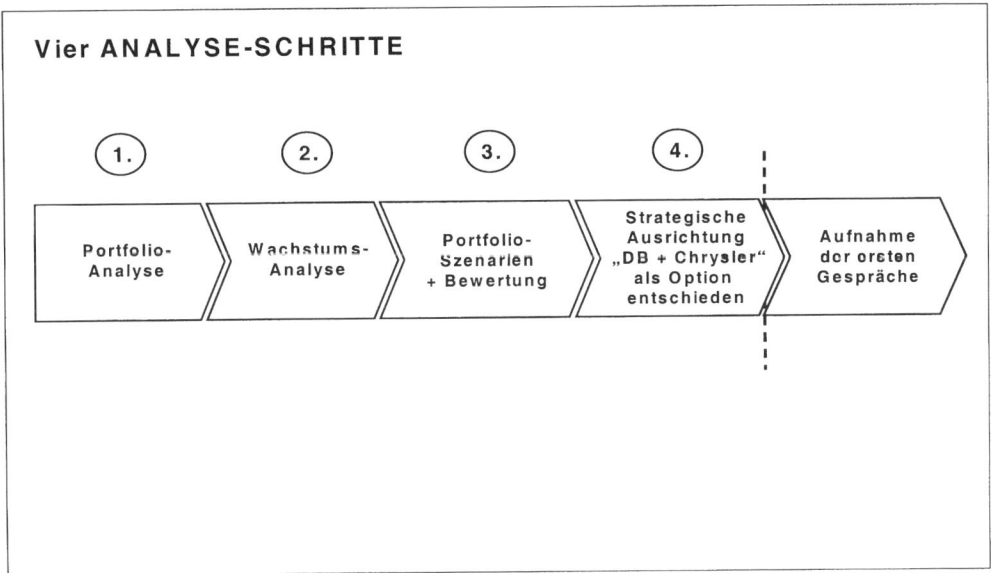

Abb. 6.3.-1: Phasen der strategischen Weiterentwicklung

stagnierenden Märkten sind, hervorragende Ergebnisse erzielen. Nicht entscheidend ist also in welcher Branche und in welchem Feld, ob wachsend oder stagnierend, die Geschäftstätigkeit liegt, sondern vielmehr wie gut das Unternehmen in seinen Kerngeschäftsfeldern aufgestellt ist.

Auf dieser Grundlage wurden eine detaillierte Portfolio-Analyse durchgeführt und verschiedene Portfolio-Szenarien erarbeitet. Durch eine Bewertung der damaligen Situation von Daimler-Benz und der erstellten Szenarien stellte sich die konkrete Frage nach der zukünftigen Wachstumsstrategie des Unternehmens (siehe Abb. 6.3.-2).

Die Ergebnisse zeigen, dass das Unternehmen bezogen auf das produzierte Volumen und die Marktanforderungen zu klein ist, um auf Dauer ein hohes Ertragsniveau bei gesicherter Selbständigkeit aufrecht zu erhalten.

Um die Präsenz in Nordamerika zu stärken, bestand die Möglichkeit, weiterhin endogen zu wachsen oder eine Fusion mit einem der großen amerikanischen Automobilproduzenten anzustreben. Als Fusionspartner bot sich insbesondere die Chrysler Corporation an. Das Ergebnis der Szenario-Analyse dieses Unternehmens ist in Abbildung 6.3.-3 wiedergegeben. Es zeigt, dass Chrysler geographisch auf Nordamerika konzentriert ist, kaum im Bereich von Premiumtechnologien aktiv ist und einigen Gefahren ausgesetzt ist.

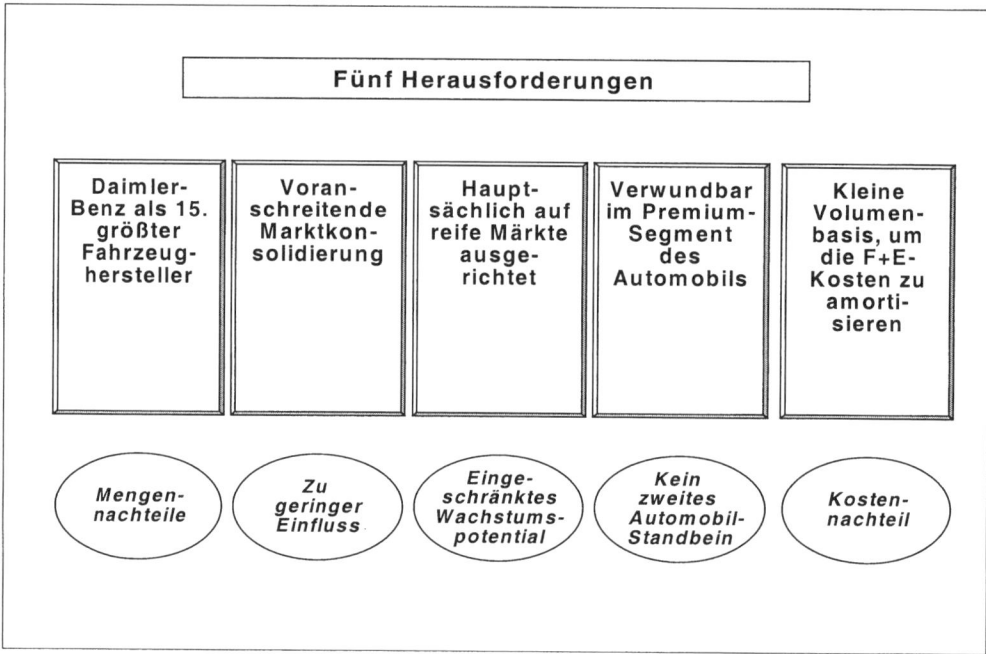

Abb. 6.3.-2: Situation Daimler-Benz in 1997

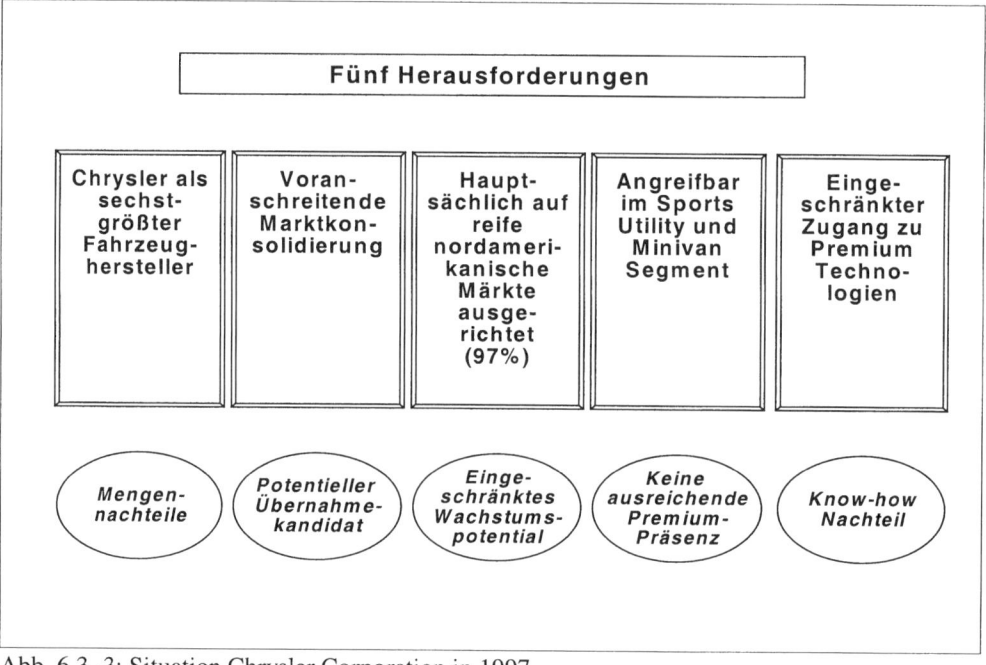

Abb. 6.3.-3: Situation Chrysler Corporation in 1997

Zusätzliche Analysen belegten, wie in Kapitel vier bereits ausgeführt wurde, dass kaum Überschneidungen in der Modellpalette und den bearbeiteten Märkten bestanden.[1] Daraufhin wurde aktiv an der Verwirklichung des Szenarios eines Zusammenschlusses gearbeitet, wie in Abbildung 6.3.-4 dargestellt ist. Zunächst begannen streng geheime Verhandlungen zwischen Jürgen E. Schrempp, Robert Eaton und den wenigen Eingeweihten. Als Haupttreiber für den Erfolg konnten die in der Abbildung angeführten Punkte identifiziert werden. In der ersten Verhandlungsphase sind insbesondere die absolute Vertraulichkeit, eine hohe Geschwindigkeit und Verhandlungen ohne falsche Kompromisse von entscheidender Bedeutung, was die Bereitschaft voraussetzt, die Fusion bis zum Ende auch scheitern zu lassen. Für eine zielgerichtete Verhandlung ist es darüber hinaus wichtig, dass der Vorstandsvorsitzende das Team leitet und im Bedarfsfall auch schnelle Entscheidungen trifft.

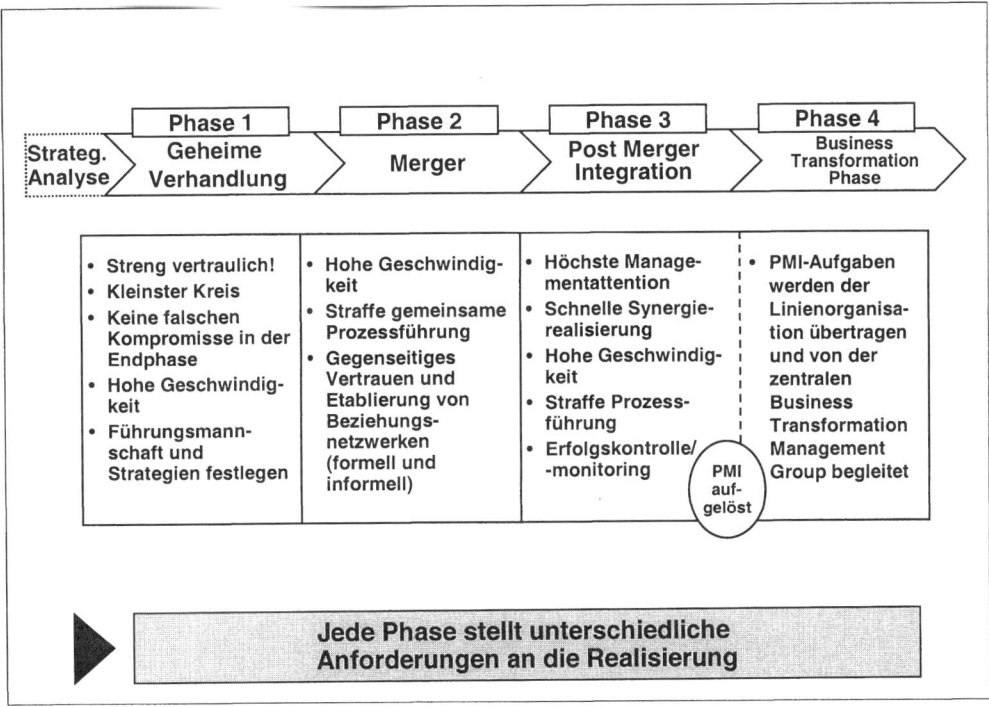

Abb. 6.3.-4: Vier Phasen für Merger-Prozesse in der Praxis

In der Phase der PMI ist es zusätzlich von großer Bedeutung, höchste Management-Attention zu gewährleisten und sehr schnell Synergien zu realisieren, um außerhalb und innerhalb des Unternehmens zu verdeutlichen, dass die beim Announcement präsentierten Vorstellungen und Pläne auch erfüllt werden. Die Geschwindigkeit ist hierbei neben der straffen Prozessführung der erfolgsbestimmende Faktor. Dadurch lässt sich das Problem einer frühzeitigen und nachhaltigen Verunsicherung in der Mannschaft vermeiden, das über alle Ebenen hinweg in seiner Bedeutung und in seiner Auswirkung nicht unterschätzt werden darf.

Ergänzend ist dabei die Erfolgskontrolle und das kontinuierliche Erfolgsmonitoring von großer Bedeutung, da so der Umsetzungsfortschritt in regelmäßigen Abständen auch gegenüber dem Vorstand sichtbar gemacht wird.

Im gesamten Prozess wird den Führungskräften und Mitarbeitern die Bedeutung der Akquisition bzw. Fusion insbesondere durch das Engagement des Vorstandes in diesem Prozess vor Augen geführt. Deshalb muss sich der Vorstandsvorsitzende unbedingt an die Spitze der Bewegung stellen. Auch durch die Platzierung der Integrationsthemen auf der Agenda für Vorstandssitzungen wird der »Internen Öffentlichkeit« verdeutlicht, welchen Stellenwert die PMI hat.[2]

Checkliste		
Vernetzung der Post Merger Integration in den Gesamtprozess		
Nr.	Aktion	Geklärt/ Erledigt	Ungeklärt/ Unerledigt
1	Wird das gewünschte **Endergebnis** über die **ursächliche Gestaltung** der Gegenwart bzw. der Vorphasen geplant?		
2	Wird die **Projektorganisation flexibel** nach inhaltlichen Anforderungen gestaltet?		
3	Können die formulierten **strategischen Entwicklungsziele** mit dem M&A-Vorhaben realisiert werden?		
4	Entspricht die gezeigte **Management-Attention** der Bedeutung der jeweiligen M&A-Phase?		

Anmerkungen

[1]   Vgl. Appel, H.: Ein amerikanisches Abenteuer - Die Fusion Daimler-Chrysler, 07.05.1998, S. 17

[2]   Vgl. Waller, D.: Die Stunde des Strategen, 2000; ebenso Appel, H./ Hein, H.: Der DaimlerChrysler Deal, 1998

7. Teilphasen der PMI

Grundsatz: Die eigentliche Herausforderung eines Mergers liegt in den drei Phasen der Post Merger Integration.

Wesentlich für die Ausführungen zur Post Merger Integration ist zunächst, wichtige Teilphasen dieses abschließenden, aber dennoch zentralen Schrittes einer Akquisition oder Fusion zu unterscheiden. Dies wird in Abbildung 7.-1 vorgenommen.

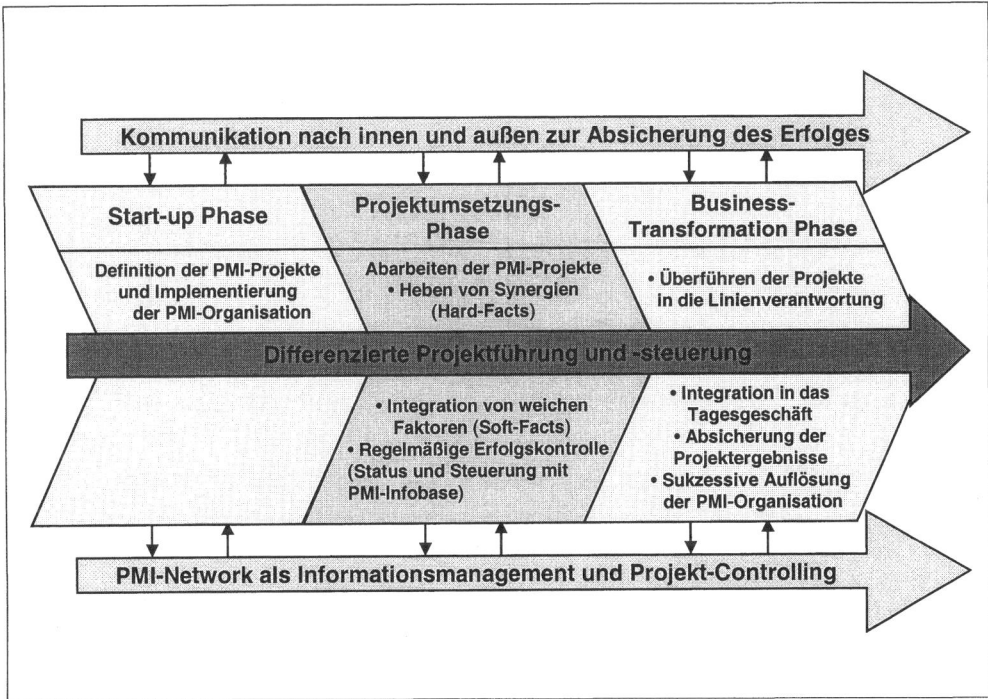

Abb. 7.-1: Teilphasen der PMI

Unterscheiden lassen sich die Start-up Phase, die Projektumsetzungs-Phase und die Business-Transformation Phase. Zusätzlich von Bedeutung ist die Steuerung des Gesamtprozesses mit dem PMI-Network als Instrument des Informationsmanagement und als Grundlage des Projektcontrolling. Auf dieser Basis der inhaltlichen Phasen und der IT-gestützten Informationsbeschaffung und -handhabung ist eine differenzierte Projektführung und Projektsteuerung erst möglich. Ergänzt werden diese Aktivitäten durch eine gezielte Kommunikation nach innen und nach außen zur Absicherung des Erfolges.

Die Start-up Phase lässt sich in zwei Abschnitte unterteilen: Der erste Abschnitt umfasst die Definition der PMI-Themen, deren Priorisierung und die Aufstellung einer PMI-Organisation. Dieser Abschnitt sollte möglichst schon vor dem Closing abgeschlossen sein. Mit dem Day No. One direkt nach dem Closing beginnt der zweite Abschnitt. Er beinhaltet die für die Implementierung der PMI-Organisation durch die Projektteams benötigte Zeit. Dieser Zeitraum von einigen Wochen ist zwingend erforderlich, um die Organisation zu etablieren und bei den Teilnehmern zu internalisieren. Die Notwendigkeit dieser Start-up Phase zu erkennen und deren gute Organisation sind entscheidend für den Ablauf des gesamten Fusionsprozesses.

Die Projektumsetzungs-Phase schließt sich mit der Durchführung der PMI-Projekte direkt an. Dabei werden zwei Zielsetzungen verfolgt: Erstens sind im Bereich der Hard Facts Synergien zu heben, und zweitens muss eine Integration von weichen Erfolgsfaktoren vorgenommen werden, es gilt also auch die Soft Facts zu gestalten. Zusätzlich ist eine regelmäßige Erfolgskontrolle vorzusehen, die den Status und die Steuerung auf der Basis der PMI-Infobase ermöglicht. Diese steht im direkten Bezug zum PMI-Network.

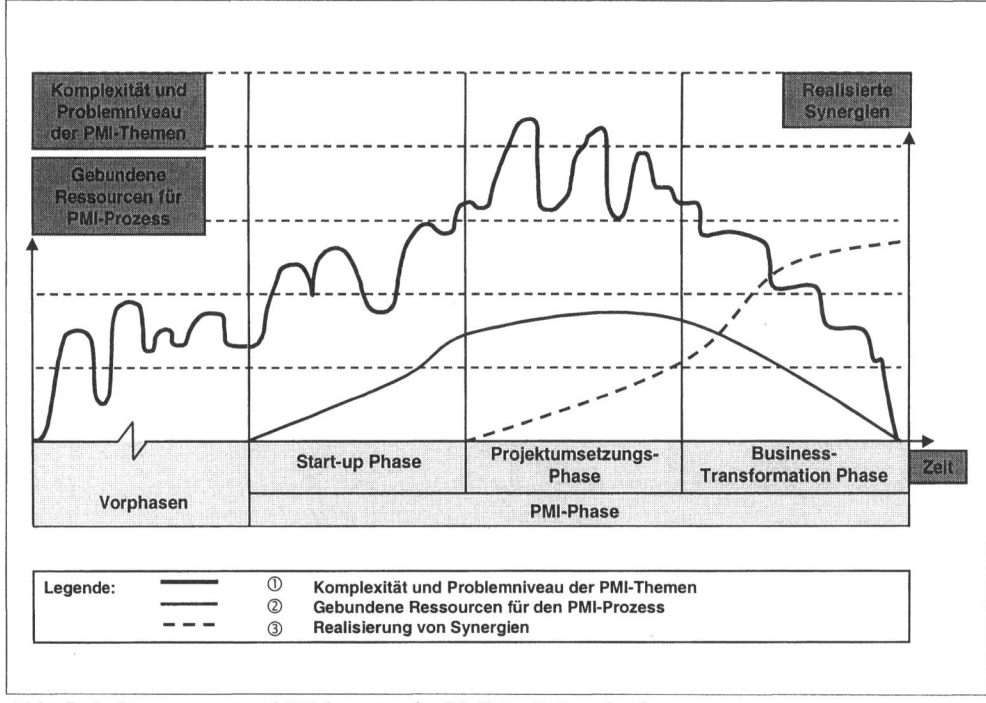

Abb. 7.-2: Ressourcen und Wirkungen der PMI im Zeitverlauf

Wesentlich ist, dass die eigentliche Projektumsetzung zu einem definierten Zeitpunkt nahtlos in die Business-Transformation Phase einmündet. In dieser Phase werden die abgeschlossenen Projekte in die Linienverantwortung überführt, wobei dies durch die unterschiedlichen Abschlusszeiten nicht bei jedem Projekt zum gleichen Zeitpunkt geschehen kann. Erst auf diese Weise kann die Integration der Projektinhalte und damit des Innenlebens des neugeschaffenen Unternehmens in das Tagesgeschäft erfolgen. Hierbei werden die Projektergebnisse und die Nutzung des gewonnenen Wissens abgesichert.

In Abbildung 7.-2 sind die Komplexität und das Problemniveau der PMI-Themen (①) über alle Phasen eines M&A dargestellt. Durch den Kurvenverlauf wird angedeutet, dass im Zeitablauf manchmal neue Probleme auftreten, die eine Situation von geringer Komplexität unvorhergesehen deutlich schwieriger machen. Es ist nachvollziehbar, dass diese Komplexität gerade in der PMI-Phase im Vergleich zu den Vorphasen wesentlich höher ist. So führen die kulturellen Themen, das Zusammenwachsen und die Identifikation mit dem neuen Unternehmen zu einem hohen Niveau von inhaltlichen Vernetzungen, die nur mit einem sehr professionellen PMI-Prozess regelbar und koordinierbar sind. Gerade hier bietet sich der Einsatz der Balanced Score Card an, um so die Komplexitätsbeherrschung zu erhöhen.

In Parallelität zu dieser steigenden Komplexität müssen auch mehr Ressourcen für den PMI-Prozess (②) bereit gestellt und eingesetzt werden. Wie ersichtlich ist, dient die Start-up Phase dazu, diese Ressourcen gezielt auf einzelne Themenfelder und Probleme auszurichten. In der Projektumsetzungs-Phase bedingt das Abarbeiten der Themen einen gleichbleibend hohen Ressourcenbedarf. Das Abflachen der Kurve in der Business-Transformation Phase kennzeichnet die schrittweise Auflösung der Projektorganisation und die Rückführung der Projekte in die Linienorganisation, und zwar in Abhängigkeit von ihrem Fertigstellungsgrad.

Die dritte Kurve deutet – idealtypisch – die Realisierung von Synergien an. Wie erkennbar ist, setzen die gehobenen Synergien in der Projektumsetzungs-Phase erst auf einem relativ niedrigen Niveau an, um dann schneller anzusteigen. In der Business-Transformation Phase ist die Abstimmung zwischen Projektorganisation und Linienorganisation so vorzunehmen, dass erreichte Synergien in der Folgezeit nachhaltig auf diesem Niveau gehalten und nach Möglichkeit noch weitere Synergiewirkungen erzielt werden können.

Im Folgenden werden anhand des Beispiels DaimlerChrysler die Kernpunkte und Erfordernisse der einzelnen PMI-Phasen herausgearbeitet. Die Start-up Phase dauerte bei DaimlerChrysler ca. sechs bis acht Wochen, während die Projektumsetzungs-Phase ein Jahr, und die Business-Transformation Phase acht bis zwölf Monate umfasste.

7.1. Start-up Phase

Grundsatz: Die Start-up Phase dient der Identifikation, Clusterung und Priorisierung der Integrationsthemen sowie dem Aufbau der PMI-Organisation.

In der Start-up Phase ist die generalstabsmäßige Planung aller inhaltlichen Aktivitäten und organisatorischen Konsequenzen von ausschlaggebender Bedeutung. Diese Phase setzt direkt an den Ergebnissen der strategischen Analyse- und Konzeptionsphase und Transaktionsphase an, wobei jetzt eine noch differenziertere Betrachtung der Inhalte möglich ist. Im Vordergrund steht dabei die Auswahl wichtiger Themen, die in der Projektumsetzungs-Phase durch einzelne Projektgruppen bearbeitet werden sollen. Das Ziel ist, die Vielzahl der Themen zu gut handhabbaren Projekten zu bündeln.

Zusätzlich empfiehlt es sich, diese projektbezogenen Themen zu Clustern zusammenzufassen und die Organisation hierauf bezogen auszurichten. Sie bezieht sich dann zum einen auf die Projektthemen und damit auf Mitglieder von Projektgruppen, zum anderen aber auf die Organisation wesentlicher Themenkomplexe, also die Cluster, um so die inhaltliche Vernetzung einzelner Projektgruppen sicherzustellen.

Diese Abbildung verdeutlicht, dass die Phase der konzeptionellen Vorbereitung der PMI-Arbeit aus den drei Teilschritten »Identifikation«, »Kategorisierung« und »Priorisierung« besteht. Wie bereits im letzten Kapitel gezeigt, liegt die Hauptaktivität dieser Phase schon vor dem Closing.

Im ersten Teilschritt werden die PMI-Issues, also die Themen, die bearbeitet werden sollen, identifiziert. Hierbei ist es wichtig, keine zu große Anzahl von Themen zu eruieren, denn es lassen sich erfahrungsgemäß nur maximal 100 übergreifende Themen noch gut organisieren. Eine größere Anzahl von zu bearbeitenden Themen ist in der Steuerung kaum noch zu beherrschen und damit zu überschauen; dies verunsichert eher und schafft mehr Orientierungslosigkeit als das angestrebte Gegenteil.

Die 100 identifizierten Themen wurden bei der Fusion von Daimler und Chrysler zu zwölf Clustern zusammengefasst. Im dritten Schritt konnten dann Kriterien entwickelt werden, um diese Themen zu priorisieren. Wie im Folgenden ersichtlich ist, gelten diese Anforderungen generell bei allen strategischen Überlegungen im Unternehmen und werden hier nur mit dem Fokus auf die Fusion betrachtet.

Diese Kriterien setzen sich wie folgt zusammen: Zum einen sollen in der Organisation nach innen und nach außen Signaleffekte entstehen. Die Projekte müssen also so gestaltet werden, dass auch für Kritiker sofort ersichtlich ist: Die eingeschlagene Richtung ist sinnvoll und ermöglicht positive Ergebnisse. Grundsätzlich gilt bei der Analyse der Wirkungen für die einzelnen Themenbereiche: Die prognostizierten Wirkungen des Mergers müssen eher konservativ,

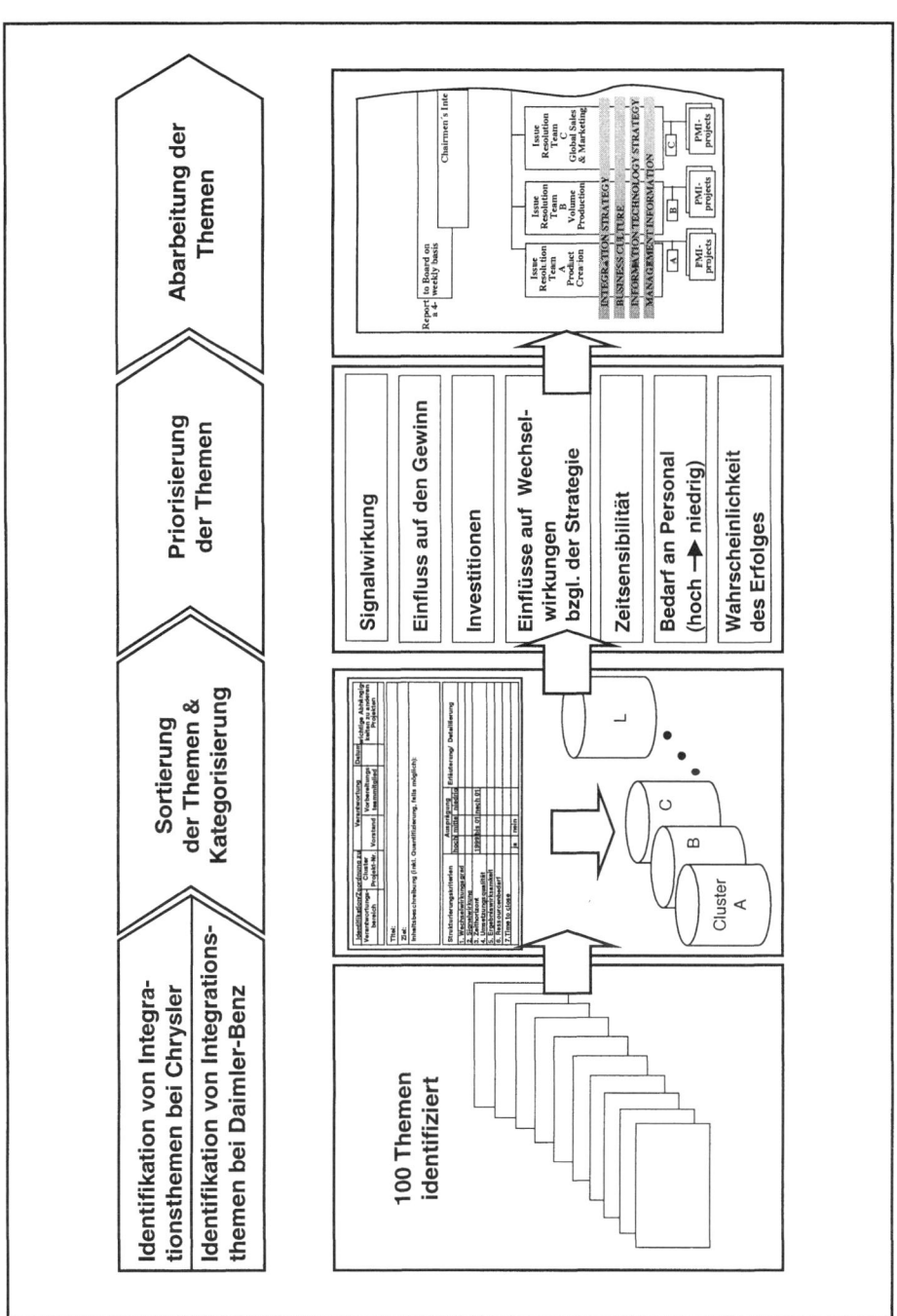

Abb. 7.1.-1: Integrationsthemen beim Merger DaimlerChrysler

also mit einem gewissen Maß an Vorsicht und damit einem Risikoabschlag ermittelt werden. Hierdurch wird sichergestellt, dass die Zahlen auf dem Papier in ihrer Höhe dem Ausmaß der in der Realität spürbaren Effekte entsprechen. Auf diesen Grundsatz des Risikomanagements wird in Kapitel elf bezogen auf die Notwendigkeit einer Sanierung noch einmal eingegangen.

Ein weiteres Kriterium ist der Einfluss des Projektes auf den Gewinn. Diese Analyse ist wichtig, um zu zeigen, ob, wann und wie sich das operative Ergebnis durch den Merger verbessert.

Alle Maßnahmen, die eingeleitet werden, sind zusätzlich auf das notwendige Investment zu untersuchen. Der Vergleich der erreichbaren Einsparungen bzw. Gewinnsteigerungen auf der einen Seite und der erforderlichen Investitionen auf der anderen Seite gibt über den gesamten betrachteten Zeitraum erst ein aussagefähiges Bild der Gesamtwirkungen.

Das nächste wichtige Kriterium sind die strategischen Einflüsse und Abhängigkeiten, welche durch die einzelnen einzuleitenden Maßnahmen entstehen. Hier ist zu überprüfen, ob und wie stark die einzelnen Maßnahmenpakete die Umsetzung der formulierten Strategie in ihren Details und insgesamt fördern und vor allem auch ob negative Wechselwirkungen in anderen Strategieteilen bestehen. Diese letztere Analyse hat also zum Gegenstand, ob Kannibalisierungseffekte als unerwartete Auswirkungen in anderen Gebieten eintreten.

Wie bereits angesprochen muss bei allen Maßnahmen und Projekten auch nach ihrer Zeitstabilität beurteilt werden. Es ist also zu analysieren, ob bestimmte Maßnahmen zeitsensibel sind, also nur zu einem bestimmten Zeitpunkt oder Zeitraum ihre angestrebte Wirkung voll erbringen können. Dies gilt insbesondere für Aktionen, die auf Investor Relations, Personalfragen oder Kundenbelange bezogen sind. Obwohl sie als wichtig erkannt wurden, können sie kontraproduktiv werden, wenn das definierte Zeitfenster verfehlt wird.

Ein weiteres Kriterium beschreibt die Überprüfung der Verfügbarkeit der zur Umsetzung benötigten personellen Ressourcen vor der Einleitung von Maßnahmen. Dabei geht es weniger um nachgeordnete Personalressourcen für die spätere Umsetzung von Integrationsmaßnahmen im Unternehmen, sondern in der hier wichtigen Phase der PMI vielmehr um die erforderliche Managementkapazität für die Planung und Steuerung der Integrationsmaßnahmen neben dem uneingeschränkt zu bewältigenden Tagesgeschäft jeder Führungskraft. Maßnahmen, die eine hohe prognostizierte Wirkung erbringen können, werden dann kritisch bewertet, wenn schon vor dem Merger festgestellt wird, dass es fast unmöglich ist, diese Maßnahme mit den personellen Ressourcen umzusetzen. Unter diesem Blickwinkel und in einer Gesamtsicht der dargestellten Kriterien wird die Erfolgswahrscheinlichkeit als Komplementärgröße zum analysierten Risiko ermittelt.

Die aus den 100 Themen gebildeten zwölf Cluster waren anschließend die Ausgangsbasis für die PMI-Organisation. Jedes Cluster bekam die Bezeichnung Issue Resolution Team (IRT). Der Prozess der Analyse und Etablierung dieser Projektorganisation wurde in zehn Stufen durchlaufen, wie Sie in Abbildung 7.1.-2 wieder gegeben sind. Die erste Phase entspricht den vier Stufen aus Abbildung 7.1.-1.

Der zweite Teil der Start-up Phase umfasst die Stufen fünf bis zehn aus Abbildung 7.1.-2. Nach der Präsentation wurde die Organisationsstruktur vom Vorstand verabschiedet, und erst dann benannte man die IRT-Koordinatoren, welche die Leitung der Issue Resolution Teams übernehmen sollten. Wesentlich für den Gesamterfolg war das anschließende Kick-off Meeting. Die Details dieser Stufen sind in den folgenden Unterkapiteln dargestellt.

In Stufe neun wurden die 100 Themen nochmals gemeinsam mit den IRT-Koordinatoren überprüft, ergänzt und modifiziert. Dieses Fein-Screening hatte zwei Zielsetzungen: Zum einen die Identifikation der Koordinatoren mit ihren Themen zu erhöhen und die Vernetzung zwischen den IRTs von vornherein zu verbessern, zum anderen aber auch alle Inhalte einer kritischen Überprüfung durch die beauftragten Experten zu unterziehen. Danach konnten sowohl die Oberprojektleitungen als auch die Teilprojektleitungen institutionalisiert werden. Die zusätzlich angegebene Zeitschiene zeigt den engen zeitlichen Spielraum.

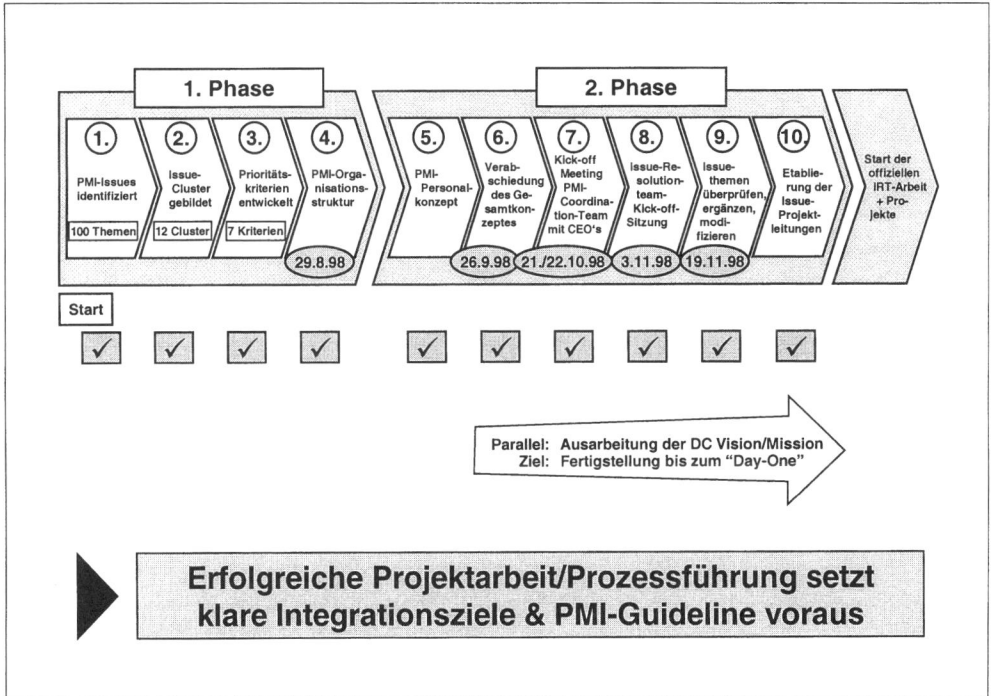

Abb. 7.1.-2: Zehn-Stufen-Schema

7.1.1. Entscheidungsgewalt bei den einzelnen Projekten

> Grundsatz: Die Priorität der Projekte ist entsprechend ihrer Bedeutung als Werttreiber zu entscheiden.

In Abbildung 7.1.-3 wird verdeutlicht, wie aus den sieben Kriterien, welche die Bedeutung der einzelnen Projekte bestimmen, und den Ergebnissen der Risikoanalyse gleichzeitig auch eine Bewertung und Einordnung der Projekte abgeleitet werden kann. Sie hat ihre Bedeutung als Werttreiber und das damit verbundene Entscheidungsniveau sowie die Berichtspflicht auf den verschiedenen Hierarchieebenen des Unternehmens zum Gegenstand.

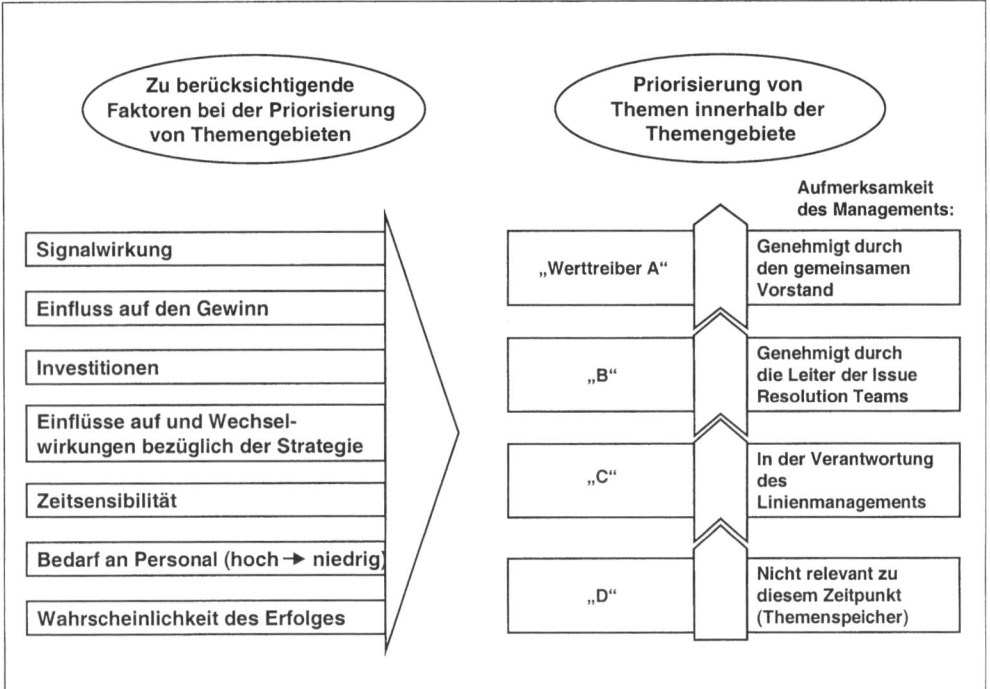

Abb. 7.1.-3: Die Integration – Beispielthemen bei den vorläufigen Clustern

Alle Projekte, welche die Klassifizierung »A« als Werttreiber bekommen haben, sind für den Gesamterfolg so wichtig, dass sie im Vorstand vorgelegt und entschieden werden. Alle Themen, mit der Wichtigkeit »B«, dürfen von dem zuständigen Leiter eines Issue Resolution Teams entschieden werden und bei Projekten der Klassifizierung »C« bleibt die Entscheidung direkt bei der Linienorganisation. Themen mit der nachrangigen Wichtigkeit »D« werden zu diesem Zeitpunkt nicht weiter verfolgt, sondern – als Themenspeicher – gegebenenfalls zu einem späteren Zeitpunkt, wenn die wichtigsten Themen bereits abgearbeitet sind, wieder auf die Tagesordnung gehoben.

Dies ist deshalb von großer Bedeutung, weil sonst der Vorstand in seiner Doppelfunktion in der Linienaufgabe und in der PMI mit zu vielen Einzelthemen konfrontiert wird. Alle Entscheidungen, welche die Linienorganisation fällen kann, gehören auch dorthin, und müssen nicht vorher vom Gesamtvorstand begutachtet werden.

Das Management derartig komplexer Vorgänge ist nur möglich, wenn alle Entscheidungen so getroffen werden, dass sie ohne spezielles Fachwissen verstanden werden können. Alle Erklärungen sind deshalb so einfach, klar und deutlich wie möglich abzugeben.

7.1.2. Grundprinzipien und PMI-Guidelines

Grundsatz: Grundprinzipien und Projekt-Richtlinien sollen die Komplexität reduzieren und den Projektverantwortlichen Hilfestellung geben.

Die Zielsetzung, die Komplexität »mit dem gesunden Menschenverstand« zu beherrschen, führte dazu, dass eine Reihe von Grundprinzipien und PMI-Guidelines festgeschrieben wurden. Dadurch sollte erreicht werden, dass vieles auf der Basis der vereinbarten und akzeptierten Verfahrensweisen dezentral von den jeweiligen Teams gesteuert und damit geregelt werden kann. Die Informationsströme und dadurch erforderliche Rückkopplungen, aber auch eine zeitkonsumierende Beschäftigung mit Einzelfragen werden hierdurch deutlich reduziert, was sich auf die Geschwindigkeit des Gesamtprozesses positiv auswirkt.

Die Grundprinzipien wurden den IRT-Koordinatoren auf dem Kick-off Meeting vom Vorstand erläutert. Hierdurch wurde gezeigt, dass der Vorstand an der Spitze der Integration steht, und gleichzeitig bestand die Möglichkeit der Diskussion und des Hinterfragens der Prinzipien. Mit der vorherigen Verabschiedung des Gesamtkonzepts durch den Vorstand war es auch möglich geworden, den gerade ausgewählten Projektmitarbeitern die strategische Richtung und die Ziele der Fusion darzustellen. Im Rahmen dieser Veranstaltung wurden zusätzlich persönliche Fragen soweit möglich in aller Tiefe und im größten Detail beantwortet. Eine weitere wichtige Zielsetzung des Vorstands war es schließlich, die am Fusionsprozess Beteiligten zu einem Team zu formen.

Abbildung 7.1.-4 zeigt die für den DaimlerChrysler Merger gültigen Grundprinzipien. Wie erkennbar ist, entsprechen sie in ihren Grundzügen vielen der in Kapitel vier formulierten Grundsätze.

1. Nur die besten Akteure für die PMI

Um das Ziel, nur die besten Führungskräfte und Mitarbeiter aus der bestehenden Organisation für die Projektumsetzung zu gewinnen, zu erreichen, erfolgte die Rekrutierung über persönliche Empfehlung und nicht über Abordnung durch die jeweilige Abteilung. Jeder Akteur blieb immer in seiner Linienfunktion, die PMI-Aufgaben hatte er zusätzlich zu übernehmen. Von

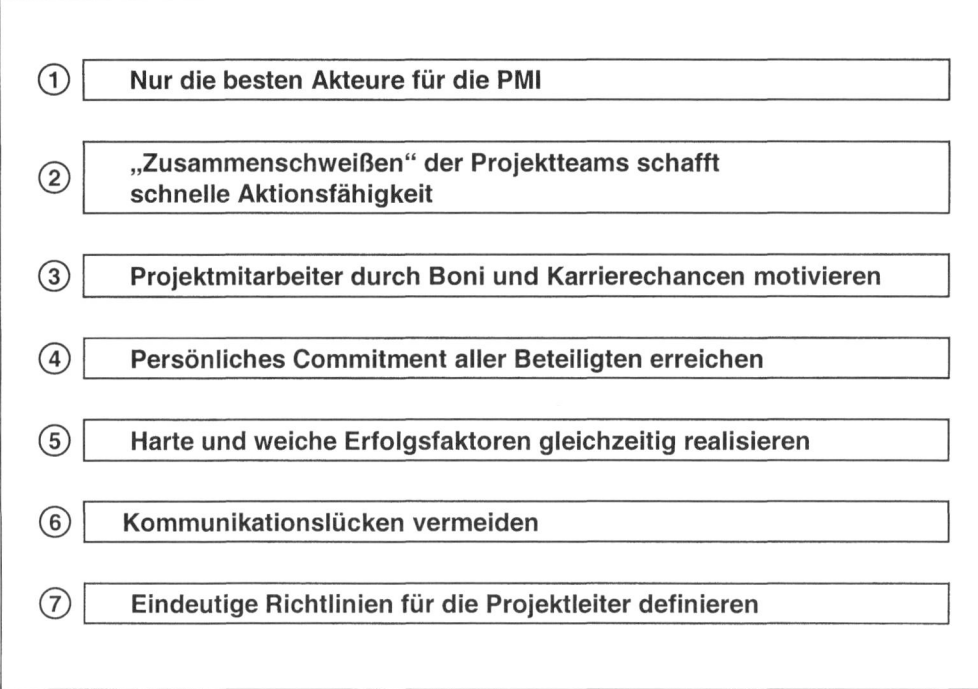

Abb. 7.1.-4: Grundsätze im DaimlerChrysler PMI-Prozess

daher war die Entsendung in den PMI-Prozess für jede Abteilung bzw. den jeweiligen Bereich »schmerzhaft«, da es sich um wichtige Akteure in diesen Bereichen, also Meinungsbildner und Wissensträger, handelt.

Hinzu kamen zwei weitere beabsichtigte Effekte: Wenn diese »Spitzenleute« in die Projektumsetzungs-Phase entsandt werden, dann sind sie aufgrund ihrer »Macher-Mentalität«, ihres Wissens und ihrer Durchsetzungsfähigkeit in der Lage, den Prozess relativ schnell und schlank zu steuern. Außerdem werden sie ihre Geschwindigkeit in der Abarbeitung der Themen noch erhöhen, da sie diese zusätzliche Arbeit und Belastung möglichst schnell absolvieren wollen, um dann wieder zurück in ihr Tagesgeschäft gehen zu können. Dies bedeutet für die Betroffenen immer eine zusätzliche Belastung, für das Unternehmen aber einen ganz erheblichen zusätzlichen Nutzen.

2. *»Zusammenschweißen« der Projektteams schafft schnelle Aktionsfähigkeit*

Die zweite Spielregel bezieht sich darauf, dass innerhalb der »bunt zusammengewürfelten« PMI-Mannschaft eine Teambildung und damit ein Teamgeist geschaffen werden sollte. Wichtig gerade in einem Unternehmen mit 480 000 Mitarbeitern war es, sehr schnell arbeitsfähig zu werden. Hierzu gilt es, ein Team zügig zu formen, in welchem Ziele ausgearbeitet werden, an denen sich die Aktivitäten und das gesamte Handeln ausrichten. Die Errichtung der PMI-Mannschaft sollte weltweit ein Benchmark für Fusionen setzen.

3. Projektmitarbeiter durch Boni und Karrierechancen motivieren

Die erfolgreiche Mitwirkung im PMI-Prozess wird durch eine finanzielle Prämie und durch anschließende weitere Entwicklungsmöglichkeiten im Konzern honoriert. Am Ende des gesamten PMI-Prozesses wurde jedem, der in seinen Projekten die formulierten Ziele erreicht hat, eine Sonderprämie, die sich am Gehalt orientiert hat, in Aussicht gestellt, die allerdings mehr Anerkennung als treibender Motivator war.

Wichtig ist, dass für jeden dieser Prozess transparent ist, weil er persönliche Zielerreichungsinformationen bekommt. Jeder wusste genau, auch unterjährig, ob er die Chance hat, sein Ziel zu erreichen. Hat er das Ziel erreicht, bekam er am Abschluss der Umsetzungsphase den entsprechenden Bonus ausbezahlt.

Dies ist so geregelt worden, dass jeder PMI-Mitwirkende in zwei Phasen »halbe Aktien« erhielt: Die erste Hälfte zu Beginn der PMI-Tätigkeit, und die zweite Hälfte am Ende. Die beiden Aktienteile sind zu einer Art Statussymbol geworden. Noch heute sind sie in den Büros vieler PMI-Mitwirkender sichtbar aufbewahrt. Zu dieser Gruppe gehört zu haben und das zeigen zu können war offensichtlich ein viel größerer Motivator als der finanzielle Bonus.

4. Persönliches Commitment aller Beteiligten erreichen

Auf der Basis dieser personenbezogenen und teamorientierten Grundlagen wurde von jedem einzelnen Mitwirkenden im PMI-Prozess direktes, persönliches Commitment für die angestrebten Ziele verlangt. Gleiches wurde auch vom Vorstand verlangt. Im Rahmen des Kick-off Meetings haben sich alle Projektleiter dazu verpflichtet. Als Symbol wurden zwei Fahnen mit dem DaimlerChrysler Zeichen gewählt, auf denen alle ca. 100 Beteiligten durch ihre Unterschrift ihr persönliches Commitment offen deutlich gemacht haben. Eine dieser Fahnen wurde im PMI-Raum in Auburn Hills, USA, aufgehängt, die andere in Deutschland. Dies war auch das Symbol und die Verbindung zu dem Ziel, ein Benchmark für die Durchführung eines Mergers zu setzen. Alle Beteiligten hatten den Ehrgeiz zum Ausdruck gebracht, diese Benchmarkposition zu erreichen.

5. Harte und weiche Erfolgsfaktoren gleichzeitig realisieren

Die Gefahr bei derartigen Projekten der Post Merger Integration besteht immer darin, nur die harten Faktoren, wie Synergien oder die Erschließung neuer Produkt- und Marktsegmente zu berücksichtigen. Dieser Ansatz ist wichtig, aber generell nicht ausreichend, denn zusätzlich zu den Hard-Facts sind auch die Soft-Facts von großer Bedeutung für den Erfolg der Integration. Deshalb sind auch sie in die Gestaltung derartiger Wandlungsprozesse einzubeziehen. [1]

Dadurch wird vermieden, dass harte Faktoren zu Lasten der weichen Erfolgsfaktoren überbewertet werden. Dies entspricht der Erkenntnis von Albert Einstein: »Nicht alles, was gezählt werden kann, zählt, und nicht alles, was zählt, kann gezählt werden.« Das Problem besteht also grundsätzlich darin, die weichen Erfolgsfaktoren über Indikatoren messbar zu machen. Hierzu gehört beispielsweise die Loyalität der Kunden und der eigenen Mitarbeiter, die in einem Merger-Prozess beeinträchtigt werden können und dann bei Abwanderung zu Wertverlusten führen.

In Abbildung 7.1.-5 sind die beiden Bereiche wiedergegeben. Ihre gleichzeitige Behandlung im Tagesgeschäft ist unumgänglich. Bei den Hard-Facts gilt die besondere Aufmerksamkeit den Synergien, der Entwicklung eines einheitlichen Führungsverständnisses und dem Mehrmarken-Management. Ein weiteres Ziel war, den Aktionsspielraum für die Mitgestaltung bei der Konsolidierung der Automobilindustrie zu vergrößern.

Betrachtet man sich die Unterteilung, dann sind einige Bereiche, wie zum Beispiel Core Values, Führungskultur und Marken-Management, zumindest nahe an den Soft-Facts.

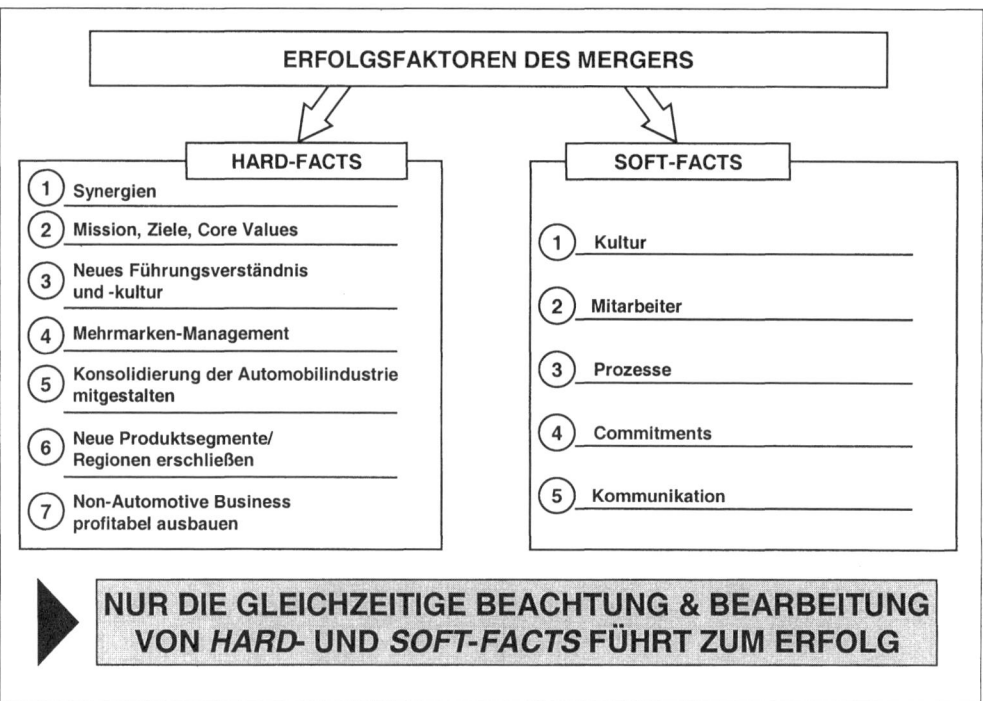

Abb. 7.1.-5: Erfolgsfaktoren des DaimlerChrysler Mergers

Zu den Soft-Facts gehören die folgenden fünf Felder:

1. *Kultur*: Hier kommt es darauf an, verschiedene kulturelle Einstellungen und Verhaltensweisen ohne Vorurteile und negative Assoziationen zu betrachten und zu akzeptieren. Es gilt, die existierenden Kulturen zu einem neuen Ganzen zu verschmelzen. Dies ist einfacher formuliert als realisiert, wie in Kapitel zehn noch ausführlich zu zeigen sein wird.

2. *Mitarbeiter*: Der erste Punkt ist die Voraussetzung dafür, dass die Mitarbeiter des neu geschaffenen Unternehmens sich verstehen, sich näher kommen und informelle Netzwerke aufbauen. Es geht also primär hier nicht darum, wie Positionen nach Kompetenzen besetzt werden, sondern wie Einstellung und Überzeugung das Verhalten bestimmt.

3. *Prozesse*: Prozesse lassen sich aufgrund einer durchgängigen Strukturierung und Einhaltung auch den harten Erfolgsfaktoren zuordnen. Die eindeutige Strukturanalyse und Durchführung sind jedoch die Voraussetzung dafür. In einer M&A-Situation kann genau diese geforderte Stabilität ein Problem darstellen. Von daher ist es wichtig, dass die Einhaltung definierter Prozesse Sicherheit und Ausrichtung in einer turbulenten Situation gibt.

   Der klassische Satz von Edward Deming[2], dem amerikanischen TQM-Guru, dass niemand ein Unternehmen beherrscht, der nicht die Prozesse im Unternehmen beherrscht, gilt in besonderem Maße bei Fusionen und Akquisitionen. Denn das Problem besteht nicht nur in einer Verbesserung respektive Optimierung bestehender Prozesse, sondern zusätzlich in der Neugestaltung von Prozessen, die bisher getrennt in zwei unterschiedlichen Unternehmen abliefen. Das deutlich höhere Ausmaß an Analyse und die größere Schwierigkeit der Gestaltung werden hieraus ersichtlich. Dies gilt insbesondere deshalb, weil es nicht nur um die Veränderung der Ablauforganisation geht, sondern um die Veränderung von internalisierten Verhaltensweisen und Entscheidungsprozessen. Deshalb zählen hier mehr die weichen Erfolgsfaktoren.

4. *Commitments*: Vom Vorstand bis zum Projektmitarbeiter ist ein direktes Commitment für die persönlichen im Rahmen der Fusion angestrebten Ziele einzufordern. Nur wenn alle Beteiligten die Maßnahmen in der PMI voll unterstützen, kann die Fusion zu einem erfolgreichen Abschluss gebracht werden. Die Gefahr besteht immer darin, dass diese Commitments nur Lippenbekenntnisse sind und das tatsächliche Handeln anders abläuft. Deshalb sind zusätzlich konkrete Instrumente, wie z.B. Balanced Scorecard und Zielvereinbarungen, anzuwenden, Prozeduren zu durchlaufen und definierte Meilensteine zu erreichen, um die Commitments »handfest« und nachvollziehbar zu machen.

5. *Kommunikation*: Das Wesen einer Fusion ist der Veränderungsprozess, der vieles Bestehende in Frage stellt und beseitigt oder verändert. Allein dieses Wissen schafft Unsi-

cherheit, ihr kann nur durch gute und nachhaltige Kommunikation entgegengewirkt werden. Hierauf wird in den folgenden Kapiteln noch mehrfach eingegangen.

6. Kommunikationslücken vermeiden

Die Erkenntnis aus dem fünften weichen Erfolgsfaktor führt unmittelbar zu dem Grundsatz, Lücken in der Kommunikation nach innen und außen zu vermeiden. Sie beziehen sich intern auf Führungskräfte, Mitarbeiter und den Betriebsrat sowie extern insbesondere auf Anteilseigner, Kunden, Banken, Lieferanten und die Öffentlichkeit. Dieses Problem wird in Kapitel neun noch ausführlich thematisiert.

7. Eindeutige Richtlinien für die Projektleiter definieren

Im Kern geht es, wie bereits angesprochen, darum, mit den PMI-Guidelines, also Orientierungshilfen zur Priorisierung der täglichen Handlungen, für die Projektleiter festzuschreiben, die sie als eine Art »Katechismus« verwenden können, um mehr Sicherheit und Selbständigkeit im dezentralen eigenverantwortlichen Handeln zu bekommen. Entscheidend für die Aufstellung dieser Richtlinien ist es, ihre Zahl auf möglichst wenige Verhaltensregeln zu begrenzen. Die Richtlinien enthalten Beschreibungen von Prozessen und Informationen darüber, wie neue Themen generiert werden und wann ein Thema dem Vorstand vorgelegt werden muss.

Die in Abbildung 7.1.-6 wiedergegebenen sieben Guidelines wurden im DaimlerChrysler Merger als Manual für jeden Projektleiter zusammengefasst, damit nicht nur der Geist und die Philosophie verstanden werden, sondern auch konkrete Vorgaben für die Umsetzung der Projekte gemacht werden können.

Am wichtigsten war, die Kontinuität der operativen Geschäfte während der PMI-Phase abzusichern. Genau hier liegt oft eine Hauptschwäche der Post Merger Integration, weil aufgrund der hohen Priorität dieses Vorhabens die bisherigen Kerngeschäfte darunter leiden und beispielsweise eine Kundenerosion eintritt. Angestrebt wird das Gegenteil: Die operativen Geschäfte sollen nach der erfolgreichen Fusion noch besser laufen. Mit diesem Grundsatz werden die Prioritäten also nicht umgekehrt, sondern gleichgewichtig definiert. Genau dies erhöht jedoch, wie angesprochen wurde, die Belastung für alle Akteure.

Dies bedeutet also, dass die Position auf den Märkten und damit bei den Kunden durch diesen Prozess nicht geschwächt werden darf. Das Ziel besteht darin, bei einem derartigen Vorhaben ein so genanntes »Cocooning« zu vermeiden.[3] Dies hätte zur Folge, dass das Unternehmen sich – bildhaft gesprochen – wie eine Raupe einwebt und nach der Metamorphose wie ein Schmetterling erneut auf dem Markt auftritt. Das Unternehmen würde sich dadurch jedoch für längere Zeit ausschließlich oder überwiegend mit sich selbst beschäftigen. Das Beispiel der offensichtlich schwierigen Integration von Digital Equipment in Compaq zeigt, dass ein Unternehmen dabei seine Position am Markt erheblich verschlechtern kann. Compaq hat in diesem Zeitraum ein Drittel der Umsätze des Privatkundengeschäfts an Dell verloren. So konnte Dell nicht nur in den USA, sondern inzwischen auch weltweit die Nummer eins im PC-Geschäft werden.

116

Die zweite Guideline verlangt von den Projektleitern eine regelmäßige Überprüfung, ob der Fokus nach wie vor auf den definierten Werttreibern liegt oder ob bereits ungewollt an größer erscheinenden Problemen gearbeitet wird, deren Lösung jedoch keine nachhaltige Wertsteigerung in Richtung Integration und/ oder Verbesserung der Kerngeschäfte mit sich bringt. Dies setzt zunächst voraus, dass die Werttreiber eindeutig definiert und aussagefähig präzisiert sind.

①	**Kontinuität der Geschäfte während der PMI absichern**
②	**Voller Focus auf die wirklichen Werttreiber**
③	**Merger unter Gleichberechtigten / Merger of Equals**
④	**Schnelle und kurze Entscheidungen/schnelle Implementierung**
⑤	**Betroffene zu Beteiligten machen (z.B. intensive Einbindung aller Vorstände)**
⑥	**Klare Definition der Inhalte, zeitlichen Umsetzung und Projektvernetzung**
⑦	**Post Merger Integration ist temporär und auf maximal zwei Jahre begrenzt (frühestmögliche Überleitung in Linienorganisation)**

Abb. 7.1.-6: PMI-Guidelines im DaimlerChrysler Merger

Die dritte Richtlinie hat die Philosophie des »Merger of Equals«, also eines Zusammenschlusses von Gleichberechtigten, zum Gegenstand. Wie bereits im zweiten Kapitel ausgeführt wurde, müssen beide Partner einer Fusion dieses Ziel verfolgen sowie alle Prozesse und Tools darauf ausrichten. Nur so besteht die Chance, dass beide Seiten auf Dauer der Überzeugung sind, dass dies angestrebt wird und auch funktioniert, es also nicht zu einer Kategorisierung in »Gewinner« und »Verlierer« der Fusion kommt. In dem Moment, in dem ein Partner in Schwierigkeiten am Markt gerät, verändert sich häufig die Ausgangslage und diese Balance ist nicht mehr ohne weiteres aufrecht zu erhalten, wenn das Unternehmen schnell an Effizienz und Schlagkraft zurückgewinnen will. Hierauf wird in Kapitel elf noch einmal eingegangen.

Der vierte Punkt der Guidelines, nämlich schnelle und kurze Entscheidungen sowie eine schnelle Implementierung, zielt darauf ab, den für die Integration benötigten Zeitraum eher zu verkürzen. Dies entspricht dem Grundsatz, besser 80 Prozent der Entscheidungen und Umsetzungsmaßnahmen schnell durchzuführen und dann die restlichen 20 Prozent in dem noch vorhandenen Zeitslot zu arrondieren, als eine perfekte 100 prozentige Entscheidung und Umsetzung zu spät zu Stande zu bringen. Diese Philosophie setzt zugleich die angesprochenen kurzen Entscheidungswege voraus. Ziel ist es, sowohl dem Entstehen von Unsicherheiten bei den Stakeholdern des Unternehmens als auch der Vernachlässigung des Kerngeschäftes, wie in der ersten Guideline ausgeführt, vorzubeugen.

An fünfter Stelle steht die zentrale Philosophie jedes Change Management Prozesses, nämlich die Betroffenen zu Beteiligten zu machen.[4] Dies gilt nicht nur für die Mitarbeiter im Unternehmen, sondern auch für den Vorstand. Um beispielsweise eine Zuschauerrolle des Vorstandes zu verhindern, wurde jeder Vorstand intensiv in den Gesamtprozess eingebunden. Wichtig ist bei diesem Grundsatz, dass die Balance zwischen einer hohen Beteiligung der betroffenen Mitarbeiter und Führungskräfte auf der einen Seite und einem schnellen und funktionsfähigen Integrationsprozess ohne endlose Abstimmungsprozeduren auf der anderen Seite gewahrt bleibt.

Die sechste Richtlinie hat das Handwerkszeug der Planung von Veränderungsprozessen zum Gegenstand. Nur die Dinge, die inhaltlich eindeutig definiert, in ihrem Zeitbedarf für die Umsetzung präzisiert und in der Vernetzung mit anderen Projektaktivitäten analysiert werden, lassen sich gezielt und ohne große Reibungsverluste realisieren.

Von vornherein und während des gesamten Integrationsprozesses muss immer wieder bewusst gemacht werden, dass die PMI nur eine zeitlich begrenzte Übergangsphase ist. Die Herausforderung besteht darin, den Zeitraum eher zu verkürzen, um von der parallelen Projektorganisation möglich schnell eine Überleitung auf die Linienorganisation zu erreichen. Diese Richtlinie bedeutet auf der einen Seite, dass die Projektakteure um so erfolgreicher sind, je schneller sie sich in dieser Funktion überflüssiger machen und sich damit zugleich wieder zu 100 Prozent auf ihre Kernaufgaben konzentrieren können. Allerdings führt auf der anderen Seite ein zu schneller Übergang auf die Linie dazu, dass die Prozesseigner für spezielle Integrationsaufgaben nicht mehr zur Verfügung stehen.

Bei DaimlerChrysler sollte der Integrationsprozess maximal zwei Jahre dauern, er konnte jedoch schon nach zwölf Monaten - mit einer Reihe noch zu lösender Aufgaben und Probleme - auf die Linienorganisation übertragen werden.

Dabei muss nach der Art der Integrationsaufgaben differenziert werden. Die Integration der Sachaufgaben lässt sich in den Grundzügen innerhalb von zwei Jahren bewerkstelligen. Die Harmonisierung der Forschung und Entwicklung und damit der Neuprodukte braucht aufgrund der entsprechenden Produktlebenszyklen auch hier länger.

7.1.3. Das Stecker-Steckdosen-Prinzip

Grundsatz: Eine doppelte Infrastruktur stellt die ständige Verfügbarkeit eines kompetenten Ansprechpartners sicher und bewirkt auf gleichberechtigter Ebene eine Annäherung der am Prozess Beteiligten.

Dieses Prinzip hat die Sicherstellung einer doppelten personellen und organisatorischen Ausstattung bei den Partnern zum Gegenstand. Dies ist am Anfang eine zusätzliche Belastung der Organisation und damit auch ein erheblicher Zusatzaufwand bei den Ressourcen. Insgesamt zahlt es sich aber aus, weil die Gleichheit der Partner sowohl organisatorisch als auch personell bestätigt wird. Abbildung 7.1.-7 zeigt diese Tandemlösung.

Je geringer die Entfernung zwischen den beiden Partnern, desto eher kann formal auf die doppelte Infrastruktur verzichtet werden, weil die wechselseitige Kommunikation einfacher ist. Aus Prozesssicht ist allerdings die doppelte Infrastruktur nicht verzichtbar, da direkte Ansprechpartner für spezielle Problemstellungen benötigt werden. Andernfalls kommt es zu »Ping-Pong-Effekten« im Sinne eines ständigen Informationsaustausches ohne Lösungskonzept. Diese Überlegung hat im Fall DaimlerChrysler dazu geführt, dass es in der doppelten PMI-Organisation zusätzlich auch ein doppeltes Lagezentrum gab.

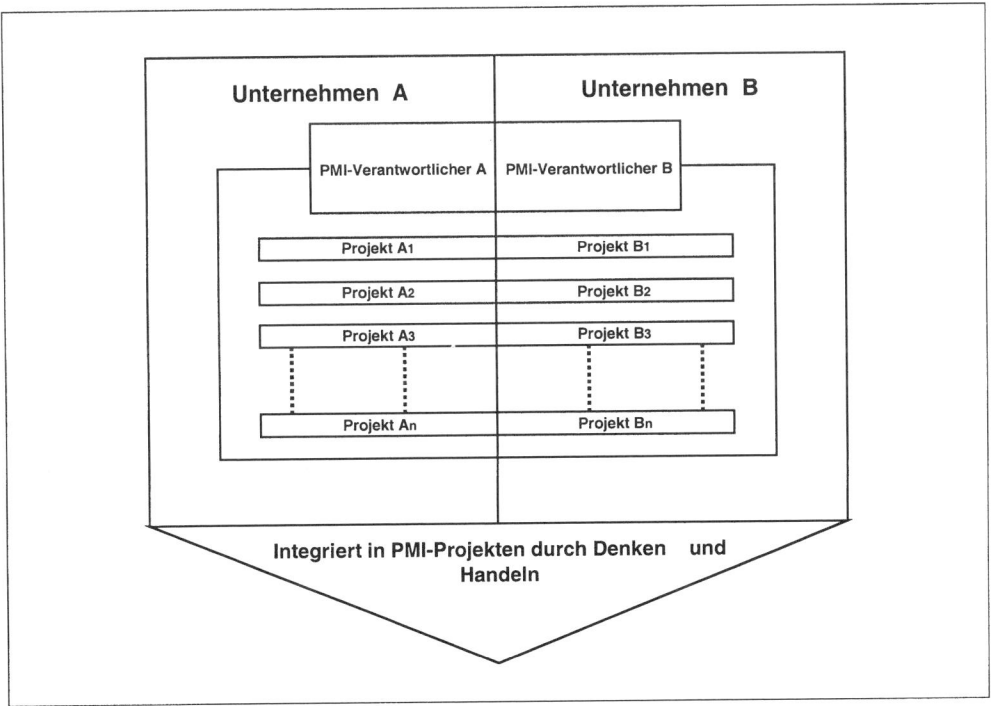

Abb. 7.1.-7: Tandemlösung der PMI-Projektführung

Ein Vorteil des Stecker-Steckdosen-Prinzips ist beispielsweise die Verfügbarkeit eines kompetenten Ansprechpartners zu jedem Zeitpunkt. Unabhängig von Krankheitsfällen, Urlaub oder sonstigen Verhinderungen konnte der Prozess jederzeit von seinem Kollegen weitergeführt werden. Die Möglichkeit der Vertretung durch einen Partner führt zu einem höheren Maß an Kontinuität bei allen Sitzungen. Beide Partner sind entsprechend der Zielvereinbarung dazu verpflichtet, die Fusionsziele gemeinsam umzusetzen. Bei DaimlerChrysler gab es keinen Fall, bei dem diese Zusammenarbeit nicht zustande gekommen ist.

Zudem fusionierten hier zwei Unternehmen, die mehr als 7.000 km entfernt von einander liegen. Da im täglichen Geschäft viele Probleme gelöst werden müssen, war auf jeder Seite ein Ansprechpartner erforderlich, der auftretende Fragen sofort klären konnte. Zudem wird der Fusionspartner am Anfang als eine unbekannte, fremde Organisation empfunden, zu der kaum persönliche Kontakte bestehen.

7.1.4. PMI-Organisation

Grundsatz: Das Ziel ist, eine unbürokratische, flexible und schnell reagierende PMI-Organisation zu schaffen.

Die definierten Themen und Projekte sowie die daraus abgeleiteten Organisationseinheiten werden zu einer Gesamtorganisation für die Post Merger Integration vereint. Das Ziel ist die Schaffung einer unbürokratischen, flexiblen und schnell reagierenden PMI-Organisationsstruktur, die jederzeit den sich ändernden Rahmenbedingungen im Laufe des PMI-Prozesses angepasst werden kann.

Diese Organisation stellt bezogen auf die Aufbauorganisation die institutionelle Verankerung der Integration innerhalb der Gesamtorganisation des Unternehmens dar. Für die PMI ist eine Projektorganisation zu wählen, bei der Sachaufgaben den zuständigen Stellen übertragen und die Zusammenarbeit zwischen diesen Stellen durch eindeutige Kompetenz-, Verantwortungs- und Informationsregelungen gestaltet werden. Bezogen auf die Ablauforganisation werden die im Rahmen des PMI-Prozesses notwendigen Arbeitsabläufe und Vernetzungen gesteuert.

Die generelle Frage ist, wie stark die Projektorganisation an der bestehenden Aufbauorganisation ausgerichtet ist. Hierbei ist das Für und Wider im konkreten Einzelfall genau abzuwägen. Für eine enge Anlehnung an die Aufbauorganisation spricht die Einheitlichkeit und Einfachheit der zusätzlichen projektbezogenen Steuerungsebenen. Dagegen spricht, dass die Aufbauorganisation nicht in jeder Hinsicht die Anforderungen an eine konsistente Projektorganisation erfüllt.

Bei der Post Merger Integration der HypoVereinsbank gab das Unternehmen einer starken Anlehnung der Projektorganisation an die Aufbaustruktur den Vorzug. In Abbildung 7.1.-8 ist
dies wiedergegeben.

Wie nachvollziehbar ist, steuerte auf der Gesamtbankebene das zentrale Integrationsbüro den
gesamten Integrationsprozess. Der sogenannte Integrationsvorstand ist für dieses Vorhaben
ergebnisverantwortlich. Der Integrationsausschuss filtert gegebenenfalls Informationen aus, die
für den Gesamtvorstand nachrangige Bedeutung haben. Auf der Geschäftsfeldebene wirken in
allen Bereichen dezentrale Integrationsbüros (DIB). Auf der darunterliegenden Einzelprojekt-
ebene arbeiten dafür ernannte Projektleiter und Teams.[5]

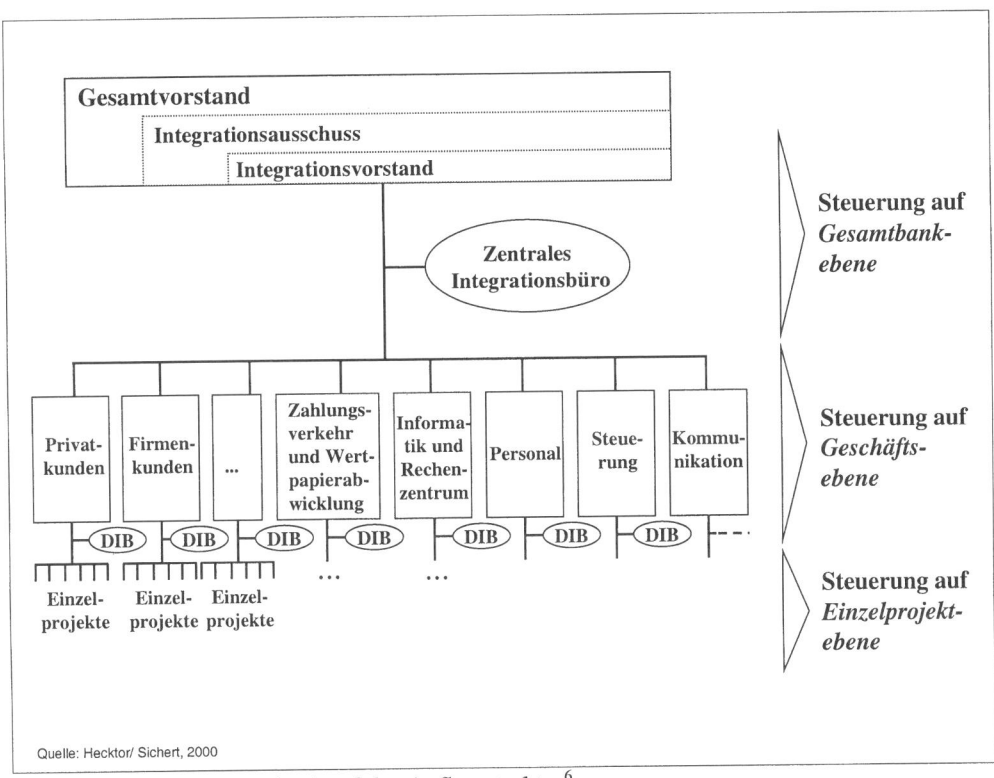

Quelle: Hecktor/ Sichert, 2000

Abb. 7.1.-8: Projektorganisation folgt Aufbaustruktur[6]

Bei dem DaimlerChrysler Merger ist die PMI-Organisation genau den anderen Weg gegangen,
wie nachfolgend dargestellt ist. Die Organisation bestand aus fünf organisatorischen Einheiten:
Das oberste Gremium und die erste organisatorische Einheit ist der Gesamtvorstand mit den 18
Vorständen als wertfreie Summe der beiden vorhergehenden Vorstände von Daimler-Benz und
Chrysler inklusive der beiden CEOs ohne Neustrukturierung.

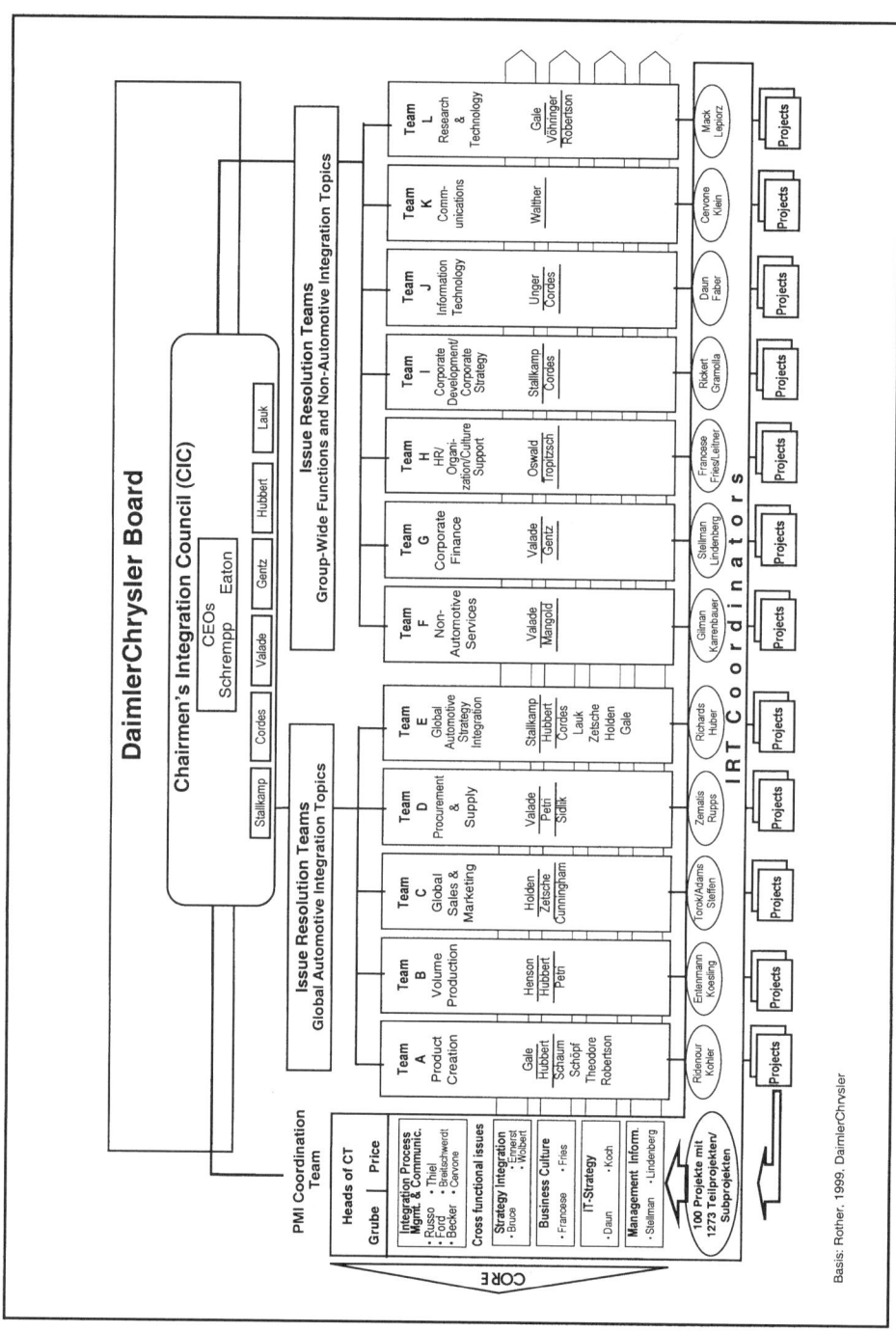

Abb. 7.1.-9: Organisation der Post Merger Integration bei DaimlerChrysler[7]

Die zweite organisatorische Einheit umfasste die Gruppe der zwölf Cluster beziehungsweise der zwölf Issue Resolution Teams. Zum ersten Block gehörten die IR-Teams für die Entwicklung, die Fertigung, Vertrieb und Marketing, Einkauf und alle globalen strategischen Themen im Automobilbereich.

Im zweiten Block wurden die Themen bearbeitet, die nicht direkt zum Automobilbereich gehören bzw. vorrangig auf der Konzernebene liegen. Dies begann mit Geschäften im Non-Automotive Bereich bei Team F, dann im nächsten Team die Corporate Finance Themen, im Team H waren es die Organisations- und Unternehmenskulturthemen. Team I beschäftigte sich mit allen Themen der Konzernentwicklung und Konzernstrategie. Weiterhin existierten Teams für die Themen der Informationstechnologie, der Kommunikation und der Forschung- und Entwicklung. Jedes dieser IRT war paritätisch nach dem Stecker-Steckdosen-Prinzip besetzt. Ein solches Cluster befand sich immer in der Verantwortung von zwei Vorständen, und zwar jeweils von einem deutschen (ehemals Daimler-Benz AG) und einem amerikanischen Vorstand (ehemals Chrysler Corp.).

Die dritte organisatorische Einheit war die Gruppe der PMI-Projekte. Dort fand die operative Bearbeitung der definierten Einzelthemen statt. Es existierten damals in Summe 1.273 Teilprojekte mit jeweils einem Teilprojektleiter. Die Verantwortung für diese Projekte wurde von dem jeweils zuständigen Vorstand und den Oberprojektleitern gemeinsam getragen.

Die vierte organisatorische Einheit war ebenfalls nach dem Stecker-Steckdosen-Prinzip besetzt und bestand aus fünf speziellen Teams. Sie sind auf der linken Seite der Abbildung aufgeführt. Eine dieser Gruppen war die Integration Process-Management & Communications-Gruppe, welche sich ausschließlich mit der Prognose von Auswirkungen und dem Monitoring des PMI-Prozesses beschäftigte. Sie war direkt den beiden Leitern des PMI-Prozesses unterstellt. Die anderen vier Gruppen sind Cross-functional Issue Gruppen. Die Strategy Integration-Gruppe achtete darauf, dass sich in keinem der zwölf Cluster Strategien einschlichen, die nicht ursprünglich vom Vorstand verabschiedet wurden. Weiterhin gab es eine Gruppe, die sich mit Business Culture beschäftigte. Diese Gruppe hatte einen originären Auftrag zur stärkeren Harmonisierung der beiden Unternehmenskulturen und überprüfte zusätzlich, dass in den zwölf Clustern keine auf die Kultur bezogenen Schwierigkeiten und Konflikte entstanden, sondern eventuell auftretende Probleme sofort in den entsprechenden Issue Resolution Teams besprochen wurden.

Die IT-Strategy-Gruppe hatte eine Supportfunktion. Da der Merger weitestgehend papierlos abgewickelt wurde, haben sie das in Kapitel acht näher betrachtete IT-System zur Unterstützung der Fusion aufgebaut und sichergestellt, dass alle Daten täglich im System eingegeben wurden, damit sie immer aktuell und global verfügbar waren. Die letzte Gruppe, die Management Information Group, beschäftigte sich mit der Aufbereitung und Darstellung der Daten, die einerseits zeigten, wie weit man bei der Hebung der Synergien war, und andererseits, wie weit man von dem Ziel, also den Synergien von 1,4 Mrd. US-$ für 1999, entfernt war. Dazu wurde täglich mit den Projektleitern kommuniziert, in wie weit die Synergie mit den unterschiedlichen Härtegraden erreicht war und als Management Information zur Verfügung gestellt werden konnte.

Die Mitarbeiter des Core Teams auf der linken Seite der Abbildung bildeten mit den IRT-Koordinatoren das PMI Coordination Team. Diese etwa 45 Mitarbeiter trafen sich einmal pro Monat persönlich. Ergänzend fanden wöchentliche Video-Konferenzen statt.

Die beiden Heads dieses PMI Coordination Teams waren direkt den Vorstandsvorsitzenden zugeordnet, wodurch symbolisiert wurde, dass die Ergebnisse der PMI von größter Bedeutung waren. Gerade die beiden Heads mussten sich hervorragend verstehen, da sie täglich intensiv zusammenarbeiteten und im Mittelpunkt des Interesses standen. Es darf nicht der Eindruck entstehen, dass hier persönlicher Ehrgeiz eine Fusion behindern könnte. Es kommt also darauf an, ständig wie eine Einheit zusammenzuarbeiten. Vieles von diesen Ausführungen klingt selbstverständlich, wird aber in der Praxis oftmals dennoch nicht umgesetzt. Dies bewirkt das bekannte Phänomen, dass kleine Ursachen große – in diesem Falle negative – Wirkungen entfalten können.[8]

7.2. Projektumsetzungs-Phase

Grundsatz: Die Integrationspläne sind schnell umzusetzen, ohne das Tagesgeschäft zu vernachlässigen.

In der Projektumsetzungs-Phase erfolgt die Ergänzung der Organisation beider Unternehmen um eine Parallelorganisation. Wesentlich ist, dass auf der Grundlage der klaren organisatorischen Regelungen, der vereinbarten Spielregeln und Verhaltensweisen dieser Prozess schlank und zügig gesteuert wird, um relativ schnell konkrete Ergebnissen zu erzielen.

Neben diesen ersten Ergebnissen stellt die Positionierung des Themas PMI auf der Agenda des Vorstands ein internes Signal für Mitarbeiter und Führungskräfte dar. Das heißt, die Tagesordnungspunkte der Vorstandssitzungen verdeutlichen den Führungskräften, die Einsicht in diese Tagesordnung haben, wie wichtig diese Themen für den Vorstand sind. Die Erfahrung zeigt, dass die häufig übervolle Tagesordnung aufgrund von Zeitknappheit nicht voll abgearbeitet werden kann und deshalb nachrangige Punkte auf die nächste Sitzung verschoben werden. Deshalb hatten PMI-Themen unter inhaltlichen und zeitlichen Gesichtspunkten auf der Tagesordnung Priorität.

Auch der Kontakt zur »Außenwelt« ist in dieser Phase von großer Bedeutung, aber keinesfalls nur ein Thema für den Vorstandsvorsitzenden. Alle Vorstände sollten hier eine aktive Rolle übernehmen, wobei zu beachten ist, dass alle das gleiche Informationsniveau haben und auf diese Weise auch gleiche Botschaften vermitteln können. Jeder Vorstand muss also in der Lage sein, immer die neuesten exakten Ergebnisse und Projektfortschritte zu kennen. Hierzu wurden bei DaimlerChrysler die »PMI success-stories« einmal im Monat in gedruckter Form herausgegeben, so dass alle Themen entsprechend zutreffend und umfassend kommuniziert werden konnten und über zwei Jahre eine Informationskaskade im Unternehmen gepflegt. Dieser Monatsbericht enthält Aussagen zu jedem der zwölf Cluster. Das bedeutet, dass sowohl die Vorstände als auch alle die Führungskräfte, die Zugang zu diesem Bericht haben die Projektfortschritte in den einzelnen Bereichen nachvollziehen können.

In der Projektumsetzungs-Phase muss ein weiterer Aspekt besonders berücksichtigt werden: Er ist darin begründet, dass die einzelnen Projektteams unterschiedlich schnell ihre Ergebnisse erreichen. Dies bedeutet, dass die Projektteams nicht alle zum gleichen Zeitpunkt ihre Arbeit abgeschlossen haben. Unter diesem Blickwinkel erfolgt auch die Überführung der Projekte in die Linie zu unterschiedlichen Zeitpunkten. Das heißt, die anschließende Phase der Business-Integration als Reintegration in die Linienorganisation muss früh genug ansetzen, um fertige Projekte zügig in die Linienverantwortung übernehmen zu können. Anderenfalls wird im Gesamtprozess, der mit dem Ziel einer hohen Prozessgeschwindigkeit abläuft, Zeit und vor allem auch Erfolgserlebnisse und damit Motivation verschenkt.

7.2.1. Markenstrategie als zentraler Aspekt der Integration

> Grundsatz: Insbesondere bei einer Mehrmarken-Strategie sind Imageprofile und Erlebniswelten vor allem psychographisch abzugrenzen.

Wenn sich zwei Unternehmen zusammenschließen, dann ist vor der Fusion oder auch Akquisition die Prüfung des Fits der beiden Produktpaletten eine der wesentlichen Voraussetzungen, dass der Zusammenschluss überhaupt zustande kommt. Diese strategische Analyse geschieht jedoch primär aus der Sicht des eigenen Unternehmens und hat vor allem die möglichst überschneidungsfreie Ergänzung der Produkte in unterschiedlichen Marktsegmenten und Positionierungsbereichen sowie geographischen Schwerpunktgebieten zum Gegenstand. Das Ziel ist, dass die einzelnen Marken sich in ihrer Ergänzung am Markt verstärken und nicht behindern. Nur unter diesem Blickwinkel gilt, dass eine Marke als „ein in der Psyche des Konsumenten verankertes, unverwechselbares Vorstellungsbild von einem Produkt oder einer Dienstleistung verstanden werden kann."[9] Das Ziel der Markenstrategie ist demnach, klare Vorstellungsbilder von einer Marke in den Köpfen der Adressaten zu verankern, die eine Identifikation und Differenzierung ermöglichen und eine Präferenz der Marke bewirken.[10]

Aus Kundensicht sieht dieses Zusammengehen allerdings häufig anders aus. Denn für den Kunden eines der bisherigen Unternehmen ist die Marke, die er schätzt und deshalb mit dem Produkt gekauft hat, nicht nur das Versprechen einer bestimmten gleichbleibenden Qualität, sondern vor allem auch »emotionale Heimat«. Mit anderen Worten prägt das Image, das der Kunde mit dem Unternehmen und der Marke verbindet, sein Vertrauen und seine Loyalität. Mit dem Zusammenschluss verändert sich für den Kunden in der Außenwirkung oftmals so viel, dass er nicht nur aufgrund des veränderten Images an dem Qualitätsversprechen Zweifel bekommt, sondern auch ein Stück »emotionale Heimat« verliert. Dies bedeutet zugleich, dass diese Verunsicherung seine Wechselbereitschaft erhöht.[11]

Genau diese Wirkungen sind jedoch immer kontraproduktiv bezogen auf die ursprüngliche strategische und operative Zielsetzung einer M&A-Aktivität. Deshalb ist ihnen frühzeitig und eindeutig durch die Kommunikation[12] und gezielte Maßnahmen oder auch Unterlassungen von Integrationsmöglichkeiten entgegen zu wirken. Konkret bedeutet dies, dass andernfalls die Markenführung und der Markenkern sowie insbesondere die transportierten Markenprofile an Klarheit, Stringenz und damit an Abgrenzung und Unterscheidbarkeit verlieren.

Alle Maßnahmen der Rationalisierung und des Hebens von Synergien haben sich hieran auszu-richten, um zu verhindern, dass Rationalisierungsvorteile auf der einen Seite durch Schwä-chung der Markenkerne und -profile auf der anderen Seite erkauft werden. Eine besonders wichtige Aufgabe ist also eine in sich stimmige Mehrmarken-Strategie im Sinne eines Multi-Brand-Management.

Genau dies war die Sichtweise und der Ansatz beim Merger von DaimlerChrysler. Dabei ist zusätzlich zu berücksichtigen, dass eine Einflussnahme auf eine stärker integrierte Produkt- und Markenpolitik immer auch von den Lebenszyklen der einzelnen Produkte abhängt. Erst ein Modellwechsel mit einem mehrjährigen erforderlichen Vorlauf schafft die Möglichkeit, strate-gische Vorhaben operativ konkret umzusetzen. Maßnahmen in Richtung mehr Gleichteile und Plattformstrategie sind dann unter diesem Blickwinkel anzugehen. Es ist aber keine gemeinsa-me Plattformstrategie für Chrysler- und Mercedes-Benz-Produkte im Rahmen der PMI vorge-sehen, wohl aber ein stärkerer Austausch von Technologie sowie die Verwendung von Gleich-teilen und Komponenten. Zwischen Chrysler und Mitsubishi sind ab 2004 gemeinsame Platt-formen geplant.[13] Darüber hinaus werden Technologien nach einem gemeinsam abgestimmten Kalender in einer Kaskade in den Konzernprodukten zum Einsatz gebracht. Durch die Verein-heitlichung von nicht-markenrelevanten Komponenten wie Sensoren, Elektrik/ Elektronik oder auch Sitzstrukturen wird eine wettbewerbsfähige Kostenposition realisiert.

Wenn durch den Merger Produkte in dem neuen Unternehmen vereint werden, die als Marken in stark unterschiedlichen Bereichen positioniert wurden, nämlich nicht nur im Premiumbe-reich, dann sind diese Markenprofile klar voneinander getrennt zu halten.

Zusätzlich ist ein weiterer Aspekt wichtig: Für den Kunden spielen nicht nur die Markenpro-dukte der Unternehmen eine Rolle, er identifiziert sich auch mit dem Unternehmen selbst. Un-ter diesem Blickwinkel erhält der Unternehmensname als Corporate Brand[14] Markencharakter. In einem M&A-Projekt gibt es vier Möglichkeiten für die Wahl des Namens und Logos des neuen Unternehmens: Erstens können beide Unternehmen getrennt in einem Mutterkonzern weiterbestehen, hierdurch gibt es keine Auswirkungen auf den Unternehmensnamen oder das Logo. Die zweite Möglichkeit besteht in einer Kombination der Namen, wie z.B. DaimlerCh-rysler, HypoVereinsbank, Fujitsu-Siemens oder KarstadtQuelle. Zu klären ist hierbei die Rei-henfolge der Namensnennung.

Drittens besteht die Möglichkeit, einen völlig neuen Namen zu kreieren, wie dies bei Aventis, Eon und Novartis geschehen ist. Diese Möglichkeit, birgt jedoch die Gefahr in sich, dass der neu kreierte Unternehmensname nie den Markenwert des Vorgängernamens erreicht. Es ist dann unproblematischer, wenn die Produkte andere Markennamen besitzen und diese unverändert weitergeführt werden. Der Wechsel findet damit also nur beim Unternehmensnamen als dem gemeinsamen »Dach« statt.

Die vierte Möglichkeit bietet sich nur bei einem negativ besetzten Image eines der Unternehmen an, indem dessen Name und Logo durch das des Partners ersetzt wird. Die Veränderung ist von einer breiten Informationskampagne zu begleiten, um einer Verunsicherung von Kunden und auch Mitarbeitern frühzeitig und umfassend entgegen zu wirken. Andernfalls, wenn bei zwei sich zusammenschließenden Unternehmen ein Markenname, der positiv besetzt ist, wegfallen soll, werden immaterielle Werte zerstört. Dies ist bei dem Zusammenschluss von Hewlett-Packard und Compaq der Fall. Wie in Kapitel zwei ausgeführt, wird der wegfallende Name von Compaq auf einen Wert von zwölf Mrd. US-$[15] taxiert.

Unterschätzt wird zusätzlich oft die identitätsbildende Funktion der Marken für die Mitarbeiter. Wenn der Unternehmensname, das Logo oder bekannte Produktmarken eines der Partner im Rahmen der Integration aufgegeben werden und verschwinden, dann empfinden Mitarbeiter und Führungskräfte dies nicht selten als persönliche Niederlage. Sie versuchen manchmal so lange wie möglich an ihrer alten Namens-Identität festzuhalten und stehen damit weiteren Veränderungen negativ gegenüber. So existieren bei Vodafone immer noch die Mannesmänner und in der SEB Invest die BfGler. Den Mitarbeitern kann es in dieser Situation schwerer fallen, dem Kunden gegenüber ein bestimmtes Markenversprechen zu erfüllen und das Unternehmen entsprechend den Erwartungen der Kunden zu repräsentieren[16].

7.2.2. IT-Integration

Grundsatz: Im Zentrum der IT-Integration steht die Softwarekompatibilität als Grundlage für den Aufbau gemeinsamer Wissensdatenbanken.

Eine IT-Integration erscheint als rein technisches Vorhaben nach einer M&A-Aktivität auf den ersten Blick leicht. In der Unternehmenspraxis sind damit jedoch oftmals erhebliche Anforderungen und Probleme verbunden. Dabei steht außer Frage, dass gerade die IT-Integration ein wesentlicher Schritt ist, um über harmonisierte und gemeinsam ohne Schnittstellen zugängliche Daten- und Informationsströme das Zusammenwachsen in die Realität umzusetzen. Dies gilt in noch stärkerem Maße, wenn als höhere Entwicklungsstufe eine umfassende Wissensteilung im Rahmen einer gemeinsamen Wissensdatenbank erreicht wird.

In einem ersten Schritt der IT-Integration sind die Kommunikationsplattformen der Unternehmen zu vereinheitlichen und alle Maßnahmen zu ergreifen, die einen reibungslosen Ablauf des Tagesgeschäfts sicherstellen. In einem zweiten Schritt kann nun die vorher erarbeitete IT-

Strategie mit der Entscheidung über den Umfang der Integration der vorhandenen Hard- und Software umgesetzt werden. Parallel zur technischen Umsetzung sollte die Schulung der Mitarbeiter in der neuen Software erfolgen. Werden IT-Funktionen eines Unternehmens beim Partner neu eingeführt, dann besteht die Chance, Mitarbeiter zumindest übergangsweise zu versetzen, so dass für einen begrenzten Zeitraum ein »Experte« an jedem Standort verfügbar ist. Die technische Umsetzung erfordert insbesondere im Bereich der Migration der Kundendaten besondere Sorgfalt. Hier gilt es auch zu entscheiden, ob den Kunden ein Wechsel ihrer Kundennummer oder im Falle von Banken der Kontonummern mitgeteilt werden soll. Andernfalls würden die notwendigen Änderungen ausschließlich intern mittels einer Konvertierung erfolgen.

Primäres Ziel der Integration ist die effiziente und effektive Unterstützung der neu geschaffenen Geschäftsprozesse. In der Praxis hat sich gezeigt, dass eine gleichzeitige Konsolidierung und Neugestaltung, im Sinne einer Auswahl völlig neuer Software nur selten zum Erfolg führte.[17]

7.3. Business-Transformation Phase

Grundsatz: Bei der Reintegration in das Tagesgeschäft müssen erreichte und künftige Synergien sowie das gewonnene Wissen sichergestellt werden.

Sechs Hauptziele standen bei DaimlerChrysler im Vordergrund der Business-Transformation Phase. Sie sind in Abbildung 7.3.-1 aufgeführt. Das erste Ziel bezieht sich auf den Transfer der PMI-Ergebnisse in die Linienorganisation. Weitere Ziele sind der Transfer der Hauptintegrationsverantwortlichkeit in die verschiedenen Geschäfte, Business Divisions und Business Units, die Integration der PMI-Verantwortung in die Tagesgeschäfte und die Sicherstellung der gleich hohen Prozessqualität im operativen Tagesgeschäft wie in der PMI-Umsetzungsphase. Als viertes Ziel wird der Einsatz eines kleinen Koordinationsteams, des »Business Transformation Competence Center«, notwendig, welches den Übergang von der PMI-Organisation in die Linienorganisation begleitet (siehe Abbildung 7.3.-2). Denn hier entstehen zusätzliche und manchmal neue Themen, die aufgearbeitet, weiterverfolgt und gelöst werden müssen. Da die PMI-Mannschaft während der gesamten Fusionszeit permanent neues Wissen erworben hat und bei einem Merger oft keine Vorerfahrungen vorliegen, müssen das erworbene Wissen und die Erfahrungen in einer speziellen Wissensdatenbank sichergestellt werden. Zusätzlich ist es die Aufgabe des Koordinationsteams, dieses Wissen allen denen im Unternehmen zur Verfügung zu stellen, die an der Transformation und an der Reintegration in das Tagesgeschäft aktiv mitwirken.

Von großer Bedeutung in der Business-Transformation Phase ist die weitere Synergiehebung in den nächsten Jahren. Diese Frage ist bei DaimlerChrysler in der Umsetzungsphase sehr intensiv verfolgt und nachvollzogen worden. Wenn mit der Auflösung der PMI-Organisation der

① Überführen der PMI-Resultate in eine Linienorganisation

② Übertragen der Hauptintegrationsverantwortlichkeiten in die Business Divisions und Business Units

③ Einbringen der Integrationsaufgabe in das Tagesgeschäft und Sichern einer langfristigen Prozessqualität

④ Neben der verantwortlichen Linienorganisation sollte ein kleines Integrations-Koordinations-Team für den gesamten Prozess und das Fortschrittsberichtswesen gebildet werden

⑤ Es ist sicher zu stellen, dass das gesamte Integrations- & Transformations-Wissen, die Erfahrungen und das Management verfügbar sind und durch das gesamte Unternehmen genutzt werden können

⑥ Ein dauerhafter Fokus auf die Integration hilft, die Einsparungen durch Synergieeffekte und das Momentum von 1999 zu erhalten, und richtet den Blick unternehmensweit auf die Steigerung der Möglichkeiten zur Prozessentwicklung

Abb. 7.3.-1: Ziele der Business-Transformation Phase bei DaimlerChrysler

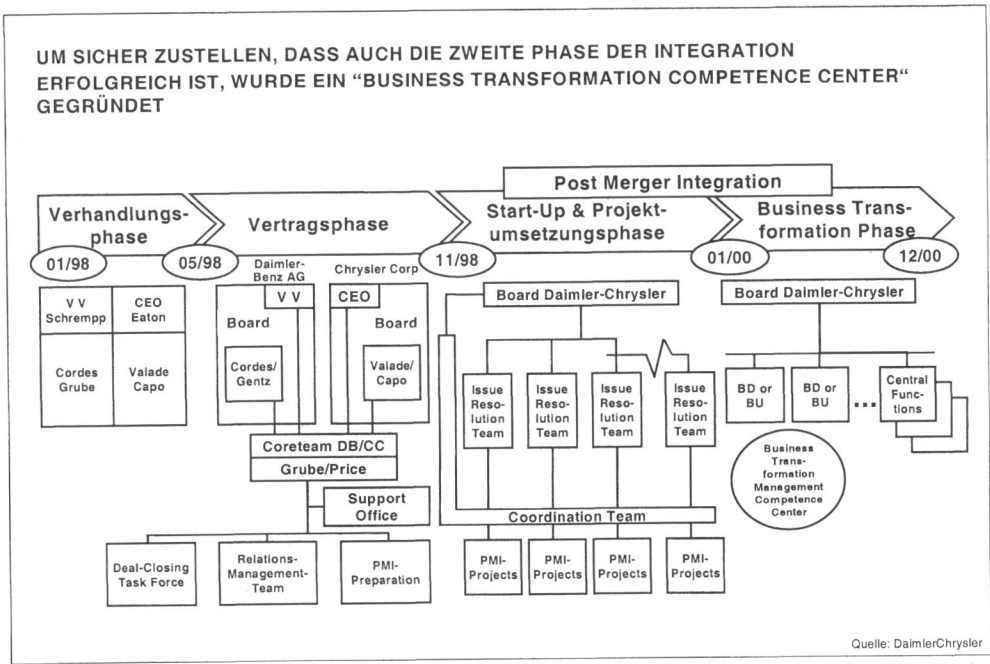

Abb. 7.3.-2: Reintegration der PMI-Organisation in die Linienorganisation beim DaimlerChrysler-Deal

129

Druck zur Synergiehebung wegfällt, da das Tagesgeschäft noch stärker an Bedeutung gewinnt, kann die Chance zur Sicherung von weiteren Synergien schnell vertan werden.

Checkliste Teilphasen der PMI		
Nr. Aktion	Geklärt/ Erledigt	Ungeklärt/ Unerledigt
1 Wurden in der Start-up Phase die **Integrationsthemen** analysiert, die **Projektorganisation** implementiert sowie **PMI-Grundsätze** eingeführt?		
2 Ist bezogen auf die Mitwirkung beider Unternehmen in der PMI-Organisation das **»Stecker-Steckdosen-Prinzip«** realisiert?		
4 Sind alle für die Integration benötigten **Ressourcen** präzisiert worden und stehen sie zur Verfügung?		
5 Ist die **Anbindung** des M&A-Projekts **an das Topmanagement** und die **direkte Einbindung der Führungskräfte** in den Fusionsprozess sichergestellt, so dass die Rolle als »Zuschauer im PMI-Prozess« nicht möglich ist?		
6 Ist sichergestellt, dass sich das Unternehmen in der **Projektumsetzungs-Phase** nicht vom Markt abschottet, sondern weiterhin hohe Kundennähe praktiziert?		
7 Wird eine (weiterhin) **hohe Identifikation der Kunden mit der (den) Marke(n)** des Unternehmens sowie dem Unternehmen selbst durch gezielte Maßnahmen sichergestellt?		
8 Wird eine **stufenweise und systematische Integration der IT-Systeme** von beiden Unternehmen in allen wichtigen Prozessen und Bereichen des Unternehmens vorgenommen?		

131

9	Wird die PMI-Organisation in der **Business-Transformation Phase** nur sukzessive aufgelöst, erfolgt eine Endkontrolle der Projektumsetzung und können Synergieeffekte sowie Know-how-Transfer sichergestellt werden?		

Anmerkungen:

[1] Vgl. Kölle, K.-M.: Integrationsmanagement in der HVB-Group, 28./29. Mai 2001

[2] Vgl. Breyfogle III, F.W.: Implementing Six Sigma, 1999; Deming, W.F.: Out of the crisis, 1986

[3] Vgl. Habeck, M.M./ Kröger, F./ Träm, M.: Wi(e)der das Fusionsfieber – Die sieben Schlüsselfaktoren erfolgreicher Fusionen, 1999, S. 83

[4] Vgl. Friederichs, P.: Personal als Change Agent bei Fusionen, 2001, S. 854 ff.

[5] Vgl. Hecktor, D./ Sichert, R.: Projektorganisation und Projektmanagement, 2000, S. 56 ff.

[6] Quelle: Hecktor, D./ Sichert, R.: Projektorganisation und Projektmanagement, 2000, S. 58

[7] Basis: Rother, F.W.: Prinzip Schrempp, 1999, S.58; DaimlerChrysler 1999

[8] Vgl. Habeck, M.M./ Kröger, F./ Träm, M.: Wi(e)der das Fusionsfieber – Die sieben Schlüsselfaktoren erfolgreicher Fusionen, 1999, S. 60 ff.

[9] Meffert, H./ Burmann, C.: Abnutzbarkeit und Nutzungsdauer von Marken – Ein Beitrag zur steuerlichen Behandlung von Warenzeichen, 1998, S.81

[10] Vgl. Esch, F.-R./ Bräutigam, S.: Corporate Brands versus Product Brands? Zum Management von Markenarchitekturen, 4/2001, S. 27

[11] Vgl. Liedtke, A.: Der Wechsel des Markennamens, 1994, S.792 ff.

[12] Vgl. Esch, F.-R.: Aufbau starker Marken durch integrierte Kommunikation, 2000, S. 538 ff.

[13] Vgl. Reinking, G.: Zetsche meldet bei Chrysler erste Erfolge, 07.01.02; Reinking, G.: Chrysler besetzt verstärkt Nischen, 07.01.02, S. 3

[14] Vgl. Esch, F.-R./ Bräutigam, S.: Corporate Brands versus Product Brands? Zum Management von Markenarchitekturen, 4/2001, S. 27 ff.

[15] Vgl. Grass, S.: Computerehe weckt Befürchtungen, 06.09.01, S. 20

[16] Vgl. Bachem, R./ Esser, M./ Riesenbeck, H.: Mit »BPP« den Markenwert maximieren, 07/2001, S. 4 ff.; ebenso Keite, L.: Fusionen Einen Schritt vor, zwei zurück, 09/2001, S. 59 ff.

[17] Vgl. o.V.: Post Merger Integration in schweizer Unternehmen, 23.11.2001; Hövelmanns, N./ Baumgart, W.: Merger erfolgreich gestalten, 5/6 1999

8. PMI-Network: Instrument der Managementinformation und Grundlage der Projektführung und -steuerung

8.1. Aufbau und Funktion des PMI-Network

> Grundsatz: Die Steuerung der Post Merger Integration wird entscheidend von der Aktualität und Verfügbarkeit von Informationen beeinflusst. Sie wird vor allem durch eine IT-gestützte Erfolgskontrolle sichergestellt.

Eine ziel- und ergebnisorientierte Steuerung der Integrationsprojekte braucht aktuelle, vollständige und jederzeit an jedem geforderten Standort des neuen Unternehmens zugängliche Informationen. Diese Informationen müssen sowohl für den schnellen Überblick sinnvoll aggregiert und übersichtlich angeordnet abrufbar als auch bei Bedarf bis ins kleinste Detail nachvollziehbar sein. Die Ergänzung um eine Bewertung des Projektstatus bietet zusätzlich die Möglichkeit, Verzögerungen und Probleme frühzeitig zu erkennen und bei diesen Projekten eine höhere Management-Attention zu gewährleisten.

Wesentlich für die IT-gestützte Steuerung der PMI-Projekte sind drei Aspekte:

- Zunächst muss die Bereitschaft bestehen, ein professionelles Datenbank-Management aufzubauen bzw. vorhandene IT-Systeme zur Steuerung von M&A-Aktivitäten zu erweitern.

- Als zweite Anforderung sind alle PMI-Projekte in diese Datenbank zu integrieren, die Zugriffsberechtigung ist jedoch funktions- und hierarchiebezogen klar zu differenzieren.

- Und drittens ist eine überschaubare Anzahl von Kriterien festzulegen, nach denen alle Projekte mit einer Ampel-Steuerung bewertet und geführt werden.

Die Architektur des bei DaimlerChrysler eingesetzten internen Netzwerkes, des »PMI-Network«[1], orientierte sich an der organisatorischen Struktur des PMI-Prozesses. Es bestand aus drei Arbeitsplattformen: Zum Ersten der PMI Infobase zur Information des Vorstands und der IRT Koordinatoren, zum Zweiten der IRT Infobase für die Issue Resolution Teams und zum Dritten der Project Infobase für die Projektmitarbeiter.

Abbildung 8.1.-1 zeigt den schematischen Aufbau des PMI-Network mit den drei Arbeitsplattformen, die unterschiedliche Zugangsberechtigungen haben.

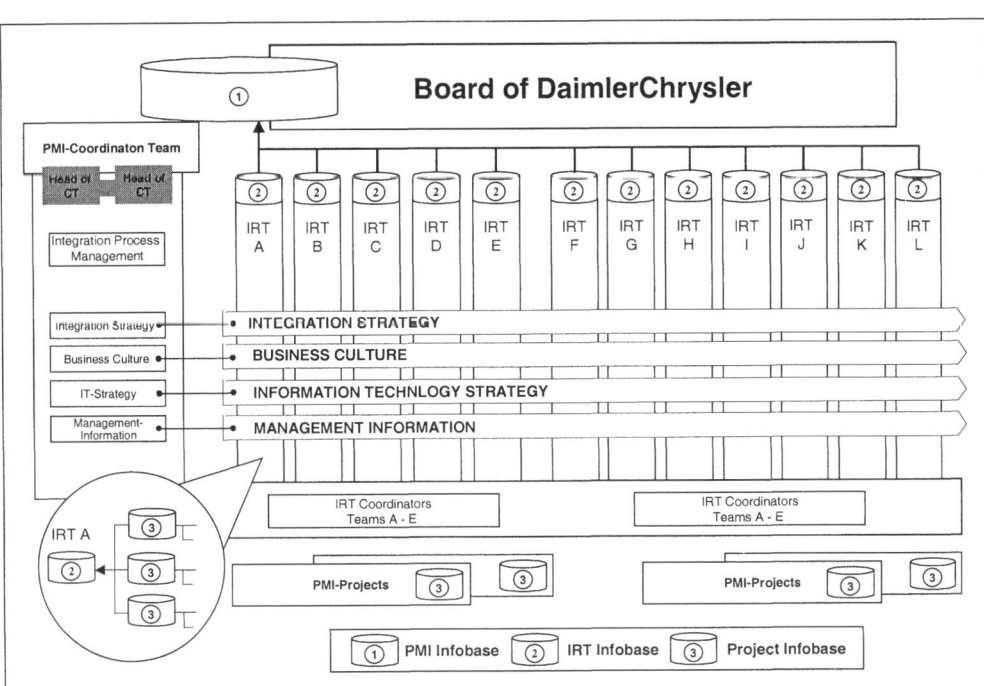

Abb. 8.1.-1: Aufbau des PMI-Network[2]

Jede der drei Infobases ermöglicht ein sehr leichtes Manövrieren durch die über 100 Datenbanken, und es besteht für den mit entsprechenden Berechtigungen ausgestatteten Nutzer eine unmittelbare Zugriffsmöglichkeit auf alle Projektebenen.

Bereits bei der Entwicklung des PMI-Network wurden vier Hauptprämissen aufgestellt, durch die eine wirkungsvolle Unterstützung des PMI-Prozesses ermöglicht werden sollte. Erstens sollte der gesamte Prozess mit allen Projekten unterstützt und in seiner Struktur realitätsgetreu abgebildet werden. Zudem musste der aktuelle Informationsstand an jedem Projektort ständig zur Verfügung stehen, so dass alle Beteiligten auf die für sie relevanten Daten zugreifen konnten. Dieser Zugriff und der Datenaustausch sowie die Kommunikation zwischen den Beteiligten müssen auch über große Entfernungen und in verschiedenen Zeitzonen gewährleistet sein. Die Sicherung eines einheitlichen Reportingprozesses durch klar definierte Berichtsprozesse stellte die dritte zu realisierende Anforderung an das PMI-Network dar. Die vierte Prämisse bestand in der Transparenz der PMI-Aktivitäten in der PMI Infobase, die insbesondere dem Topmanagement einen Überblick über den PMI-Prozess ermöglichen sollte.

Die höchste Aggregation der Daten bestand dementsprechend in der PMI Infobase. Auf der zweiten Ebene, der IRT Infobase, waren die Daten der 1.273 Projekte bereits zu zwölf Clustern aggregiert. In der Project Infobase wurde dagegen jedes einzelne Projekt geführt.

Ein wesentlicher Prozess, der anhand des PMI-Network abgebildet wird, ist der PMI-Reporting Prozess. Vor Beginn der PMI-Phase hatte sich das Management entschieden, das gesamte Reporting innerhalb der PMI über das PMI-Network abzubilden und somit ausschließlich in elektronischer Form durchzuführen. Die Prämissen im Reportingprozess, wie eine einheitliche Berichtsform, einfache Bearbeitung sowie eindeutige und schnelle Informationen, erfordern ein solches Informationsnetzwerk als Grundlage für die Prozesssteuerung.

Abbildung 8.1.-2 verdeutlicht das Grundraster des PMI-Network der Fusion von Daimler und Chrysler im Zusammenhang mit den Berichtszyklen.

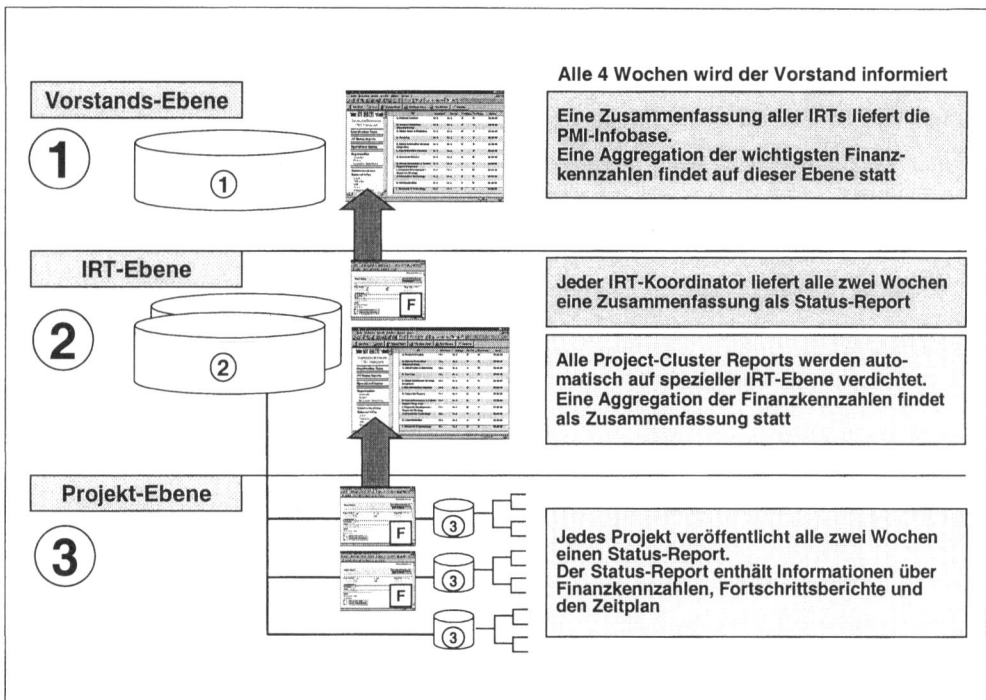

Abb. 8.1.-2: Grundraster des PMI-Network

Im Folgenden wird noch einmal eine zusammenfassende Beschreibung gegeben: Die PMI Infobase stellt die wichtigste Arbeitsplattform für das Coordination Team dar und ist die zentrale Informationsquelle über die Integration für den Vorstand der DaimlerChrysler AG. Anhand dieser Infobase haben alle Zugriffsberechtigten die Möglichkeit, schnell einen Überblick über die Aktivitäten und den Status der Synergien aller zwölf IRT´s zu gewinnen. Der Vorstand und das PMI Coordination Team haben zusätzlich auch auf den gesamten Datenbestand der darunterliegenden Ebenen Zugriff, so dass bei Bedarf auch Details verfügbar sind.

Mit Hilfe der IRT Infobase wird der gesamte, die Issue Resolution Teams betreffende Reportingprozess in den zwölf Clustern durchgeführt. Wenn IRT-Berichte in der Infobase erstellt werden, können gleichzeitig die zugehörigen Projektstatusberichte an die Infobase gesendet werden. Die IRT Infobase dient zusätzlich als Plattform zum Austausch von Informationen sowie zur Bereitstellung und Publikation notwendiger Informationen. Beispielsweise enthielt diese Datenbank Informationen über alle projektbezogenen Meetings und eine Übersicht der auf der IRT-Ebene verfügbaren Mitarbeiter.

Die Project Infobase stellt die Arbeitsplattform für alle bis zu 1273 Projekte und ihre Teilprojekte dar. Alle Projekt- und Teilprojekt-Teammitglieder haben Zugriff auf die Project Infobase.

Ein einheitliches Design in allen drei Arbeitsplattformen erleichtert die Orientierung in den verschiedenen Infobases. Besonders wichtig ist die Dokumentationsfunktion der Datenbanken. Diese wird durch die einheitliche Zuordnung der Dokumente zu dem entsprechenden Projekt oder Teilprojekt sichergestellt. Somit ist der gesamte Verlauf des Projektes, während der Umsetzung und auch nach der Beendigung genau nachzuvollziehen.

Der Zugriff auf die Serverversion kann weltweit und zu jedem Zeitpunkt erfolgen. Um es jedem Nutzer zu ermöglichen, auch neue Informationen in die Datenbanken einzustellen, ist der einfache und verständliche Aufbau der Tools eine zwingende Voraussetzung. Bei Fragen und Problemen wurden die Anwender über eine Support-Hotline unterstützt, auf die jederzeit zurückgegriffen werden konnte.

Von Vorteil ist die Funktionalität der Replizierung, welche die Nutzung der aktuellen Daten in jedem Bedarfsfalle, auch bei einer Unterbrechung des Netzwerkzugriffs ermöglicht. Grundsätzlich existiert jede Infobase und damit jede Information nur einmal. Es können aber von jeder Infobase Kopien der Datenbanken existieren, die in festgelegten Rhythmen aktualisiert werden. So gab es beispielsweise Kopien auf einem Server in der DaimlerChrysler-Zentrale in Stuttgart und in Auburn Hills. Alle 15 Minuten wurden die Dokumente, die seit der letzten Aktualisierung verändert wurden, in jeder Infobase ausgetauscht. Ähnliche Replizierungsrhythmen bestanden zwischen den Servern an anderen Standorten.

Zudem besteht die Möglichkeit, diese Kopien auch lokal, d.h. auf der persönlichen Festplatte anzulegen. Dies hat den Vorteil, dass ein Nutzer auch dann auf die Infobase, für die er zugriffsberechtigt ist, zugreifen kann, wenn momentan kein Netzwerk verfügbar ist. Ein Aktualisierungsplan stellt sicher, dass die lokale Replik der Datenbank stets die gleiche Aktualität wie die der Serverversion aufweist. Die Replizierung der einzelnen Datenbanken können die Teammitglieder per telefonischer Einwahl rund um die Uhr und von jedem Ort aus durchführen. Alle Inhalte des Netzwerkes, zu denen neben den direkt projekt- und unternehmensbezogenen Daten auch Informationen aus dem wirtschaftlichen und politischen Umfeld gehören, werden ständig aktualisiert und können nach Stichworten gezielt durchsucht werden.

Das PMI-Network hat sich im DaimlerChrysler Merger als Tool für die Unterstützung des Mergers bewährt. Neben der Unterstützung als Projektmanagement-Tool und als Controlling-Instrument hatte das PMI-Network von Anfang an einen sehr hohen Integrationseffekt, da es das erste unternehmensweit eingesetzte Instrument zur Steuerung und Unterstützung der neuen DaimlerChrysler AG war. Für den Großteil der Projekte hat sich das Tool zur Hauptplattform entwickelt, mit der Kommunikation und Datenaustausch zwischen den deutschen und den amerikanischen Mitarbeitern betrieben wurde.

Das PMI-Network wurde von den Projektmitarbeitern so geschätzt, dass für den ganzen Konzern Vorschläge zur weiterführenden Nutzung in täglichen Linien-Projekten gemacht wurden.

8.2. Differenzierte Projektführung und -steuerung

Grundsatz: Ein IT-gestütztes Projektcontrolling mit Ampelanalyse bildet die Basis einer effektiven Projektsteuerung und damit einen wichtigen Baustein für den Erfolg der PMI.

Die Projektsteuerung steht und fällt mit der aktuellen Kontrolle der Projektdaten bezogen auf Termin, Leistung und Kosten. Die Leistung der einzelnen Projektteams in der Post Merger Integration besteht darin, die geplanten Integrationsziele, gemessen in Synergien, zu erreichen. Zur Gewinnung dieser Daten sind die Statusberichte im PMI-Network von ausschlaggebender Bedeutung.

Erst hiermit wird die fortlaufende Überwachung der Kennzahlen und des Projektstatus möglich. Die qualitativen Bestandteile des Reportingprozesses sind auf den inhaltlichen Zustand eines Projektes bezogen. Der Gesamtstatus eines Projektes oder des IRT´s kann dann über die Ampelanalyse aktuell abgelesen werden (siehe Abb. 8.2.-1).

Ziel der Ampelanalyse ist es, den direkten Überblick zu haben, in welchen Bereichen beziehungsweise bei welchen Kriterien aufgrund der Gelb- oder Rot-Schaltung der Ampel Probleme bestehen. Die Grundidee entstand aus der Erkenntnis, dass das hohe Maß an Komplexität in einem Fusionsprozess nur dadurch reduziert werden kann, dass ausschließlich die Themen im Vordergrund stehen, die in ihrer Umsetzung und Zielerreichung kritisch sind.

Realisiert wurde dies, indem das Tandem der Projektleiter, nach Rückkoppelung mit der Controllingabteilung, den Zustand des Projektes manuell in die Infobase eingeben musste. Durch die Ampelschaltung Grün wurde »alles im grünen Bereich« symbolisiert. Mit der Ampel auf Gelb wurde gekennzeichnet, dass die wahrnehmbaren Probleme ein Ausmaß angenommen hatten, das Vorsichtsmaßnahmen und ein Eingreifen nahe legte. Die Ampelschaltung auf Rot verdeutlichte, dass in dem entsprechenden Bereich bereits ein kritischer Zustand erreicht worden ist, der nachhaltiges Handeln erfordert, um das ursprüngliche Ziel noch zu erreichen. Entscheidend für die jeweilige Ampelschaltung waren die Abweichungen bzw. Veränderungen bei den Kriterien Synergiebeitrag, qualitative Zielerreichung und Einhaltung des Zeitplanes beziehungsweise der Meilensteine. Die zulässigen Abweichungen wurden bereits zu Beginn des PMI-Prozesses in so genannten »Ground Rules for PMI-Status Reporting« festgelegt.

ITEMS / IRT-Cluster	A Product Creation	B Volume Production	C Global Sales & Market	D Procurement & Supply	E Global Autom. Strategy	F Non-Autom. Services	G Corporate Finance	H Human Res. & Culture	I Corporate Develop/Strategy	J IT	K Communication	L R & D	Overall Traffic Light
Projekt Kick Offs													grün ○
Projektleiter								○					gelb ◐
Involvement der Vorstandsmitglieder				○		●							rot ●
Arbeitsprozess						●					○		
Kultur/Teamwork						●					○		
Commitment für Synergien (Ziel / Ist / Differenz)													ΣZ / ΣD
Definierte Maßstäbe für die Synergie-Realisierung	●	●	●	●	●	●	●	●	●	●	●	●	
IRT-Gehalt in der PMI-Infobase								○					Notwendigkeit von Maßnahmen Ampel-Analyse

Abb. 8.2.-1: Übersicht eines Beispiels des Projektstatus mit der Ampelanalyse

In der Zeile Commitment für Synergien sind zusätzlich die quantitative Höhe des Ziels, die aktuell erreichte Ist-Höhe sowie die dann noch verbleibende Differenz jeweils ausgewiesen worden. Hierdurch war zu jedem Berichtszeitpunkt für jedes Cluster und auch in der Gesamtsumme ein direkter Überblick über das realisierte Synergievolumen möglich.

Das PMI-Coordination Team hat sich nur mit den Themen auseinandergesetzt, die rot oder gelb markiert wurden. Denn es galt der Grundsatz: Das, was läuft, muss nicht noch hinterfragt und begleitet werden. Wichtig war zugleich, dass durch diese Art der Berichterstattung das Augenmerk des Vorstands und damit die Management-Attention auf höchster Ebene auf die aktuellen Themen gelenkt wurde.

Im zweiten Teil der Berichterstattung folgte eine qualitative Beschreibung der aktuellen Situation und des Fortschritts. Der Inhalt reichte von einer kurzen aktuellen Zustandsbeschreibung über die ausführliche Beschreibung der erreichten Ergebnisse seit dem letzten Statusreport bis hin zur Darstellung zukünftiger Kernthemen und Meilensteine.

Für die Sitzungen der einzelnen Teams ist ein generalstabsmäßig erarbeiteter Zeitplan für die beiden Halbjahre 1999 erarbeitet worden. Das Combined Coreteam hat sich alle zwei Wochen getroffen, nicht über eine Video-Konferenz, sondern abwechselnd in Deutschland und in den USA. Zusätzlich gab es jede Woche ein Coreteam Meeting. Hierbei nahmen alle am geographisch am nächsten gelegenen Meeting teil. Wenn beispielsweise Amerikaner in Deutschland waren, nahmen sie an der deutschen Veranstaltung teil.

Einmal pro Woche, jeden Freitag, um 9.00 Uhr wurden alle Themen besprochen, zusätzlich ab 14.00 Uhr wurde eine Videokonferenz mit dem Coreteam geschaltet, das zeitgleich in den USA getagt hat. Zusätzlich gab es alle zwei Wochen ein PMI-Coordination Team Meeting mit Videokonferenzen. Einmal pro Monat wurde ein PMI-Full-Meeting veranstaltet, bei dem sich alle diejenigen getroffen haben, die entweder im PMI-Coordination Team oder als Oberprojektleiter tätig waren. Durch diesen Rhythmus wurden der tägliche Dialog und die Zusammenarbeit zusätzlich forciert.

Ein weiteres Instrument zur Steuerung in der PMI-Phase ist die bereits im Kapitel fünf dargestellte Balanced Score Card. Sie ist in der DaimlerChrysler-Fusion in dieser Phase nicht eingesetzt worden. Für jede der Dimensionen Unternehmerische Mitarbeiter/ Mitarbeiterzufriedenheit, Leistungsfähigkeit/ Marktleistungen, Kundenzufriedenheit/ Marktausschöpfung und Wirtschaftlichkeit/ Finanzergebnisse lassen sich anhand konkreter Kennzahlen Planabweichungen identifizieren, welche dann im PMI-Coordination Team und im Vorstand diskutiert werden können. Die Messung dieser Kennzahlen sollte in einem regelmäßigen Rhythmus erfolgen und jeweils einen Vergleich mit den Kennzahlen der letzten Messung bzw. einer ersten »Nullmessung« in den beiden Unternehmen beinhalten. Die Veröffentlichung der Ergebnisse im Unternehmen hat das Ziel, dass von den Projektteams, die noch nicht auf der Ziellinie sind, die Anstrengungen verstärkt werden. Zugleich liefert die BSC allen Projekt-Beteiligten einen differenzierten Überblick über den aktuellen Grad der Zielerreichung.[3]

Bei DaimlerChrysler sind die IRT-Cluster in vier Stufen ausdifferenziert worden, wie Abbildung 8.2.-2 verdeutlicht.

Für jedes IRT-Cluster ist ein derartiger Projektbaum gebildet worden. Insgesamt wurden in den IRT-Clustern 1273 Projekte zusammengefasst. Waren beispielsweise auf Stufe eins die Auslandsvertriebsstationen ein Thema, so waren es auf Stufe zwei die Vertriebsstationen in Nordamerika, auf Stufe drei waren das dann Kanada, USA und Mexiko und auf der vierten Stufe die einzelnen Niederlassungen in diesen Regionen. So bestand die Möglichkeit eine hierarchische Ordnung in die vielfältigen Projekte zu bekommen und zugleich Aggregation und Detaillierung miteinander zu verbinden.

Der Vorstand wurde täglich »Just-In-Time« über alle wichtigen PMI-Details informiert und kannte so immer den aktuellen Stand der gehobenen Synergien in jedem IRT-Cluster. Die Information erfolgte in der in Abbildung 8.2.-3 dargestellten Form. Der Vorstand erhielt mit dieser Cockpit-Darstellung den aktuellen Überblick über den Stand der eingefahrenen Synergien.

140

Der Vorstandsvorsitzende hat bei Abweichungen regelmäßig selbst zum Telefon gegriffen und mit den verantwortlichen Projektleitern die Hintergründe der Abweichung besprochen.

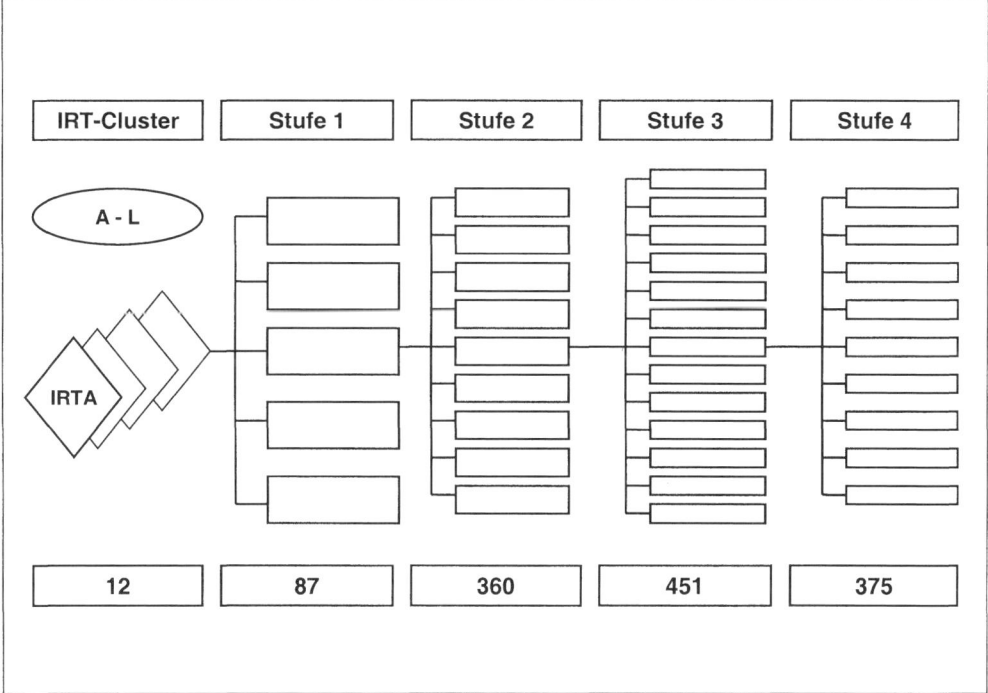

Abb. 8.2.-2: Projektbäume der DaimlerChrysler-Fusion

Abgebildet sind in Abbildung 8.2.-3 sechs Cluster, wobei die durchgehende Linie die Zielgrade darstellt, und die gepunktete Linie den aktuellen Zustand aufzeigt. Zustände unterhalb der durchgehenden Linie sind problematisch und bedürfen einer genaueren Prüfung.

Zusätzlich zu den in einem Cluster gehobenen Synergien wurde im DaimlerChrysler Merger ein so genannter »Härtegrad« in vier Stufen eingeführt und analysiert. Härtegrad I bedeutet, die Synergie ist erreicht und gebucht. Härtegrad II besagt, dass für die angegebenen Synergien, für die man ein Commitment abgegeben hat, definierte Projekte existieren, die allerdings noch nicht zu 100 Prozent abgearbeitet sind. Der Härtegrad III stellt die Residual Commitments dar; der Vorstand hat für die Höhe dieser Synergie ein Commitment abgegeben, aber noch nicht genau definiert, mit welchen Maßnahmen diese gehoben werden soll. Härtegrad IV kennzeichnet extrem kritische Bereiche; dort gibt es eine Abweichung von den Synergien, für die der Vorstand beziehungsweise der Projektleiter ein Commitment eingegangen ist.

141

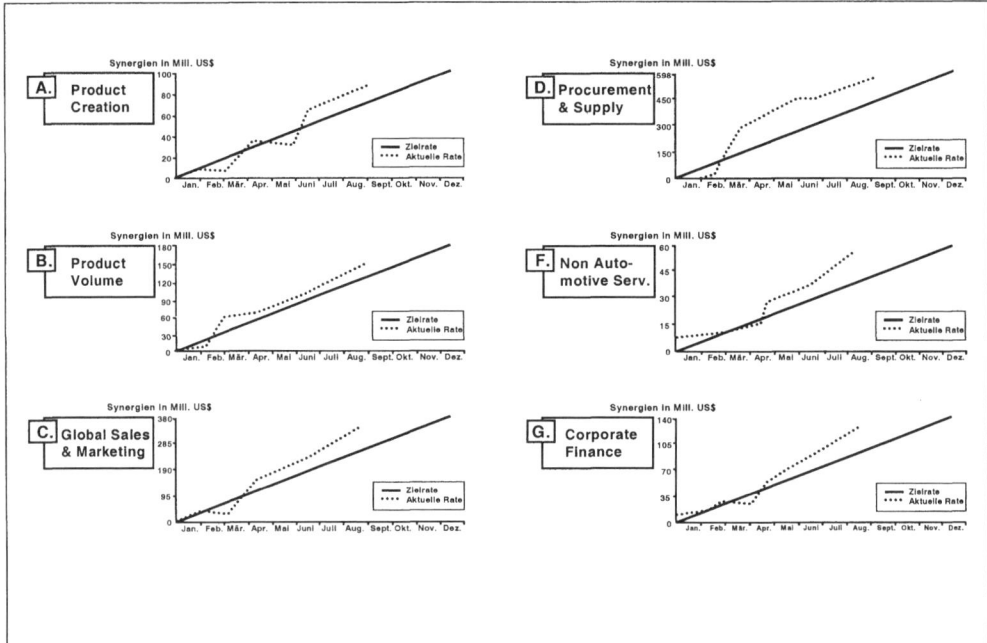

Abb. 8.2.-3: Entwicklung der Synergien

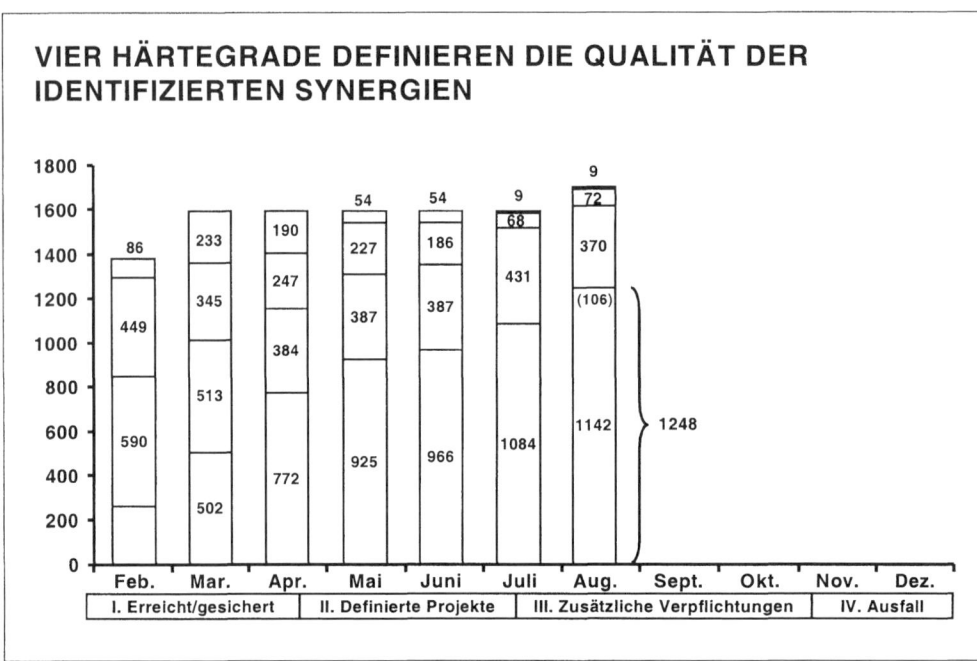

Abb. 8.2.-4: Messung der Synergien nach Härtegraden

Aus Abbildung 8.2.-4 ist die Aggregation der Synergien der zwölf Cluster auf Monatsbasis ersichtlich. Bereits bis Ende Juli 1999 war die Hälfte der geplanten Synergien gehoben, die Abweichung bzw. der Ausfall wurde immer geringer. Um nicht den so genannten »Hockeyschläger-Effekt« entstehen zu lassen, bei dem zunächst lange Zeit nichts passiert und erst am Ende in einer steilen Kurve die geforderten Ergebnisse eingefahren werden, wurden zwei Sollbruchstellen der Zielerreichung eingeführt: 50 Prozent der Synergien mussten bis Juli 1999 erreicht werden und 75 Prozent aller Synergien waren bis Oktober 1999 zu heben.

Checkliste PMI-Network: Instrument der Managementinformation und Grundlage der Projektführung und -steuerung		
Nr. Aktion	Geklärt/ Erledigt	Ungeklärt/ Unerledigt
1 Ist ein **IT-gestützter Reporting-Prozess** eingeführt?		
2 Sind **Infobases als Arbeitsplattformen** mit unterschiedlichen **Aggregationsebenen** und **Zugriffsstufen** eingerichtet worden?		
3 Wurde eine **Ampelanalyse** zur **Fokussierung der Management-Attention** eingesetzt?		
4 Sind **Kommunikations- und Zugriffsmöglichkeiten** für alle Standorte gesichert?		
5 Erfolgt die Dokumentation der angestrebten und erreichten **Synergien nach unterschiedlichen Härtegraden**?		
6 Wird die Steuerung zum **Heben der Synergien ohne Hockeyschläger-Effekt** durchgeführt?		

Anmerkungen:

[1] Grube, R./ Koch, O./ Lamparter, J.: Das PMI-Network als Informationsmanagement- und Projektcontrolling-Tool im DaimlerChrysler-Merger, 12/1999, S. 597 ff.

[2] Grube, R./ Koch, O./ Lamparter, J.: Das PMI-Network als Informationsmanagement- und Projektcontrolling-Tool im DaimlerChrysler-Merger, 1999, S. 598

[3] Vgl. Penzel, H.-G: Top-Management, 2000, S. 51 f.

9. Interne und externe Kommunikation zur Absicherung des Erfolges

9.1. Entwicklung der Kommunikationsstrategie

> Grundsatz: Ziel ist, eine offene, dialogorientierte, zukunftsgerichtete und kontinuierliche Kommunikation umzusetzen und während des gesamten Integrationsprozesses gravierende Kommunikationslücken zu vermeiden.

Die Komplexität eines Fusionsprozesses mit nicht selten widerstreitenden Interessen und Forderungen der einzelnen Stakeholdergruppen erfordert eine ausgefeilte Strategie und Planung der Kommunikation. Die Ziele sind intern und extern gerichtet hierbei insbesondere:

- Informationsdefizite vermeiden, da sie erfahrungsgemäß mit Gerüchten und Vermutungen ausgefüllt werden.

- Durch gehaltvolle Sachinformationen eine Vertrauensbasis aufbauen und so eine positive Einstellung, Zustimmung und Motivation für den Integrationsprozess erzeugen.

Erste wesentliche Inhalte sind deshalb bereits vor Beginn der Integration vorzubereiten und den verschiedenen Stakeholdergruppen im Sinne eines Stakeholder-Management (siehe Abb. 9.1.-1) zu vermitteln. Die wesentlichen internen Adressaten als Stakeholder sind neben der Unternehmensleitung wichtige Anteilseigner im Aufsichtsrat, die Führungskräfte und die Mitarbeiter und nicht zuletzt der Betriebsrat. Die wichtigsten externen Adressaten sind die Kunden, die Investoren, und zwar Shareholder auf der einen Seite und Banken als Gläubiger auf der anderen Seite, bei börsennotierten Unternehmen die Börsen und die Analysten, außerdem die Kartellbehörden und gegebenenfalls Regulierungsbehörden, die Lieferanten und andere Wertschöpfungspartner sowie insbesondere die Medien bzw. Presse und auch die Öffentlichkeit.

Allein wenn man sich die Liste der Adressaten ansieht, wird deutlich, dass die oben formulierten Ziele – bezogen auf das Vermeiden von Informationsdefiziten und das Aufbauen einer Vertrauensbasis in den vorgesehenen Zusammenschluss – sowohl zeitlich als auch inhaltlich nicht ohne Einschränkungen realisiert werden können. Mit anderen Worten werden nicht alle Informationen, wenn sie vorliegen, an die hieran interessierten Adressaten sofort weitergeleitet. Die

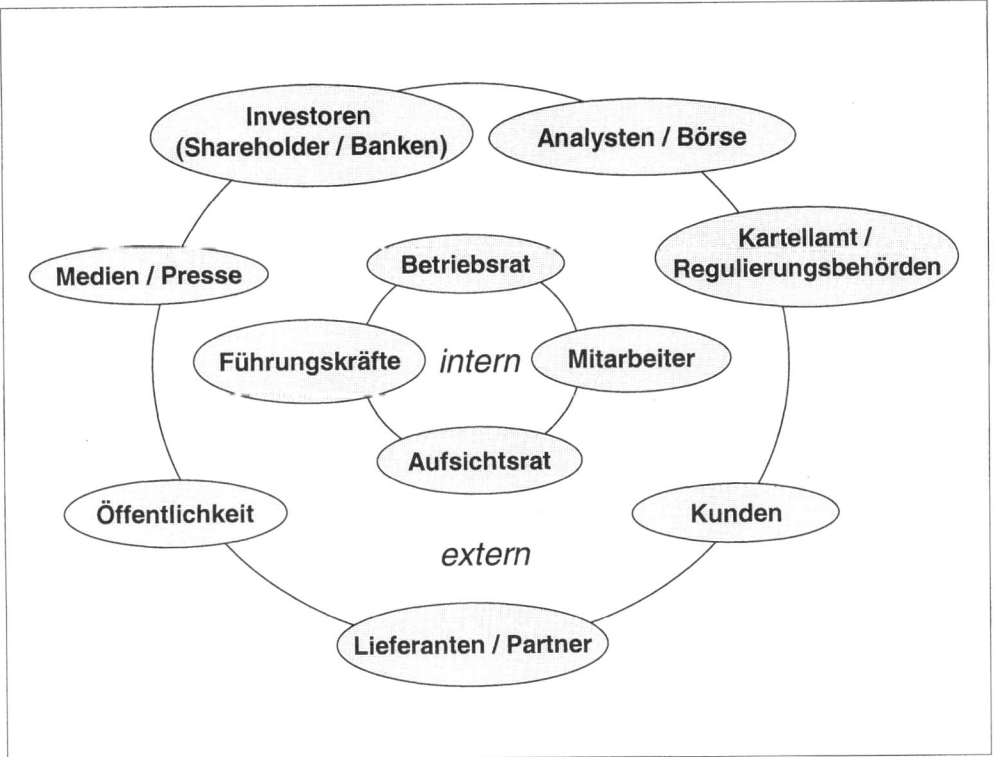

Abb. 9.1.-1: Stakeholder-Management durch die Unternehmensleitung

Dosierung im Inhalt und Ablauf macht genau die Kommunikationsstrategie aus und ist damit der wesentliche Bestandteil einer »Informationsdramaturgie« in einem Akquisitions- und Fusionsprozess. Es geht mit anderen Worten also darum, die Balance zu schaffen zwischen einer möglichst gehaltvollen und umfassenden Information der Stakeholder auf der einen Seite sowie der Umsetzung der mit der M&A-Aktivität formulierten Ziele und Maßnahmen des Unternehmens auf der anderen Seite.

Zu Beginn der Strategieentwicklung wird in den meisten Fällen nur das Topmanagement in die Fusionspläne eingeweiht sein. Hier findet die strategische Analyse und die hierauf basierende Auswahl des Fusionspartners statt, die Fusionsstrategie wird entwickelt und die Fusionsverhandlungen werden geführt. Zur Gestaltung der Kommunikationsstrategie für die Fusion sind frühzeitig Kommunikationsexperten im Kernteam hinzuzuziehen. Die zu entwickelnde Strategie ist – im Rahmen der oben aufgezeigten Grenzen – auf eine offene, dialogorientierte, proaktive und kontinuierliche Kommunikation auszurichten.

Das Merkmal der Offenheit gegenüber den Stakeholdern, um Vertrauen in das Vorhaben zu schaffen, findet seine Grenze bei der Verfügbarkeit und Vertraulichkeit von Informationen, insbesondere auch aus rechtlichen Gründen, zum Beispiel zur Vermeidung von Insidergeschäften. Informationen, die in dem Stadium der Kommunikation auf Vermutungen basieren, wirken leicht kontraproduktiv und vergrößern Unsicherheit und Misstrauen. Die Mitbestimmungsrechte des Betriebsrates sind auf der Basis des BetrVG hieran auszulegen.[1]

Mit Hilfe der Unternehmenskommunikation sollen die Erwartungen und Ansichten des Unternehmens den Bezugsgruppen vermittelt und gleichzeitig deren Meinungen, Erwartungen und Ansichten dem Unternehmen zugänglich gemacht werden. Dieser Dialog soll Spannungen begrenzen helfen und Konflikte vermindern oder sogar ganz vermeiden.[2] Ein Dialog mit den Bezugsgruppen kann heute online über das Internet und Intranet in ganz anderen Ausmaßen und mit einer viel größeren Geschwindigkeit geführt werden, als dies früher möglich war. Zugleich kann gerade über Foren und Chatrooms in diesem Medium die Kommunikation schnell und nachhaltig gegen das Unternehmen und sein Vorhaben gerichtet sein. Ein Beispiel ist der in Abbildung 9.1.-2 abgebildete Beitrag aus dem Forum von informationweek.com zum Zusammenschluss zwischen Hewlett Packard und Compaq, der in Kapitel zwei bereits angesprochen wurde.

Title: HP & Carlie
From: zakk
Email: zak326@msn.com
Date: 09-Dec-01 11:09 AM GMT

The company is in a shambles. It's what they get for making a marketing person Chairman& President. They got the initial surge in revenues, and now they are getting their comuppence. I had 6 of their computers and 4 printers and was a loyal customer until she came along. Now I am very happy with Michael Dell thank you.

Quelle: zak326@msn.com: HP & Carlie, 09.12.2001

Abb. 9.1.-2: Chatroom-Beitrag zur geplanten Fusion von HP und Compaq[3]

Ohne entsprechende kommunikative Vorbereitung und damit ohne gute Kommunikationsstrategie, insbesondere auch im Hinblick auf die Argumente bei einer Einwandbehandlung, kann dieser Dialog ohne Richtung und ohne Akzeptanzprüfung des Ziels leicht entarten.

Proaktive Kommunikation bezweckt, genau diese, in der Regel mit Szenarien vorgedachten Entwicklungen frühzeitig und zukunftsorientiert zu erfassen und entsprechend der Unternehmensstrategie zu gestalten.[4]

Die bisherigen Ausführungen machen klar, dass die Kommunikationsstrategie von ihrem Stellenwert und ihrer Schwierigkeit der eigentlichen Fusionsstrategie nicht nachsteht. Das Ziel ist, durch fokussierte Analysen und Gespräche ein umfassendes Verständnis für die Ansprüche der Kommunikationszielgruppen und die Informationen über ihre Einstellung zum Zusammenschluss entsprechend ihrer Bedeutung für einen erfolgreichen Abschluss zu erreichen.

Dabei lassen sich mehrere Niveaus des Commitment der Stakeholder unterscheiden.[5] Die Bereitschaft, den Zusammenschluss zu dulden, also auf Widerspruch zu verzichten, ist das niedrigste positive Niveau. Deutlich höher als diese einfache Akzeptanz ist eine aktive Unterstützung des Zusammenschlusses, beispielsweise durch die Anteilseigner oder die Mitarbeiter.

Maßgeblich für das erreichte Akzeptanzniveau ist die Qualität der Informationen über die Gründe, Ziele und Vorteile der Fusion, wenn eine positive Einstellung überhaupt erreichbar ist. Diese Anforderung ist umso höher, wenn es sich bei dem Zusammenschluss um weltweit operierende Unternehmen handelt. Dann sind alle Informationen vor dem jeweiligen kulturspezifischen Hintergrund zu bewerten und entsprechend zu vermitteln.

Generell hat bei der Kommunikation nach außen die Fachpresse (Media Relations) einen besonderen Stellenwert. Investoren und Analysten informieren sich aus dieser Presse, zugleich sind sie aber auch selbst bevorzugte Informationsquellen für Presseorgane. Investor Relations vor allem durch den Vorstand haben bei dem Vorhaben eines Zusammenschlusses eine herausragende Bedeutung. Hintergrundgespräche, Pressekonferenzen, Interviews und Presseinformationen sind hierfür gezielt einzusetzen.

Die Partner Relations mit Kunden, Lieferanten und Absatzmittlern konzentrieren sich vor allem auf die Fragen der Wertschöpfungspartner zum künftigen Verhalten des Unternehmens und dem Fortbestand der Geschäftsbeziehungen. Hier müssen Unsicherheiten bezüglich der künftigen Zusammenarbeit mit Lieferanten und Absatzmittlern und insbesondere deren finanzielle Rahmenbedingungen möglichst schnell abgebaut und ein Abwerben von Kunden durch die Konkurrenz in dieser Situation einer Metamorphose des Unternehmens verhindert werden.

9.2. Die Bekanntgabe der M&A-Entscheidung am Day-One

Grundsatz: Die Art und Weise der Day-One-Kommunikation hat eine große Signalwirkung für interne und externe Stakeholder.

Mit der Kommunikation am Day-One wird eine wesentliche klimatische und mentale Vorbereitung für die Durchführung der PMI geschaffen. Denn die Botschaften zu Beginn der

Fusion oder Akquisition, insbesondere im Hinblick auf ihre Stimmigkeit, Schnelligkeit und Ganzheitlichkeit, prägen maßgeblich das Bild vom neuen Unternehmen, welches in der internen und externen Öffentlichkeit entsteht. Zudem ist das Informationsbedürfnis der Investoren, Kunden, Mitarbeiter und der breiten Öffentlichkeit gerade zu Beginn der Fusion besonders hoch. Die gelungene Kommunikation in dieser Phase ist zugleich ein Indikator für die dann unterstellte Qualität des gesamten M&A-Prozesses. Mit anderen Worten wird aus oberflächlichen Informationen auf wenig fundierte strategische und operative Maßnahmen geschlossen.

Meist wurde bereits zuvor ein bestimmtes Bild der Zukunftsstrategie der zusammengehenden Unternehmen in den Medien verbreitet. Je nachdem, ob eine Fusion oder Akquisition als Wachstumsalternative in Betracht gezogen wurde und sogar bereits über konkrete Fusionspartner spekuliert wurde, ist es notwendig, bestehende Aussagen begründet zu revidieren oder in der Kommunikation mit den Medien darauf aufzubauen.

An dieser Stelle ist somit der äußerst schwierige, aber notwendige Abgleich zwischen den sonst zielgruppenspezifisch gewählten Kommunikationsthemen zu gewährleisten. So kann die kommunizierte Botschaft, dass nach dem Zusammenschluss einige tausend Arbeitsplätze abgebaut werden, bei Investoren und Anteilseignern eine positive Resonanz erfahren, da hieraus eine Effizienzsteigerung abgelesen wird. Die gleiche Information wird allerdings von Mitarbeitern, Betriebsrat und Gewerkschaften und wahrscheinlich auch von der breiten Öffentlichkeit, wenn sie an dem Unternehmen interessiert ist, negativ interpretiert.[6]

Bereits in der Vorbereitungsphase sollte ein Katalog mit kritischen Fragen erarbeitet worden sein. Dieser Frage-Antwort-Katalog – im Sinne von Frequently Asked Questions – enthält die Antworten auf wahrscheinliche Fragen der Journalisten bezüglich des M&A-Vorhabens der beteiligten Unternehmen. Auch Fragen zu den Details des Fusions- oder Akquisitionsvertrages, von finanziellen Aspekten bis hin zu personellen Konsequenzen und strategischen Zielen sind zu erwarten. Die Pressemitteilung mit den aktuellen Informationen zur Fusion oder Akquisition enthält in der Regel auch erste Hintergrundinformationen.

Falls externe Berater die Fusion oder Akquisition unterstützen, sollten sie mit der Erstellung dieses Katalogs betraut werden. Denn externe Berater finden meist leichter die Fragen, welche auch von den Medienvertretern gestellt werden. Die Antworten erhalten sie von den jeweiligen Projektverantwortlichen. Dabei ist auch der – vordergründig trivial erscheinende – Sachverhalt festzulegen, wer am besten auf welche Art von Fragen antworten soll. Da hierdurch Verständnis und Akzeptanz geprägt werden, ist die vorherige geplante Entscheidung für den Erfolg nicht unwichtig. Hierzu gehört auch die konkrete Festlegung von Ansprechpartnern im Unternehmen. Widersprüchliche Äußerungen und Aussagen von nicht befugten und vor allem möglicherweise nicht vollständig informierten Personen schaden der Glaubwürdigkeit des Topmanagements und damit der Fusion. Positiv wirkt auch ein vorbereiteter Katalog von gemeinsamen Sprachregeln für brisante Themen. Abbildung 9.2.-1 stellt zwei Beispiele solcher Sprachregeln von HypoVereinsbank und UBS dar.

150

UBS: Spekulationen um Derivateverluste der SBG beendet	HVB: Keine Schlammschlacht um Mitarbeiter- und Filialabbau
„Die Eidgenössische Bankenkommission (...) attestiert Mathias Cabiallavetta, dass er auch in seiner neuen Funktion als Präsident des Verwaltungsrats der UBS Gewähr für eine einwandfreie Geschäftstätigkeit bietet." Mit diesen Worten schloss die UBS die negative Berichterstattung zu den Hedge-Fonds der Schweizerischen Bankgesellschaft ab.	„Wir bleiben an allen Standorten" und „Betriebsbedingte Kündigungen wird es nicht geben" – so griff die HypoVereinsbank schon frühzeitig Spekulationen um Filialschließungen und Massenentlassungen vor.
UBS-Chef Marcel Ospel von der kleineren Bankgesellschaft blieb standhaft dabei, dass die zum Zeitpunkt der Fusionsverhandlungen bereits bekannten Verluste keine Auswirkungen auf die Organisationsstruktur der neuen Bank hätten.	Die Disziplinierung auf eine gemeinsame Sprachregelung trotz verbleibender Unsicherheiten hielt zwei hochsensible Themen, nämlich Stellenabbau und mögliche Serviceverschlechterungen, aus der öffentlichen Schusslinie heraus.

Quelle: Pietig, C.: Kommunikation, 2000, S. 182

Abb. 9.2.-1: Gemeinsame Sprachregeln für brisante Themen[7]

9.3. Kommunikation in der PMI-Phase

Grundsatz: Die Kommunikation nach außen bestimmt auch die Wahrnehmung und Einstellung zum M&A-Vorhaben im Unternehmen.

In der Phase der Post Merger Integration tritt die interne Kommunikation zumindest zu Beginn in den Vordergrund. Denn für die Akteure im Unternehmen ist der Prozess des Zusammenwachsens mit den damit verbundenen Anforderungen und Veränderungen von direktem Interesse. Die externe Kommunikation wird dann wichtig, wenn es darum geht, Ergebnisse und Erfolge der PMI zu dokumentieren und zu kommunizieren.

Wesentlich ist, die Wechselwirkungen der beiden Kommunikationsrichtungen und -arten zu berücksichtigen. Wie im Grundsatz formuliert, verfolgen die Mitarbeiter alle extern gerichteten Informationen mit besonderer Aufmerksamkeit, zumal wenn sie deutlich besser als der interne Informationsstand sind. In dieser Situation verwischt sich damit der Unterschied zwischen extern und intern gerichteter Information. Er kann kommunikationsstrategisch allerdings insofern aufrechterhalten werden, dass die Mitarbeiter die gleiche Information etwas früher erhalten. Von dieser einfachen Maßnahme gehen nicht unerhebliche, insbesondere psychologische Wirkungen aus, da dies zugleich ein Zeichen der Wertschätzung für die Mitarbeiter ist. Hierdurch wachsen Sicherheit und Vertrauen in das Management.

Abbildung 9.3.-1 zeigt beispielhaft die unterschiedlichen Informationsarten der nach innen gerichteten Kommunikation in den ersten Wochen eines M&A-Projektes.

Traditionelle Medien wie die Mitarbeiterzeitung, Aushänge am Schwarzen Brett oder Faxkaskaden können sinnvoll zur internen Information eingesetzt werden, bieten aber kaum Interaktionsmöglichkeiten und sind meist nur langsam zu verbreiten. Ergänzend können deshalb Business TV Übertragungen, Diskussionsforen im Intranet oder die Gestaltung eines Informationsmarktes – eventuell auch virtuell – genutzt werden, auf welcher die Integrationsteams ihr Aufgabengebiet und später ihre Ergebnisse präsentieren. Ziel dieser Aktionen ist – wie bereits angesprochen – die intensive Einbeziehung und Motivation aller Mitarbeiter sowie der Abbau von Vorurteilen und Gerüchten sowie damit von Unsicherheit.

Besonders im Bereich der Mitarbeiter des akquirierten Unternehmens ist es im Integrationsprozess wichtig, so schnell wie möglich klare Informationen über die Ziele und das Vorgehen beim Zusammenschluss zu geben. Die wichtigsten Themen der internen Kommunikation, vor allem zum Zeitpunkt der Erstankündigung, sind die Gründe für die Notwendigkeit der Fusion und die sich damit eröffnenden Chancen für das Unternehmen und seine Mitarbeiter. Dieser Bereich sollte von Darstellungen der Ziele, die erreicht werden sollen, der neuen Unternehmensphilosophie und -strategie sowie Informationen zum Fusionspartner begleitet werden. Wichtig für eine gute Zusammenarbeit der oftmals einstigen Konkurrenten ist zusätzlich das Kennenlernen des anderen Unternehmens. So können über informelle Kontakte Meinungen, Eindrücke und Argumente ausgetauscht werden.[8]

Gerade bei der Darstellung der Gründe der Fusion und ihrer Zielsetzungen sowie bei der Vermittlung der Strategien für das neue Unternehmen ist zu beachten, dass das Topmanagement sich bereits seit Monaten mit der Fusion beschäftigt und damit einen erheblichen Informationsvorsprung vor den Mitarbeitern des Unternehmens hat. Deshalb ist es nötig, auch den Entscheidungsprozess der zu den jetzigen Ergebnissen geführt hat, zu vermitteln und Spielraum zu lassen, um persönliches Erfahrungswissen der Mitarbeiter und Führungskräfte in Maßnahmeplänen einzubringen.[9]

Unterstützend sollten Maßnahmen der Vertrauensbildung zum neuen Unternehmen eingesetzt werden. Solche Maßnahmen können die Einbindung in die Planungs- und Umsetzungsteams, die Gestaltung von Festlichkeiten zum Abschied vom alten Unternehmen und gleichzeitig zum Übergang zum neuen Unternehmen, Informationen über die persönlichen Karriere- und Fortbildungsmöglichkeiten sowie Symbole der Zugehörigkeit zum neuen Unternehmen sein.[10]

Die Projektleiter der Planungs- und Integrationsteams nehmen in der internen Kommunikation eine Sonderstellung ein. Sie sind – wie in Kapitel Acht dargestellt – in ein Kommunikationsnetzwerk einzubinden, in welchem sie jederzeit die benötigten aktuellen Informationen abrufen können.[11]

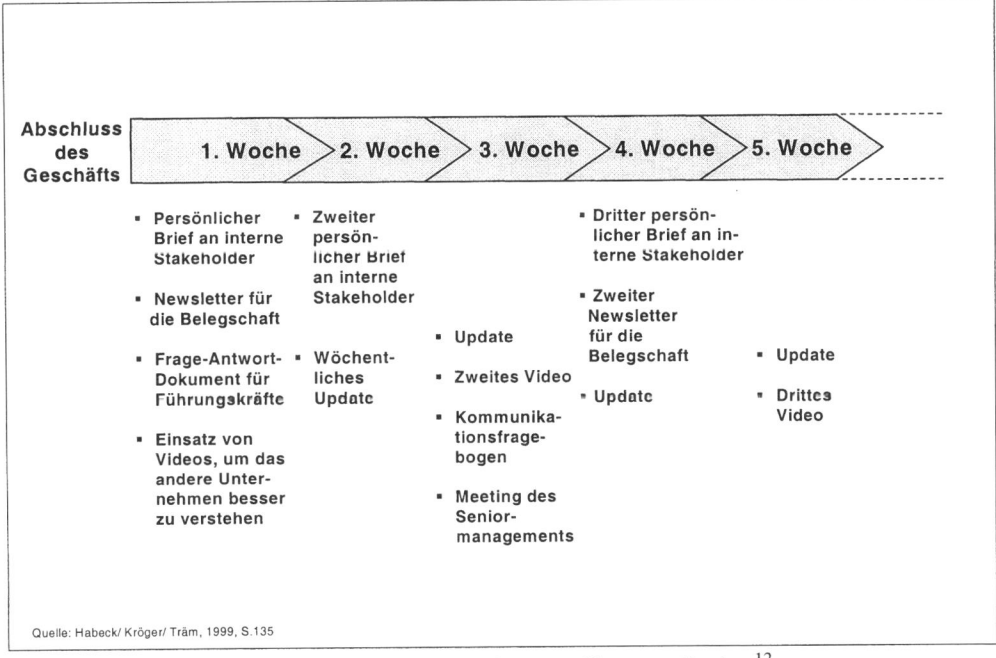

Abb. 9.3.-1: Grundgerüst für das Timing einer internen Kommunikation[12]

Im Rahmen der Top-down-Informationsweitergabe ist auch darauf zu achten, dass das mittlere Management einen Informationsvorsprung erhält, um auf Fragen der Mitarbeiter fundiert reagieren zu können. Bereits vor der Bekanntgabe der Fusion sind deshalb Frage-Antwort-Kataloge und Unterstützungsmaterialien zur Information des mittleren Managements für Mitarbeitergespräche zu erstellen.[13]

Im Zuge des Integrationsprozesses wird es möglich, durch die Bekanntgabe von »Early wins« allen am Fusionsprozess Beteiligten positive Impulse zu vermitteln. Early wins sind nachhaltige, greifbare Ergebnisse von Projekten, die Verbesserungen realisieren und einen Eindruck von der Zukunft des Unternehmens vermitteln. Durch solche kurzfristig erreichbaren »Gewinne« ist es einfacher, den Betroffenen ein Gefühl der Sicherheit und des Vertrauens zu vermitteln, um so Zustimmung zu erreichen.[14]

Die zweckmäßige Zweigleisigkeit der Wirkungen von Maßnahmen im Integrationsprozess ist in Abbildung 9.3.-2 dargestellt. Maßnahmen, die lediglich eine hohe Signalwirkung besitzen, aber keine Ergebniswirksamkeit erreichen, sind also lediglich am Anfang eines Zusammenschlusses akzeptabel. Bereits nach kurzer Zeit wird die Ergebniswirksamkeit von allen Veränderungen auf den Prüfstand gestellt. Ideal sind solche Maßnahmen, welche die Position des Unternehmens am Markt verbessern und den Integrationsprozess vorantreiben sowie gleichzeitig von Mitgliedern des Unternehmens und/ oder externen Adressatengruppen gut nachvollzogen werden können. In der Praxis sind sie allerdings nicht in großer Zahl anzutreffen.

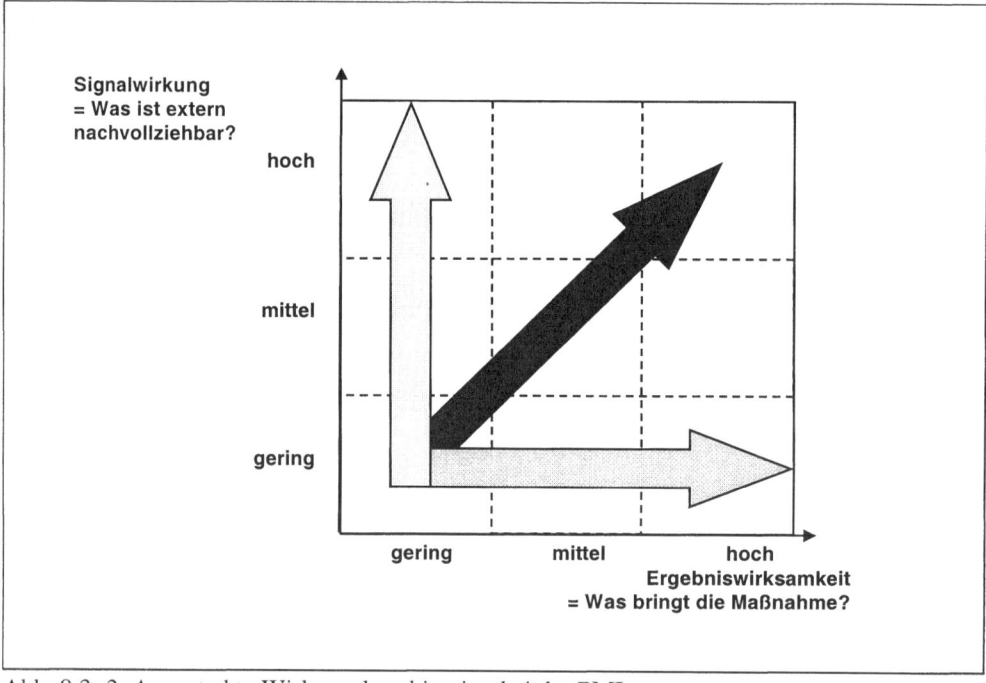

Abb. 9.3.-2: Angestrebte Wirkungskombination bei der PMI

Intern können solche schnellen Gewinne durch Verbesserungen des Arbeitsumfelds, weniger Bürokratie, Wissensmanagement, kürzere Berichtswege oder eine schnellere Entscheidungsfindung erreicht werden. Arbeitsplatzstreichungen oder die Zusammenlegung von Abteilungen sind als Early wins problematisch, und zwar dann, wenn – wie bereits angesprochen – die durch die Rationalisierung erreichte Effizienzsteigerung von emotionalen Effekten des Verlustes von Arbeitsplätzen für Kollegen überlagert wird. Hier kommt es auf möglichst sozialverträgliches Handeln und die Vermittlung der Hintergründe an.

Die Auswahl der Projekte mit Early wins ist unter folgendem Aspekt wichtig: Wählt man zu große Veränderungen, kann die Wirkung zu spät eintreten, bei zu kleinen, unbedeutenden Erfolgen entsteht leicht der Eindruck, das Integrationsteam verzettele sich oder die Fusion schreite nicht im gewünschten Tempo voran. Deshalb sollten die kommunizierten schnellen Gewinne also zumindest zwei Kriterien erfüllen: Der Erfolg muss für jeden greifbar sein, und die Ergebnisse müssen klar ersichtlich und verständlich sein.[15]

Cisco zahlte beispielsweise bei jeder Übernahme den Managern des Targets einen Retention-Bonus, also eine einmalige Zahlung, unter der Bedingung, mindestens für einen beiderseitig einvernehmlich festgelegten Zeitraum für das Unternehmen tätig zu bleiben. Am Tag der Bekanntgabe der Übernahme durch Cisco wurden den neuen Mitarbeitern Informationen über die Firma ausgehändigt und die Vorteile beispielsweise bei den Zuzahlungen im Bereich der Krankenversicherung aufgezeigt. Nach einer Woche waren bereits neue Visitenkarten vorhanden

154

und nach zwei Wochen waren die Mitarbeiter an das firmeninterne Informationsnetz von Cisco angebunden[16]. Die Fluktuationsrate bei Mitarbeitern von gekauften Unternehmen lag bei unter drei Prozent, wobei die allgemeine Fluktuationsrate in der IT-Branche ungefähr 20 Prozent betrug.[17]

9.4. Interne und externe Kommunikation beim DaimlerChrysler Merger

Grundsatz: Eine umfassende Kommunikationsstrategie ist in der Post Merger Integration eine sehr wichtige flankierende Maßnahme zur Vermeidung von Irritationen, Vertrauensverlusten und Imageschäden.

Bei der Fusion von Daimler-Benz und Chrysler im Jahr 1998 wurde in der Presse über ein breites Themenspektrum berichtet, von typischen Fusionsthemen wie Entlassungen und Strukturveränderungen bis zur Forschungstätigkeit, der geplanten Integration und dem Management. Der Zusammenschluss wurde in 60 Prozent der Beiträge positiv bewertet und bekam nur zehn Prozent negative Wertungen, wobei gleichzeitig die Themenführerschaft in den deutschen Wochenmedien und Fernsehnachrichtensendungen, welche vom Medien Tenor Institut analysiert wurden, erreicht wurde.[18]

Ermöglicht wurde dies durch eine akribische Planung der Kommunikationsaktivitäten, die Einrichtung und Erweiterung einer ständig aktualisierten Informationsplattform für die Kommunikationsfachleute, einen engen Kontakt der Kommunikationsabteilungen in der Planungsphase, in der die Unternehmen noch getrennt agierten, sowie durch bereitwillige Auskunftserteilung und freiwilliges Angebot von Informationen für Journalisten in Verbindung mit höchstmöglicher Transparenz und Aktualität.

Die interne Kommunikation wurde ebenfalls nicht vernachlässigt. Zum Day-One fanden weltweit unterschiedliche Events statt, die Präsentation an der New Yorker Börse wurde live übertragen, und jeder Mitarbeiter erhielt ein kleines Päckchen in den Unternehmensfarben, welches eine Uhr, die Broschüre »One Company One Vision« sowie Informationen über neue Unternehmensziele und über die Company selbst beinhaltete. In weiteren Aktionen wurden 140.000 E-mails verschickt, jedem Mitarbeiter der deutschen Seite ein persönlicher Brief von Jürgen Schrempp zugestellt, Videos zur Verfügung gestellt sowie ein für Mitarbeiter zugängliches Telefon-Interview mit Jürgen Schrempp bereit gestellt. Darüber hinaus wurde eine »Roadshow« organisiert, auf der die Vorstände und der Vorstandsvorsitzende in den einzelnen Werken vor Ort über den aktuellen Stand des Zusammenschlusses informierten.

Neben der Kommunikation des neuen »Wir« spielt auch der Wissenstransfer während der Integration eine besonders große Rolle. Es musste gewährleistet werden, dass das Daimler-Wissen zu Chrysler kommt und umgekehrt. Realisiert wurde dies mit einem eigenständigen

Team, welches sich Global Sales and Marketing nannte. Die Arbeit begann bereits im Anfangsstadium des Mergers.

Seine Aufgaben umfassten neben der Formulierung der Projekte und der Organisation der Meetings die Betreuung bei der Identifikation und Sammlung des bestehenden Wissens in den einzelnen Standorten sowie die Erstellung von Benchmarks. Dieses Wissen wurde dann in das bereits angesprochene PMI-Network integriert und stand allen Zugriffsberechtigten zur Verfügung.

In Abbildung 9.4.-1 ist der weltweite Kommunikationsplan als wichtiger flankierender Erfolgsfaktor – bewusst mit allen Details – wiedergegeben, obwohl die Einzelheiten hier und jetzt nicht interessieren. Das Ziel ist, die Komplexität dieses Prozesses zu dokumentieren. Dies veranschaulicht zugleich die nicht zu unterschätzenden Anforderungen an das Zeit- und Inhaltsmanagement. Dargestellt ist – ohne die Ferienzeit im Juli – die interne Kommunikation vom Januar 1999 bis Januar 2000.

Es wurden dabei fünf Bereiche festgelegt, in denen eine PMI-Kommunikation geplant wurde. Der erste Bereich ist die Corporate Communication Abteilung. Dort existierten bereits unterschiedliche Instrumente, wie zum Beispiel das DaimlerChrysler Magazine, ein monatlich erscheinendes Journal, weiterhin die Zeitschrift Times, aber auch Headline, welches sich an alle Führungskräfte richtet. Am Day-One wurde zusätzlich das Business TV eingeführt, über das regelmäßig Informationen auf allen Kontinenten in sieben Sprachen gesendet wurden und noch werden. Hier wurden unter anderem alle wichtigen Inputs im PMI bekannt gegeben. Ziel war es, die große geographische und thematische Weite des Konzerns etwas dichter zusammenzubringen.

Der zweite Bereich war die Management Development und Corporate University Abteilung, von der Seminare und andere strategische Management-Veranstaltungen organisiert wurden. Hier fanden ganz gezielt PMI-Events statt, auf denen die Projektleiter, die IRT-Koordinatoren und die beiden Heads des Coordination Teams für die ganze Organisation der PMI den Statusbericht erläuterten.

Im neu eingeführten dritten Bereich, den PMI-Management Location Dialogs, wurde – wie ersichtlich ist – eine Differenzierung nach den drei Regionen Deutschland, Nordamerika und den weiteren Standorten von DaimlerChrysler vorgenommen. Hiervon ausgehend, wurde an jedem größeren Standort der Welt mindestens in zwei Veranstaltungen über den derzeitigen Stand, die weiteren Schritte, auftretende Schwierigkeiten, positive Ergebnisse und erkennbare Synergien informiert. Diese Tage wurden immer so organisiert, dass sich die Heads des Coordination Teams zuerst mit den Führungskräften trafen und anschließend mit den Betriebsräten. Nach der Präsentation fand eine Diskussion statt, so dass die Betriebsräte ausreichend Zeit hatten, bestimmte Problembereiche zu hinterfragen. Ziel dabei war es, dass dem Management zu keinem Moment vorgeworfen werden konnte, dass über den Merger keine ausreichende Kommunikation stattfände beziehungsweise die Führungskräfte, Betriebsräte und Mitarbeiter nicht ausreichend informiert seien.

Auch die vierte Ebene, die Top Management Infobase, wurde durch die PMI neu initiiert. Dabei wurde ein vierwöchentlich aktualisierter PMI-Statusreport in eine IT-gestützte Plattform eingestellt, in die sich jede Führungskraft einloggen konnte, um zu jeder Zeit selbständig den Status der einzelnen Projekte abzufragen. In den PMI Success Stories wurden die Ergebnisse der einzelnen Cluster detailliert dargestellt.

So konnten im Cluster Volume Production die Erfolge der Fusion im Bereich Produktion nachvollzogen werden. Beispielsweise konnte als Ergebnis der Analyse der verwendeten CAD Systeme dargestellt werden, dass in Zukunft das »CAD-data management system« im ganzen Unternehmen im Einsatz sein wird. Der Vorteil dieses Systems besteht in einer zentralen Datenbank, welche einfachen Zugriff auf alle historischen und aktuellen Konstruktionsdokumente ermöglicht. Diese Einführung wurde von entsprechenden Trainingsmaßnahmen der Mitarbeiter begleitet. Weitere Themen der Success Stories waren unter anderem die Nutzung spezieller Technologien aus Sindelfingen im neuen Toledo 3 Montagewerk und der Einsatz von Chryslers digitaler Simulations- und Modelliertechnologie im gesamten Unternehmen, um so den Montageprozess optimal gestalten zu können.

Im Bereich des Cluster H (Human Resources and Cultural Support) wurden Informationen zum Thema Intercultural Training gegeben. Es wurde über stattfindende Veranstaltungen und Schulungen informiert. Unter anderem fanden Seminare zu den Themen »Fit for DC«, »Cross- Cultural Series« und »Global High Performing Teams« statt. Zusätzlich wurde darüber informiert, wie sich der globale Kommunikationsaustausch zwischen den einzelnen Standorten entwickelte und wie dieser vorangetrieben wurde.

Um bestehende kulturelle Unterschiede aufzuzeigen und das Verhalten des anderen zu verstehen, konnten, wie sich zeigte, nie genug Schulungen durchgeführt werden. Besonders wichtig war es zu erkennen, wie die Reaktion der Mitarbeiter des anderen neuen Teils des Unternehmens aufgrund bestimmter kulturell unterschiedlicher Verhaltensmuster war. Hierauf wird im folgenden Kapitel zehn noch detaillierter eingegangen.

Beim letzten Bereich, der im Wesentlichen nur in Deutschland bestand, da er hier relevanter ist als in den USA, nämlich die Employee & Management Councils, wurde alle vier Wochen einmal mit dem Sprecherkreis der Leitenden Angestellten und dem Sprecherkreis der Arbeitnehmervertretungen ein Treffen durchgeführt.

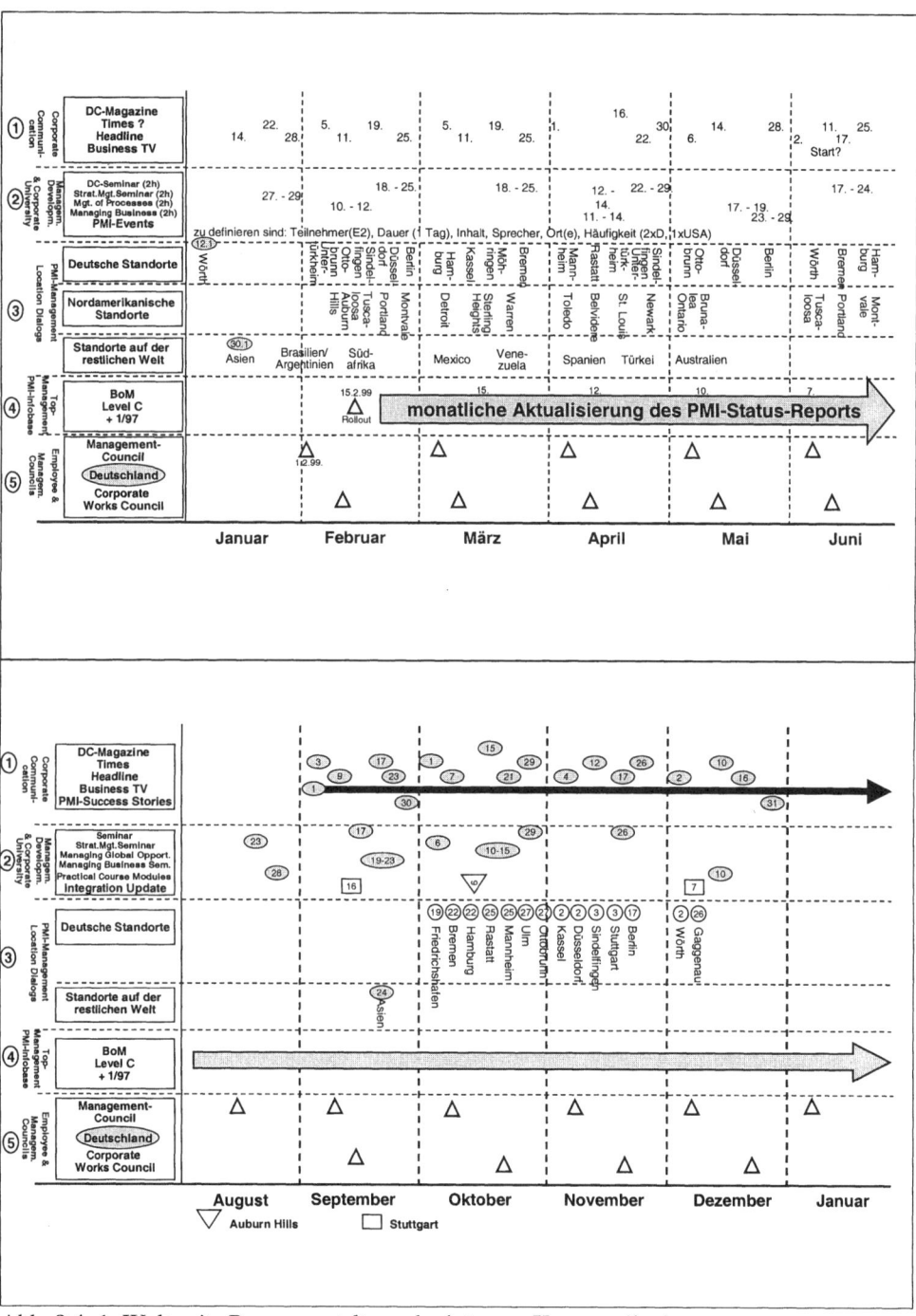

Abb. 9.4.-1: Weltweite Prozessgestaltung der internen Kommunikation

	Checkliste *Interne und Externe Kommunikation zur Absicherung des Erfolges*		
Nr.	Aktion	Geklärt/ Erledigt	Ungeklärt/ Unerledigt
1	Werden erste **wesentliche Inhalte bereits vor Beginn der Integration** den verschiedenen Stakeholdergruppen vermittelt?		
2	Wird ein **offener, zukunftsorientierter Dialog** mit den Stakeholdern aufgebaut?		
3	Erfolgen fokussierte Analysen und Gespräche, um die **Ansprüche der Kommunikationszielgruppen** zu identifizieren und Informationen über ihre **Einstellung** zum Zusammenschluss zu erhalten?		
4	Werden vor der Bekanntgabe des M&A-Vorhabens bereits gemeinsame **Sprachregelungen** für brisante Themen festgelegt?		
5	Werden durch einen **Informationsvorsprung des mittleren Managements** Kommunikatoren und Ansprechpartner im Unternehmen geschaffen?		
6	Können in der PMI-Phase **schnell erste positive Ergebnisse** erzielt und kommuniziert werden?		
7	Beginnt bereits in einer frühen Phase ein intensives **Wissensmanagement** als wechselseitiger Wissensaustausch?		

Anmerkungen:

[1] Vgl. Winkler, B./ Dörr, S.: Fusionen überleben – Strategien für Manager, 2001, S.27

[2] Vgl. Reichardt, I.: Erfolgreiche Öffentlichkeitsarbeit – Leitfaden für professionelle Kommunikation nach innen und nach außen, 1999, S.13

[3] Quelle: zak326@msn.com: HP & Carlie, 09.12.2001

[4] Vgl. Beger, R./ Gärtner, H.-D./ Mathes, R.: Unternehmenskommunikation – Grundlagen Strategien Instrumente, 1989, S.185 f.

[5] Vgl. Herbst, D.: Krisen meistern durch PR – Ein Leitfaden für Kommunikationspraktiker, 1999, S.25 ff.

[6] Vgl. Pietig, C.: Kommunikation, 2000, S.173 ff.

[7] Quelle: Pietig, C.: Kommunikation, 2000, S. 182

[8] Vgl. Palass, B.: Begrenzt haltbar, Mai 2000, S. 172ff.; ebenso Dörrbecker, K./ Fissenewert-Gossmann, R.: Wie Profis PR-Konzeptionen entwickeln, 1999, S. 205

[9] Vgl. Habeck, M.M./ Kröger, F./ Träm, M.: Wi(e)der das Fusionsfieber – Die sieben Schlüsselfaktoren erfolgreicher Fusionen, 1999, S. 127

[10] Vgl. Winkler, B./ Dörr, S.: Fusionen überleben – Strategien für Manager, 2001, S. 31 ff.; ebenso Deekeling, E./Fiebig, N.: Interne Kommunikation – Erfolgsfaktor im Corporate Change, 1999, S. 123

[11] Vgl. Deekeling, E./ Fiebig, N.: Interne Kommunikation – Erfolgsfaktor im Corporate Change, 1999, S. 106

[12] Habeck, M.M./ Kröger, F./ Träm, M.: Wi(e)der das Fusionsfieber – Die sieben Schlüsselfaktoren erfolgreicher Fusionen, 1999, S. 135

[13] Vgl. Winkler, B./ Dörr, S.: Fusionen überleben – Strategien für Manager, 2001, S. 277 f.; ebenso Habeck, M.M./Kröger, F./Träm, M.: Wi(e)der das Fusionsfieber – Die sieben Schlüsselfaktoren erfolgreicher Fusionen, 1999, S.82 ff.

[14] Vgl. Pritchett, P.: Making Mergers Work – A guide to Managing Mergers and Acquisitions, 1987, S. 55; ebenso Habeck, M.M./ Kröger, F./ Träm, M.: Wi(e)der das Fusionsfieber – Die sieben Schlüsselfaktoren erfolgreicher Fusionen, 1999, S. 82 ff.

[15] Vgl. Habeck, M.M./ Kröger, F./ Träm, M.: Wi(e)der das Fusionsfieber – Die sieben Schlüsselfaktoren erfolgreicher Fusionen, 1999, S.82 ff.

[16] Vgl. Thurm, S.: At Cisco Systems, Real Work Begins After a Deal Closes, 01.03.2000, S. 1

[17] Vgl. Goldblatt, H.: The New World of Mergers and Acquisitions: Ciscos Secrets, 08.11.1999, S. 177

[18] Vgl. Walter, C.: Beispiel 3: DaimlerChrysler, S. 305ff.

10. Prozess der Vernetzung der Unternehmenskulturen und des interkulturellen Lernens

10.1. Unternehmenskultur als Ausgangsbasis

> Grundsatz: Die Identifikation von Konsensinseln unterstützt die Bildung einer neuen gemeinsamen Unternehmenskultur.

Im Rahmen der Post Merger Integration stellt sich die Frage, wie man Kulturen erfolgreich integrieren kann.[1] Dieses Problem wird umso dringlicher, wenn es sich bei der Fusion um einen angestrebten Merger of Equals handelt und nicht um eine Unternehmensakquisition mit der klaren Zielsetzung, dass das Target die Unternehmenskultur des Akquisiteurs schnell und möglichst umfassend übernehmen soll. Allerdings ist auch in diesem Fall davon auszugehen, dass die Kultur des übernommenen Unternehmens nicht ohne weiteres ausgetauscht werden kann. Dies ist bei Artefakten der Kultur, wie dem Erscheinungsbild des Unternehmens und den Verhaltensregeln leichter möglich als bei den internalisierten Grundwerten und tradierten Verhaltensweisen im Unternehmen. In diesen Bereichen wird erst mit einem gewissen Zeitbedarf der Assimilationsprozess abgeschlossen sein.

Die Frage ist, wann als Ergänzung der finanziellen Due Diligence die kulturelle Due Diligence durchgeführt wird. Sie dient zur Analyse des Fits der sich zusammenschließenden Unternehmen im Hinblick auf eine bestehende Nähe und Übereinstimmung oder auf nachvollziehbare Unterschiede und damit eine relativ große Distanz der Unternehmenskulturen. Für die zeitliche Abfolge gibt es zumindest einige Empfehlungen. Der Abstand zwischen der finanziellen und der kulturellen Due Diligence sollte aus folgendem Grund nicht zu groß sein. Bei der Analyse dieser weichen Faktoren kann es sein, dass erhebliches Konfliktpotenzial aufgedeckt wird. Dies bedeutet, dass die Entscheidung für die Akquisition oder Fusion auch in Kenntnis dieser Sachlage bewusst positiv oder negativ gefällt werden kann. Andernfalls sprechen die harten Faktoren für ein Zusammengehen, auch wenn die erst später analysierten weichen Faktoren diese Entscheidung in Frage stellen. Vor dem Closing ist aber nicht selten der Zugang zu internen Informationen des anderen Unternehmens relativ schwierig. Bereits für die Entscheidung wären diese Informationen jedoch, wie gezeigt, wichtig. Dies bedeutet, dass in der Regel eine eher grobe und globale kulturelle Due Diligence durchgeführt wird. Dies hat aber zugleich auch einen Vorteil: Wenn mehrere Targets analysiert werden sollen, hält sich so der nicht zu unterschätzende Aufwand in Grenzen. Denn es wird keinen mit der finanziellen Due Diligence vergleichbaren Data Room geben. Wenn die Entscheidung für ein Unternehmen getroffen wurde, sind die noch bestehenden Informationsdefizite möglichst schnell zu schließen, um den Bedarf an konkreten Maßnahmen für das Zusammenwachsen der Unternehmen zu erkennen.

Für die Integration gibt es zwei Alternativen: Einerseits können zunächst Differenzen und Unterschiede der Kulturen aufgedeckt werden, um anschließend über eine Analyse und Beseitigung der Unterschiede zu mehr Gemeinsamkeiten zu kommen. Andererseits können zunächst die Gemeinsamkeiten im Sinne von Konsensinseln gesucht werden, um diese im Anschluss so auszuweiten, dass möglichst schnell »aus großen Inseln Festland entsteht«.

Sollen insbesondere die Unterschiede zwischen den Kulturen abgebaut werden, besteht ein großer Vorteil im sofortigen Artikulieren und Beseitigen von Problemen. Eigentlich ist nur eine Veränderung von »minus zu null« möglich, es können also nur bestehende und erkannte Probleme abschließend gelöst werden. Das heißt, die emotionale Komponente und damit die Kohäsion (das Zusammenwachsen und der Zusammenhalt) und auch die Lokomotion (stärkere Zielorientierung und Bewegung/ Veränderung) werden nicht gefördert. Es besteht auch keine Möglichkeit, Verstärkereffekte zu erreichen und so »ins Positive« zu kommen.

Wenn im Gegensatz dazu Konsensinseln berücksichtigt werden, können vorhandene Gemeinsamkeiten verstärkt werden. Somit wird frühzeitig eine Basis für das Zusammenwachsen der Bereiche geschaffen, sowohl mental als auch faktisch. Dieser Weg ist vorteilhafter, weil man von »null auf plus« geht, also Kohäsion und Lokomotion fördert. Hierdurch werden zugleich Synergiepotenziale freigesetzt. Es besteht nur die Gefahr, größere blinde Flecken zu übersehen, welche negativ besetzt sind. Diese würden die Gemeinsamkeiten sofort wieder »auffressen«. Denn die blinden Flecken sind nicht nur Bereiche, in denen keine Gemeinsamkeiten entstehen, sondern sie können sich im Sinne der Astrophysik als »Schwarze Löcher« erweisen. Das heißt, sie absorbieren die gesamte positive Energie, und es kommt zur Stagnation der Integration. Dies bedeutet ein Scheitern der Fusion oder Akquisition zumindest im Hinblick auf die Integration der Unternehmenskulturen, meist aber auch den gesamten Merger. Die gesamte positive Substanz würde dann durch das Fehlverhalten von Einzelnen, durch Fehler in der Integration oder durch Missverständnisse beseitigt.

Ein Sonderfall ist die gezielte Vermeidung einer kulturellen Integration. Wenn zwei Unternehmen nicht zusammenwachsen sollen, kann es sich nicht um eine Akquisition mit dem Zweck der Verstärkung der Kernkompetenzen handeln, und damit auch nicht um eine enge Vernetzung von Wertschöpfungsteilen, um den Markterfolg zu steigern. Abbildung 10.1.-1 zeigt dies in einer Matrix mit den Gründen und Graden der Integration.[2]

Wie erkennbar ist, führt eine geringe Erfordernis der leistungsbezogenen Eigenständigkeit des Targets bei einer gleichzeitig hohen Vernetzung der Wertschöpfung mit dem akquirierenden Unternehmen zum typischen Fall der Akquisition mit anschließend vollständiger Absorption. Dies ist kennzeichnend für die vertikale Integration eines Wertschöpfungsteils wie beispielsweise bei der Fusion der Heidelberger Druckmaschinen AG (HDM) mit Linotype-Hell.

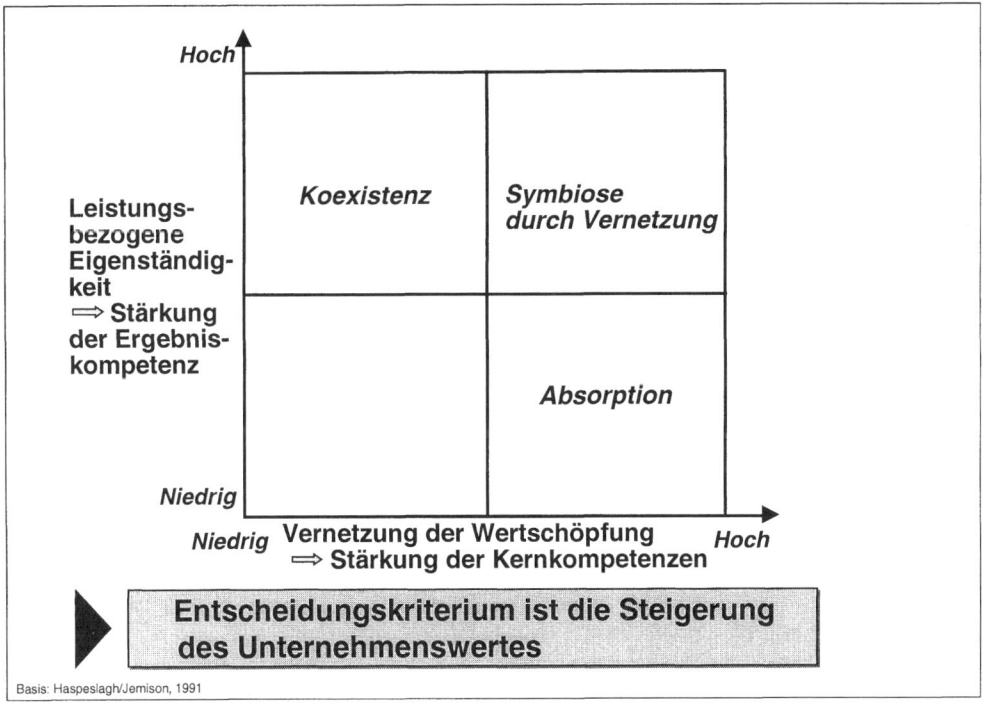

Abb. 10.1.-1: Gründe und Grade der Integration von Unternehmenskulturen bei M&A[3]

Die Gegenposition ist eine Koexistenz in der Weise, dass die Vernetzung der Wertschöpfung zwischen den beiden zusammengehenden Unternehmen relativ gering ist, beim akquirierten Unternehmen aber eine hohe leistungsbezogene Eigenständigkeit erforderlich ist, um eine herausragende Qualität der Ergebnisse zu erzeugen. Dies ist beispielsweise der Fall, wenn ein Unternehmen wie Siemens Start-up-Companies als technologische Forschungseinheiten kauft. Eine vollständige Integration in den »Siemens-Verwaltungsapparat« würde der Innovationskraft und damit der Ergebniskompetenz dieser Entrepreneur-Unternehmen nicht zuträglich sein. Statt Insourcing mit dem Ziel der Integration wird also bewusst die strategische Alternative der Koexistenz als Beibehalten der Strukturen gewählt. Im übertragenen Sinne läuft dies auf ein grundsätzlich risikoreicheres »zugekauftes Outsourcing« hinaus, da häufig im eigenen Unternehmen bei den Forschern nicht mehr der Pioniergeist und das Unternehmertum von Querdenkern existiert.

Eine geringe Vernetzung der Wertschöpfung von zwei Unternehmen bei einer gleichzeitig geringen erforderlichen Eigenständigkeit für die Leistungserstellung ist keine typische Ausgangsbasis für M&A-Aktivitäten. Sie führt als laterale Investition nur zu einer additiven Vergrößerung des Unternehmens.

Die Schnittfläche beider Dimensionen auf hohem Niveau ist die Symbiose durch Vernetzung. Hier kommt es also darauf an, im Rahmen einer Fusion oder Akquisition die wesentlichen

Wertschöpfungsteile beider Partner so zu erhalten und zu verbinden, dass der Grad an geforderter Eigenständigkeit erhalten bleibt, um eine hohe gemeinsame Ergebnisqualität zu erreichen. Wichtige Teile der bisherigen Unternehmenskulturen, aber insbesondere auch der damit verbundenen Markenprofile müssen deshalb auch bei einer angestrebten Integration erhalten bleiben. Denn gerade die Markenprofile, zum Beispiel eine starke Technologie- und Qualitätsorientierung auf der einen Seite oder eine fokussierte Kosten- und Marketingorientierung auf der anderen Seite, setzen eine Entsprechung in der Unternehmenskultur voraus oder fordern sie zumindest anschließend ein. Andernfalls kann ein Markenprofil durch das Unternehmen, seine Führungskräfte und seine Mitarbeiter nicht überzeugend gelebt werden.[4] Wie nachvollziehbar ist, gilt dies umso mehr, je unterschiedlicher die Markenstrategien und damit die notwendigen Markenführungen durch die beiden Partner sind. Andernfalls werden bei einer frühen und unüberlegten Integration klare Markenprofile verwischt, was in der Regel zu deutlich geringerer Akzeptanz bei den Zielgruppen führt. Dies kann und soll nicht das Ziel einer Fusion oder Akquisition sein. Auf der anderen Seite muss dennoch durch eine umfassende Strategie, die sich bewusst auf das Nebeneinander, die Vernetzung oder auch die Verschmelzung von Marken beziehen kann, erreicht werden, dass Synergiepotenziale gehoben werden und/ oder Friktionen am Markt vermieden werden.

In der Vergangenheit war es so, dass ein Merger of Equals angekündigt und angestrebt wurde, um durch das Pooling of Interests Goodwill nicht abschreiben zu müssen und damit die Kosten geringer und die möglichen Gewinne höher zu halten. Seit Juli 2001 ist dies in den USA nicht mehr erlaubt.[5] Die Frage ist bei der Umsetzung einer Fusion generell aber eigentlich nicht, ob es sich um einen Merger of Equals oder Unequals handelt. Vielmehr ist das ausschließliche Entscheidungskriterium, welche der Alternativen dazu führt, dass nach dem Zusammenschluss der Unternehmenswert und damit auch der Börsenwert nicht nur erhalten bleibt, sondern längerfristig maßgeblich gesteigert werden kann.

Wenn dies der Fall ist, dann können unterschiedliche Kulturen unter einem gemeinsamen Dach bestehen bleiben. Der Versuch einer Integration der Unternehmenskulturen kann in dieser Situation sogar kontraproduktiv wirken. Das Beispiel der schwierigen Abstimmung der Kulturen einer Wirtschaftsprüfungsgesellschaft und einer Beratungsgesellschaft, die in einem Unternehmen zusammengefasst werden, belegt dies. Hier stellt eine Fusion oder Akquisition lediglich eine Ergänzung der Wertschöpfung im Sinne einer zusätzlichen Wertschöpfungsstufe dar, von der durch eine Vernetzung Synergiepotenziale im Sinne von »Prüfung zieht Beratung nach sich« ausgehen können. In diesem Falle sind auch einer Symbiose durch Vernetzung enge Grenzen gesetzt, unter Umständen kann eine Koexistenz deutlich zielführender sein. Dies ist insofern nachvollziehbar, als in einer Wirtschaftsprüfungsgesellschaft eher das Misstrauensprinzip gelten muss, um Risiken frühzeitig genug zu erkennen und aufzudecken. Bei einer Beratungsgesellschaft muss hingegen neben der hohen Analysefähigkeit ein Optimismusprinzip Gültigkeit besitzen, das Vertrauen in die Veränderungsfähigkeit des Unternehmens signalisiert.

Bestehen zwischen zwei Unternehmen keine Beziehungen oder hauptsächlich Kunden-Lieferanten-Beziehungen, kann die Parallelität der Unternehmenskulturen unproblematisch sein. Wenn jedoch ein intensiver Austausch von Technologie, Know-how, Personal und Leistungsteilen in der Weise erforderlich ist, dass beide Unternehmen eine integrierte Marktleistung schaffen müssen, dann ist eine Koexistenz nicht möglich. Hier muss eine Symbiose angestrebt werden, weil andernfalls bei Akzeptanz zweier unterschiedlicher Unternehmenskulturen die Gefahr von ständigen Reibungsverlusten zu groß ist.

Als Fazit lässt sich also festhalten: Die Notwendigkeit der kulturellen Autonomie mit dem Ziel einer Steigerung des Unternehmenswertes ist nie eine Dimension im strategischen Portfolio, sondern immer Ergebnis der Bewertung der Gesamtsituation nach den beiden aufgezeigten Kriterien.

10.1.1. Kernbereiche der kulturellen Due Diligence

> Grundsatz: Die Durchführung einer kulturellen Due Diligence sowohl im eigenen Unternehmen als auch beim Target ist unerlässlich.

Um den Grad an Übereinstimmung oder Unterschiedlichkeit der Unternehmenskulturen über eine oberflächliche Einschätzung hinaus fundiert bewerten zu können, ist eine kulturelle Due Diligence durchzuführen. Die Analyse der Kultur von Unternehmen soll helfen, das Problem des Eisbergeffekts bei einer Fusion oder Akquisition zu reduzieren und im besten Fall sogar zu vermeiden. Mit anderen Worten werden nicht nur Finanzzahlen oder operative Wertschöpfungszahlen untersucht, sondern auch das, was »unter der Oberfläche« eines Unternehmens ist, also alle Grundannahmen, Werte und Artefakte[6] („Business Environment, Values, Heroes, Rites and Rituals, and Cultural Network"[7]), welche die Unternehmenskultur ausmachen. Die Art der Ausprägungen dieser Faktoren und deren Zusammenspiel bestimmen die Stärke oder Schwäche der jeweiligen Unternehmenskultur.

Wie Abbildung 10.1.-2 zeigt, sind zum einen kognitive Strukturen wichtig, also mit anderen Worten, wie die Realität im Unternehmen wahrgenommen und verarbeitet wird. Dies wirkt direkt auf die Entscheidungsstrukturen. Nicht nur die Art, wie Entscheidungsprozesse ablaufen und Entscheidungen zustande kommen, sondern auch wie hoch die Risikobereitschaft von Führungskräften ist und welcher Zeithorizont bei Entscheidungen berücksichtigt wird, sind davon abhängig. Hieraus resultiert wiederum der Arbeits- und Kommunikationsstil der Unternehmen, also ob im Team oder individuell gearbeitet und damit auch belohnt wird, welche Technologien eingesetzt werden und wie insgesamt das Arbeitsklima ist.[8]

In direktem Zusammenhang damit steht der Geschäftszweck des Unternehmens. Welche Ziele für die Marktaktivität hat sich das Unternehmen gesetzt, und vor allem, was sind die ungeschriebenen Ambitionen? Dieser Teil der verdeckten Erfolgsfaktoren ist direkt verbunden mit den Erfolgsmaßstäben. Sie kennzeichnen die heimlichen Motivatoren, die bei einem Übernahmekandidaten wirken.

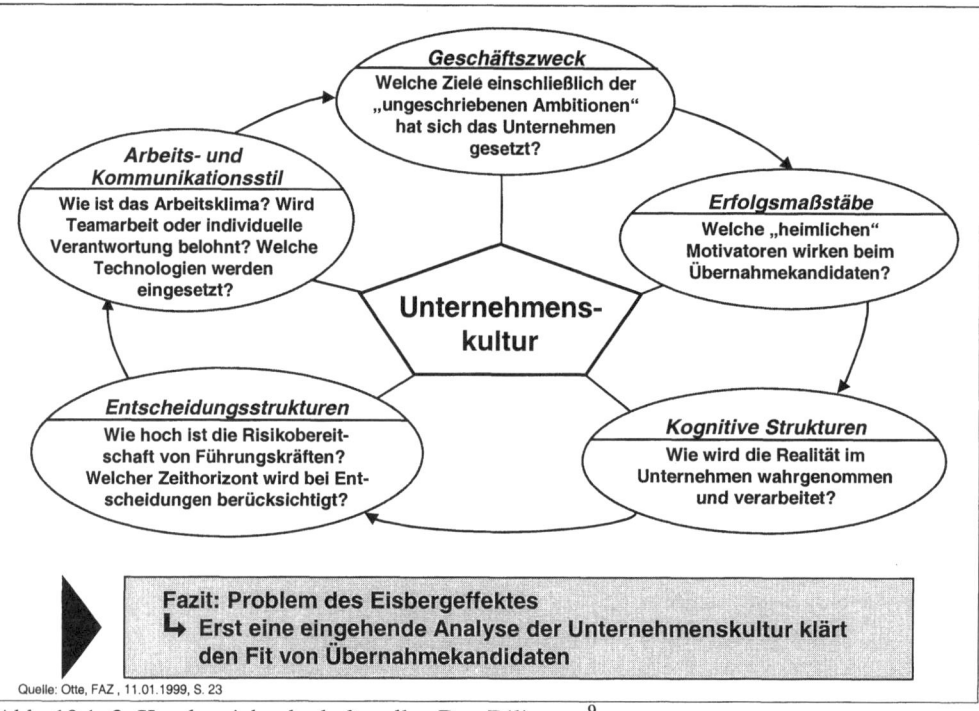

Abb. 10.1.-2: Kernbereiche der kulturellen Due Diligence[9]

Als Einflussbereiche bei der Post Merger Integration lassen sich im Sinne von Erfolgstreibern harte Faktoren, wie Prozesse und Zeit, von weichen Faktoren, bezogen auf Menschen und die Unternehmenskultur unterscheiden. Mit anderen Worten sind es einerseits reine Managementprobleme, andererseits kulturelle und damit zwischenmenschliche Probleme (vgl. Abb. 10.1.-3).

Die Managementprobleme beziehen sich auf die Geschwindigkeit des gesamten Prozesses, weil ein Kauf oder eine Fusion in vielen Fällen zu einem zeitweisen Lähmungszustand bei den beteiligten Firmen führt. Die Frage ist, ob die Unternehmen schnell genug am Markt und damit für die Kunden wieder präsent sind, vor allem aber auch schnell genug im Vergleich zu Wettbewerbern und deren Aktivitäten. Wesentliche Grundlage für dieses Zusammenwachsen ist die Harmonisierung von Prozessen. Gerade für das neue Unternehmen ist es wichtig, dass alle Teile der Wertschöpfung aufeinander abgestimmt und die Wertschöpfungsprozesse damit insgesamt harmonisiert werden. Ob dies gelingt, ist aber nicht nur eine Frage einer Neudefinition der Geschäftsprozesse und einer Optimierung von Prozessketten.

Vielmehr ist die Frage, inwieweit die Werthaltungen in den Unternehmen, die sich zusammengeschlossen haben, positiv beeinflusst werden können und ob von allen Beschäftigten dieses gemeinsame Ziel des Zusammenwachsens akzeptiert wird. Die erste Frage ist, wie gut die

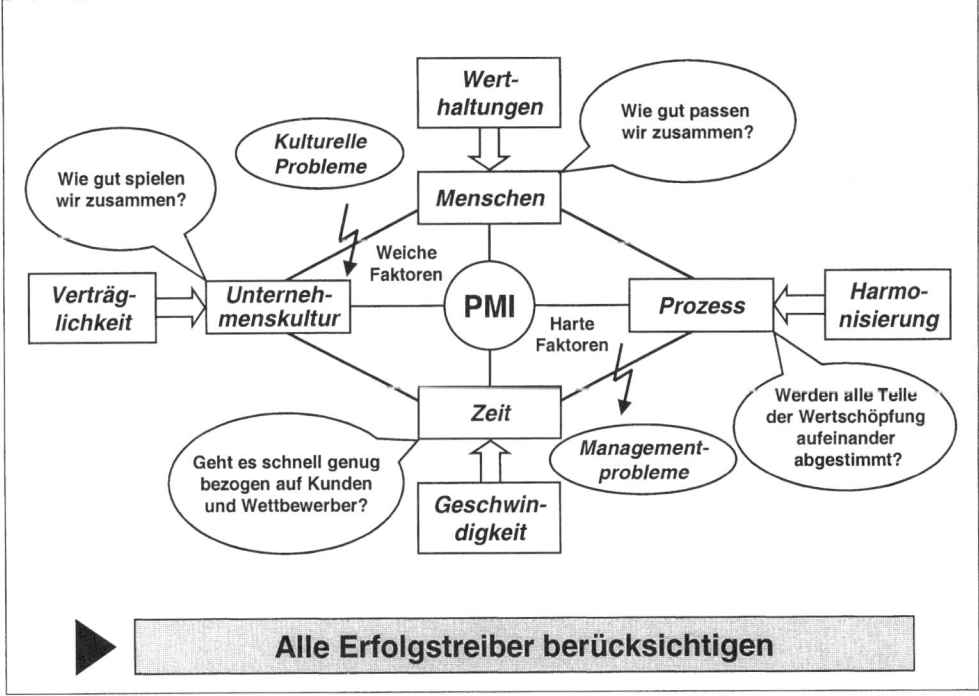

Abb. 10.1.-3: Einfluss-/ Gestaltungsbereiche der Post Merger Integration

Unternehmen zusammenpassen. Danach interessiert aber vor allem, wie gut die betroffenen Menschen mit ihren Werthaltungen zusammenpassen.

Auf dieser Basis lässt sich bei den weichen Faktoren die zweite Frage beurteilen, inwieweit die Unternehmenskulturen verträglich sind, damit auch die Zusammenarbeit der Führungskräfte und das Zusammenspiel der Mitarbeiter in dem neuen Unternehmen gut funktioniert.

Bei nahezu jeder Akquisition oder Fusion wird eine finanzielle und eine auf die operativen Wertschöpfungsaktivitäten ausgerichtete Due Diligence durchgeführt. Mit anderen Worten werden die Ertragslage und die finanziellen Reserven des Unternehmens auf der einen Seite analysiert und auf der anderen Seite die Geschäftsfelder und Geschäftsprozesse genau untersucht. Nur in wenigen Fällen wird aber zusätzlich auch die kulturelle Due Diligence durchgeführt, obwohl die in Kapitel drei dargestellten Untersuchungen gezeigt haben, dass aus Sicht der Führungskräfte genau dieser Bereich maßgeblich für den Erfolg ist. Die finanzielle und die operative Due Diligence sollte schon beim Screening der Kandidaten durchgeführt werden. Die Frage ist, warum die kulturelle Due Diligence so selten angewendet wird. Die Antwort ist eigentlich schon gegeben worden, nämlich weil es sich dabei um einen weichen Erfolgsfaktor handelt und die Einflussbereiche von Erfolgsfaktoren nur indirekt über Indikatoren gemessen werden können.

Dies bestätigt den bekannten Satz, dass die harten Faktoren im Vergleich zu den weichen Erfolgsfaktoren nicht so stark erfolgsentscheidend sind, aber generell viel stärker untersucht und gestaltet werden. Der Grund liegt darin, dass die weichen Erfolgsfaktoren schwerer greifbar und messbar sind, aber dennoch letztlich auch entscheidend für den Erfolg eines M&A-Vorhabens sind.

Die generelle Frage, die sich bei einer Post Merger Integration stellt, ist die, welcher Fit der wichtigere ist, der Kultur- oder der Business- und Management-Fit. Diese Frage lässt sich so eigentlich nicht beantworten. Denn wichtig und notwendig sind beide. Die Frage ist also eher, welcher fehlende Fit das Ziel des Zusammenwachsens gefährden oder verhindern kann. Da in der Praxis der auf die Geschäftstätigkeit bezogene Fit generell stärker analysiert wird als der kulturelle Fit, wird – wie ausgeführt – die Harmonisierung oder Verschmelzung der Kulturen eher das Problem sein.

Gerade bei Übernahmen und Fusionen zwischen Unternehmen, bei denen es vor allem um das Humankapital geht, werden immer öfter hohe Summen gezahlt, um die Mitarbeiter zumindest für die folgenden zwölf Monate zu halten. Beispielsweise wurde bei der Übernahme von J.P. Morgan durch Chase Manhattan im Jahr 2000 den Mitarbeitern umgehend ein einmaliger »Retention Bonus« gezahlt, der den größten Anteil der geschätzten Kosten der Fusion von 2,8 Mrd. US-$ ausmacht, obwohl nur Kosteneinsparungen und Synergien von jährlich 1,5 Mrd. US-$ erwartet werden.[10]

Beispielhaft wird bezogen auf die Kernbereiche der kulturellen Due Diligence in Abbildung 10.1.-4 aufgeführt, wie unterschiedlich die Langfristigkeit von Entscheidungen bei einzelnen Wirtschaftsnationen ist. Dies ist von den dargestellten Einflussbereichen neben dem Geschäftszweck der am besten quantifizierbare Kernbereich. Hieran wird deutlich, dass die Langfristigkeit von Entscheidungen z.B. bei deutschen Unternehmen (Platz 3) um ein Mehrfaches höher ist als bei amerikanischen Unternehmen (Platz 19)[11]. Dies bedeutet nicht nur, dass die Planung sich auf längere Zeiträume erstreckt, sondern vor allem auch, dass die Risikoanalyse ebenfalls längere Zeiträume umfasst. Der Unterschied liegt also bei einer kurzfristigen Betrachtung in der operativen Optimierung im Vergleich zu einer strategischen Investition bei einer längerfristigen Betrachtung. Aus diesen Zusammenhängen wird erneut die enge Verbindung zwischen Kultur und Management offensichtlich.

In der Praxis kommt es nicht nur darauf an, ob bzw. dass mit einem gleichen Zeithorizont in beiden Unternehmen geplant wird. Vielmehr ist auch wichtig, dass die Art der inhaltlichen Analyse und Planung weitgehend gleich ist. Probleme können also dann bereits auftreten, wenn in einem Unternehmen strategische Planung als Aufzeigen von Visionen und Szenarien verstanden und praktiziert wird und im anderen Unternehmen auch für einen Zeitraum von beispielsweise fünf Jahren in quantitativen Zahlen bis hin zu Planerfolgsrechnungen und Planbilanzen geplant wird.

Ein anderer Aspekt ist hiermit noch verbunden: Bei einem kürzeren Planungshorizont ist in der Regel die Fähigkeit und Bereitschaft zu flexiblem Handeln bis hin zur Improvisation stärker ausgeprägt. Bei einem längeren auch quantitativ untermauerten Planungshorizont geht das Bestreben dahin, die erforderliche Flexibilität in den definierten Planungskorridor bereits einzubeziehen.

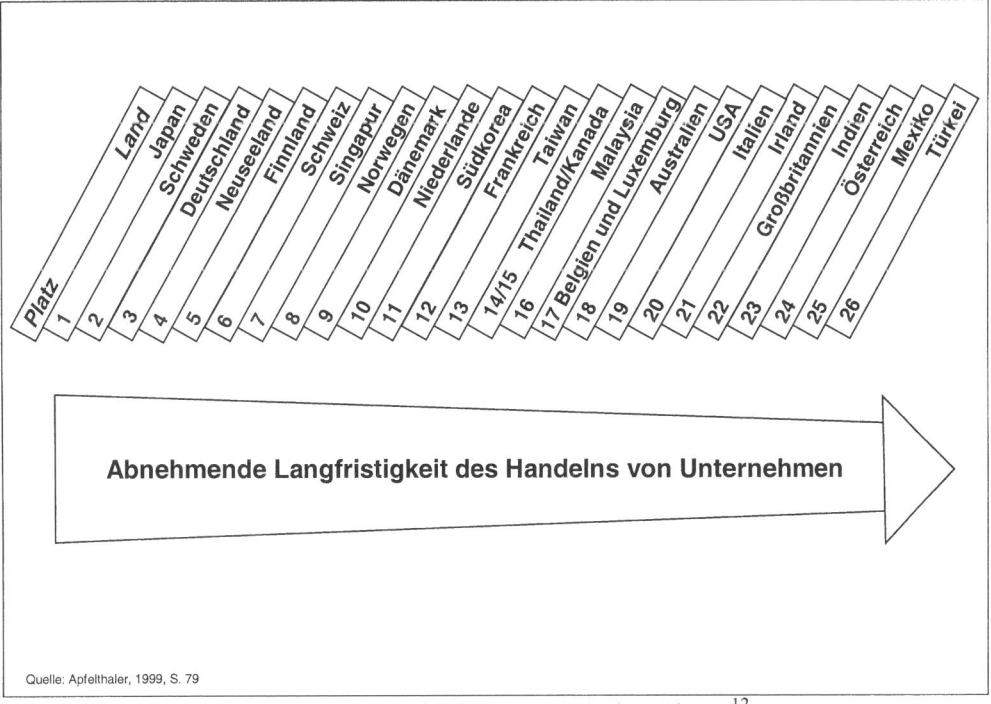

Quelle: Apfelthaler, 1999, S. 79

Abb. 10.1.-4: Landesspezifische Unterschiede im strategischen Planen[12]

Es liegt auf der Hand, dass unabhängig von allen Unterschieden in den Wertvorstellungen und in den heimlichen Motivatoren bereits hierdurch ein nicht unerhebliches Konfliktpotenzial zwischen Managern beider Nationalitäten entstehen kann.

10.1.2. Stufen des Zusammenwachsens von Unternehmenskulturen

Grundsatz: Die kulturelle Integration ist ein langwieriger und schwieriger Prozess.

Probleme bei einer Akquisition oder Fusion entstehen oftmals deshalb, weil das Management zwar die grundsätzliche Bedeutung der Post Merger Integration erkennt, aber zu schnell eine vollständige Integration der Kulturen und des Managements anstrebt. Verkannt wird dabei der deutlich höhere Zeitbedarf für das Zusammenwachsen von Unternehmenskulturen im Vergleich zu der Integration von Wertschöpfungsprozessen und Produkten sowie Technologien. Außerdem wird häufig das Ausmaß an aktivem Transfer oder aktiver Anstrengung und damit

169

an hohem Engagement nicht nur des Topmanagements, sondern aller Führungskräfte und Mitarbeiter falsch eingeschätzt.

Wichtig ist in diesem Integrationsprozess, dass die Stufenfolge, wie sie in Abbildung 10.1.-5 aufgezeigt ist, bewusst durchlaufen wird. Der Zeitbedarf der einzelnen Stufen kann von Unternehmen zu Unternehmen unterschiedlich sein und hängt von der jeweiligen Übereinstimmung der Unternehmenskulturen ab. Generell ist so vorzugehen, dass in der ersten Stufe eine Koexistenz beider Unternehmenskulturen anzustreben ist.

Dies gilt bei einer Fusion selbstverständlich in deutlich stärkerem Maße als bei einer Akquisition. Im letzteren Fall wird die Unternehmenskultur des übernommenen Unternehmens eher von dem übernehmenden Unternehmen einseitig geprägt, auch wenn es nicht empfehlenswert ist, einen »Kulturaustausch« vorzunehmen.

Nicht Koexistenz anzustreben, sondern Koexistenz zu akzeptieren, ohne zu früh und damit vorschnell den Pfad der Integration zu beschreiten, ist die erste Stufe. Sobald Klarheit über die wesentlichen Ausprägungen und Erfolgsfaktoren der beiden Unternehmenskulturen besteht, kann der Integrationsprozess begonnen werden. Generell ist so vorzugehen, dass korrespondierende Inseln gleicher Grundwerte, Einstellungen und Verhaltensweisen ausgemacht werden, um so möglichst schnell eine konfliktfreie Übereinstimmung in bestimmten Feldern zu erreichen. In diesen Bereichen ist damit also bereits ein hohes Maß an Kompatibilität gegeben. Konsensinseln sind die angestrebte Endstufe von korrespondierenden Inseln.

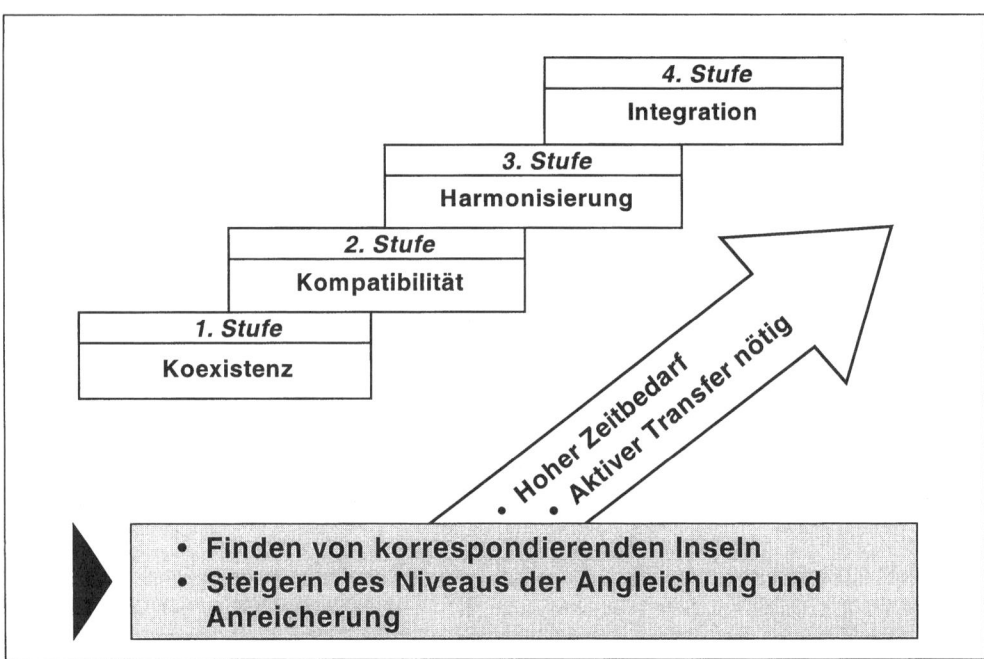

Abb. 10.1.-5: Vier Stufen des Zusammenwachsens von Unternehmenskulturen

Die ersten kulturellen Post Merger Integration-Seminare und -Workshops haben zum Ziel, in einer frühen Phase diese korrespondierenden Inseln aufzudecken, zu präzisieren und nach Möglichkeit zu vergrößern. Von diesen Inseln aus wird – um im Bild zu bleiben – dann die Reise der Harmonisierung fortgesetzt und versucht, die Inseln miteinander zu verbinden, und zu Festland zu machen.

Harmonisierung als dritte Stufe bedeutet, dass in stärkerem Maße ein hohes Niveau und großes Ausmaß an Übereinstimmung nicht nur im Managementbereich, sondern auch im kulturellen Bereich aktiv geschaffen wird. Dies führt dazu, dass erst einmal erkannt werden muss, wo Konfliktpotenziale bestehen, also Felder, die noch nicht ohne weiteres kompatibel und damit noch keine korrespondierenden Inseln in beiden Unternehmen sind. Erst die vierte Stufe ist die Integration: Die eigentliche Verschmelzung der Unternehmenskulturen ist nur über diese Treppe zu erreichen und erfordert oftmals einen mehrjährigen Zeitbedarf.

Wichtig ist generell, dass die Integration auf eine Angleichung hinausläuft, wenn man von dem Fall absieht, dass bewusst nur das Niveau der Koexistenz oder Kompatibilität angestrebt wird und beide Unternehmenskulturen parallel und damit mehr oder weniger isoliert nebeneinander weiterbestehen sollen. Die Integration ist damit auch mehr als eine Harmonisierung, da es zugleich zu einer Anreicherung kommt. Erst wenn Teile von beiden Kulturen in diese neue Kultur eingehen und damit die neue Unternehmenskultur umfassender ist, liegt eine Integration vor. Gleichzeitig kann dieser Prozess oder das Ergebnis dadurch konfliktträchtiger werden.

Bezogen auf die einzelnen Personen und Akteure bedeutet dies, dass in einem kulturellen Lernprozess eine Wissenserweiterung stattfindet, die sich auf Werte, Einstellungen und Verhaltensweisen erstreckt. Sie bezieht sich zum einen auf das Erkennen der eigenen Kulturdeterminanten und zum anderen auf das Erfahren der Determinanten der Unternehmenskultur des neuen Partners.

Das Ziel ist also, psychische Distanz zu anderen Kulturen abzubauen und dadurch die kulturelle Offenheit sowie die durch Lernen entstehende interkulturelle Kompetenz zu vergrößern. Maßgebliche Barrieren sind ein Mangel an Wissen über andere Kulturen, bestehende Vorurteile und wahrgenommene Unterschiede, also Fremdartigkeit.[13]

Dieser Prozess lässt sich gut mit dem Johari-Fenster, das aus der Personalführung bekannt ist, umschreiben.[14] Abbildung 10.1.-6 kennzeichnet dieses Bild. Entscheidend ist, dass der Bereich des eigenen Wissens in zwei Richtungen vergrößert wird.

Zum einen haben die Teilnehmer eines derartigen Prozesses des Zusammenwachsens von zwei Unternehmen die Aufgabe und Möglichkeit, ihren eigenen Wissenshorizont zu erweitern, und Spezifika ihrer Unternehmenskulturen und ihres eigenen Verhaltens besser zu erkennen.[15] Dies bedeutet, dass Sachverhalte und Verhaltensweisen, die bisher nicht bewusst oder sogar nicht bekannt waren, jetzt reflektiert werden und nachvollziehbar sind. Entsprechendes gilt zum anderen auch für die Partner dieses Integrationsprozesses.

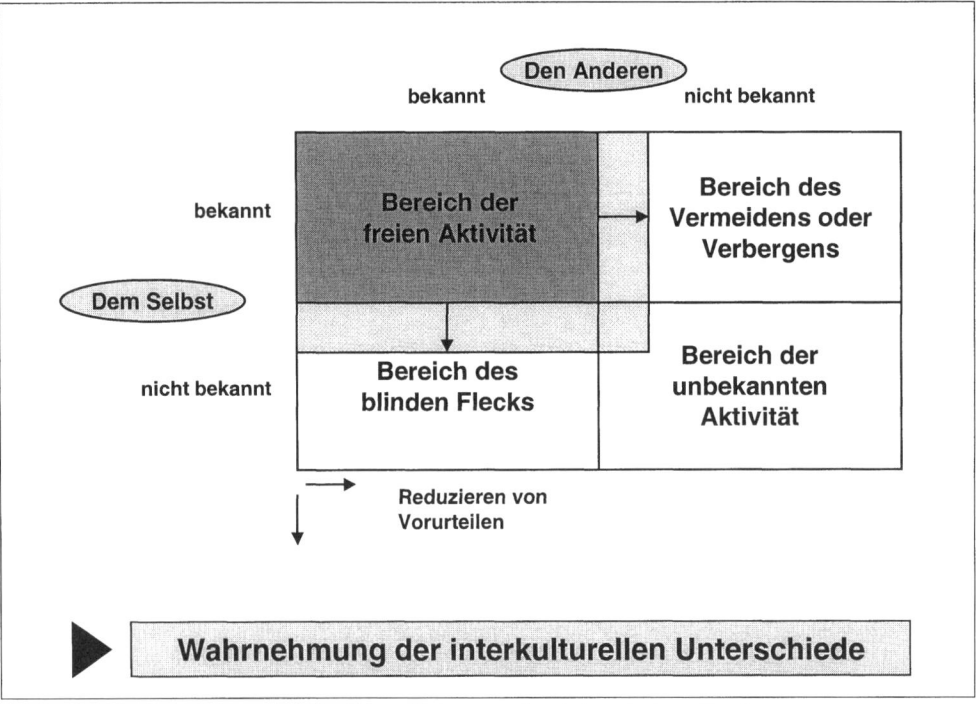

Abb. 10.1.-6: Johari-Fenster: Wissenserweiterung durch interkulturelles Lernen

Das Ziel ist bezogen auf beide Entwicklungsrichtungen, dass der Bereich des blinden Flecks und der Bereich des Vermeidens oder Verbergens, also damit insgesamt des unbekannten A-gierens, nämlich der fehlenden Kenntnis über kulturelle Unterschiede und kulturbasiertes Verhalten, verkleinert wird. Oftmals läuft dies dann auf ein Reduzieren von Vorurteilen hinaus. Im Vergleich zu fundierten Sachurteilen sind gerade derartige Vorurteile wesentliche Gründe für das Scheitern von Integrationsprozessen.

In der Unternehmenspraxis ist die Situation in der Regel so, dass immer eine Orientierung am Verhalten der Führungskräfte erfolgt und dass deshalb dieser Integrationsprozess von oben vorgelebt werden muss. Das heißt, wenn das Topmanagement der beiden Unternehmen sich nicht versteht, wird auch der vielleicht nachvollziehbare, vorhandene Wille der Führungskräfte verschiedener Managementebenen und auch der Mitarbeiter zu einer guten Zusammenarbeit nicht realisierbar sein. Der Grund liegt darin, dass das Führungsverhalten konkrete Vorgaben macht und damit dieser Integrationsprozess bei Konflikten auf der Topmanagementebene deutlich behindert wird oder dass dieses Vorleben, Abqualifizieren und Abwerten der Kultur des neuen Partnerunternehmens vom nachgeordneten Management einfach unkritisch übernommen wird.

10.2. Befürchtungen und Vorbehalte

> Grundsatz: Der kulturelle Integrationsprozess muss am Individuum sowie seinen Bedürfnissen und Anforderungen ansetzen.

Dieser angestrebte Prozess der Assimilation und Integration ist in der Regel kein Selbstgänger, sondern muss gezielt und intensiv gestaltet und gesteuert werden. Eine Grundvoraussetzung dabei ist, dass nicht nur in Kategorien des Gesamtunternehmens und seiner wesentlichen Teile gedacht und gehandelt wird. Vielmehr ist nahezu jedes Problem auf die Sichtweise und Perspektive der betroffenen Individuen herunterzubrechen. Wird dies nicht gesehen und getan, dann entstehen trotz aller strategischen Synergiepotenziale operativ Bremseffekte und Reibungsverluste, die den gesamten M&A-Erfolg nachhaltig in Frage stellen und reduzieren können. Viele der in Kapitel drei aufgeführten und analysierten Gründe für das Scheitern oder zumindest die gravierenden Probleme bei der Umsetzung von Fusionen und Akquisitionen werden durch die folgenden Ausführungen besser nachvollziehbar.

Abgesehen von den wenigen Fällen, bei denen eine Fusion oder Akquisition auch bei Führungskräften und Mitarbeitern auf Dauer einhellig Akzeptanz oder sogar Begeisterung hervorruft, ist auch bei einer positiven Grundeinstellung, wie sie bei einer Wachstumsakquisition bzw. -Fusion zu verzeichnen ist, nicht selten folgender Phasenablauf vorzufinden. Die anfängliche Begeisterung weicht aufgrund der dennoch auftretenden Probleme einer Ernüchterung. Im Falle einer M&A-Aktivität mit einer von vornherein erkennbaren Rationalisierungsnotwendigkeit verläuft der emotionale Prozess bei gravierenden Veränderungen üblicherweise in drei Hauptphasen:

Phase 1: Schock und Benommenheit,

Phase 2: Leidensdruck und

Phase 3: Lösungsbereitschaft.[16]

Wie ersichtlich ist, entspricht dies dem üblichen Phasenschema beim Auftreten gravierender Probleme genereller und persönlicher Art. So ist dieser Ablauf auch bei tiefgreifenden Change-Management-Prozessen nachzuvollziehen. Da dies erkannt ist, kommt es also darauf an, im Management frühzeitig und gezielt zu reagieren.

Die in dieser Hinsicht auftretenden Probleme sind umso größer, je stärker die Unternehmenskulturen der zukünftigen Partner sind. In gleicher Weise werden die Probleme größer sein, wenn es sich bei dem Zusammengehen der Unternehmen nicht um eine Wachstums-Fusion, sondern um eine Rationalisierungs-Fusion respektive -Akquisition handelt. Der strategische Fit zur Verstärkung der Kernkompetenzen ist im zweiten Fall deutlich geringer, so dass ein erheblicher Restrukturierungsaufwand im neu gebildeten Unternehmen erforderlich ist. Er bezieht sich in der Regel nicht nur auf Marktleistungen und Vertriebsgebiete, vielmehr immer auch auf

Personen in beiden Unternehmen. Bei einer Akquisition sind primär die Führungskräfte und Mitarbeiter des Target davon betroffen.

In Abbildung 10.2.-1 sind die wesentlichen Felder der Veränderung wiedergegeben[17], auf die im Folgenden im Gesamtzusammenhang eingegangen wird. Es liegt auf der Hand, dass sich hieraus nicht nur Probleme ergeben müssen, sondern sich nach einer Fusion oder Akquisition – zumindest für einen Teil der Beschäftigten – hieraus auch klare Chancen ergeben können.

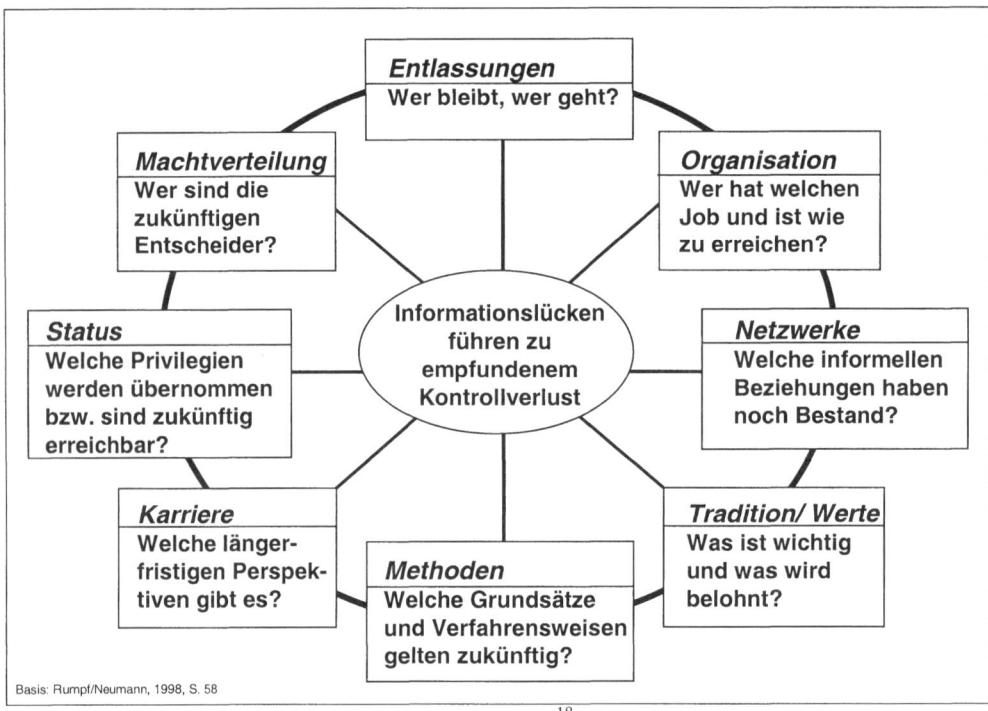

Abb. 10.2.-1: Acht Felder der Veränderung bei M&A[18]

Insbesondere wenn die Entscheidungen über neue Strukturen und die damit verbundenen Neubesetzungen von Stellen relativ spät getroffen werden, verursacht die bestehende Unklarheit ein hohes Maß an Unsicherheit und Befürchtungen. Im neuen Unternehmen entsteht dann von Anfang an ein interner Konkurrenzkampf zwischen den Mitgliedern der beiden bisherigen Unternehmen als Wettbewerb um jede einzelne neu geschaffene Position. Nun ist ein interner Wettbewerb im Unternehmen grundsätzlich gut, da er bisher schlummernde Kräfte und Anstrengungen mobilisiert und aktiviert. Bei einer Fusion oder Akquisition gilt dies jedoch nicht uneingeschränkt, so dass in dieser Situation ein derartiger Wettbewerb eher schlecht, weil kontraproduktiv ist. Denn unter dieser Maßgabe bilden sich von Anfang an zwei Lager, und es gibt im Ergebnis nur Sieger oder Verlierer um eine Position und damit das Verbleiben im Unternehmen. Der zukünftige Integrationsprozess wird dadurch von vornherein erschwert oder sogar entscheidend beeinträchtigt.

Angst und Widerstand entstehen vor allem dadurch, dass aufgrund jetzt geltender anderer Methoden eine erhöhte Befürchtung dahingehend besteht, Fehler zu machen. Die Situation wird verschärft, wenn hierauf bezogen oder sogar generell zu wenig Informationen in diesem Prozess des Veränderns und Zusammenwachsens gegeben werden. Besteht also keine Information über die jetzt geltenden Grundsätze und Verfahrensweisen, dann werden aus diesem Grunde Entscheidungen eher hinaus geschoben. Diese Verzögerungen beziehen sich auf das Tagesgeschäft und auf den Integrationsprozess, so dass die hierdurch entstehenden Probleme potenziert werden. Die Unsicherheit wird dann noch vergrößert, wenn Veränderungen ohne vorherige Information durchgeführt werden oder zumindest nachträglich Erklärungen und Begründungen für diese Veränderungen gegeben werden.[19] Da in einem derartigen Veränderungsprozess der bisherige Status, die erworbene Macht und Freiheit sowie Privilegien und wichtige persönliche Netzwerke zur Disposition stehen, werden die Unsicherheit und die Lähmung des ganzen Unternehmens noch verstärkt.

Die entstehenden Ängste lassen sich bei Veränderungsprozessen in drei Gruppen unterscheiden:

1. Konfliktängste, die das Unbehagen vor – unbekannten und bisher ungewohnten – Auseinandersetzungen kennzeichnen.

2. Versagensängste als Unbehagen vor dem eigenen, aber auch fremden Unvermögen.

3. Verlustängste, also das angesprochene Unbehagen vor dem Verlust von erworbenen Besitzständen und Entwicklungsmöglichkeiten.[20]

Es liegt auf der Hand, dass das beschriebene Merger-Syndrom erhebliche Stresssituationen entstehen lassen kann, die zu Fehlreaktionen und Kurzschlusshandlungen führen können. Dabei geht es zum einen um Fakten, also den Verlust von Kontrolle über die eigene Situation, zum anderen um Empfinden, also um den Verlust von Sicherheit, und zum dritten um Befürchtungen, insbesondere hervorgerufen durch Gerüchte.[21] Dies kann dazu führen, dass sich Mitarbeiter gegenüber der veränderten Situation mental und emotional immunisieren. Mit anderen Worten werden Veränderungen möglichst lange hinausgezögert und damit nicht umgesetzt.

Hinzu kommt, dass sich die qualifiziertesten Führungskräfte und Mitarbeiter beider Unternehmen diesem internen Stress und Wettbewerb nicht aussetzen wollen und müssen. Sie werden sich deshalb am ehesten bei anderen Unternehmen bewerben und auch sehr schnell eine neue Stelle entsprechend ihren Vorstellungen bekommen. Oder der Prozess ist noch einfacher: Headhunter erkennen das sich auftuende Problem und haben ein breites und ertragreiches Feld für erfolgreiche Personalvermittlungen. In der Konsequenz geht mit den abwandernden Führungskräften und Mitarbeitern wichtiges Wissen verloren und zugleich sinkt im neu geschaffenen Unternehmen nicht nur das Qualifikations- und Kompetenzniveau der Beschäftigten, sondern zusätzlich auch die Integrationsgeschwindigkeit von Prozessen und Strukturen.

Teilt man diese Sichtweise, dann kommt es im Integrationsprozess maßgeblich darauf an, Einstellungen dadurch zu prägen, dass Botschaften frühzeitig und nachhaltig gesetzt werden. Das

Spannungsfeld bewegt sich dabei immer in dem Dreieck »Ich – Wir – Die«. Dieses »Us-versus-Them-Syndrom«[22] ist in Abbildung 10.2.-2 im Hinblick auf die damit verbundenen Befürchtungen und Vorbehalte dargestellt. Generell geht es darum, eine »Wagenburgmentalität« und damit Feinbilder zu vermeiden, die allen Integrationsanstrengungen entgegen steht.

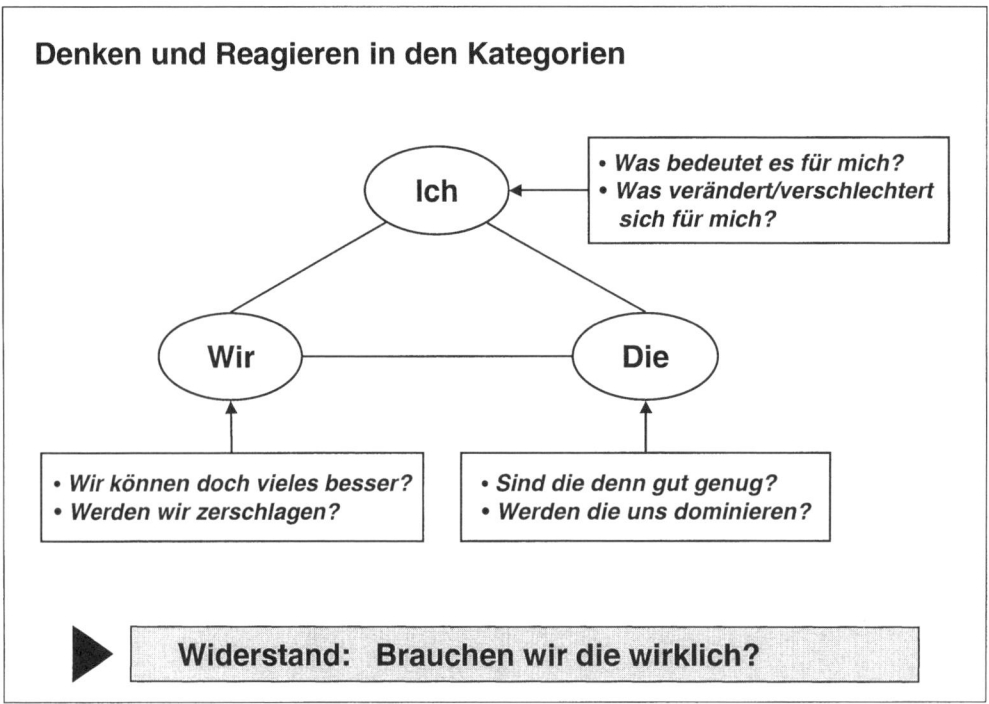

Abb. 10.2.-2: Befürchtungen und Vorbehalte

Der Blickwinkel, also das Denken und Reagieren, reduziert sich hierdurch sonst entscheidend. Denn zunächst wird immer die Frage gestellt, was sich für einen selbst verändert respektive verschlechtert. Die Unsicherheit verstärkt das Zurückziehen in die bisherige vertraute soziale Gruppe, nämlich das vorher bestehende Unternehmen. Hierdurch entsteht Reaktanz gegen die Akquisition oder Fusion: Die eigene Kompetenz und die negativen Folgen des Auseinanderbrechens des bisherigen Unternehmens werden eher überbewertet.

Dies korrespondiert in der Regel mit einer Abwertung des zukünftigen Partners, und zwar, ob »Die« überhaupt gut genug sind für ein Zusammengehen, insbesondere bezogen auf die Produkte bzw. Marktleistungen, die Prozesse und Strukturen sowie das Management. Dem eigenen Unternehmen wird zum Beispiel deutlich mehr Markt- und Kundennähe sowie weniger Bürokratie zugeschrieben. Besteht dann die Befürchtung, dass das andere Unternehmen eine dominierende Rolle nach dem Zusammengehen einnehmen wird, gipfelt der Widerstand schnell in der Grundsatzfrage: Brauchen wir die wirklich? Diese Frage stellt sich dann nicht nur für das übernommene Unternehmen, sondern aufgrund der zu erwartenden gravierenden

Veränderungen auch für das übernehmende Unternehmen. Verbunden ist dies mit der entstehenden Einstellung, dass der neue Partner sich auf unsere Kosten nur Vorteile verschaffen will, uns also etwas wegnehmen will und von vielen Dingen, die für den Markterfolg wichtig sind, zu wenig Ahnung hat. Im Ergebnis bezieht sich das Wir-Gefühl also immer nur auf das »alte« Unternehmen und nie auf das »neue« Unternehmen. Im Extremfall führt es dazu, dass die Vergangenheit des eigenen Unternehmens verklärt und romantisiert wird. Die Integration ist allein durch diese emotionalen Kategorien stark gefährdet.

Die entscheidende Frage ist, ob und wie diese negativen Effekte von vornherein vermieden werden können. In Abbildung 10.2.-3 sind – neben den im Kapitel neun angesprochenen sehr wichtigen Kommunikationsmaßnahmen – drei wesentliche Ansatzpunkte aufgelistet. Sie beziehen sich alle auf Sachinhalte, haben aber generell zum Ziel, die Kommunikation für die angestrebte Integration zu lenken und zu verstärken. Alle drei Maßnahmen sind dabei zeitkritisch. Sie müssen also möglichst schnell in die Wege geleitet oder schon durchgeführt werden, um negativen Einstellungen, Vorbehalten, Befürchtungen und Widerständen zuvor zu kommen.

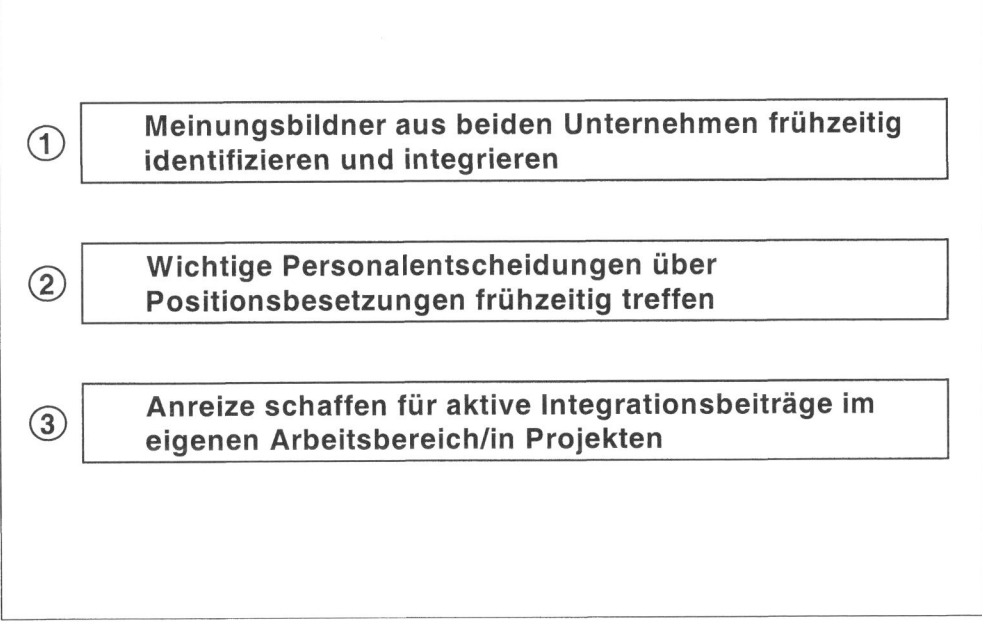

Abb. 10.2.-3: Maßnahmen zur Integration

Als erstes sind sehr schnell Integrationsteams aus beiden Unternehmen zu bilden. Dies gilt nicht nur für Fusionen, sondern auch bei Akquisitionen, auch wenn dort die Schwerpunkte – wie beschrieben – anders gesetzt sind. Die Einbeziehung der Mitarbeiter des Target in den Prozess des Zusammenwachsens ist eine wesentliche vertrauensbildende Maßnahme. Dies wird verstärkt, wenn wichtige Entscheidungen offen gelegt und damit begründet werden, so dass ein transparenter Prozess entsteht. Dadurch, dass Meinungsbildner aus beiden Unternehmen in diesen Integrationsteams mitwirken, setzen und verstärken sie die Botschaften in Richtung Integration.

Die bereits angesprochene Notwendigkeit, dass Personalentscheidungen und Positionsbesetzungen frühzeitig erfolgen, verringert die Gefahr von subversivem Verhalten sowie den Vorwurf der »Mauschelei« als undurchsichtige Prozesse. Denn es wird dann unterstellt, dass die Auswahl nach der Zugehörigkeit zur »richtigen« Gruppe und nicht nach der höchsten Fachkompetenz erfolgt. Proporzdenken bei der Stellenbesetzung in einem Fusionsprozess ist damit dem Ziel eines hohen Kompetenzniveaus im Unternehmen ebenfalls oft nicht förderlich.

Verstärkt werden die Integrationsbemühungen zusätzlich, wenn gezielt Anreize für aktive Integrationsbeiträge in dem jeweiligen Einflussbereich der Betroffenen, also am eigenen Arbeitsplatz oder in Projekten, geschaffen werden. Dies läuft im Ergebnis darauf hinaus, dass Integrationserfolge auch bewusst kommuniziert und gefeiert werden. Dieses Vorgehen und Verhalten darf nicht überschätzt, in seiner Wirkung aber auch nicht unterschätzt werden. Der deutschen Mentalität entspricht dies deutlich weniger als beispielsweise der amerikanischen: Dem deutschen Wesen ist eher eigen, in Veränderungsprozessen das Negative zu sehen, als das Positive herauszuarbeiten. Derartige kulturelle Unterschiede in der Einstellung und im Verhalten sind bei der Steuerung und Gestaltung eines Integrationsprozesses unbedingt zu berücksichtigen.

10.3. Kulturelle Unterschiede zwischen Deutschen und Amerikanern

> Grundsatz: Bereits bei auf den ersten Blick relativ ähnlichen Kulturen können bedeutende kulturelle Unterschiede auftreten.

Beispielhaft werden in diesem Kapitel kulturelle Unterschiede zwischen Deutschen und Amerikanern angesprochen. Eine größere Anzahl von Fusionen fand und findet gerade zwischen diesen beiden Wirtschaftsnationen statt. Vordergründig sind viele der Meinung, dass die gemeinsamen Wurzeln und das einheitliche Grundverständnis bezogen auf Managementfragen und den zivilisatorischen Standard automatisch zu einem hohen Maß an Übereinstimmung führen.

Vergleicht man z.B. die Einschätzung eines Unternehmensbankrottes durch eine amerikanische und eine deutsche Führungskraft, so zeigt sich, dass deutsche Manager danach als »erledigt« gelten, also i.d.R. keine anspruchsvollen Tätigkeiten in einem neuen Job erwarten können, da sie bereits einmal gescheitert sind. Die amerikanischen Manager gelten danach häufig als »erfahren« im Umgang mit solchen Problemen und werden deshalb in einem neuen Job eher in der Lage sein, aufgrund der gemachten Erfahrungen einen erneuten Bankrott zu vermeiden.

Bereits aus Abbildung 10.1.-4 war erkennbar, dass bei dem Kriterium der Langfristigkeit des Handelns[23] deutliche Unterschiede zwischen beiden Wirtschaftsnationen bestehen. Dies wird durch die Analyse von Trompenaars/ Hampden-Turner[24] bezogen auf nationale Eigenarten anhand von zwei Dimensionen noch verstärkt (siehe Abbildung 10.3.-1).

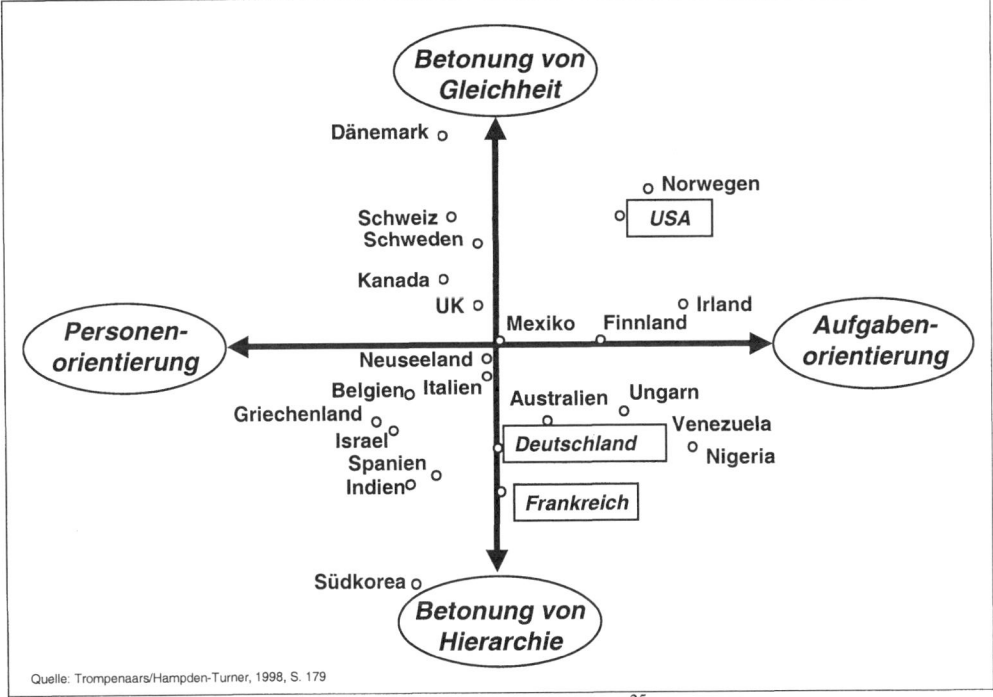

Quelle: Trompenaars/Hampden-Turner, 1998, S. 179

Abb. 10.3.-1: Nationale Eigenarten der Unternehmenskultur[25]

Unterschieden wird dabei horizontal in eine stärkere Aufgabenorientierung und in eine stärkere Personenorientierung. Vertikal wird differenziert zwischen einer stärkeren Betonung von Hierarchie als Über- und Unterordnung und einer stärkeren Betonung von Gleichheit als Teamorientierung. Wie aus dieser Analyse erkennbar ist, werden die USA im Hinblick auf die dort vorherrschenden Unternehmenskulturen auf der Diagonalen zwischen der Aufgabenorientierung und einer starken Teamorientierung eingeordnet. Im Vergleich dazu sind deutsche Unternehmen in viel stärkerem Maße hierarchisch orientiert, auf der Dimension zwischen Person und Aufgabe liegen sie in der Mitte und damit in einer klaren Balance.

Diese Unterschiede führen dazu, dass Führungskräfte unterschiedlicher Ebenen und auch Mitarbeiter in ihrer Wahrnehmung und Bewertung, geprägt durch Grundannahmen und Werte, zu verschiedenen Ansichten und Ergebnissen kommen. Beispielhaft sollen diese Unterschiede an zwei Dimensionen in den Abbildungen 10.3.-2 und 10.3.-3 aufgezeigt werden. Es liegt auf der Hand, dass sowohl die vorstehenden als auch die folgenden Ausführungen als Stereotypen etwas vergröbernd sind und deshalb individuelle Unterschiede nicht berücksichtigen. Dennoch kann davon ausgegangen werden, dass sie eine generelle Aussagekraft besitzen.

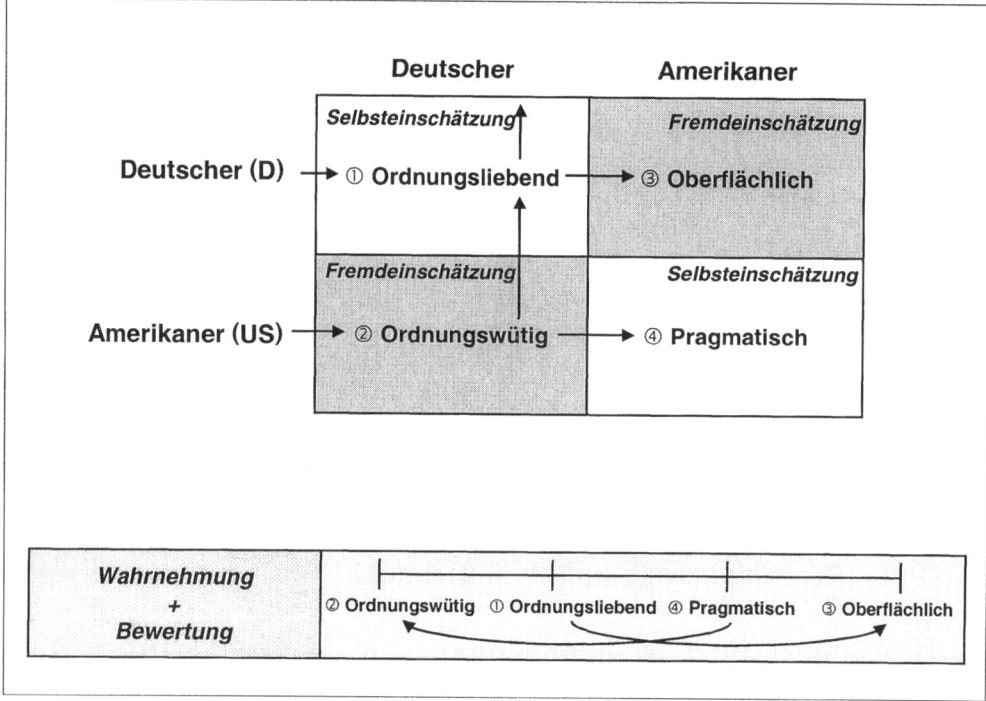

Abb. 10.3.-2: Unterschiede in der Selbst- und Fremdeinschätzung des Arbeitsstils

Wie die Darstellung erkennen lässt, entstehen Konflikte durch unterschiedliche Ausprägungen bei der Selbsteinschätzung und bei der Fremdeinschätzung. Eine deutsche Führungskraft bewertet ihren Arbeitsstil in der Selbsteinschätzung beispielsweise, wie in Abbildung 10.3.-2 gezeigt, als ordnungsliebend (①). Im Vergleich hierzu bewertet ein Amerikaner seinen deutschen Kollegen in einer Fremdeinschätzung eher als ordnungswütig (②).[26]

Die deutsche Führungskraft bewertet hingegen die Verhaltensweise des Amerikaners als eher oberflächlich (③). Der Amerikaner selbst sieht sich im Vergleich zu dem Verhalten des deutschen Kollegen in der Selbsteinschätzung als ausgesprochen pragmatisch (④).

Ordnet man die Ausprägungen der Wahrnehmung und Bewertung auf dieser Dimension an, dann zeigt sich, dass Konflikte vor allem dann entstehen, wenn die Selbsteinschätzung, also die Einschätzung der eigenen Person und die Fremdeinschätzung des Verhaltens des Partners nicht gleich bzw. nicht unmittelbar benachbart sind. Ist Gleichheit gegeben, dann liegt das höchste Maß an den – bereits angesprochenen – korrespondierenden Inseln der beiden Unternehmenskulturen vor. Wenn die Ausprägungen benachbart sind, lässt dies den Schluss zu, dass Reibungspotenzial vorhanden ist, aber keine starken Konflikte wahrscheinlich sind.

Obwohl die beiden Selbsteinschätzungen ordnungsliebend und pragmatisch unmittelbar beieinander liegen, ist das jeweilige Ausprägungspaar eines Akteurs für die Selbsteinschätzung und Fremdeinschätzung deutlich unterschiedlich. Bei der deutschen Führungskraft ist es für den Bereich der Selbsteinschätzung ordnungsliebend und für die Fremdeinschätzung oberflächlich. Bei der amerikanischen Führungskraft ist es für die Selbsteinschätzung pragmatisch und für die Fremdeinschätzung ordnungswütig.

In entsprechender Weise lässt sich dieses Klassifikationsschema auch auf das in Abbildung 10.3.-3 wiedergegebene Beispiel der Problembehandlung anwenden.

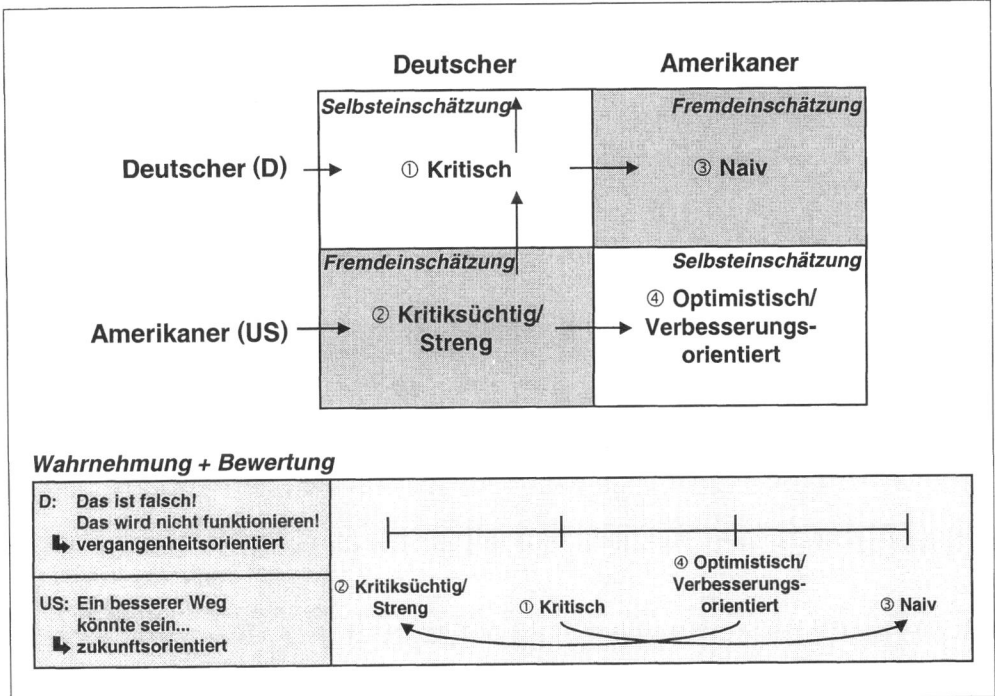

Abb. 10.3.-3: Unterschiede in der Selbst- und Fremdeinschätzung der Problembehandlung

In der Selbsteinschätzung billigt sich der deutsche Manager zu, kritisch zu sein (①). Die Fremdeinschätzung des Amerikaners bezüglich des Deutschen ist eher, dass der deutsche Manager kritiksüchtig und streng ist (②).[27] Im Vergleich dazu kommt der Deutsche für den Amerikaner zu einer Fremdeinschätzung, dass dieser eher naiv ist (③), die Selbsteinschätzung des Amerikaners hingegen ist die, dass er sich und sein Verhalten optimistisch und verbesserungsorientiert (④) einschätzt.

In der Wahrnehmung und Bewertung führt dies dazu, dass das typische Verhalten der deutschen Führungskraft sich darin äußert, dass er Dinge, die nicht funktionieren, offen als falsch beurteilt und von seiner Sichtweise eher vergangenheitsorientiert ist. Der Amerikaner billigt sich in stärkerem Maße zu, dass er positiv nach dem besseren Weg sucht und damit stärker zukunftsorientiert denkt und handelt.

In Entsprechung zur Klassifikation in Abbildung 10.3.-3 gilt auch hier, dass die Ausprägungen für die Selbsteinschätzungen benachbart sind, aber in diesem Fall bereits einen deutlichen Unterschied in der kognitiven und vor allem in der affektiven Ausrichtung erkennen lassen. Dies wird durch die Distanz zwischen der Selbst- und Fremdeinschätzung bei jedem Partner noch verstärkt. Gerade der Bereich des Umgangs mit Kritik und Verbesserungspotenzialen birgt also ein sehr hohes Konfliktpotenzial im Management bei derartigen Integrationsprozessen in sich.

Von diesem Standpunkt aus sind auch im Beispiel der Integration von DaimlerChrysler viele der Integrationshürden nachvollziehbar und erklärbar. Die Schwierigkeiten eines derartigen Zusammenwachsens waren dem Management bereits zu Beginn des Integrationsprozesses bewusst. Im November 1998 hat Jürgen E. Schrempp in einem Interview mit dem Managermagazin betont: „Es gibt zwei Punkte, auf die wir wirklich aufpassen müssen: Schaffen wir die Integration der Kulturen und den Erhalt der Markenidentität?"[28]. Im April 1999, fünf Monate nach dem offiziellen Zusammenschluss der beiden Unternehmen, hat er im Rahmen der Bilanzvorlage ausgeführt, dass DaimlerChrysler alle Sachthemen in zwei bis drei Jahren im Griff haben werde. Die angekündigten Synergiewirkungen in einer Höhe von 1,3 bzw. 1,4 Mrd. US-$ werden ebenfalls bereits 1999 erreicht. Der menschliche Integrationsprozess werde aber mindestens fünf Jahre dauern.[29]

Hieran wird deutlich, dass auch dieses Wissen und dieses Bewusstsein nur begrenzt hilft, derartige Probleme des Zusammenwachsens von zwei Unternehmenskulturen von vornherein zu vermeiden. Dies unterstreicht noch einmal die Schwierigkeiten des interkulturellen Lern- und Integrationsprozesses. Zugleich macht es auch deutlich, dass alle Investitionen in Sachgüter, wie Technologien, Produkte und Gleichteile in der Wertschöpfungskette, nicht ausreichen, um den zukünftigen Erfolg des Unternehmens sicherzustellen, wenn die Investitionen in die Menschen und ihr Zusammenwachsen im Hinblick auf Einstellung, Wahrnehmung, Bewertung und Verhalten nicht groß genug sind und vor allem nicht früh genug durchgeführt werden.

Allerdings trifft für die vorstehenden und die anschließenden Aussagen immer stärker der folgende Sachverhalt zu: Durch die zunehmende Globalisierung der Unternehmen und ihrer Wirtschaftsaktivitäten sowie durch die verstärkte, international ausgerichtete Ausbildung an Universitäten mit Studienaufenthalten in anderen Ländern bereits in jungen Jahren und nicht zuletzt durch immer häufigere berufliche Auslandsaufenthalte verwischen sich diese Unterschiede immer mehr. Allerdings treten sie genau durch diese Entwicklungen zunächst deutlich stärker zu Tage, bevor sie über das Finden einer gemeinsamen Basis eher an Bedeutung verlieren. Gegenwärtig sind wir allerdings noch überwiegend in der ersten Phase dieses Prozesses, so dass eine Nivellierung der Unterschiede erst in Zukunft stärker einsetzen wird. Eine Entwicklung ist dabei vorgezeichnet: So wie es immer weniger auf das Label »Made in Germany«, sondern beispielsweise mehr auf »Made by IBM« ankommt, wird in Zukunft nicht die nationale Kultur bezogen auf die Unternehmenswelt, sondern die bewusst geprägte und gestaltete einzelne Unternehmenskultur im Vordergrund stehen.

10.4. Kulturelle Unterschiede zwischen Deutschen und Franzosen

> Grundsatz: Missverständnisse zwischen verschiedenen Unternehmenskulturen beginnen häufig bereits auf der Sprachebene.

Die unterschiedliche Auffassung und Interpretation von gleichen Begriffen soll im Folgenden beispielhaft zwischen Franzosen und Deutschen als geographisch benachbarten Nationen und Kulturen aufgezeigt werden. Im Kern geht es darum, sich bewusst zu sein, dass bestimmte identische Begriffe in ihrer Bedeutung zum Teil mit erheblichen Unterschieden belegt werden. Dies ist mit ein Grund, dass sich unterschiedliche Sprachnationen auf Englisch als Konferenzsprache einigen. Die Verständigung wird dadurch oftmals einfacher und besser. Die Fehlinterpretationen von Begriffen werden damit aber keinesfalls behoben, da jeweils immer der englische Begriff in die eigene Sprache rückübersetzt und dann auch mit dem jeweiligen Sinngehalt des Kulturkreises verbunden wird. Hinzu kommt, dass der englische Begriff in einem englisch formulierten Kontext oft noch einmal anders interpretiert wird als in der jeweiligen Landessprache.

Dies haben beispielsweise Siemens Nuclear Power GmbH und Framatome im Rahmen der intensiven Verhandlungen für ein Joint Venture erfahren, die zu Beginn des Jahres 2001 zu einem gemeinsamen Energiedienstleister mit 13.000 Mitarbeitern führten.[30]

Die Unterschiede sind vor allem dadurch begründet, dass auf beiden Seiten zum Teil erhebliche Unterschiede in den Erwartungen bezüglich der Art der Zusammenarbeit bestehen. Dies gilt beispielsweise für Meetings. Französische Führungskräfte erwarten nicht unbedingt einen pünktlichen Beginn, ein sofortiges Eintauchen in die Themen und eine präzise Tagesordnung. Diskussionen sind offen, die Teilnehmer unterbrechen sich häufig und eine abschließende Entscheidung wird nicht sofort erwartet. Sie wird eher durch ein oder zwei Top-Führungskräfte anschließend getroffen. Deutsche Führungskräfte hingegen erwarten, dass die Besprechung pünktlich beginnt und sofort inhaltlich geführt wird, eine detaillierte Agenda vorliegt und vor allem auch ein Konsens gefunden wird und konkrete Entscheidungen getroffen werden. Abbildung 10.4.-1 zeigt einige weitere signifikante Beispiele für Missverständnisse.[31]

Wie diese Auflistung deutlich macht, gibt es eine nicht zu unterschätzende Anzahl von »False Friends«. Bezogen auf Franzosen und Deutsche sind beispielsweise circa 150 solcher in der Bedeutung unterschiedlich interpretierter Worte identifiziert worden. Wie die Beispiele in der Abbildung zeigen, sind die Unterschiede nicht immer sehr groß und offensichtlich, aber in ihrer Auswirkung bezogen auf die Einschätzung einer Situation und die Zusammenarbeit oft erheblich.

So ist für einen Franzosen der Begriff Katastrophe kennzeichnend für eine beiläufige Übertreibung eines kleineren Problems. Für eine deutsche Führungskraft vermittelt der Begriff das Ausmaß eines größeren Erdbebens. Es steht außer Frage, dass es sich kein Unternehmen leisten kann, diese Unterschiede von Bedeutung und Inhalt zu ignorieren oder erst im Zeitablauf mühsam zu lernen. Dann haben die Missverständnisse oftmals bereits so viele zusätzliche Schwierigkeiten geschaffen, dass – unabhängig von allen inhaltlichen Problemen – der Prozess des Zusammenwachsens ernsthaft behindert wird. Die Lösung kann deshalb nur in frühzeitigen Trainings für Führungskräfte beider M&A-Partner bestehen.

Französisch	Deutsch	Französisch	Deutsch
Catastrophe		**Partnership**	
Catastrophe	**Katastrophe**	**Partenariat**	**Partnerschaft**
Oft als beiläufige Übertreibung eines kleineren Problems genutzt	Ein ernsthaftes Unglück, ein Problem größeren Ausmaßes	Ein notwendiges Übel, es sei denn, einer kontrolliert die Mehrheit, oder es gibt gute Beziehungen zwischen allen Hauptbeteiligten	Eine anzustrebende Einigung bei unterschiedlichen Interessen, einer der Schlüssel des wirtschaftlichen Erfolges von Deutschland
Compromise		**Critique**	
Compromis	**Kompromiss**	**Critique**	**Kritik**
Nur Verlierer gehen Kompromisse ein. Wird als Schwäche angesehen, kann die Motivation mindern	Übereinkunft durch beiderseitige Zugeständnisse, eine realistische anzustrebende Lösung	Kritik an Details wird als negativ und destruktiv angesehen. Der kritische französische Geist stellt ein ganzes Projekt oder den Lösungsansatz in Frage und bringt Deutsche zur Verzweiflung	Kritik an Details wird als konstruktiv angesehen, demonstriert Kompetenz und Commitment / Engagement. Schafft Klarheit und unterstützt den Entscheidungsprozess
Efficiency		**Teamwork**	
Efficacité	**Effizienz**	**Travail d'équipe**	**Teamarbeit**
Erreiche mehr als erwartet. Ziele mit minimalen Mitteln erreichen. Mit dem Unerwarteten umgehen können	Plane die notwendigen Maßnahmen sorgfältig. Erreiche die gesetzten Ziele wirtschaftlich. Vermeide das Unerwartete	Bei guten persönlichen Beziehungen können große Probleme gemeinsam gelöst werden. Einbeziehen aller Teammitglieder	Jeder leistet einen eigenständigen Beitrag zum Wohl des Ganzen. Gute persönliche Beziehungen sind keine Voraussetzung
Strategic plan		**Workshop**	
Plan stratégique	**Strategische Planung**	**Réunion de travail**	**Workshop**
Eine vage Vision der Ziele. Die abzuleitenden taktischen Maßnahmen bleiben offen	Mehrjahresplanung, die durch spezifische Aktionspläne genau umzusetzen und zu erreichen ist	Ein Treffen mit flexibler Tagesordnung zu Themen von unmittelbarer Bedeutung	Genauer Plan existiert, welche Themen diskutiert und Probleme gelöst werden, Resultate sind erforderlich

In Anlehnung an: Woodruff, D.: Getting Past Non and Nein, 21.05.01, S. 25

Abb. 10.4.-1: Unterschiedliche Bedeutungen trotz gleicher Worte[32]

10.5. Die Ebenen des interkulturellen Lernens

Grundsatz: Die vorhandenen »Inseln der Gemeinsamkeiten« sind in einem stufenweisen Prozess zu vergrößern.

Auf der Basis dieser Erkenntnisse lässt sich der Prozess des interkulturellen Lernens bewusst durchlaufen. Unterscheidbar sind dabei sieben Ebenen (siehe Abbildung 10.5.-1).

Die erste Ebene ist die Vorstufe eines derartigen Interkulturellen Lernprozesses, nämlich eine starke Ausrichtung an den ethnischen Besonderheiten, sowohl einer nationalen Mentalität als auch an einer darin gespiegelten Unternehmenskultur.

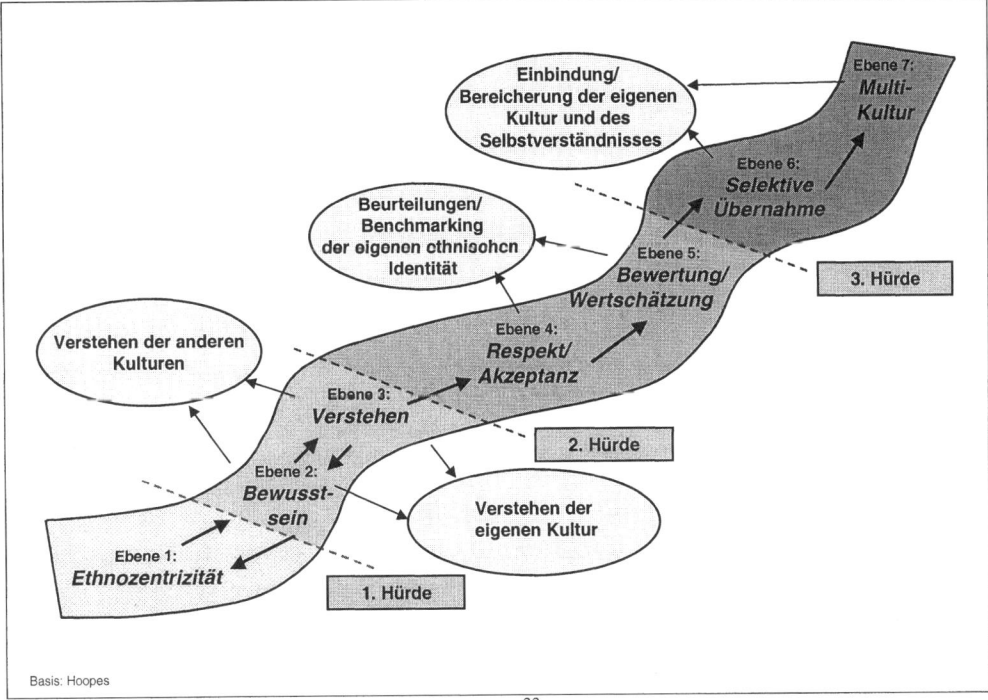

Basis: Hoopes

Abb. 10.5.-1: Ebenen des interkulturellen Lernens[33]

Die zweite Ebene beginnt mit dem Bewusstmachen und Bewusstwerden von kulturellen Unterschieden zwischen der eigenen und der anderen Kultur. Hieran schließt sich das Verstehen dieser kulturellen Unterschiede auf der dritten Ebene an. Durch den Prozess des Bewusstwerdens muss die erste Hürde auf dem Pfad des interkulturellen Lernens überwunden werden.

Dazu gehört auch, dass sprachliche Besonderheiten und Ausdrucksweisen beachtet werden, die Missverständnissen Raum geben. Dies soll am Beispiel einer internationalen Konferenz mit Teilnehmern aus mehreren asiatischen Staaten, darunter auch Thailand, verdeutlicht werden. Am ersten Tag waren die Teilnehmer sehr formell gekleidet. Deshalb die Aufforderung des Konferenzleiters: „Tomorrow no ties, please", also am nächsten Tag ohne Krawatte zu erscheinen. Dies wird von den Teilnehmern aus Thailand als „Tomorrow no Thais, please" verstanden. Diese vermeintliche Aufforderung, die Konferenz zu verlassen, da sie unerwünscht sind, hat sie schockiert.[34]

Die zweite Hürde ist deutlich schwieriger zu überwinden, denn jetzt geht es darum, diesen durchlaufenen kognitiven Prozess in einen affektiven Prozess zu überführen. Die vierte Ebene kennzeichnet Respekt und Akzeptanz für eine andere Unternehmenskultur und ihre Bestandteile. Akzeptanz ist dabei die Grundlage für eine Wertschätzung und damit eine positive Bewertung einer anderen Kultur. Der Übergang von Ebene vier auf Ebene fünf ist dadurch gekennzeichnet, dass jetzt in noch stärkerem Maße eine Bewertung der anderen Unternehmenskultur erfolgt, die im positiven Sinne in einer Wertschätzung endet.

Insgesamt bedeutet dies, dass die eigene Identität in diesem Beurteilungsprozess an der anderen Unternehmenskultur gebenchmarkt wird. Es liegt auf der Hand, dass gerade bei den weichen Faktoren und Bestandteilen einer Unternehmenskultur derartige Bewertungsprozesse schwierig sind.

Die dritte Hürde kann erst dann genommen werden, wenn die Bereitschaft besteht, die Kultur des Partnerunternehmens zu akzeptieren. Damit ist in der Regel eine selektive Übernahme von Werten und Verhaltensweisen verbunden und nicht nur von Artefakten und Attributen. Der Integrationsprozess bleibt also nicht nur an der Oberfläche, sondern er geht tiefer.

Im Ergebnis führt dies auf der sechsten Ebene zu einer Bereicherung der eigenen Kultur und auch zu einer Erweiterung des eigenen Selbstverständnisses. Auf der letzten, siebten Ebene ist dann eine neue, gemeinsam geprägte und getragene Unternehmenskultur erreichbar, die als Multikultur bezeichnet werden kann. Um Missverständnissen vorzubeugen: Damit ist nicht gemeint, dass die bisherige Unternehmenskultur verwässert wird, vielmehr drückt dies aus, dass für beide Seiten neue Elemente hinzugekommen sind. Das Ziel besteht dabei jeweils darin, dass die für den zukünftigen Erfolg wichtigsten Bestandteile übernommen werden. Im Idealfall kann so die neu entstandene Unternehmenskultur stärker sein als die beiden vorher bestehenden Kulturen.

10.6. Trainingskonzepte für interkulturelles Lernen

Grundsatz: Reines Faktenwissen und ausschließliche Sachargumente sind für eine kulturelle Integration nicht ausreichend.

In der betriebswirtschaftlichen Forschung wird bereits seit Beginn der 80er Jahre im Bereich der interkulturellen Kompetenz geforscht. Dieser Managementaspekt hat insbesondere durch die steigende Zahl von Unternehmensübernahmen und -fusionen unterschiedlicher nationaler Zugehörigkeit an Bedeutung gewonnen. Obwohl dieser Stellenwert der interkulturellen Kompetenz angesichts der damit verbundenen Kosten und Risiken unstrittig ist, existiert bisher weder eine einheitliche operationale Definition des Begriffs interkulturelle Kompetenz, noch ist ihr Einfluss auf den Auslandserfolg in einer wissenschaftlichen Studie bisher nachgewiesen worden. In der Vergangenheit wurde die Forschung in diesem Bereich vor allem von Personalwirtschaftlern und Psychologen geleistet, ergänzt durch die Erfahrungen von Unternehmensberatungen. [35]

Ergebnisse der Hirnforschung, die sich auf hirngerechtes Lernen beziehen, können zur Erfüllung der Anforderungen an interkulturelles Lernen genutzt werden. Wie bereits angesprochen wurde, ist neben kognitivem Lernen vorwiegend über die linke Hirnhälfte vor allem auch affektives Lernen über die rechte Hirnhälfte zu ermöglichen (vgl. Abb. 10.6.-1).

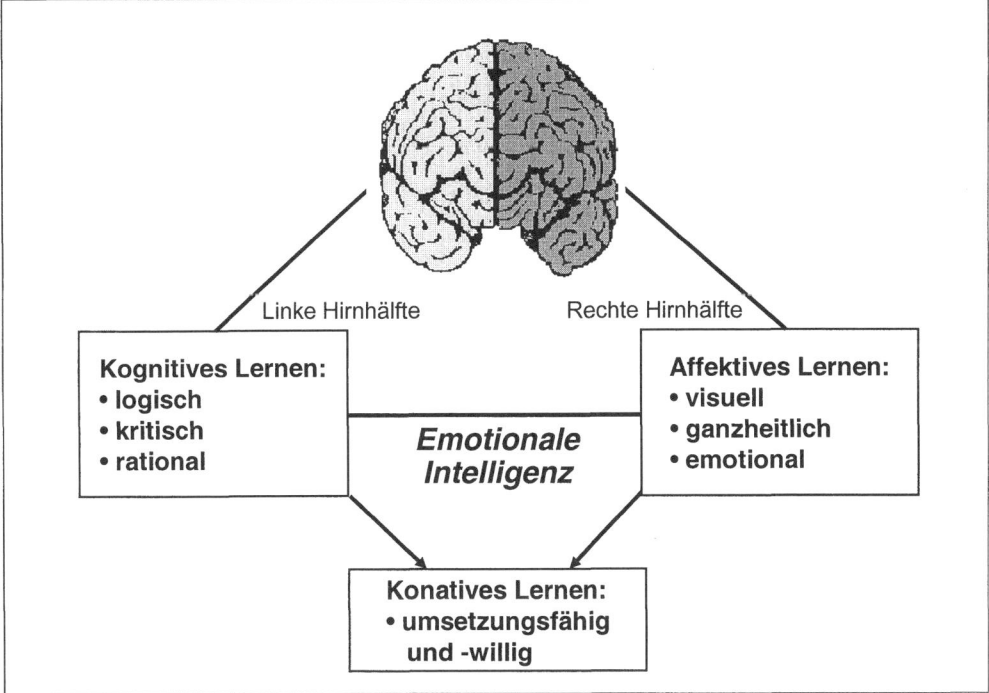

Abb. 10.6.-1 Drei Komponenten des hirngerechten Lernens

Die emotionale Intelligenz als neueres Konzept[36] versucht die strenge Dreiteilung dadurch zu überwinden, dass die Verbindung von Emotion und Kognition eine wesentliche Voraussetzung für Erfolg und dabei insbesondere für Führungserfolg einer Person ist. Dies gilt sicherlich auch in besonderem Maße bei M&A-Prozessen, da hier – wie gezeigt wurde – aufgrund des hohen Grades an Veränderung und Verunsicherung alle verstandesmäßigen Inhalte und Botschaften auch emotional akzeptabel vermittelt und damit »eingepackt« werden müssen. Der innere Widerspruch des Begriffes »emotionale Intelligenz« kennzeichnet dabei zugleich die Anforderung und Schwierigkeit einer derartigen Kombination.

Tragfähig wird sie jedoch erst, wenn hieraus Konation als Handlungs- und Umsetzungsbereitschaft entsteht. Mit anderen Worten ist gerade die bewusste und gekonnte Verbindung von Sachargumenten und Gefühlen in Botschaften die wesentliche Voraussetzung, um das Handeln und Verhalten von Menschen zu beeinflussen. Hieraus abgeleitet ist konatives Lernen als Lernen am praktischen Fall. Nun sind dabei zwei Ausgangssituationen zu unterscheiden, zum einen die Alternative des »Laborlernens« und zum anderen die weitergehende Alternative des Erfahrungslernens, also des Lernens an einem konkreten Problem mit der unmittelbaren Konsequenz der Gestaltung der Praxis. Dies kennzeichnet Beobachtungslernen[37] und Problemlö-

187

sungslernen[38] mit der Chance, in einem Prozess des Versuchs und Irrtums gleich einen Erfolg zu erzielen oder einen Misserfolg zu verbuchen. Die Konsequenz ist klar: Im zweiten Fall werden bei allen Akteuren und Betroffenen als Rückkopplung die Einstellungen negativ beeinflusst werden. Dies ist ein Ergebnis, das gerade beim interkulturellen Lernen in der Post Merger Integration mehr zusätzliche Probleme als Lösungsbeiträge bewirkt. Deshalb ist die erste Alternative vorzuschalten: Durch Laborlernen ist ein möglichst hohes Maß an Sicherheit zu erwerben, und zwar im Hinblick auf das Einbeziehen aller wichtigen Rahmenbedingungen und Einflussfaktoren, auf die Fähigkeit zur effizienten Steuerung des Problemlösungsprozesses und auf das Erreichen der angestrebten Ergebnisse. Hierdurch wird also Umsetzungsfähigkeit erworben.

Überträgt man diese Erkenntnisse auf unser Problem des interkulturellen Lernens im Post Merger Prozess, dann lässt sich Folgendes festhalten: Voraussetzung für das in der PMI-Phase angestrebte interkulturelle Verständnis ist vor allem auch das konative Lernen, also die Kombination von kognitivem und affektivem Lernen mit dem Ziel der erwünschten Verhaltensänderung. Demzufolge reicht es nicht aus, Informationsmaterial zum Selbststudium zu verteilen, sondern es gilt, neben dem Selbststudium eine Kombination aus Diskussionen, Fallstudien und Planspielen sowie Projektlernen zu realisieren (vgl. Abb. 10.6.-2).

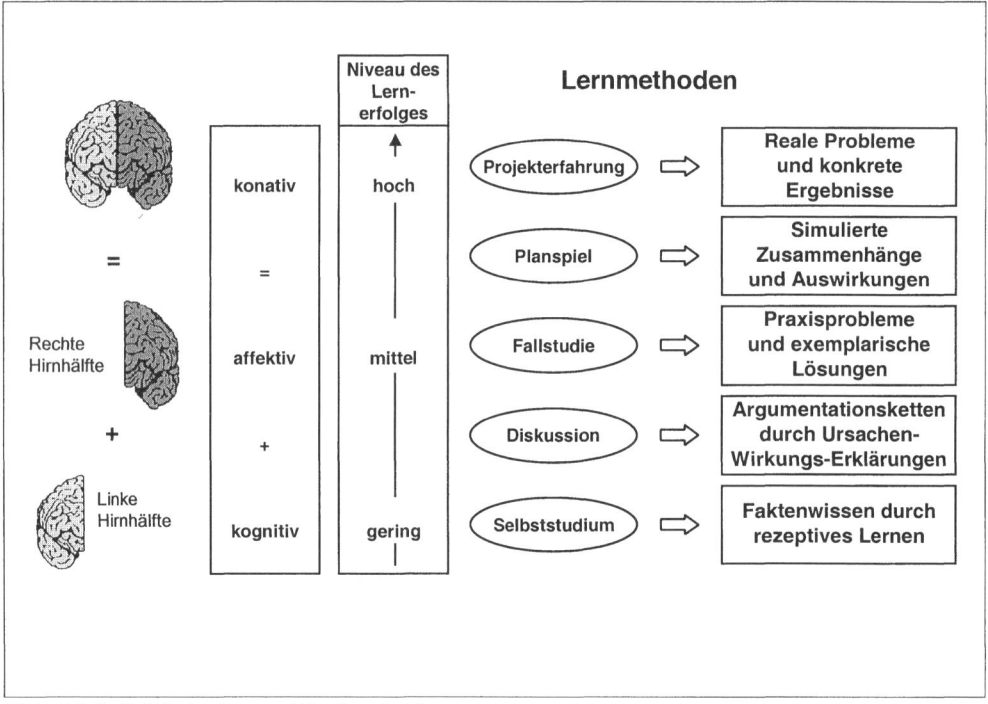

Abb. 10.6.-2: Methoden und Stufen des Lernens

Falls bereits Projekterfahrungen vor allem aus internationalen M&A-Projekten vorliegen, ist ein breiter Fundus an Anschauungsmaterial verfügbar. Wenn in diesem Falle zugleich permanente Integrationsteams etabliert sind, die bei Bedarf unmittelbar aktiv werden, dann kann der gesamte Lernprozess für die betroffenen Führungskräfte und Mitarbeiter gesteuert und gestützt und damit schneller und effektiver ablaufen. Dies wird aber in vielen Unternehmen nicht der Fall sein. Deshalb sollen im Folgenden Empfehlungen für ein Trainingskonzept gegeben werden.

Das Erarbeiten von Grundsätzen zu Trainingskonzepten des interkulturellen Lernens reicht in der Praxis allein nicht aus. Für die Umsetzung und damit für ein verändertes Verhalten sind sie jedoch eine nützliche Basis, da sie helfen, gravierende Fehler von vornherein zu vermeiden. Denn das einseitige Vermitteln von Wissen und passives Lernen durch Lesen von Broschüren genügt gerade bei der Post Merger Integration nicht, vielmehr ist zweiseitiges Lernen von Verhalten im Rahmen von Seminaren einzuüben. Grundsätze für die Gestaltung derartiger Workshops werden in Abbildung 10.6.-3 wiedergegeben.

①	**Beginn mit Workshops bereits nach öffentlicher Ankündigung des Mergers**
②	**Dauer von 24 Stunden auf zwei Tage verteilt**
③	**Gleichmäßig besetzte Gruppen aus verschiedenen Kulturkreisen**
④	**Gemeinsam vereinbarte Spielregeln zum Vermeiden von Missverständnissen**
⑤	**Definieren von Inseln der Gemeinsamkeiten**
⑥	**Trennen von Sach- und Beziehungsebene**
⑦	**Lernen an konkreten Fallsituationen ohne Bezug zum Tagesgeschäft**
⑧	**Train-the-Trainer-Konzepte für schnellen Durchsatz im Unternehmen**
⑨	**Distance Learning für schnelle und gezielte Wissensvermittlung**
⑩	**Zweite Trainingsrunde nach ca. sechs Monaten als Review**

Abb. 10.6.-3: Trainingskonzept für interkulturelles Lernen

Größte Erfolge werden erzielt, wenn die Workshops bereits möglichst frühzeitig noch vor der inhaltlichen Arbeit bei der Post Merger Integration begonnen werden, also in dem Zeitraum zwischen öffentlicher Ankündigung des Mergers und dem Closing (Gefahrenübergang). Denn dann ist die positive Einstellung zur Fusion oder Übernahme eher noch hoch, immer unter der

Voraussetzung, dass keine gravierenden Rationalisierungen und Freisetzungen vorgenommen werden. Ein weiterer Vorteil ist dabei auch, dass zu diesem Zeitpunkt noch keine Sachprobleme beispielsweise bei der Definition von Strategien oder Konzepten der Organisation dominieren und außerdem noch keine »Wunden und Narben« durch interkulturelle Missverständnisse und interkulturelles Fehlverhalten entstanden sind.

Daraus folgt auch, dass das erweiterte Bewusstsein und Verhaltensrepertoire von Beginn an bei der neu eingerichteten Post Merger Projektgruppe der beiden Unternehmen, die den Gesamtprozess des Zusammenwachsens steuert, vorhanden sein muss. Es findet also ein Lernen vor dem Anwenden statt und nicht das Anwenden und Erkennen/ Erleiden von Defiziten aufgrund versäumten Lernens. Geschwindigkeit gilt auch hier, da nicht wenige glauben, dass mit dem Closing am Day No.1 die Fusion vollendet ist und zum Tagesgeschäft übergegangen werden kann. Dies stimmt nur, wenn die Zwischenzeit zum interkulturellen Lernen genutzt wurde. Andernfalls wird, wie oft zu beobachten ist, erst nach dem Day No.1 mit der Durchführung von Seminaren begonnen. Zu diesem Zeitpunkt geht die Erwartung der Shareholder dahin, dass beim Integrationsprozess die sachlich-inhaltliche Integration insbesondere bezogen auf Marktleistungen, Marken sowie Prozesse und Organisationsstrukturen schnell vonstatten geht. Denn dann bleibt kaum Zeit für interkulturelles Lernen und dadurch sind die oben ausgeführten Konflikte und Probleme vorprogrammiert.

Eine Ausnahme im Sinne einer deutlich schwierigeren Situation ist dann gegeben, wenn für das Closing vorab die Zustimmung von Kartellbehörden aufgrund der Größe der M&A-Aktivität erforderlich ist. Bevor sie nicht vorliegt, können sinnvoller Weise keine inhaltlichen und auf die Unternehmenskultur bezogenen Integrationsmaßnahmen eingeleitet werden.

Die Dauer eines Workshops sollte möglichst kurz sein, um einen hohen Durchsatz an Teilnehmern aus beiden Unternehmen in der knappen, zur Verfügung stehenden Zeit zu erreichen; sie ist aber grundsätzlich länger als ein Tag. Zwei Anforderungen sind dabei zu berücksichtigen: Zum einen soll der Workshop zwar möglichst kurz sein, zum anderen aber so lang, dass ein Workshop zum interkulturellen Lernen nicht wie ein Business-Seminar ausschließlich zur kognitiven Wissensvermittlung abläuft. Wichtig ist, dass auch Zeit für affektives emotionales Lernen besteht. Dies findet häufig am besten außerhalb der eigentlichen Workshop-Zeit statt. Deshalb sollte die An- und Abreise nicht am Workshop-Tag erfolgen. Ideal ist eine Dauer von zwei Tagen, die zwar teuerer, aber deutlich effizienter ist. Die Erfahrung zeigt, dass es vorteilhaft ist, den Workshop folgendermaßen zu gestalten:

Die Anreise erfolgt am ersten Tag bis Mittag, dann findet die erste Einführung und die Einteilung in Teams statt, danach Teamarbeit. Wichtig ist, nicht mit einem »Come together«, also lockerem Small Talk zu starten, um ungewollte Gruppenbildung vor der Einteilung der Lernteams zu vermeiden. Am Abend wird ein gemeinsames Essen mit anschließendem gemeinsamen Abend-/ Unterhaltungsprogramm (Leisure time) angeboten. Die Sitzung am nächsten Tag ist dann wieder eine Arbeitssitzung, die Abreise erfolgt ab Mittag. Die durch die Unterbrechung zwischen dem ersten und zweiten Tag zur Verfügung stehende Zeit kann zum gegenseitigen Kennenlernen und Networking sowie zur Reflektion des bisher Erlernten und Erlebten genutzt werden. So wird ein stärkeres Eintauchen in den interkulturellen Lern-Prozess ermöglicht.

Die Gruppen sind dabei gleichmäßig mit den Mitarbeitern aus den beteiligten Kulturkreisen zu besetzen, denn die Wirkungen unterschiedlichen Verhaltens sollen erkannt und diskutiert werden. Ein gemeinsames unternehmensspezifisches Verhalten ist das Ziel. Dies kann nur in solchen Gruppen wirkungsvoll eingeführt werden. Andernfalls wird lediglich einseitiges Laboratoriumswissen vermittelt ohne den dazugehörigen Anwendungstest.

Dieses Lernen sollte auf allen Ebenen der beiden Unternehmen stattfinden. Das Problem des Verstehens existiert nämlich nicht nur auf der unteren Ebene, sondern auf allen Ebenen, auch auf der der Vorstände. In der Regel nimmt allerdings die Bereitschaft zu einem derartigen Lernen mit aufsteigender Unternehmensebene ab. Dies ist nur teilweise damit zu begründen, dass hier bereits mehr Wissen über und Verständnis für die andere Seite, also den Partner, vorliegen.

Die Erfahrung zeigt, dass es sinnvoll ist, Gruppen von maximal 20 Mitarbeitern zu bilden, denn dies erlaubt beispielsweise die Bildung von fünf Teams mit je vier Mitarbeitern, wobei eine gleich verteilte Besetzung der beteiligten Nationalitäten anzustreben ist. Somit sind z.B. zwei Meinungen pro Nation in einem Lernteam. Ziel ist hier das Erfahrungs- und Transferlernen. Die so gebildeten Teams bereiten – entsprechend dem Mehrebenen-Schema des interkulturellen Lernens in Abb.10.5.-1 – alle Vorphasen des interkulturellen Lernprozesses gemeinsam auf.

Der Prozess des interkulturellen Lernens ist – verglichen mit anderen Trainingsseminaren – ungleich schwieriger, weil noch anfangs vorhandene Defizite im Erkennen von Schwierigkeiten hier zu Problemen im Verhalten führen und grundlegende, fast unüberbrückbare Missverständnisse entstehen können. Wenn sie in einer Trainingssequenz auftreten, dann beeinflussen sie das Lernen von Beginn an negativ. Wichtige Voraussetzung bei der Durchführung der Seminare ist also die klare Definition von Spielregeln und eine gute, erfahrungsbasierte Steuerung der Bewusstseinserweiterung durch den Trainer. Grundsätzliche Spielregeln bei Seminaren zum interkulturellen Lernen sind in der folgenden Auflistung zusammengefasst und werden nachfolgend erläutert. Die Spielregeln und Rahmenbedingungen dieser Seminare haben folgende Sachverhalte zu berücksichtigen:

- Wird ein Teilnehmer durch eine Aussage oder ein Verhalten emotional negativ berührt, dann soll er dies sofort offen artikulieren. In der Praxis besteht das Problem jedoch darin, dass die meisten Menschen sich nicht trauen, so etwas offen zuzugeben.

- Die Seminare finden abgekoppelt vom Tagesgeschäft des Unternehmens statt, denn damit werden Diskussionen durch vorhandene gegenläufige Interessenlagen der Teilnehmer vermieden.

- Zu Beginn ist es hilfreich, zuerst Unterschiede und dann Gemeinsamkeiten bewusst zu artikulieren und zu erkennen. Hierzu bieten sich beispielsweise ein Culture Assimilator Training[39] an, mit dem eine realistische Vorstellung entwickelt wird, warum sich Mitglieder anderer Kulturen in einer bestimmten Weise verhalten und welche Ziele sie mit dem bestimmten Verhalten verfolgen. Voraussetzung hierfür ist, dass durch ein Cultural Self Awareness Training[40] zunächst die eigene Kultur im Hinblick auf Wertvorstellungen und Verhaltensweisen besser verstanden wird. Diese Basiserkenntnisse helfen, dass schon während des Trainings grundlegende Missverständnisse vermieden werden. Ein Beispiel: Deutsche Zuhörer bedanken sich nach einer guten Präsentation oft durch Klopfen mit den Knöcheln auf die Tischplatte. Amerikaner klatschen mit den Händen und sind über das Verhalten der Deutschen zumindest irritiert, da es eher als die Präsentation abwertend interpretiert wird.

Auf dieser Basis können neue gemeinsame Verhaltensweisen definiert, die Inseln der Gemeinsamkeiten erkannt und somit Übereinstimmungsfelder der beiden Kulturen vergrößert werden.

Die bei den Gruppenarbeiten entwickelten Verhaltenskodices können zu einem neuen, gemeinsamen Verhaltenskodex »zusammengespielt« werden. Hier erfolgt also der Übergang von Erfahrungslernen zum Transferlernen.

Von zentraler Bedeutung ist, dass man nicht nur die Unterschiede und Gemeinsamkeiten diskutiert, sondern auch in einem gemeinsamen Projekt die Zusammenarbeit und damit verbundenes Verhalten trainiert respektive eine gemeinsame Aufgabenstellung bewältigt. Vorteilhaft sind dabei sportliche Aktivitäten, zum Beispiel Wettbewerbe im Outdoor-Training, oder auch eine Aufgabe, bei der neben dem Zusammenwirken im Team zusätzlich Anforderungen nicht nur geistiger Art, sondern vor allem auch Herausforderungen an die »handwerkliche« Geschicklichkeit der Teammitglieder gestellt werden. Beispielsweise muss das Team mit Röhren, Klebebändern, Schrauben, Hölzern und Sägen eine »Glasmurmelachterbahn« herstellen oder ein Hühnerei mit zur Verfügung gestelltem einfachen Material derart schützen, dass es aus einem Meter Höhe auf den Boden fallen gelassen werden kann, ohne zu zerbrechen. Die Teams sind auch hier aus Mitgliedern der verschiedenen Kulturen zusammengesetzt.

Inhaltlich darf bzw. sollte der Bezug auf das Tagesgeschäft bei einer derartigen Teamübung fehlen. Bei solchen Projekten ist nämlich zum einen die Kommunikation erfahrungsgemäß direkter und damit einfacher, außerdem bilden sich Teamrollen der Teilnehmer klarer heraus. Zum anderen ist das Erfolgserlebnis greifbarer, stärker und damit gruppenspezifischer. Es versteht sich von selbst, dass zunächst die Bereitschaft bei allen Teilnehmern für ein derartiges »spielerisches« Lernen und Erfahren geschaffen werden muss.

Es liegt auf der Hand, dass die Grenze für derartige Workshops erreicht ist, wenn sie in das Lächerliche abgleiten und von den Teilnehmern nicht mehr akzeptiert werden. Durch entsprechende Information und Moderation kann diese Schwelle jedoch sehr hoch angesetzt werden.

Verstärkt wird in einem zweiten Schritt das Lernen im Workshop durch den Bezug zu konkreten, bereits auf das eigene Unternehmen ausgerichteten Fallsituationen, also erlebbar für den Teilnehmer, und nicht durch abstrakte »Vorlesungen«. Der Vorteil dabei ist, dass damit die Überlagerung der emotionalen Ebene durch die Sach- und Inhaltsebene, die gerade bei einer Post Merger Integration mit möglicherweise einschneidenden Konsequenzen für das bisherige »eigene« Unternehmen und auch für die eigene Position und Karriere dominierend ist, vermieden wird. Üblicherweise überlagern gerade bei M&A-Prozessen derartige Sachthemen die emotionale Ebene und lassen dadurch wenig Spielraum für interkulturelles Lernen. Ein Ziel im Workshop ist es, die emotionale Ebene freizusetzen, das eigentliche Problem wird dann – gerade in einer frühen Phase – nicht durch Sachprobleme überdeckt.

Wichtig ist noch folgender Sachverhalt: In einer Normalsituation überlagert die emotionale Ebene als Beziehungsebene immer die Sachebene. Alle Verwerfungen auf der Beziehungsebene schlagen dann auf die Sachebene durch. Wenn also nach einer Fusion oder Übernahme zunächst alle Sachthemen im Plan und damit im Griff sind, und es gibt aufgrund interkultureller Differenzen neu auftretende Beziehungsprobleme, dann leiden auch Sachinhalte und gemeinsame Problemlösungen unter diesen Unterschieden im Denken, Fühlen und Verhalten.

Diese wechselseitige Abhängigkeit zwischen der Sach- und der Beziehungsebene in M&A-Prozessen mit einer unterschiedlichen Dominanz je nach Zeitpunkt und Problemlage, unterstreicht noch einmal die Bedeutung eines frühzeitigen und gezielten interkulturellen Lernens sowie den Stellenwert derartiger einfühlender und einübender Workshops.

»Train the Trainer«: Ein zusätzliches Ziel ist, Multiplikatoren auszubilden, damit Lernen schneller und über die Distanz möglich wird. Es genügt nicht, nur fünf bis zehn Prozent der Mitarbeiter zu erreichen, sondern allen Mitarbeitern in direkten Austauschbeziehungen zum neuen Partner soll die Möglichkeit gegeben werden, an einem solchen Seminar teilzunehmen, um interkulturelles Zusammenwachsen zu fördern. Ziel muss es sein, dass möglichst viele dieser Mitarbeiter möglichst schnell durch möglichst viele gut ausgebildete »Kultur-Trainer« vor Ort den »Interkulturellen Führerschein« erwerben, also die Fähigkeit zum Verstehen und Aufeinanderzugehen.

Neben solchen Präsenzveranstaltungen kann auch Distance Learning im Inter-/ Intranet eingesetzt werden. Hier besteht die Möglichkeit zum asynchronen Lernen durch das Abrufen von vorgefertigten Lernmodulen oder zum synchronen Lernen in der Erfahrungsgruppe. Vorteilhaft ist bei Distance Learning also, dass es durch asynchrones Lernen auch zeitunabhängig ist und Lernschritte individuell definierbar sind. Zusätzlich ist ein virtueller Erfahrungsaustausch, beispielsweise in Chatrooms unter Steuerung eines Trainers, ohne räumliche Distanzprobleme weltweit möglich. Auch hierdurch können neue Erkenntnisperspektiven und Wissenserweiterung gewonnen sowie neue Verhaltensmuster eingeübt werden. Allerdings kann es das persönliche und unmittelbare Erleben kultureller Differenzen und Annäherungen in Präsenzveranstaltungen nie ersetzen, wohl aber gut ergänzen.

Nach der ersten Seminarrunde ist es sinnvoll, für den gleichen Teilnehmerkreis nach circa sechs Monaten eine zweite Runde als Pflichtveranstaltung durchzuführen. Dies erlaubt nicht nur einen Erfahrungsaustausch als Review, sondern zusätzlich eine Aufarbeitung gravierender Probleme und damit eine Justierung in die angestrebte Richtung.

Bei DaimlerChrysler wurden die Mitarbeiter in Veranstaltungen und Schulungen über den Zusammenschluss und die Integration informiert. Unter anderem fanden Seminare zu den Themen »Fit for DC«, »Cross-Cultural Series« und »Global High Performing Teams« statt. Weiterhin wurden zum Beispiel Austauschprogramme mit Kindern von Betriebsangehörigen durchgeführt, um das jeweils andere Land und dessen Kultur kennen zu lernen und die Eltern durch die Betreuung des Kindes für die jeweils andere Kultur zu sensibilisieren und besser zu verstehen.

Checkliste *Vernetzung der Unternehmenskulturen und interkulturelles Lernen*		
Nr. **Aktion**	Geklärt/ Erledigt	Ungeklärt/ Unerledigt
1 Ist eine bewusste strategische Entscheidung über eine **Absorption, Koexistenz** oder **Symbiose durch Vernetzung der Unternehmenskulturen** getroffen worden?		
2 Sind die Abteilungen **Personal, Personalentwicklung** und **Organisationsentwicklung** aktiv einbezogen?		
3 Wurde eine **kulturelle Due Diligence** durchgeführt und sind auf diese Weise wichtige Grundeinstellungen, Werte und Artefakte in beiden Unternehmenskulturen identifiziert worden?		
4 Wird dem **kulturellen Zusammenwachsen** ein ausreichend großer Zeitrahmen eingeräumt und vor allem früh genug begonnen?		
5 Ist ein **Trainingskonzept für interkulturelles Lernen** mit einer Kombination aus Selbststudium, Fallstudien und Diskussionen sowie Planspielen **vorgesehen/ geplant** worden?		

Anmerkungen:

[1] Vgl. Cartwright, S./ Cooper, C.L.: Managing Mergers, acquisitions and strategic alliances: Integrating people and cultures, 1996; Keller, A.: Die Rolle der Unternehmenskultur im Rahmen der Differenzierung und Integration der Unternehmen, 1990, S. 262 ff.; Strohmer, S.: Integration nach Merger and Acquisition, 2001, S. 116 ff.

[2] Vgl. Haspeslagh, P./ Jemison, D.: Managing Acquisitions – Creating Value through corporate renewal, 1991, S. 145

[3] Vgl. Haspeslagh, P./ Jemison, D.: Managing Acquisitions – Creating Value through corporate renewal, 1991, S. 145

[4] Vgl. Keite, L.: Fusionen Einen Schritt vor, zwei zurück, 2001, S.58 ff.

[5] Vgl. o.V.: FASB Completes Business Combinations Project, 05.09.01

[6] Trompenaars, F./ Hampden-Turner, C.: Riding the waves of culture, 1998, S. 21ff.

[7] Vgl. Deal, T./ Kennedy, A.: Corporate Cultures, 1982, S. 13 ff.

[8] Otte, M.: Die Unternehmenskultur entscheidet über den Erfolg von Fusionen, 11.01.1999, S. 23

[9] Otte, M.: Die Unternehmenskultur entscheidet über den Erfolg von Fusionen, 11.01.1999, S. 23

[10] Vgl. o.V.: Job Cuts Ahead, 13.09.2000

[11] Vgl. Trompenaars, F./ Hampden-Turner, C.: The Seven Cultures of Capitalism, 1993, S. 135

[12] Vgl. Apfelthaler, G: Interkulturelles Management, 1999, S. 79

[13] Vgl. Kornmeier, M.: Psychische Distanz und kulturelle Offenheit gegenüber Auslandsmärkten, 2002, S. 136 ff.

[14] Luft, J.: The Johari window, 1961, S. 6 f.; Staehle, W.: Management, 1994, S. 296 ff.

[15] Vgl. Karg, P./ Staehle, W.: Analyse der Arbeitssituation, 1982

[16] Vgl. Pritchett, P.: Making Mergers Work, 1987, S. 50 ff.; ebenso Pribilla, P.: Personelle und kulturelle Integration, 2000, S. 394

[17] Siehe hierzu auch Rumpf, B./ Neumann, P.: Kritische Erfolgsfaktoren von Post-Merger Integrationen, 1998, S. 58

[18] Basis: Rumpf, B./ Neumann, P.: Kritische Erfolgsfaktoren von Post-Merger Integrationen, 1998, S. 58

[19] Vgl. Pritchett, P.: Making Mergers Work, 1987, S. 62 ff.

[20] Vgl. Weinreich, H.: Wo Angst herrscht, können keine Innovationen entstehen (Change-Management anders betrachtet), 1999

[21] Vgl. Mirvis, P.H./ Marks, M.L.: Joining Forces – Making One plus One equal Three in Mergers, Acquisitions and Alliances, 1998, S. 91 ff.

[22] Rumpf, B./ Neumann, P.: Kritische Erfolgsfaktoren von Post-Merger Integrationen, 1998, S. 58

[23] Vgl. Hofstede, G.: Lokales Denken, Globales Handeln, 1997

[24] Vgl. Trompenaars, F./ Hampden-Turner, C.: Riding the waves of culture, 1998

[25] Vgl. Trompenaars, F./ Hampden-Turner, C.: Riding the waves of culture, 1998, S. 179

[26] Vgl. Leendertse, J.: Drängeln gilt nicht, 29.06.2000, S. 118 ff.

[27] Vgl. Leendertse, J.: Drängeln gilt nicht, 29.06.2000, S. 118 ff.

[28] Linden, A./ Wilhelm, W.: „Ohne Mut läuft nichts" – Interview mit Jürgen E. Schrempp, 1998, S. 95

[29] Vgl. Hein, C.: Daimler-Chrysler dämpft überzogene Erwartungen, S. 15

[30] Vgl. Woodruff, D.: Getting Past Non and Nein, 21.05.01, S. 25

[31] Vgl. Woodruff, D.: Getting Past Non and Nein, 21.05.01, S. 25

[32] Vgl. Woodruff, D.: Getting Past Non and Nein, 21.05.01, S. 25

[33] Vgl. Hoopes, D.: Global guide to international education, 1984; ebenso Hoopes, D.: Intercultural Communication Concepts and the Psychology of Intercultural Experience, in: Margaret D. Pusch (ed.), Multicultural Education, 1981, S. 9 ff.

[34] Vgl. Machatschke, M.: Die wilde 13, 2000, S. 132 ff.

[35] Vgl. Müller, S./ Gelbrich, K.: Interkulturelle Kompetenz als neuartige Anforderung an Entsandte: Status quo und Perspektiven der Forschung, 2001, S. 246 ff.

[36] Vgl. Goleman, D.: Emotionale Intelligenz, 1996

[37] Vgl. Bandura, A./ Ross, D./ Ross, S.A.: A comparative test of the status envy, social power and the secondary reinforcement theories of identificatory learning, 1963, S. 527 ff.

[38] Vgl. Mandl, H./ Reinmann-Rothmeier, G.: Problemorientiertes Lernen mit Multimedia, 1997, S. 12

[39] Vgl. Thomas, A.: Interkulturelles Handlungstraining in der Managerausbildung, 1989

[40] Vgl. Brislin, R.W./ Horvath, A.-M.: Cross-cultural Training and Multicultural Education, 1997; Thomas, A./ Hagemann, K.: Training interkultureller Kompetenz, 1996, S. 185 f.

11. Sanierung als mögliches Problem einer PMI

Grundsatz: Bei einer nicht vorhergesehenen und nicht beabsichtigten Sanierung eines Unternehmensteils im Rahmen des geplanten Integrationsprozesses ist ein Worst-Case-Szenario für die Ableitung von Restrukturierungsmaßnahmen zu Grunde zu legen.

Mit einer Post Merger Integration wird beabsichtigt, das Zusammenwachsen von zwei Unternehmen in der Zukunft zu gestalten. In einzelnen Fällen kann es jedoch passieren, dass sich dieses Vorhaben nicht in der vorgesehenen Weise realisieren lässt. Maßgeblich hierfür ist dann, dass ein Teil der beiden zusammengegangenen Unternehmen in Schwierigkeiten am Markt und meistens damit auch verbunden in der Finanzsituation geraten ist. Es liegt auf der Hand, dass bei börsennotierten Unternehmen hierdurch der Börsenkurs und die gesamte Marktkapitalisierung des Unternehmens maßgeblich beeinträchtigt werden kann. Zusätzlich kann dies auch zu einer Verunsicherung der Befürworter der bisherigen Fusionsstrategie der beiden Unternehmen führen, also insbesondere der Kapitaleigner und der Analysten als Spezialisten und Meinungsbildner sowie der Banken als Gläubiger.

Zunächst ist noch einmal auf den Unterschied zwischen Restrukturierung und Sanierung einzugehen: Wie insbesondere in Kapitel fünf ausgeführt wurde, ist eine Restrukturierung bei einer Akquisition oder Fusion eher die Regel als die Ausnahme. Der Grund liegt darin, dass zum Beispiel Ressourcenüberlagerungen in der Produktion oder Überlappungen im Vertrieb aufgrund des Zusammengehens der beiden Unternehmen durch eine Restrukturierung beseitigt werden sollen, um die Effizienz und Effektivität des neu geschaffenen Unternehmens über das vorherige Niveau hinaus zu erhöhen. Wenn allerdings nach einem Zusammenschluss die notwendige Restrukturierung deshalb unterbleibt, weil davon – gerade bei börsennotierten Unternehmen – grundsätzlich negative psychologische Wirkungen ausgehen, dann kann dies ungewollt bereits der Grundstein für eine zu einem späteren Zeitpunkt erforderliche Sanierung sein. Mit anderen Worten ist eine Sanierung immer eine einschneidende Restrukturierung.

Bei einer Sanierung ist der Veränderungsprozess allerdings normalerweise nicht durch das M&A-Vorhaben bedingt, sondern wird durch Misserfolge am Markt erforderlich und ist damit durch Defizite in der Unternehmensentwicklung begründet. Es liegen also Versäumnisse in der Vergangenheit vor.

Die Ursache können vor allem drei Gründe sein: Zum Ersten, dass die Due Diligence in der Vergangenheit nicht mit der erforderlichen Sorgfalt durchgeführt wurde und wesentliche Aktivitätsfelder des Unternehmens keiner ausreichenden Prüfung unterzogen wurden. Zum Zweiten, dass wichtige Daten eines der beiden sich zusammenschließenden Unternehmen bewusst nicht offengelegt wurden und so Risiken nicht bewertet werden konnten. Die Fakten stimmten also mit den Zahlen nicht überein. Zum Dritten ist auch möglich, dass sich seit dem Zusammenschluss – vor dem Hintergrund der gültigen Strategie und der angebotenen Marktleistungen – die Marktdaten generell verändert respektive verschlechtert haben und manchmal vom Zusammenschluss selbst zusätzlich noch negative Wirkungen, z.B. in Form von Kundenabwanderung, ausgehen. Insgesamt kann also das Problem durch mangelnde Due Diligence, fehlende Datenbasis und/ oder auch eine veränderte Marktsituation entstanden sein.

Wenn man berücksichtigt, dass mit jeder M&A-Aktivität eine zukunftsgerichtete Strategie verfolgt wird, dann hat der ungewollte Sanierungsfall eine Vergangenheitsbewältigung zum Gegenstand, wie dies in Abbildung 11.-1 skizziert ist. Das eigentliche Ziel des Zusammenwachsens wird in dieser Situation zumindest zweitrangig, manchmal sogar momentan unmöglich. Es kommt also darauf an, bereits vor dem Beginn der Integration eine Gesamtanalyse durchzuführen und so »die angestrebte Erfolgsstory zu Ende zu denken«.

Im Extremfall kann es sogar möglich sein, dass die Sanierung nur dadurch erfolgreich angegangen und abgeschlossen werden kann, weil vorher das eigene Unternehmen Ziel einer Akquisition oder Partner einer Fusion war. Denn nach dem Zusammenschluss steht in der Regel eine breitere Finanzbasis zur Verfügung, und zugleich erhöht sich der Erfolgsdruck für das Sanierungsvorhaben. Der neue Partner »bezahlt dann also 50 Prozent der Sanierung«.

Die Frage ist, wie mit einer derartig im Ausmaß und der Zielrichtung veränderten Situation umgegangen wird. Mehrere Grundsätze lassen sich hierauf bezogen ableiten:

1. Wichtig ist, dass diese Schwierigkeiten der Integration von Anfang an intern nicht verschleiert oder in ihrem Ausmaß und in ihren Konsequenzen heruntergespielt werden.

2. Auf der Basis von Szenarien, die oftmals im Vorfeld nicht in ausreichendem Maße aufgestellt wurden, sind Wirkungsbeziehungen und Risiken aussagefähig zu analysieren.

3. Die auf der Grundlage von verstärkten Restrukturierungsmaßnahmen erreichbaren Ergebnisse sind mit einem klar definierten und nachvollziehbaren Risikoabschlag zu bewerten.

4. Nach außen ist die Kommunikation des Sanierungsfalls zeitlich genau geplant und inhaltlich so dosiert zu vermitteln, dass die Glaubwürdigkeit des Unternehmens und das Vertrauen in das Vorhaben darunter nicht leiden.

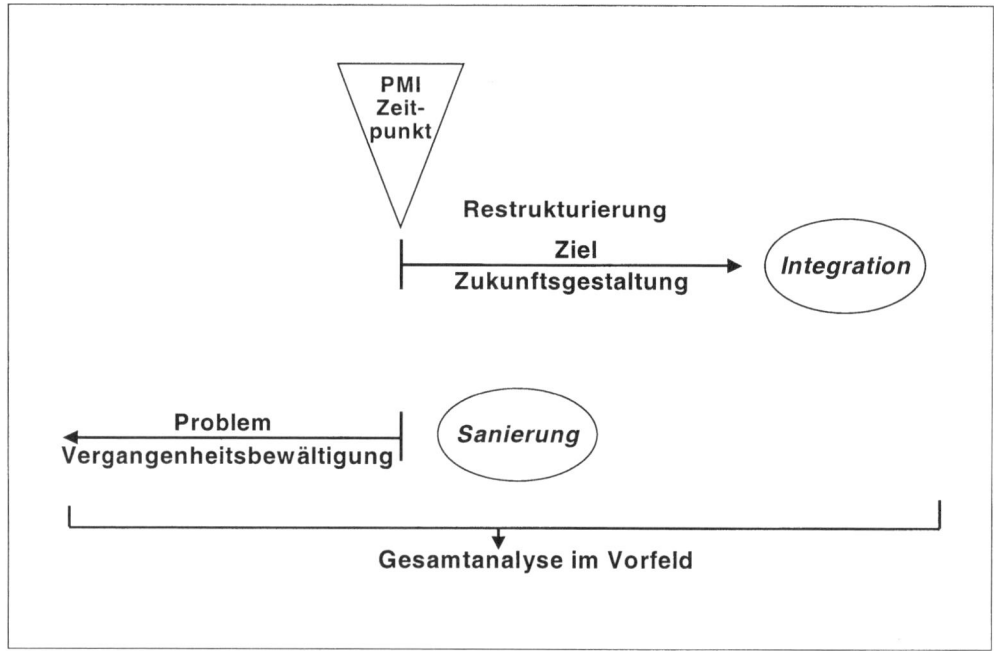

Abb. 11.-1: Sanierung in der PMI

5. Nach innen sind alle für die nachhaltige Restrukturierung erforderlichen Ressourcen zu aktivieren und Kräfte zu bündeln, um dieses »aus dem Ruder Laufen« möglichst schnell wieder in den Griff zu bekommen. Besonders wichtig sind dabei nicht nur die geplanten Maßnahmen, sondern vor allem auch die für die Sanierung ausgewählten Akteure.

Die Kernfrage ist in einer derartigen Situation, welche Kultur des Krisenmanagements im Unternehmen existiert. Dies schließt zumindest bereits aus, dass nicht nur Konfusion oder »blindes Chaos« vorherrscht, weil die beabsichtigte »stromlinienförmige Integration« nicht mehr funktioniert. Das Prinzip sollte auch in dieser Situation Ehrlichkeit und Offenheit im oben ausgeführten dosierten Maße sein. Wesentlich ist bereits, ab wann bei der Fusion bzw. Akquisition von einer Krise und damit offen von einer erforderlichen Sanierung gesprochen wird. Die Erfahrung zeigt, dass ein Herunterspielen der Probleme und ein »Schönrechnen« der zukünftigen Entwicklung das Unternehmen – lediglich mit einer zeitlichen Verzögerung – wieder einholt.

Entscheidend für die Bewältigung des Sanierungsfalls ist eine detaillierte Analyse und präzise Einschätzung der neu eingetretenen Situation. Hierzu sind die in Kapitel fünf angesprochenen Szenarien eminent wichtig.[1] Mit ihnen soll erreicht werden, dass die gesamte Komplexität der Ereignisse im Zeitablauf und im Zusammenhang erkannt und erfasst wird. Dies bedeutet konkret, dass – bezogen auf Störereignisse sowie geeignete Verbesserungs- und Sanierungsmaßnahmen – die Ursachen, die Wirkungsbeziehungen und die Ergebnisse aussagefähig analysiert und kombiniert werden.

Die Methode dient dazu, Sachverhalte im Wirkungsverbund über die Zeit zu durchdenken sowie in ihren Auswirkungen unterschiedlich zu bewerten und darzustellen, wie dies in Abbildung 11.-2 vereinfacht wiedergegeben ist. Das Störereignis führt zum »Abstürzen« der Unternehmensentwicklung, wie sie in der Lageprognose als zukünftige Entwicklung ohne gegensteuernde Maßnahmen gekennzeichnet ist. Für diese Lageprognose können jedoch bereits unterschiedliche Annahmen und Entwicklungsrichtungen zu Grunde gelegt werden. Die intensive Analyse von geeigneten Maßnahmenpaketen ist die Grundlage für ein pessimistisches, ein realistisches und ein optimistisches Szenario als Wirkungsprognose. Vor allem die Annahmen über die Ausgangssituation und die Veränderungen nicht beeinflussbarer Faktoren sind hierbei präzise festzuschreiben.

Auf dieser Basis kann dieses Szenario durch eine aussagefähige Risikoanalyse ergänzt werden, wie sie in Kapitel fünf bereits ausgeführt wurde. Das Ziel ist, die Gründe, die Zeitverläufe und das Ausmaß für ein Scheitern am Markt möglichst frühzeitig zu erkennen, um im Bedarfsfall rechtzeitig noch einmal gegensteuern zu können.

In der Konsequenz bedeutet dies, dass eine Wirkungsprognose der Sanierungsmaßnahmen auf einer möglichst »konservativen« Berechnung basieren muss, um alle eventuell auftretenden Probleme bei der Umsetzung einzubeziehen. Dies führt in der Regel dazu, dass die erwarteten Maßnahmenwirkungen eher pessimistisch bis realistisch eingeschätzt werden und eine optimistische Wirkungseuphorie auf jeden Fall vermieden wird. Andernfalls wird Absicht mit eingetretener Wirkung und erreichtem Ergebnis gleichgesetzt.

Anlass und Auftreten von Krisenfällen in der Unternehmenspraxis werden im Folgenden anhand einiger Beispiele aufgezeigt. Sie beziehen sich auf die Hypo Vereinsbank, AOL Time Warner und auf Chrysler im Rahmen des DaimlerChrysler-Deals.

HypoVereinsbank

Am 01. September 1998 wurde die Fusion unter Gleichen zwischen der Hypo-Bank und der Vereinsbank zum zweitgrößten deutschen Kreditinstitut bekannt gegeben. Bereits knapp zwei Monate nach dem Start des neuen Unternehmens, am 28. Oktober 1998, wurden überraschend Immobilienaltlasten in Höhe von ca. 1,75 Mrd. Euro bekannt gegeben. Daraufhin kommt es zu Rücktrittsforderungen gegenüber dem ehemaligen Vorstandsvorsitzenden der Hypo-Bank, durch deren Kreditpolitik die Wertberichtigungen notwendig geworden waren. Allerdings lehnte Eberhard Martini diese Forderungen im Oktober 1998 mit der Begründung ab, der Abschluss von 1997 sei in Ordnung gewesen. Im November 1998 eskalierte der Streit zwischen Schmidt, dem Vorstandsvorsitzenden der HypoVereinsbank und Martini – nun Aufsichtsratsmitglied der HypoVereinsbank – und wurde über die Medien in der Öffentlichkeit geführt. Am 15. November 1998 nahm der Aufsichtsrat der HypoVereinsbank die notwendigen Sonderwertberichtigungen zustimmend zur Kenntnis und stellte sich somit demonstrativ hinter den Vorstandsvorsitzenden. Zu diesem Zeitpunkt ermittelte die Staatsanwaltschaft bereits wegen Verdachts auf Bilanzfälschung und Untreue gegen frühere Hypo-Bank Manager.[2]

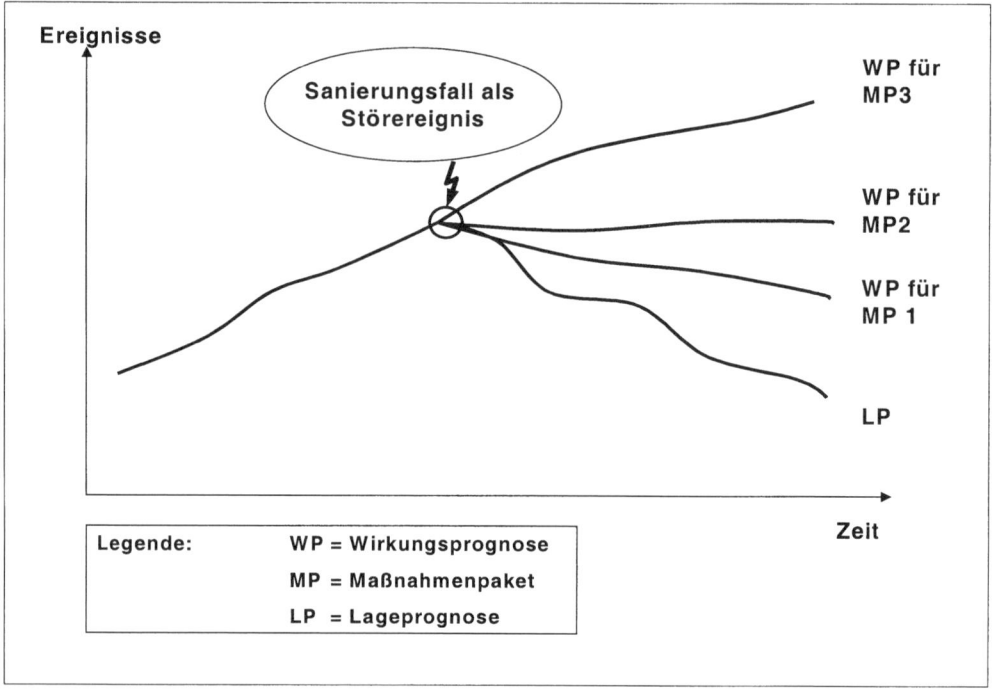

Abb. 11.-2: Sanierungsfall-Szenario

Anfang 1999 kündigte die HypoVereinsbank radikale Einschnitte im Kredit- und Immobiliengeschäft an. Auf der Hauptversammlung wurde außerdem die Einsetzung eines Sonderprüfers beschlossen, um so die Umstände eindeutig aufklären zu können. Allerdings musste die HypoVereinsbank auch 1999 ihre Risikovorsorge um ca. 200 Mio. Euro auf ca. 1,3 Mrd. Euro erhöhen, da die Immobilien-Kreditrisiken besonders hoch ausfielen. Daraufhin wurden alle kritischen Immobilieninvestitionen im Gesamtwert von 12,5 Mrd. Euro in ein Sanierungsportfolio eingestellt. Mit den am 26. Oktober 1999 in einer Ad-hoc Mitteilung veröffentlichten Ergebnissen des Prüfungsberichts der BDO konnte eindeutig klargestellt werden, dass die Sonderwertberichtigungen aus dem Jahr 1998 voll bestätigt wurden, der Vorstand der Hypo-Bank bereits zum 31. Dezember 1997 den Wertberichtigungsbedarf hätte erkennen müssen, der Aufsichtsrat dagegen keine Möglichkeit hatte, die nicht ausreichend bemessene Vorsorge zu erkennen.[3] Die Fusion der HypoVereinsbank war damit zu einem Sanierungsfall geworden.

AOL Time Warner

Die Fusion von AOL und Time Warner im Jahr 2000 war von vornherein als schwierig eingestuft worden. Der Grund lag insbesondere in den bis zu diesem Zeitpunkt nicht vollständig abgeschlossenen früheren Fusionen und Akquisitionen des Time Warner Konzerns. Dieser entstand 1989 durch die Fusion des Magazinverlags Time Inc. und des Musik- und Filmkonzerns Warner. In den folgenden Jahren erwarb der CEO Gerald Levin mehrere Fernsehkabelbetreiber und baute die Fernsehprogramme unter anderem durch den Kauf von Turner Broadcasting mit dem Fernsehsender CNN aus. Die Leiter der zugekauften Unternehmen wurden jedoch nicht eng in den Konzern eingebunden, sondern mit großem Abstand geführt. So war es in den einzelnen Bereichen üblich, zuerst das Ergebnis des eigenen Bereichs zu optimieren und erst danach den Konzern zu berücksichtigen. Die Fusion mit AOL wurde an der Börse zunächst stark honoriert.

Mit dem Einbruch der Internetwirtschaft, dem Erreichen der Sättigungsgrenze von 30 Mio. AOL-Kunden im amerikanischen Markt sowie den aufgrund der Rezession sinkenden Werbeeinnahmen im klassischen Medienbereich war der neue Konzern gezwungen im September 2001 seine Umsatz- und Gewinnprognose zu senken. Der Umsatz pro Abonnent fiel 2001 um sechs Prozent. Zudem nutzen nur wenige Kunden einen schnellen Breitbanddienst, welcher ein Angebot der Time Warner Filme erst interessant werden lässt. Da die Breitband-Kunden bisher auch finanziell besser gestellt sind, stellen sie ebenfalls in der Werbung eine interessante Zielgruppe dar.[4] Eines der größten Probleme des Konzerns ist die interne Uneinigkeit. Ein Beispiel ist die Frage, ob AOL Time Warner ein digitales Unternehmen sein sollte. Hier diskutiert beispielsweise die Plattensparte mit den Internet-Befürwortern immer noch, inwieweit Musik digital angeboten werden soll.[5]

Im ersten Quartal 2002 gab AOL Time Warner schließlich einen Verlust von 54,2 Mrd. US-$ bekannt und korrigierte auch die Prognosen für 2002 nach unten. Ursache dieser hohen Verluste sind vor allem die Goodwill-Abschreibungen auf den Unternehmenswert in Höhe von 54 Mrd. US-$. Denn aufgrund der schlechten Entwicklung von AOL Time Warner fiel der Börsenwert von 290 Mrd. US-$ zum Zeitpunkt der Ankündigung auf 82,5 Mrd. US-$ im April 2002. Im Zuge der Fusion hatte AOL Time Warner den Aktionären jedoch eine Gewinnsteigerung von 30 Prozent vor Abschreibungen, Zinsen und Steuern versprochen. Dadurch fiel der Aktienkurs an der New Yorker Börse seit der Fusion von 50 US-$ auf 17,85 US-$ (6.05.02). Aufgrund dieser Ergebnisse gab Gerald Levin am 05. Dezember 2001 seinen Rücktritt im Mai 2002 bekannt. Sein Nachfolger, Richard Parsons, kündigte bereits eine neue Managementstruktur an. Zukünftig werden die Vorstandsvorsitzenden der Divisionen direkt an den COO berichten, welcher wiederum Parsons informieren wird.[6] Der COO Robert Pittman wurde außerdem von Richard Parsons mit der direkten Leitung von AOL beauftragt und löste damit Barry Schuler ab. Parsons versucht durch diese Verbindung, die beschriebenen Probleme im Online-Bereich zu lösen.[7]

DaimlerChrysler

Um nach der Integrationsarbeit und dem Bewältigen der bei einer Fusion üblicherweise auftretenden strategischen Restrukturierungsanforderungen die Integrationsarbeit von der Projektebene in die alltägliche Linie zu überführen, wurde bei DaimlerChrysler eine Kerngruppe im Vorstand gebildet, das Executive Automotive Committee (EAC).

In vergleichbarer Weise hat die HypoVereinsbank einen inneren Führungskreis im Vorstand geschaffen, dem nur sechs von elf Vorständen angehören. Dies soll die Handlungsfähigkeit des

Unternehmens deutlich erhöhen und die Bank bis zum Jahre 2003 wieder auf die Erfolgsspur bringen.[8]

Das EAC bei DaimlerChrysler hat noch heute zum Ziel, geschäftsfeldübergreifende Projekte für die Produktplanung, den Technologieeinsatz und die Optimierung von Produktionskapazitäten sowie die Gestaltung der Sales- und Marketingaktivitäten einzurichten und zu steuern. Hierdurch soll die Reaktionsfähigkeit für das gesamte Markenportfolio des Unternehmens erhöht werden. Das im härter werdenden Wettbewerbsumfeld des Automobilmarktes immer wichtigere Mehrmarken-Management wird in diesem Gremium zusammengeführt. Auch nach der Post Merger Integrationsphase ist dadurch eine effiziente, schnelle Entscheidung und Steuerung der bereichsübergreifenden Themen gewährleistet.

Das EAC setzt sich aus den Vorständen der Fahrzeuggeschäftsbereiche zusammen und wird vom Vorstandsvorsitzenden Jürgen Schrempp geleitet. Letztendlich bildet das neu etablierte EAC die Plattform für die Implementierung der weltweit angelegten DaimlerChrysler-Strategie.

Die entscheidende Frage ist, ob durch diese Fusion im Jahre 1998 eine Kapitalvernichtung oder eine Wertsteigerung des Kapitals stattgefunden hat. Abbildung 11.-3 zeigt hierzu einige Kennzahlen, welche die beiden Unternehmen vor der Fusion 1995 mit den Ergebnissen des Jahres 2001 und der Marktkapitalisierung vom Sommer 2002 vergleicht.

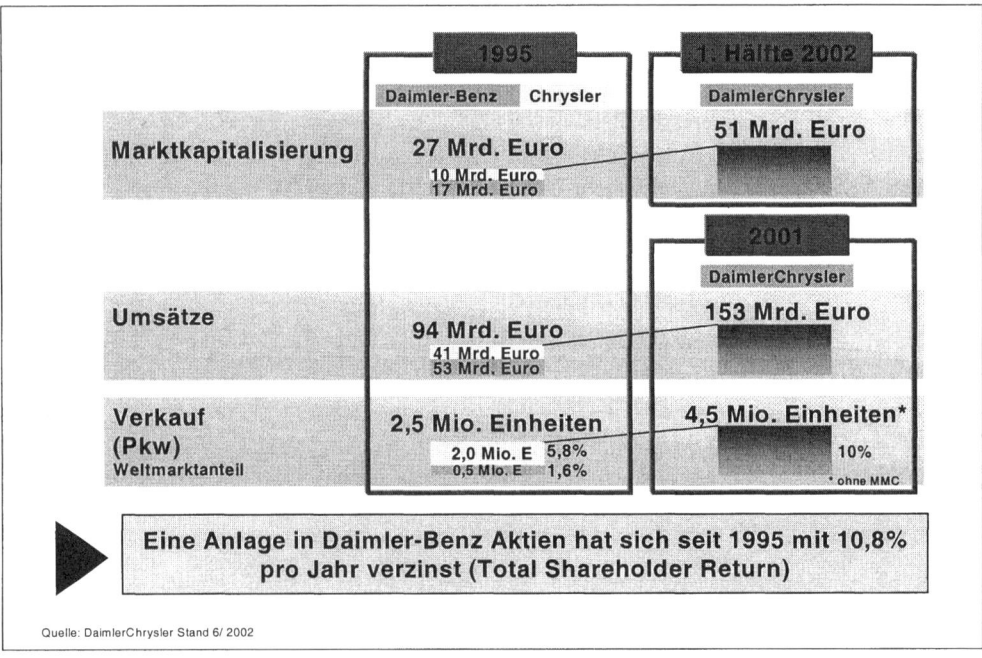

Abb. 11.-3: Größe sichert Wettbewerbsposition

Betrachtet man den Zeitraum von 1995, der Übernahme des Vorstandsvorsitzes durch Jürgen E. Schrempp, bis zur Jahresmitte 2002, dann wird ersichtlich, dass in dieser Zeit der Unternehmenswert trotz einer nicht nur positiven Börsenentwicklung von 27 Mrd. Euro auf 51 Mrd. Euro gestiegen ist. Trotz des volatilen Automobilmarktes war eine Investition in die Aktien der beiden Unternehmen über die letzten sieben Jahre also positiv und verzinste sich beispielsweise für einen Investor, der 1995 eine Daimler-Benz-Aktie kaufte mit 10,8 Prozent pro Jahr (Total Shareholder Return). Dabei stieg der Umsatz von 94 Mrd. Euro auf 153 Mrd. Euro an, und die Zahl der abgesetzten Einheiten konnte von 2,5 Mio. im Jahre 1995 auf 4,5 Mio. im Jahre 2001 erhöht werden. Die Marktkapitalisierung von DaimlerChrysler liegt heute mit dem Wert von 51 Mrd. Euro an zweiter Stelle nach Toyota mit 99 Mrd. Euro (Stand Juni 2002).

Checkliste *Sanierung als mögliches Problem einer PMI*		
Nr.	Aktion	Geklärt/ Erledigt	Ungeklärt/ Unerledigt
1	Wird eine **Gesamtanalyse der zukünftigen Unternehmensentwicklung** im Vorfeld der M&A-Aktivität durchgeführt, welche die Erfolgsstory des Zusammenschlusses »zu Ende denkt«?		
2	Zeichnet sich eine **Markt- und Unternehmensentwicklung** ab, die einen **Sanierungsbedarf** aufzeigt?		
3	Wurde die **Wirkungsprognose** eingeleiteter/ vorgesehener Verbesserungsmaßnahmen **konservativ mit einem Risikoabschlag** vorgenommen?		
4	Wurde Vorsorge getroffen, dass sich derartige **Fehleinschätzungen der zukünftigen Entwicklung** nicht wiederholen?		

12. Checkliste für eine erfolgreiche PMI

Abschließend werden die Fragen der einzelnen Checklisten am Ende jedes Kapitels – zum Teil neu gegliedert – noch einmal zusammengefasst wiedergegeben. Dies ermöglicht, dass ein begonnenes oder anstehendes M&A-Vorhaben anhand dieses Fragenkatalogs durchgegangen und bewertet werden kann.

Dabei muss noch einmal betont werden, dass das vorliegende Buch und die Checkliste sich auf die Post Merger Integration konzentrieren. Es werden also nicht alle Phasen eines M&A-Projektes gleich detailliert und tiefgehend ausgeführt. Die der Post Merger Integration vorgelagerten Phasen werden in dem Maße einbezogen, wie sie für den Erfolg des Zusammenwachsens die Basis legen müssen und damit wichtige Voraussetzungen schaffen.

Der Nutzen und Vorteil der Checkliste liegt darin, dass auf diese Weise kritische Bereiche für eine erfolgreiche Post Merger Integration frühzeitig durchdacht und die erkannten Probleme beseitigt werden können, um die Akquisition oder Fusion zum Erfolg zu führen.

1. Klarheit der strategischen Ziele		
- Wo wollen wir hin? -		
Nr.	Aktion	Geklärt/ Erledigt	Ungeklärt/ Unerledigt
1	Was sind die maßgeblichen **Gründe und Zielsetzungen** für die vorgesehene M&A-Aktivität?		
2	Handelt es sich um ein **Wachstums-** oder ein **Rationalisierungs-M&A**?		
3	Ist die M&A-Aktivität **strategisch geplant** und damit **proaktiv**, oder ist sie **reaktiv** als **Antwort auf Konkurrenzaktivitäten**?		
4	Ist die M&A-Aktivität begründet durch das **Zusammenwachsen verschiedener (Technologie-) Branchen**, eine **Verstärkung der**		

	Kernkompetenzen, eine **Erweiterung des Marktgebietes** bzw. der **Marktpräsenz** oder die **Integration von vor- oder nachgelagerten Stufen**?		
5	Ist bei einer Fusion ein **Merger of Equals** oder ein **Merger of Unequals** angestrebt?		
6	Wurden die **Anforderungen in allen wesentlichen Phasen** für den gesamten PMI-Prozess formuliert?		
7	Können die formulierten **strategischen Entwicklungsziele** mit dem M&A-Vorhaben realisiert werden?		

Kommentare:

2. Aussagefähige Analyse der Ausgangssituation

- Was wissen wir alles? -

Nr.	Aktion	Geklärt/ Erledigt	Ungeklärt/ Unerledigt
1	Wurden **Vorerfahrungen vergleichbarer anderer Unternehmen** analysiert und berücksichtigt?		
2	Enthält der **Data Room** alle für die M&A-Partner wichtigen Informationen?		
3	Wird eine detaillierte **Anreiz-Beitrags-Analyse** vorgenommen?		

4	Erfolgt die **Analyse des strategischen Fits** aussagefähig in allen wichtigen Wertschöpfungsbereichen?		
5	Werden **Szenario-Analysen** mit unterschiedlichen Entwicklungslinien erarbeitet?		
6	Werden im Rahmen von **Szenarien** nicht nur die **Chancen**, sondern auch die **Risiken** aussagefähig analysiert?		
7	Werden für alle wesentlichen Inhaltsbereiche die **Höhe negativer Wirkungen** und die **Wahrscheinlichkeit des Ereigniseintritts** in einer **Portfolio-Matrix** analysiert?		
8	Wird eine zukunftsbezogene **Due Diligence** auf der Basis des Ertragswertes und wesentlicher, durch Indikatoren gemessener Werttreiber und Erfolgsfaktoren durchgeführt?		
9	Wie groß ist der **strategische Fit** zwischen den sich zusammenschließenden Unternehmen?		
10	Werden mögliche **Gründe für das Scheitern von M&A** analysiert und quantifiziert?		
11	Werden qualifizierte **Risikoanalysen** auf der Basis von **Szenarien** aussagefähig durchgeführt?		
12	Wird die **Kaufpreis-Rendite-Relation** des Targets im Vorfeld für mehrere Jahre ermittelt?		
13	Werden bei einer Realisierung erzielbare **Leveraged Buyout-Effekte** im vorhinein berechnet?		
14	Werden aufgrund eines Kursverfalls bzw. einer Wertreduzierung des Targets erforderliche **Goodwill-Abschreibungen auf den Kaufpreis** in die Finanzierungs- und Rendi-		

		Geklärt/ Erledigt	Ungeklärt/ Unerledigt
	teberechnungen einbezogen?		
15	Erfolgt ein **Benchmarking** im Akquisitions- oder Fusionsprozess?		
16	Wurden alle wichtigen **Rahmenbedingungen** vorab geklärt und entschieden?		
17	Wurde im konkreten Fall geklärt, welche **wesentlichen Ansatzpunkte und Inhaltsbereiche** für die vorgesehene M&A-Aktivität als **Erfolgsfaktoren** eine wichtige **Treiberfunktion** haben?		

Kommentare:

3. Wesentliche Vorleistungen in den Pre Merger Phasen

- Was haben wir bereits veranlasst/ erledigt? -

Nr.	Aktion	Geklärt/ Erledigt	Ungeklärt/ Unerledigt
1	Erfolgt die **Finanzierung** der M&A-Aktivität aus der **Cash-Cow-Portfolio**-Position, durch einen **Leveraged Buyout** oder durch Aktientausch?		
2	Werden mögliche **kulturelle Barrieren** ausreichend analysiert und berücksichtigt?		
3	Wird die **Geschwindigkeit** im M&A-Prozess nicht zu Lasten der **Gründlichkeit** forciert?		
4	Entspricht die gezeigte **Management-Attention** der Bedeutung der jeweiligen M&A-Phase?		

5	Wurden in der Start-up Phase die **Integrationsthemen** analysiert, die **Projektorganisation** implementiert sowie **PMI-Grundsätze** eingeführt?		
6	Sind alle für die Integration benötigten **Ressourcen** präzisiert worden und stehen sie zur Verfügung?		
7	Ist die **Anbindung** des M&A-Projektes **an das Topmanagement** und die **direkte Einbindung der Führungskräfte** in den Fusionsprozess sichergestellt, so dass die Rolle als »Zuschauer im PMI-Prozess« nicht möglich ist?		
8	Ist sichergestellt, dass sich das Unternehmen in der **Projektumsetzungs-Phase** nicht vom Markt abschottet, sondern weiterhin hohe Kundennähe praktiziert?		

Kommentare:

4. Einsatz leistungsfähiger Steuerungsinstrumente

- Wie unterstützen wir die Analyse und die Umsetzung? -

Nr.	Aktion	Geklärt/ Erledigt	Ungeklärt/ Unerledigt
1	Wird die **Balanced Score Card** im gesamten M&A-Prozess für die Analyse, die Kommunikation, die schnelle Entscheidungsfindung und die operative Steuerung eingesetzt?		
2	Ist bezogen auf die Mitwirkung beider Unternehmen in der PMI-Organisation das **»Stecker-Steckdosen-Prinzip«** realisiert?		

3	Wurde eine **Ampelanalyse** zur **Fokussierung der Management-Attention** eingesetzt?		

Kommentare:

5. Wirksamkeit der PMI-Organisation und -Steuerung

- Wie analysieren, organisieren und steuern wir den Prozess erfolgreich? -

Nr.	Aktion	Geklärt/ Erledigt	Ungeklärt/ Unerledigt
1	Wird das gewünschte Endergebnis über die **ursächliche Gestaltung der Gegenwart** bzw. der Vorphasen geplant?		
2	Wird die **Projektorganisation flexibel** nach inhaltlichen Anforderungen gestaltet?		
3	Wird eine **stufenweise und systematische Integration der IT-Systeme** von beiden Unternehmen in allen wichtigen Prozessen und Bereichen des Unternehmens vorgenommen?		
4	Wird die PMI-Organisation in der **Business-Transformation Phase** nur sukzessive aufgelöst, erfolgt eine Endkontrolle der Projektumsetzung und können Synergieeffekte sowie Know-how-Transfer sichergestellt werden?		
5	Wurden in der Start-up Phase die **Integrationsthemen** analysiert, die **Projektorganisation** implementiert sowie **PMI-Grundsätze** eingeführt?		

6	Ist ein **IT-gestützter Reporting-Prozess** eingeführt?		
7	Sind **Infobases als Arbeitsplattformen** mit unterschiedlichen **Aggregationsebenen** und **Zugriffsstufen** eingerichtet worden?		
8	Erfolgt die Dokumentation der angestrebten und erreichten **Synergien nach unterschiedlichen Härtegraden?**		
9	Wird die Steuerung zum **Heben der Synergien ohne Hockeyschläger-Effekt** durchgeführt?		

Kommentare:

6. Gezielte interne und externe Kommunikation

- Was wollen wir wann wem und wie sagen? -

Nr.	Aktion	Geklärt/ Erledigt	Ungeklärt/ Unerledigt
1	Sind **Kommunikations- und Zugriffsmöglichkeiten** für alle Standorte gesichert?		
2	Werden erste **wesentliche Inhalte bereits vor Beginn der Integration** den verschiedenen Stakeholdergruppen vermittelt?		
3	Wird ein **offener, zukunftsorientierter Dialog** mit den Stakeholdern aufgebaut?		
4	Erfolgen fokussierte Analysen und Gespräche, um die **Ansprüche der Kommunikationszielgruppen** zu identifizieren und Informationen über ihre **Einstellung** zum Zu-		

	sammenschluss zu erhalten?		
5	Werden vor der Bekanntgabe des M&A-Vorhabens bereits gemeinsame **Sprachregelungen** für brisante Themen festgelegt?		
6	Werden durch einen **Informationsvorsprung des mittleren Managements** Kommunikatoren und Ansprechpartner im Unternehmen geschaffen?		
7	Können in der PMI-Phase **schnell erste positive Ergebnisse** erzielt und kommuniziert werden?		
8	Beginnt bereits in einer frühen Phase ein intensives **Wissensmanagement** als wechselseitiger Wissensaustausch?		
9	Wird eine (weiterhin) **hohe Identifikation der Kunden** mit der (den) Marke(n) des Unternehmens sowie dem Unternehmen selbst durch gezielte Maßnahmen sichergestellt?		

Kommentare:

7. Systematisches interkulturelles Lernen für das Zusammenwachsen der Unternehmenskulturen

- Wie beeinflussen wir den Informationsstand, die Einstellung und das Verhalten der Mitwirkenden? -

Nr.	Aktion	Geklärt/ Erledigt	Ungeklärt/ Unerledigt
1	Ist eine bewusste strategische Entscheidung über eine **Absorption, Koexistenz** oder **Symbiose durch Vernetzung der Unter-**		

	nehmenskulturen getroffen worden?		
2	Sind die Abteilungen **Personal, Perso-nalentwicklung** und **Organisations-entwicklung** aktiv einbezogen?		
3	Wurde eine **kulturelle Due Diligence** durch-geführt und sind auf diese Weise wichtige Grundeinstellungen, Werte und Artefakte in beiden Unternehmenskulturen identifiziert worden?		
4	Wird dem **kulturellen Zusammenwachsen** ein ausreichend großer Zeitrahmen einge-räumt und vor allem früh genug begonnen?		
5	Ist ein **Trainingskonzept für interkul-turelles Lernen** mit einer Kombination aus Selbststudium, Fallstudien und Diskussionen sowie Planspielen **vorgesehen/ geplant** wor-den?		

Kommentare:

---

8. Sanierung als mögliches Problem einer PMI

-Wie kommen wir sehr schnell »durch ein Tal der Tränen«? -

Nr.	Aktion	Geklärt/ Erledigt	Ungeklärt/ Unerledigt
1	Wird eine **Gesamtanalyse der zukünftigen Unternehmensentwicklung** im Vorfeld der M&A-Aktivität durchgeführt, welche die Er-folgsstory des Zusammenschlusses »zu Ende denkt«?		
2	Zeichnet sich eine **Markt- und Unterneh-mensentwicklung** ab, die einen **Sanie-**		

	rungsbedarf aufzeigt?		
3	Wurde die **Wirkungsprognose** eingeleiteter/ vorgesehener Verbesserungsmaßnahmen **konservativ mit einem Risikoabschlag** vorgenommen?		
4	Wurde Vorsorge getroffen, dass sich derartige **Fehleinschätzungen der zukünftigen Entwicklung** nicht wiederholen?		

Kommentare:

Literaturverzeichnis

A.T. KEARNEY: Corporate Marriage: Blight or Bliss?, online: [http://www.atkearney.com], Abfrage am 17.05.2001

A.T. KEARNEY: Global PMI Survey 1998

AHRENDT, W./ HONEGGER, B.: Visionen für Fusionen 1+1=? - Ein Prozessbegleiter, Hamburg/ Zürich, A & O des Wissens Verlag, 1999, S. 47ff.

ALLIANZ: Allianz Group, online: [www.allianz.com], Abfrage am 03.04.2001

ANSOFF, H.I.: Managing Surprise and Discontinuity – Strategic Response to Weak Signals, in: ZfbF, 28. Jg., 1976, S. 129-152

ANSOFF, H.I.: Strategies for Diversification, in: Harvard Business Review, Nr. 35, 1957, S.113-124

APFELTHALER, G: Interkulturelles Management, Wien, Manz Verlag, 1999, S. 79

APPEL, H./ HEIN, H.: Der DaimlerChrysler Deal, München, Econ Verlag, 1998

APPEL, H.: Ein amerikanisches Abenteuer - Die Fusion Daimler-Chrysler, in: Frankfurter Allgemeine Zeitung Nr. 105, 07.05.1998, S. 17

BACHEM, R./ ESSER, M./ RIESENBECK, H.: Mit »BPP« den Markenwert maximieren, in: akzente, 07/2001, S. 3 - 9

BALZER, A./ HIRN, W./ WILHELM, W.: Gefährliche Spirale, in: managermagazin, 03/2000, S. 77-91

BANDURA, A./ ROSS, D./ ROSS, S.A.: A comparative test of the status envy, social power and the secondary reinforcement theories of identificatory learning, in: Journal of Abnormal and Social Psychology, 1963, S. 527-534

BARNEY, J.B.: Gaining and sustaining competitive Advantage, Addison-Wesley, Reading et al. 1996

BAUMANN, M./ BERKE, J.: Aus dem Nichts, in: Wirtschaftswoche Nr.41, 1999, S. 90

BEGER, R./ GÄRTNER, H./ MATHES, R.: Unternehmenskommunikation – Grundlagen Strategien Instrumente, Wiesbaden/ Frankfurt (Main), Gabler Verlag, 1989

BOHNE, A.: Vivendi schafft den Dreh in Richtung Internet, in: Handelsblatt, 06.03.200, online: [http://www.handelsblatt.de/cgi-bin/hbi.exe?SH =&FN=hb&SFN=index&part=news&main=news_recherche&sBegriff=&Recherche=1 &SH=], Abfrage am 07.03.2000

BOLDT, K.: Kurzer Prozess, in: managermagazin, 04/2001, S.148

BREYFOGLE III, F.W.: Implementing Six Sigma, New York, Jon Wiley & Sons, 1999

BRISLIN, R.W./ HORVATH, A.-M.: Cross-cultural Training and Multicultural Education, in: *BERRY, J.W./ SEGALL, M.H./ KAGITIÇIBASI, C.*: Handbook of cross-cultural psychology: Volume 3 Social Behavior and Applications, 2 ed., Thousand Oaks, Sage, 1997

BUSSE, C.: Vorstandskarussel bei der HVB dreht sich, Handelsblatt, Nr. 247, 21./22.12.02, S. 24

CARTWRIGHT, S./ COOPER, C.L.: Managing Mergers, acquisitions and strategic alliances: Integrating people and cultures, 2. Auflage, Oxford, 1996

CLARK, T./ SCHWARZER, D./ MEIER, L.: Vivendi: Kulturschocker, in FTD, 18.04.02, online: [www.ftd.de/tm/me/1014399018374.html]

CROLLY, H.: Schlammschlacht um Compaq-Fusion, in: Die Welt, 25.02.02, S. 14

DAIMLERCHRYSLER: DaimlerChrysler Geschäftsbericht, 1998

DAIMLERCHRYSLER: DaimlerChrysler Pressebericht vom 28.12.1999

DALY, J.: Interview mit John Chambers, The Art of the Deal, online: [www.business2.com/articles/1999/10/content/cover-story.html], Abfrage am 06.03.2000

DAMS, J.: Siemens vor großem Börsengang, in: Berliner Morgenpost, 23.08.1999, online: [http://archiv.berliner-morgenpost.htm], Abfrage am 13.10.1999

DEAL, T./ KENNEDY, A.: Corporate Cultures, Reading et. al., Addison-Wesley Publishing Company, 1982

DEEKELING, E./ FIEBIG, N.: Interne Kommunikation – Erfolgsfaktor im Corporate Change, Wiebaden, Gabler Verlag, 1999

DEIß, C.: After the Deal, in: M&A-Review, 1/1997, S. 29

DEMING, W.F.: Out of the crisis, Massachusetts Institute of Technology, Cambridge, 1986

DEOGUN, N./ SCANNELL, K.: Value of mergers increased in 2000, in: Wall Street Journal Europe, 02.01.01, S. II

DIEHL, U./ LOISTL, O./ REHKUGLER, H.: Effiziente Kapitalmarkt-kommunikation, Stuttgart, Schäffer-Poeschel Verlag, 1998

DÖRRBECKER, K./ FISSENEWERT-GOSSMANN, R.: Wie Profis PR-Konzeptionen entwickeln, 3. erweiterte und aktualisierte Auflage, Frankfurt a.M., F.A.Z.-Institut für Management-, Markt- und Medieninformationen GmbH, 1999

DORFS, J.: Konzentrationswelle steigt schon wieder an, in: Handelsblatt, 21./22.12.01, S. 14

DROST, F.M./ KULS, N.: Analysten sind von der Fusion überzeugt, in: Handelsblatt, 17.09.1998, S. 14

ESCH, F.-R./ BRÄUTIGAM, S.: Corporate Brands versus Product Brands? Zum Management von Markenarchitekturen, in: Thexis, 4/2001, S. 27 - 34

ESCH, F.-R.: Aufbau starker Marken durch integrierte Kommunikation, in: *ESCH, F.-R.* (Hrsg.): Moderne Markenführung, 2. Auflage, Wiesbaden, Gabler Verlag, 2000, S. 535 - 575

EUROPEAN FOUNDATION OF QUALITY MANAGEMENT (EFQM): The European Quality Award - 1999 Information Brochure, Brüssel, 1999

FRIEDERICHS, P.: Personal als Change Agent bei Fusionen, in: CLERMONT, A./ SCHMEISSER, W./ KRIMPHOVE, D. (Hrsg.): Strategisches Personalmanagement in Globalen Unternehmen, 1. Auflage, München, Vahlen, 2001, S. 853 - 880

GERDS, J.: Post Merger Integration, Wiesbaden, Deutscher Universitätsverlag, 2000

GERPOTT, T.J.: Integrationsgestaltung und Erfolg von Unternehmensakquisitionen, Stuttgart, Schäffer-Poeschel, 1993

GESCHKA, H./ REIBNITZ, U. VON: Die Szenario-Technik als Grundlage der strategischen Planung, in: TÖPFER, A./ AFHELDT (Hrsg.): Praxis der strategischen Unternehmensplanung, Frankfurt, Alfred Metzner, 1983, S. 125 - 170

GOLDBLATT, H.: The New World of Mergers and Acquisitions: Ciscos Secrets, in: Fortune, Vol. 140, No. 9, 08.11.1999, S. 177

GOLEMAN, D.: Emotionale Intelligenz, München, DTV, 1996

GRABITZ, I.: Medienkonzern Vivendi schockt Anleger mit Milliardenverlust, in: FTD, 02.05.02, S. 6

GRASS, S.: Computerehe weckt Befürchtungen, Handelsblatt, 06.09.01, S. 20

GRIMES, C.: Time Warner's crown jewel loses its sparkle on Wall St, in: FT, 26.04.02, S. 15

GRUBE, R./ KOCH, K./ LAMPARTER, J.: Das PMI-Network als Informationsmanagement- und Projektcontrolling-Tool im DaimlerChrysler-Merger, in: Controlling, Heft 12, Dezember 1999, S. 597 - 606

GÜNTHER, T.: Unternehmenswertorientiertes Controlling, München, Vahlen, 1997

HABECK, M./ KRÖGER, F./ TRÄM, M.: Wi(e)der das Fusionsfieber – Die sieben Schlüsselfaktoren erfolgreicher Fusionen, Wiesbaden, Gabler Verlag, 1999

HAGEMANN, S.: Strategische Unternehmensentwicklung durch M&A, Frankfurt A.M., Peter Lang Verlag, 1996

HALL, W./ ISKANDAR, S.: LVMH agrees $766m for Tag Heuer watches, in: Financial Times, 14.09.1999, S. 17

HALUSA, M.: Arthur Andersen droht Ausverkauf, in: Die Welt, 14.03.02, S. 13

HASPESLAGH, P./ JEMISON, D.: Managing Acquisitions – Creating Value through corporate renewal, New York et. al., The Free Press, 1991

HECK, A.: Strategische Allianzen, Berlin et al., Springer, 1999

HECKTOR, D./ SICHERT, R.: Projektorganisation und Projektmanagement, in: PENZEL, H.-G./ PIETIG, C. (Hrsg.): MergerGuide – Handbuch für die Integration von Banken, 1. Auflage, Wiesbaden, Gabler Verlag, 2000, S. 55-83

HEIN, C.: Daimler-Chrysler dämpft überzogene Erwartungen, in: FAZ, 01.04.1999, S. 15

HEISMANN, G.: Consors geht unter Börsenwert an BNP, in: FTD, 02.05.02, S. 21

HERBST, D.: Krisen meistern durch PR – Ein Leitfaden für Kommunikationspraktiker, Neuwied/ Kriftel, Luchterhand Verlag, 1999

HOFFMANN, F./ SIECK, T.: Warum Fusionen scheitern, in: FTD, 22.06.01, S. 3

HOFMANN, S./ KORT, K.: Pharma steht vor neuer Fusionswelle, in: Handelsblatt, 09.04.02, S. 11

HOFSTEDE, G.: Lokales Denken, Globales Handeln - Interkulturelle Zusammenarbeit und Globales Management, München, DTV-Beck, 1997

HOOPES, D.: Global guide to international education, New York, Facts on File Publ., 1984

HOOPES, D.: Intercultural Communication Concepts and the Psychology of Intercultural Experience, in: *MARGARET D. PUSCH* (ed.): Multicultural Education, Chicago, 1981, S. 9-38.

HÖVELMANNS, N./ BAUMGART, W.: Merger erfolgreich gestalten, in: Diebold Management Report, Nr. 5/6, 1999, S. 12-15.

JANSEN, S./ KÖRNER, K.: Fusionsmanagement in Deutschland – Eine empirische Analyse, Witten/ Herdecke, überarbeitete Fassung November 2000

JANSEN, S.: Mergers & Acquisitions, 2. Aufl., Wiesbaden, Gabler Verlag, 1999

JANSEN, S.: Post Merger Integration, in: Handelsblatt, 06.08.1999, S. K3

KAPLAN, R./ NORTON, D.: Balanced Scorecard - Translating Strategy into Action, Stuttgart, Havard Business School Press, 1997

KARG, P./ STAEHLE, W.: Analyse der Arbeitssituation, Freiburg, Hauffe Verlag, 1982

KEHOE, L.: IBM launches $3.3bn bid for Lotus, in: Financial Times, 06.06.1995, S. 1

KEITE, L.: Fusionen Einen Schritt vor, zwei zurück, in: absatzwirtschaft, 2001, S. 58-64

KELLER, A.: Die Rolle der Unternehmenskultur im Rahmen der Differenzierung und Integration der Unternehmen, Bern/ Stuttgart, Haupt, 1990, S. 262 ff.

KEPNER, C./ TREGOE, B.: Managemententscheidungen vorbereiten und richtig treffen, München, Verlag Moderne Industrie 1967

KNOP, C.: Carly Fiorinas bitterer Sieg, in: FAZ, 02.05.02, S. 15

KÖLLE, K.-M.: Integrationsmanagement in der HVB-Group, Vortrag bei Konferenz: Mergers & Acquisitions, 28./29. Mai 2001

KORNMEIER, M.: Psychische Distanz und kulturelle Offenheit gegenüber Auslandsmärkten, Dissertation TU Dresden, 2002

KORT, K./ SCHUBERT, S.: AOL Time Warner macht Rekordverlust, in: Handelsblatt, 26./27.04.02, S. 18

KRÜGER, H.: Due Diligence als professioneller Standard bei M&A-Projekten, in: Begleitheft zum 53. Deutschen Betriebswirtschafter-Tag „Management von Akquisitionen" am 27./28.09.1999, S. 71-74

KULZER, R.: Erfolgreiche Fusionen gelingen Hardware-Herstellern nur selten, in: Handelsblatt, 10.04.02, S. 18

LANDGRAF, R./ MAISCH, M.: Frühlingsgefühle am Markt für Fusionen und Übernahmen, in: Handelsblatt, 14.03.02, S. 52

LARSSON, R./ FINKELSTEIN, S.: Integrating Strategic, Organizational and Human Resource Perspectives on Mergers and Acquisitions: A Case Survey of Synergy Realization, in: Organization Science 1/10, 1999, S. 1-26

LAUBE, H.: Hewlett-Packard erhöht eigenes Sparziel, in: FTD, 05.06.02, S. 4

LAUBE, H./ MORRISON, S.: Compaq plant schon für eine Zukunft ohne HP, online: [http://www.ftd.de/tm/it/FTD9G5JR4VC.html], Abfrage am 12.12.2001

LAUBE, H.: Fusion ohne Vision, in: FTD, 26.04.02, S. 33

LAUBE, H.: Kommentar: Dem Medienriesen fehlt die Strategie, online: [www.ftd.de/tm/me/1014399045988.html], Abfrage am 25.04.02

LAUBE, H.: HP verbannt Walter Hewlett aus dem Aufsichtsrat, online: [www.ftd.de/tm/it/1014398952642.html], Abfrage am 02.04.02

LEBERT, R.: Weniger Fusionen und Übernahmen, in: FTD, 10.01.02, online: [www.ftd.de/ub/fi/FTDXM7TO8WC], Abfrage am 10.01.02

LEENDERTSE, J.: Drängeln gilt nicht, in: Wirtschaftswoche Nr. 227, 29.06.2000, S. 118-128

LEWANDOWSKI, J.: Die Fusion der Sterne: Daimler und Chrysler ergänzen sich gut, in: Süddeutsche Zeitung, 19./20. 09. 1998, S. 23

LIEDTKE, A.: Der Wechsel des Markennamens, in: *BRUHN, M.* (Hrsg.): Handbuch Markenartikel Band 2, Stuttgart, Schäffer-Poeschel Verlag, S. 791 - 813

LINDEN, A./ WILHELM, W.: „Ohne Mut läuft nichts" – Interview mit Jürgen E. Schrempp, in: mm, 11/1998, S. 78-95

LUFT, J.: The Johari window, in: Human Relations Training News, 1961, S. 6-7

LUTHER, T.: Die Beute im Blick, in: Handelsblatt, 3./4.05.02, S.1

LUTHER, T.: Das große Fressen, in: Handelsblatt, 3./4.05.02, S. 2

MACHATSCHKE, M.: Die wilde 13, in: managermagazin, 10/2000, S. 132-135

MANDL, H./ REINMANN-ROTHMEIER, G.: Problemorientiertes Lernen mit Multimedia, in: Geißler, K. A./ Landsberg & M. Reinartz, G. von (Hrsg.): Handbuch Personalentwicklung und Training - Ein Leitfaden für die Praxis, Köln, Verlagsgruppe Deutscher Wirtschaftsdienst, S. 1-20

MCWILLIAMS, G./ WESCH, S.: Compaq drängt in IT-Servicemarkt, in: Handelsblatt, 25. Juni 2001, online: [www.handelsblatt .com/hbiwwwangebot/fn/relhbi/sfn/.../index.html], Abfrage am 26.06.2001

MEFFERT, H./ BURMANN, C.: Abnutzbarkeit und Nutzungsdauer von Marken – Ein Beitrag zur steuerlichen Behandlung von Warenzeichen, in: *MEFFERT, H./ KRAWITZ, N.* (Hrsg.):

Unternehmensrechnung und –besteuerung - Grundfragen und Entwicklung, Wiesbaden, Gabler Verlag, 1998, S. 75 - 126

MELFI, T.: Auf die harte Tour, in: Wirtschaftswoche, 23.11.00, S. 120

MIRVIS, P.H./ MARKS, M. L.: Joining Forces – Making One plus One equal Three in Mergers, Acquisitions and Alliances, Jossey Bass Books, San Francisco, 1998

MORRISON, S./ WINEEDS, E./ ZEPELIN, J.: HP spielt Kosten des Compaq-Kaufs herunter, in: FTD, 28.02.02, S. 4;

MULLER, J./ GREEN, J./ TIENEY, C.: Chrysler's Rescue Team, in: Business Week, 15.01.01, S. 18 - 21

MÜLLER, S./ GELBRICH, K.: Interkulturelle Kompetenz als neuartige Anforderung an Entsandte: Status quo und Perspektiven der Forschung, in: zfbf 53, Mai 2001, S. 246-272

MÜLLER-STEWENS, G.: Akquisitionen und der Markt für Unternehmenskontrolle: Entwicklungstendenzen und Erfolgsfaktoren, in: *PICOT, A./ NORDMEYER, A./ PRIBILLA, P.* (Hrsg.): Management von Akquisitionen, Schäffer-Poeschel Verlag, Stuttgart 2000, S. 41-62

MÜLLER-STEWENS, G.: Fusionen und Beteiligungen, in: Frankfurter Allgemeine Zeitung, 4.10.2000, S. 49-59

NIESCHLAG, R./ DICHTL, E./ HÖRSCHGEN, H.: Marketing, 17. Neu bearbeitete Auflage, Berlin, Dunker und Humblodt, 1994

NONNAST, T.: HP hat die schwersten Stunden noch vor sich, in: Handelsblatt, 05.06.02, S. 18

O.V.: Acquisition Summary, online: [http://www.cisco.com/warp/public/750/acquisition/summarylist.html], Abfrage am 18.05.2001

O.V.: Ad-hoc Mitteilung Hypo Vereinsbank, online: [www.boerseninfos.de/ak/adhoc/news/802200-19991026-152152.html], 26.10.1999, Abfrage am 11.12.2001

O.V.: Alusuisse Lonza und Viag sind irritiert und enttäuscht, in: Frankfurter Allgemeine Zeitung, 31.03.1999, S. 26

O.V.: American Airlines und British Airways sagen Allianz ab, in: FTD, 26.01.2002, online: [www.ftd.de/ub/in/FTD8LLAZWWC.html], Abfrage am 26.07.2002

O.V.: Anleger zeigen HP die kalte Schulter, in: Handelsblatt, 07./08.09.01, S. 20

O.V.: AOL bietet um Kabelsparte von AT&T mit, in FTD, 10.09.01, S. 4

O.V.: AOL Time Warner kündigt großen Umbau der Führungsspitze an, in: Handelsblatt, 06.12.01, S. 13

O.V.: Arcor Telematik: Deutsche Bahn und Vodafone einigen sich über Kaufpreis, in: FTD, 25.01.02, online: [www.ftd.de/tm/tk/FTD1QRTMVWC.html], Abfrage am 25.01.2002

O.V.: Astra und Zeneca bündeln ihre Kräfte, in: Handelsblatt, 10.12.1998, S. 13

O.V.: Bankenfusionen schaffen schnellen Mehrwert, in: Handelsblatt, 28.03.02, S.36

O.V.: Britische Banken im Fusionsfieber, in: Handelsblatt, 26.04.01, S. 33

O.V.: Chemiefusion von Ciba und Clariant geplatzt, in: Handelsblatt, 09.12.1998, online: [http://www.handelsblatt.de/search /49981.htm], Abfrage am 26.10.1999

O.V.: Chrysler kürzt Händlern Zuschüsse in Millionenhöhe, 29.01.01, online: [www.wiwo.de], Abfrage am 20.12.2001

O.V.: Cisco gibt wenig Anlass zur Hoffnung, in: Handelsblatt, 10.05.2001, S.19

O.V.: Cisco, GM at odds on accounting methods, 04.05.2000, online: [http://news.cnet.com/ news/0-1004-200-1814958.html], Abfrage am 05.09.2001

O.V.: Cisco: Rote Zahlen und trübe Aussichten, online: [http://ftd.de/tm/it/ FTDYCAD4IMC.html], Abfrage am 09.05.2001

O.V.: Cisco-Chef erwartet Konsolidierung der IT-Branche, in: Handelsblatt, 05. September 2001, online: [www.handelsblatt.com/hbiwwwangebot/fn/relhbi/sfn/ cn_artikel_drucke.../index.htm], Abfrage am 05.09.2001

O.V.: Comcast gewinnt bei AT&T, in: Handelsblatt, 21/22.12.01, S.20

O.V.: D2 geht langsam im Vodafone-Rot unter, Absatzwirtschaft März 2002, S. 28-29

O.V.: DaimlerChrysler AG Targets faster Restructuring in U.S., in: Wall Street Journal, 13.12.2001, S. 5

O.V.: Daimler-Chrysler Aktionäre billigten Fusion zu drittgrößtem Autokonzern, in: Hessische Allgemeine Zeitung, 19.09.1998, S. 1

O.V.: Dasa und Aerospatiale gründen europäischen Flugzeugriesen, in: Handelsblatt, 15./16.10.1999, S.1

O.V.: Die Fusion von AOL und Time Warner ist ein »genialer Coup«, in: Frankfurter Allgemeine Zeitung, 11.01.2000, S.18

O.V.: Dreierbund in der europäischen Luftfahrt wird besiegelt, in: Handelsblatt, 02.12.1999, S. 19

O.V.: FASB completes Business Combinations Project, 07.05.2001, online: [http://accounting. rutgers.edu/raw/fasb/news/nr070501.html], Abfrage am 05.09.2001

O.V.: Fiorina jubelt im HP-Hauptquartier, in: Handelsblatt, 07.03.02, S. 14

O.V.: Fusion von HP und Compaq gilt als chancenlos, FTD, 10.12.2001, S. 3

O.V.: Fusion zwischen HDI und HUK gescheitert, in: Handelsblatt, 19.07.1999, S. 9

O.V.: Fusionitis in der Telekom, in: Wirtschaftswoche, Heft 41, 1999, S. 90

O.V.: HP wird weltgrößter PC-Anbieter, in: Handelsblatt, 04.09.01, online: [www.handelsblatt.com/hbiwwwangebot/fn/relhbi/sfn/.../index.html], Abfrage am 04.09.2001

O.V.: Hewlett-Packard glänzt, in: Handelsblatt, 14.02.02, S. 1

O.V.: Infineon mit Rekordgewinn im ersten Quartal, in: Handelsblatt, 28.01.2000, online: [http://www.handelsblatt.de/cgi-bin/hbi.exe?SH=&FN=hb&SFN=index&part= news&main=news_recherche&sBegriff=infineon&Recherche=1&SH=],   Abfrage am 28.01.2000

O.V.: Job Cuts Ahead, in: ABCnews, 13.09.2000, online: [http://www.abcnews.go.com/ sec-tions/business/DailyNews /chase000913.html], Abfrage am 15.09.2000

O.V.: Klage bringt Andersen an den Rand der Pleite, in: Handelsblatt, 15./16.03.02, S. 1

O.V.: Könnte eine Übernahmeschlacht Thyssen retten, in: FTD, 14.12.01, S. 19

O.V.: KKR - Investments History, online: [http://www.kkr.com/invest /invest.html], Abfrage am 21.09.01

O.V.: Kohtes Klewes Meinungsbarometer Mai 2000, online: [http://www.wuv.de/studien/ koh-tes_klewes_0500/index.html], Abfrage am 06.06.2001

O.V.: Luxusgüterkonzern LVMH übernimmt Ebel und Chaumet, in: Handelsblatt, 22./23.10.1994, S. 15

O.V.: Mannesmann: Hindernisse bei Infostrada-Verkauf, online: [http://www.ftd.de/tm/ tk/FTDEHZ2Y9JC.html], Abfrage am 17.09.01

O.V.: Mannesmann-Arcor vor dem Verkauf?, online: [www.spiegel.de/wirtschaft/ unterneh-men/0,1518,77529,00.html], Abfrage am 21.05.2000

O.V.: Mergers & Acquisitions in Europa, online: [http://www.mergers-and-acquisitions.de/ fakten1030.htm], Abfrage am 27.08.01

O.V.: Mergers & Acquisitions weltweit, online: [http://www.mergers-and-acquisitions.de/ fak-ten1020.htm], Abfrage am 27.08.2001

O.V.: Mergerstat Free Reports - Top Ten Deals, online: [http://www.mergerstat.com/ free_reports/free_reports_top_deals.asp], Abfrage am 28.07.2000

O.V.: Milliardenrisiko bei Hypobank, in: Handelsblatt, 29.10.1999, S. 1

O.V.: Nach dem Deal immer die gleichen Fehler, in: Handelsblatt, 19.10.1998, S. 14

O.V.: Neue Ära bei AOL Time Warner, in: FTD, 06.12.01, S. 1

O.V.: Neuer AOL-Chef muss alte Fusionen kitten, in: FTD, 06.12.01, S. 6

O.V.: Neuer Stahlriese Arcelor will in Europa Kostenführer werden, in: FAZ, 13.12.01, S. 18

O.V.: No Incentive for Sulzer Shareholders, Press Release Sulzer 30.03.2001, online: [http:// 212.249.10.171/eprise/main/temp/PRBackup/Archive2/3_30_20015217.html], Abfrage am 19.06.01

O.V.: Pharmafusion setzt europäische Konkurrenten unter Druck, in: Handelsblatt, 18.01.2000, S. 1

O.V.: Post Merger Integration in schweizer Unternehmen, online: [www.diebold.de/me-dia/pdf/PMI-Studie.pdf], Abfrage am 23.11.2001

O.V.: Presseinformation Deutsche Bank (Frankfurt am Main, 5. April 2000), online: [http://presse.deutsche-bank.de]; Abfrage am 23.05.01

O.V.: Scrooged - Dealmakers hope for better days ahead in 2002, online: [www.merger-stat.com/press_center/4q01.htm], Abfrage am 29.01.02

O.V.: Siemens und Fujitsu gründen Computer-Riesen, in: FAZ, 17.06.1999, S. 21

O.V.: Siemens verkauft Bankautomatengeschäft, online: [http://www.database.mopo.de], Abfrage am 06.01.2000

O.V.: Stationen einer missglückten Fusion, online: [www.manager-magazin.de/geld/artikel/0,2828,49367,00.html], 26.10.1999, Abfrage am 20.12.2001

O.V.: T-Aktie nach geplatzter Fusion unter Druck, in: Handelsblatt, 26.05.1999, S.1

O.V.: Top Ten Announced Worldwide M&A Transactions, online: [http://www.tfsd.com/news_room/archive/default.asp?title_id=175], Abfrage am 07.02.2000

O.V.: UMTS steigert erheblich die Verluste, online: [www.manager-magain.de/geld/artikel/0,2828,102689,00.html], 14.11.2000, Abfrage am 14.11.2000

O.V.: Uni Witten / Herdecke erforscht Firmenübernahmen, in: Welt am Sonntag, 04.04.99, S. BR1

O.V.: US-Bilanzrecht zwingt AOL zu 60-Mrd.-Dollar-Abschreibung, in: FTD, 09.01.02, S. 1

O.V.: Verschmähte Heirat, online: [manager-magazin.de/ebusiness/artikel/0,2828,171895,00.html] , 08.12.2001, Abfrage am 17.12.01

O.V.: Vivendi, online: [www.frauenfinanzseite.de/musteraktien/vivendi/ index.shtml], Abfrage am 21.09.01

O.V.: (Vivendi Universal): Vivendi Universal reports strong first quarter consolidated financial results, online: [www.vivendiuniversal.com/vu2/en/files/300402_1ang.pdf], Abfrage am 02.05.02

O.V.: Vodafone Press Releases, online: [http://www.vodafone.com/media/press_releases], Abfrage am 21.05.2001

O.V.: Wal-Mart schluckt britische Gruppe, in: HNA, 15.06.1999, S. 6

O.V.: Was Schrempp zusammenfügt, will der Aktionär nicht trennen, in. Süddeutsche Zeitung, 19./20. 09. 1998, S. 23

O.V.: Walter Hewletts Kampf gegen Carly Fiorina in letzter Runde, in: FAZ, 13.02.02, S. 26

OTTE, M.: Die Unternehmenskultur entscheidet über den Erfolg von Fusionen, in: Frankfurter Allgemeine Zeitung, 11.01.1999, S. 23

PALASS, B.: Begrenzt haltbar, in: managermagazin, 05/2000, S. 172ff.

PAPENDICK, U.: Der Macher, in: managermagazin, 04/2001, S. 148

PENZEL, H.-G.: Top-Management, in: *PENZEL, H.-G./ PIETIG, C.* (Hrsg.): MergerGuide – Handbuch für die Integration von Banken, 1. Auflage, Wiesbaden, Gabler Verlag, Oktober 2000, S. 45 - 53

PERRIDON, L./ STEINER, M.: Finanzwirtschaft der Unternehmung, 10. Auflage, München, Vahlen, 1999

PETERS, T./ WATERMAN, R.: Auf der Suche nach Spitzenleistungen: Was man von den bestgeführten US-Unternehmen lernen kann, 5. Auflage, Landsberg am Lech, MVG, 1984

PICOT, G./ VONDENHOFF-MERTENS, R.: Genaue Durchleuchtung statt „Katze im Sack", in: Handelsblatt, 26./27.03.1999, S. K3

PICOT, G.: Rechtliche Grundlagen grenzüberschreitender Transaktionen, in: *JANSEN, S.A./ PICOT, G./ SCHIERECK, D.* (Hrsg.): Internationales Fusionsmanagement, Stuttgart, Schäffer-Poeschel Verlag, 2001, S. 45 f.

PIETIG, C.: Kommunikation, in: *PENZEL, H.-G./ PIETIG, C.* (Hrsg.): MergerGuide – Handbuch für die Integration von Banken, Wiesbaden, Gabler Verlag, 2000, S.167-186

PORTER, M.: Wettbewerbsstrategie: Methoden zur Analyse von Branchen und Konkurrenten, Frankfurt a.M., Campus Fachbuch, 1983

PRIBILLA, P.: Personelle und kulturelle Integration, in: *PICOT, G.* (Hrsg.): Handbuch Mergers & Acquisitions, Schäffer-Poeschel Verlag, Stuttgart, 2000, S. 377 - 418

PRITCHETT, P.: Making Mergers Work – A guide to Managing Mergers and Acquisitions, Chicago et al., Irwin Professional Publishing, 1987

REICHARDT, I.: Erfolgreiche Öffentlichkeitsarbeit – Leitfaden für professionelle Kommunikation nach innen und nach außen, Niedernhausen, Falken und Gabler Management, 1999

REINKING, G.: Chrysler besetzt verstärkt Nischen, in: FTD 07.01.02, S. 3

REINKING, G.: Gewinn bei Chrysler ist kein Grund für Optimismus, in: FTD, 26.04.02, S. 3

REINKING, G.: Zetsche meldet bei Chrysler erste Erfolge, in: FTD 07.01.02, online: [www.ftd.de/ub/in/FTDYXMHE4WC.html], Abfrage am 07.01.2002

RÖSSING, S.: Andersen verschwindet vom Markt, in: FTD, 30.04.02, S.22

ROTHER, F.W.: Prinzip Schrempp, in: Wirtschaftswoche, Nr. 19, 06.05.1999, S. 56 - 61

RUMPF B./ NEUMANN P.: Kritische Erfolgsfaktoren von Post-Merger Integrationen, in: M&A Review, 2/1998, S. 57 - 61

SCHEIN, E.: Organizational Culture and Leadership, 2. Auflage, Frankfurt am Main, Jossey-Bass Books, 1992

SCHEWE, G./ GERDS, J.: Erfolgsfaktoren von Post Merger Integrationen: Ergebnisse einer pfadanalytischen Untersuchung, in: ZFB-Ergänzungsheft, 1/2001, S. 75 - 102

SCHEWE, G.: Expertenchat, online: [http://wiwo.de/WirtschaftsWoche/Wiwo_CDA/ 0,1702,11371_66065,00.html], Abfrage am 06.07.2001

SCHWARZER, D.: Aktionäre mahnen Vivendi-Chef Messier ab, in: FTD, 25.04.02, S. 3

SCHWARZER, P.: Vivendi Universal wiederholt Hauptversammlung, in: FTD, 03.05.02, S. 3

SOSALLA, U.: Auch Cox Communications will Fernsehkabel von AT&T kaufen, in: FTD, 29.08.01, S. 4

SOSALLA, U.: Hewlett gibt Widerstand gegen Fusion auf, online: [www.ftd.de/tm/it/ 1014399061282.html], Abfrage am 02.05.02;

SOSALLA, U.: Hewlett-Erbe verliert Kampf gegen Fiorina, in: FTD, 02.05.02, S. 4

SOSALLA, U.: Lucent will einfach kein Gewinn gelingen, in: FTD, 13.03.02, S. 5

STAEHLE, W.: Management - Eine verhaltenswissenschaftliche Perspektive, 7.überarb. Aufl., München, Vahlen, 1994

STEINBOCK, H.-J.: Management in Zeiten der Diskontinuität, in: Zeitschrift Führung und Organisation (zfo), Nr. 1, 2000, S. 37 - 40

STOLL, U.: Kurzmeldungen, in: M&A-Review, 6/1997, S. 297

STROHMER, S.: Integration nach Merger and Acquisition, Deutscher Universitätsverlag, Wiesbaden, 2001

SULZER: Bericht des Verwaltungsrates, online: [http://www.sulzer.com/rejection/report_d.html], 2001, Abfrage am 19.06.2001

THOMAS, A./ HAGEMANN, K.: Training interkultureller Kompetenz, in: *BERGEMANN, N./ SOURISSEAUX, A.L.J.* (Hrsg.): Interkulturelles Management, 2. Aufl., Heidelberg, 1996, S. 173 - 199

THOMAS, A.: Interkulturelles Handlungstraining in der Managerausbildung, in: Wirtschaftswissenschaftliches Studium, 18. Jg., Nr. 6, 1989, S.281 - 287

THURM, S.: At Cisco Systems, Real Work Begins After a Deal Closes, in: The Wall Street Journal Europe, 01.03.2000, S. 1

TIERNEY, C. ET AL.: Defiant Daimler, in: Business Week, 07.08.00, S. 18 - 23

TÖPFER, A./ HEYMANN, A.: Marktrisiken, in: *DÖRNER, D./ HORVATH, P./ KAGERMANN, H.* (Hrsg.): Praxis des Risikomanagements, Stuttgart, Schäffer-Poeschel, 2000, S. 225 - 252

TÖPFER, A./ JANN, W.: Öffentliche Dienstleistungen: Abschlussbericht des Arbeitskreises 9 des BMBF-Projektes Dienstleistung 2000plus, 1997, WGMU, Wissenschaftliche Gesellschaft für Marktorientierte Unternehmensführung e.V.

TÖPFER, A.: Balanced Scorecard, in: *A.-K. ACHLEITNER/ THOMA, G.F.* (Hrsg.): Handbuch Corporate Finance, Ergänzungslieferung 1, Köln, 2001, S. 1 - 52 (Kap. 4.3.1)

TÖPFER, A.: Das Management der Werttreiber, Frankfurt a.M., FAZ Verlag, 2000

TÖPFER, A.: Der Einsatz der Balanced Scorecard im Handel, in: *TROMMSDORF, V.* (Hrsg.): Handelsforschung, Wiesbaden, Gabler Verlag, 2000, S. 187 - 200

TÖPFER, A.: Erfolgsfaktoren für Mergers & Acquisitions, in: *POTH, L.G./ POTH, G.S.*: Marketing, Sonderdruck Loseblattsammlung, Neuwied, Luchterhand Verlag, 2000, S. 1 - 60

TÖPFER, A.: Strategische Allianzen, Outsourcing, Netzwerke und Fusionen - Erfolgsvoraussetzungen und Praxisbeispiele, in: *THEURL, T.*: Kooperationen, Fusionen, Netzwerke: Neue Formen der Arbeitsteilung von Genossenschaften, Münster, Regensberg, 2001, S. 51 - 68

TÖPFER, A.: Strategische Marketing- und Vertriebsallianzen, in: *BRONDER, C./ PRITZEL, R.* (Hrsg.): Wegweiser für Strategische Allianzen, Frankfurt, Gabler Verlag, 1992, S. 173 - 208

TÖPFER, A.: TQM-Modelle und Self Assessment als Basis für internes und externes Benchmarking, in: *SABISCH, H./ TINTELNOT, C.* (Hrsg.): Benchmarking, Stuttgart, Schäffer-Poeschel, 1997, S. 143 - 156

TÖPFER, A.: Zwölf Grundsätze für erfolgreiche Mergers & Acquisitions, in: RGB, 11/2000, S. 3 - 9

TROMPENAARS, F./ HAMPDEN-TURNER, C.: Riding the waves of culture, 2. Auflage, London, Nicholas Brealey Publishing Ltd., 1998

TROMPENAARS, F./ HAMPDEN-TURNER, C.: The Seven Cultures of Capitalism, New York, Currency Doubleday, 1993

WALLER, D.: Die Stunde des Strategen, Stuttgart, Deutsche Verlags-Anstalt, 2000

WALTER, C.: Beispiel 3: DaimlerChrysler, in: *HENCKEL VON DONNERSMARCK, M./ SCHATZ, R.* (Hrsg.): Fusionen – Gestalten und Kommunizieren, 3. Auflage, Bonn et al., InnoVatio Verlag, 2000, S. 305ff.

WEINREICH, H.: Wo Angst herrscht, können keine Innovationen entstehen (Change-Management anders betrachtet), in: eco, 5/1999, online: [http://www.zfu.ch/fachartikel/fartikel_weinr.htm], Abfrage am 25.04.2001

WILHOFSZKI, O.: Walter Hewlett stellt Alternative zum Kauf von Compaq vor, in: FTD, 12.02.02, S. 4

WINKLER, B./ DÖRR, S.: Fusionen überleben – Strategien für Manager, München/ Wien, Carl Hanser Verlag, 2001

WOODRUFF, D.: Getting Past Non and Nein, in: Wall Street Journal Europe, 21.05.01, S. 25

ZAK326@MSN.COM: HP & Carlie, 09.12.2001, online: [http://www.informationweek.com/forum/informationweek?comment_id=42064&threaded=1#thread], Abfrage am 12.12.2001

ZIMMER, A.: Unternehmenskultur und Cultural Due Diligence bei Mergers & Acquisitions, Aachen, Shaker Verlag, 2001 (IEWS-Schriftenreihe Band 7)

Autorenkurzbiographien

Dr. Rüdiger Grube, Jahrgang 1951, wurde zum 1. Oktober 2001 als stellvertretendes Mitglied in den Vorstand der DaimlerChrysler AG berufen, verantwortlich für das Ressort Konzernentwicklung.

Seit September 2000 verantwortete er als Senior Vice President Corporate Development die Bereiche Corporate Strategy, Corporate E-Business und Mergers & Acquisitions. Von 1998 bis 1999 leitete er als Bereichsvorstand der DaimlerChrysler AG die Konzernstrategie.

Nach einer gewerblich-technischen Ausbildung im Metallflugzeugbau studierte er an der Fachhochschule Hamburg Flugzeugbau mit dem Abschluss Diplom-Ingenieur. Anschließend folgte ein Studium in Berufs- und Wirtschaftspädagogik an der Universität Hamburg. Von 1981 bis 1986 hatte er einen Lehrauftrag an der Universität Hamburg in Fertigungs- und Flugzeugtechnik. 1986 promovierte er an den Universitäten Hamburg und Kassel in der Fachrichtung Arbeitswissenschaften und Polytechnik.

Seine Berufserfahrungen umfassen:

- Stellvertretendes Mitglied im Vorstand der DaimlerChrysler AG, verantwortlich für das Ressort Konzernentwicklung, 2001

- Senior Vice President Konzernentwicklung, verantwortlich für die Bereiche Konzernstrategie, Corporate E-Business und Mergers and Acquisitions, 2000

- Bereichsvorstand DaimlerChrysler AG und Leiter der Konzernstrategie, 1998

- Leiter Konzernstrategie der Daimler-Benz AG, Mitglied des Direktoriums, 1996

- Direktor Unternehmensplanung und Technologie der Daimler-Benz Aerospace AG, München, 1995

- Leiter Stab Luftfahrt der Daimler-Benz Aerospace AG, München (Airbus, Militärflugzeuge, Dornier Luftfahrt, Fokker, Eurocopter), verantwortlich für den Dienstleistungsbereich des Standortes München-Ottobrunn, 1992

- Leiter des Büros des Vorsitzenden der Geschäftsführung Deutsche Airbus GmbH, Hamburg, 1990

- Leiter des Ressorts Marketing, Vertrieb und Außenbeziehungen des Unternehmensbereichs Energie- und Industrietechnik der Messerschmitt-Bölkow-Blohm GmbH, München, 1988

Prof. Dr. Armin Töpfer, Jahrgang 1944, leitet den Lehrstuhl für Marktorientierte Unternehmensführung an der Technischen Universität Dresden sowie die Forschungsgruppe Management + Marketing in Kassel. Er ist Alleingesellschafter der M+ M Consulting GmbH in Kassel.

Frühere Stationen waren an der Universität Freiburg, der E.A.P. Europäische Wirtschaftshochschule in Düsseldorf, später Berlin, mit dem Hauptsitz in Paris und weiteren Standorten in Oxford und Madrid, und dem Schwerpunkt Management an der Universität Kassel.

Er lehrt und forscht auf den Gebieten Management und Marketing mit dem Schwerpunkten Strategisches Marketing, Technologiemarketing, Internationales Management, Dienstleistungsmarketing, Human-Ressourcen-Management, Total Quality Management/ Business Excellence, Geschäftsprozess-Optimierung/ Six Sigma, Mergers & Acquisitions, Benchmarking und Wertorientierte Unternehmensführung/ Balanced Score Card.

Von 1994 bis 1996 war er Mitglied der International Policy Group beim Aufsichtsratsvorsitzenden der Airbus Industrie zur Restrukturierung des Unternehmens. Von 1995 bis 1997 führte er die wissenschaftliche Begleitung der Restrukturierung des Daimler-Benz-Konzerns durch. 1998 und 1999 analysierte er das Krisenmanagement der Mercedes-Benz A-Klasse und führte ein Benchmarking von 10 weiteren weltweiten Krisenfällen durch. Von 1999 bis 2002 leitete er eine wissenschaftlich-praxisorientierte Analyse der Post Merger Integration von DaimlerChrysler.

Er ist Herausgeber der Schriftenreihe „Forum Marketing". Neben seiner Vortrags-, Trainings- und Beratertätigkeit in der Wirtschaft und öffentlichen Verwaltung ist er:

- Mitglied im Beirat Qualitätsforum Sachsen

- Mitglied des wissenschaftlichen Beirates und der Jury des Walter-Masing-Preises der Deutschen Gesellschaft für Qualität (DGQ)

- Mitglied des President's Club der European Foundation for Quality Management (EFQM), Brüssel

- Mitglied des Executive Board des Center for Quality of Management – Europe des CQM in Boston

- Vorsitzender oder Mitglied in Beiräten von Industrie- und Dienstleistungsunternehmen z.B. bei Schladerer, Radio FFH, der Sparkasse Kassel und Unilever/ Bestfoods

Stichwortverzeichnis